Contemporánea

George Orwell (Motihari, India, 1903 - Londres, 1950), cuyo nombre real era Eric Blair, fue novelista, ensayista y periodista. Su corta vida resume muchos de los sueños y pesadillas del mundo occidental en el siglo XX, que también quedaron reflejados en su extensa obra. Nació en la India británica en el seno de una familia de clase media; estudió con una beca en el exclusivo colegio de Eton; sirvió en la Policía Imperial en ultramar (*Los días de Birmania*, 1934); volvió a Europa, donde vivió a salto de mata (*Sin blanca en París y Londres*, 1933); se trasladó a la Inglaterra rural y se dedicó brevemente a la docencia (*La hija del clérigo*, 1935); trabajó en una librería de lance (*Que no muera la aspidistra*, 1936); trabó conocimiento directo de la clase obrera inglesa y la explotación (*El camino a Wigan Pier*, 1937); luchó contra el fascismo en la guerra civil española (*Homenaje a Cataluña*, 1938); vislumbró el derrumbe del viejo mundo (*Subir a respirar*, 1939); colaboró en la BBC durante la Segunda Guerra Mundial; se consagró en el *Tribune* y el *Observer* como uno de los mejores prosistas de la lengua inglesa (entre su producción ensayística cabe destacar *El león y el unicornio y otros ensayos*, 1941); fabuló las perversiones del estalinismo (*Rebelión en la granja*, 1945) y advirtió sobre los nuevos tipos de sociedad hiperpolítica (*1984*, 1949). A pesar de su temprana muerte, llegó a ser la conciencia de una generación y una de las mentes más lúcidas que se han opuesto al totalitarismo.

George Orwell

Opresión y resistencia

Escritos contra el totalitarismo 1937-1949

Selección y prólogo de
Martín Schifino

DEBOLS!LLO

El papel utilizado para la impresión de este libro ha sido fabricado a partir de madera
procedente de bosques y plantaciones gestionadas con los más altos estándares ambientales,
garantizando una explotación de los recursos sostenible con el medio ambiente y beneficiosa para las personas.

Penguin
Random House
Grupo Editorial

Opresión y resistencia
Escritos contra el totalitarismo 1937-1949

Primera edición en España: marzo de 2021
Primera edición en México: agosto de 2023

D. R. © Eric Blair
D. R. © 1987, Herederos de Sonia Brownell Orwell

D. R. © 2021, Penguin Random House Grupo Editorial, S. A. U.
Travessera de Gràcia, 47-49, 08021, Barcelona

D. R. © 2023, derechos de edición mundiales en lengua castellana:
Penguin Random House Grupo Editorial, S. A. de C. V.
Blvd. Miguel de Cervantes Saavedra núm. 301, 1er piso,
colonia Granada, alcaldía Miguel Hidalgo, C. P. 11520,
Ciudad de México

penguinlibros.com

2021, Martín Schifino, por el prólogo
Traducciones:
© 2013 y 2014, Miguel Temprano García, por «La destrucción de la literatura», «Diario de guerra»,
«Arthur Koestler», «La ignorancia es la fuerza»; © 2013, Manuel Cuesta, por «Apuntes sobre la
marcha», «La libertad de prensa (Rebelión en la granja)», «La bomba atómica y usted»; © 2013, Juan
Antonio Montiel, por «Recuerdos de la guerra de España», «Notas sobre el nacionalismo»;
© 2013, Inga Pellisa, por «Descubriendo el pastel español», «Mi país, a derechas o a izquierdas»,
«Wells, Hitler y el Estado Mundial», «Literatura y totalitarismo», «¿Pueden ser felices los socialistas?»,
«¿Qué es el socialismo?», «Delante de las narices», «James Burnham y la revolución de los directores»;
© 2013, Jordi Soler, por «Antisemitismo en Inglaterra», «Prefacio para la edición ucraniana de Rebelión
en la granja», «La visión de Burnham sobre el conflicto mundial contemporáneo», «Marx y Rusia»;
© 2006 y 2010, Miguel Martínez-Lage, por «Hacia la unidad de Europa», «La revolución inglesa»,
«Raffles y miss Blandish», «Por qué escribo» (traducciones cedidas por la editorial Turner); © 2003,
Osmodiar Lampio, por «Los escritores y el leviatán», «Política frente a literatura: un análisis de
Los viajes de Gulliver», «Reflexiones sobre Gandhi» (traducciones cedidas por la editorial Sexto Piso)
Diseño de la cubierta: Penguin random House Grupo Editorial / Sergi Bautista
© Miquel Tejedo, por las imágenes de la cubierta
© CSU Archives / Everett Collection, por la fotografía del autor

ISBN: 978-607-383-441-4

Impreso en México – *Printed in Mexico*

Índice

Prólogo
Orwell y el totalitarismo

En un ensayo autobiográfico de 1946, George Orwell afirmó que su mayor ambición literaria era «convertir la escritura política en un arte». Pese a la difícil convivencia de los términos, a esas alturas podía darla por cumplida. Tan solo un año antes había publicado *Rebelión en la granja*, un libro que unía sin fisuras fábula y sátira política, y ya tenía en mente la obra que se convertiría en *1984*, quizá la novela de anticipación más influyente de su siglo y lo que va del nuestro. Sería un error, sin embargo, creer que esos títulos fueron anomalías o logros aislados. Orwell dedicó buena parte de su energía creativa a la reflexión política, y muchas de sus intuiciones fundamentales aparecieron primero en publicaciones periódicas. Por decirlo de otro modo, detrás de las obras famosas hay una rica historia intelectual.

También importantes experiencias de formación. Por biografía, Orwell estaba bien situado para ver la opresión y elegir la resistencia. Nacido en 1903 en una familia de clase media afincada en la India, asistió a dos internados de élite en Inglaterra, fue policía en Birmania e identificó en el Imperio un despotismo que le producía, en sus palabras, «más amargura que la que posiblemente sabré expresar con claridad». El entorno ayudaba, pero sin duda la amargura era cuestión de carácter. En su novela *Los días de Birmania*, sin ir más lejos, aparecen funcionarios coloniales de más o menos su rango que no se paran un segundo a cuestionar sus privilegios. Orwell no solo se los cuestionó en su momento, sino que abordó sus repercusiones en análisis posteriores. Por ejemplo, en un comentario sobre las exigencias de mayor equidad que reclamaba el Partido Laborista británico notó que «el alto estándar de vida del que se disfruta en Inglaterra depende de que mantengamos bien apretado el Imperio». Y, por si no quedaba claro, en otro apunte señaló que el «nivel de vida de los trabajadores de los sindicatos [...] dependía de manera indirecta del sudor de los culíes de la India». Observaciones así no le granjearon el aprecio de ninguna ortodoxia.

Las injusticias presenciadas en Birmania fueron el primer blanco de su pluma, esgrimida en ensayos célebres como «Un ahorcamiento» o «Matar a un elefante», en el que declaraba sin ambages: «el Imperio británico se está muriendo». Orwell no se quedó en las colonias a esperar el funeral. Después de cinco años, renunció a su cargo cuando estaba de permiso en Inglaterra y decidió centrarse en la escritura, un oficio al que se sentía destinado desde su infancia. Al menos en un comienzo, eso le supuso ganarse el sustento mediante todo tipo de empleos mal remunerados, con el añadido de que, por curiosidad personal y profesional, pasó temporadas en compañía de los más desposeídos. Llegó a dormir en la carretera o en refugios para personas sin techo, y escribió sobre esas experiencias con un impávido realismo. En sus notas de entonces destaca también la conciencia de que el sistema social era muy imperfecto en su conjunto. Un buen ejemplo aparece en su primer libro, *Sin blanca en París y Londres* (1933), cuando afirma que los empleados de cocina de los hoteles parisinos figuran entre «los esclavos del mundo moderno». El fantasma de la lucha de clases ronda esa frase, y Orwell cifraba ya sus esperanzas en una revolución socialista.

Fue en alusión a esa época que V. S. Pritchett acuñó la expresión, más tarde muy citada, de que Orwell era un escritor que se había «vuelto nativo» en su tierra. La frase, según apunta Christopher Hitchens, se usaba en las colonias para referirse a los blancos que se quebraban y se ponían del lado de los colonizados, como le sucede al protagonista de *Los días de Birmania*. Pero por eso mismo es tan apta: no solo retrata a un inglés desclasado y algo excéntrico, cosa que sin duda Orwell era, sino que identifica una relación directa entre su antiimperialismo y su creciente socialismo. Las dos tendencias seguirían entrelazadas en su pensamiento, con el corolario de que su definición del segundo nunca se alinearía con lógicas partidistas: «El movimiento socialista no tiene por qué ser una alianza de materialistas dialécticos; tiene que ser una alianza de los oprimidos contra los opresores», escribió al final de *El camino de Wigan Pier*, su estudio de la clase obrera en el norte de Inglaterra. Aunque la frase puede sonar muy sensata hoy en día, en su momento no lo acercó especialmente a los materialistas dialécticos, que constituían la mayoría de sus lectores. El libro tuvo una recepción más bien tibia en la izquierda, y hasta su editor, Victor Gollancz, se sintió obligado a incluir un prólogo en la edición del Left Book Club para justificar los desvíos del autor en materia de doctrina marxista.

Orwell no puso objeciones, a buen seguro porque para entonces le interesaban menos las perspectivas teóricas que la acción. Un redactor del *New English Weekly* recordaba su llegada a ese periódico a finales de 1936 con el siguiente anuncio: «Me marcho a España». A la pregunta de por qué, Orwell contestó: «Esto del fascismo, alguien tiene que detenerlo». Muchos de sus contemporáneos se estaban alistando en las brigadas internacionales, pero, en parte por inclinación y en parte por su incómoda posición en la izquierda, Orwell se unió a las milicias del Partido Obrero de Unificación Marxista (POUM), de filiación anarquista. El hecho fue determinante para su desarrollo intelectual posterior. De entrada, la camaradería que experimentó en esas milicias, donde «no había rangos militares en el sentido ordinario», le hizo sentir un genuino «aire de igualdad», redoblando su fe política. «He visto cosas maravillosas y por fin creo de veras en el socialismo», escribió en una carta a su amigo Cyril Connolly. Pero las maravillas parecen haber saltado menos a la vista en el marco más amplio del comunismo. En «Descubriendo el pastel español», el primer artículo que escribió a su regreso, Orwell denuncia «un régimen de terror» en el que imperaba «la supresión forzosa de los partidos políticos, la censura asfixiante de la prensa, el espionaje incesante y los encarcelamientos masivos sin juicio previo». Algunos camaradas eran más iguales que otros.

A mediados de junio de 1937, el POUM fue ilegalizado a pedido de la dirigencia comunista, y Orwell se encontró de pronto del lado de los proscritos, acusado de trotskismo. La suerte quiso que en ese momento estuviese en Barcelona, desmovilizado a causa de un balazo recibido en una trinchera de Huesca. Si bien hablar de suerte es relativo, pues la bala le atravesó el cuello y estuvo a punto de matarlo, con toda seguridad aquel episodio lo salvó de un fin funesto en compañía de muchos otros milicianos del POUM. Lo cierto es que, al cabo de vagar tres noches por las calles de la ciudad, Orwell logró subir con su esposa a un tren y escapar a Francia. El enemigo ya no parecía ser solo el fascismo. Por mucho que variaran los fines, este compartía unos cuantos medios con el estalinismo, cuya injerencia en España Orwell también había sentido a su pesar. ¿Existía una palabra capaz de describir ambas ideologías? Paradójicamente, la había acuñado nada menos que Benito Mussolini al alardear de que «la concepción fascista del Estado» debía abarcarlo «todo». La palabra, por supuesto, era «totalitarismo».

Los textos reunidos en el presente volumen abordan de maneras muy diversas su alcance, según Orwell lo fue explorando desde aquel momento decisivo. Fue sin duda su gran tema. En «Por qué escribo», anotó que la guerra de España y «otros sucesos de 1936-1937» habían cambiado su escala de valores. Y afirmó que «cada renglón que he escrito en serio desde 1936 lo he creado, directa o indirectamente, en contra del totalitarismo». Sus artículos y ensayos dan sobrada prueba de su seriedad, pero incluso su narrativa cambió de tenor. Orwell nunca había sido ajeno a las novelas con una veta contestataria. Antes de su paso por España, publicó tres que se ocupaban del imperio, la marginalidad social y la precariedad económica. Pero hay que esperar a *Subir a respirar* (1939) para oír en boca de un personaje una declaración como la siguiente: «Hitler es diferente. Y Stalin también es diferente. No son como aquellos de la Antigüedad que crucificaban a la gente, la decapitaban y todo eso solo por divertirse. Estos buscan algo completamente nuevo, algo de lo que nunca se ha oído hablar antes».

El totalitarismo, en efecto, era algo completamente nuevo, y Orwell empezó por denunciar las sorpresas que se había llevado en Cataluña, así como la connivencia partidista de la prensa. A la primera oportunidad, comentó que la guerra española había producido «una cosecha de mentiras más abundante que cualquier otro suceso desde la Gran Guerra» y acusó a «los periódicos de izquierdas» de impedir que «el público británico comprenda la verdadera naturaleza de la contienda» (los prejuicios de los periodistas de derechas los daba por supuestos). Aunque debió de prever que se toparía con líneas rojas en su propia práctica del oficio, aceptó sin rechistar que el semanario de izquierdas *The New Statesman* no mostrara el menor interés en publicar «Descubriendo el pastel español»; al fin y al cabo, no se lo habían encargado. Pero el mensaje le quedó bien claro cuando esa misma publicación le rechazó una reseña favorable (y encargada) del libro de Frank Borkenau *El reñidero español* (1937), otro testimonio sobre la Guerra Civil en el que el autor destapaba los abusos de poder de los comunistas y contaba que lo habían apresado e interrogado. Famosamente, el editor del *The New Statesman*, Kingsley Martin, escribió a Orwell que no podían «utilizar la reseña» porque «iba demasiado en contra de la política de la publicación», no sin añadir que siempre daba a sus críticos «mucho margen».

Mucho, pero no suficiente. En parte eso explica por qué Orwell acabó vinculado sobre todo a la revista *Tribune*, que definió como «un semanario político-social que representa [...] el ala izquierda del Partido Laborista», y más tarde a publicaciones de la izquierda estadounidense como *Partisan Review* y *The Atlantic Monthly*. También ayuda a contextualizar la lucha que emprendió de allí en adelante con un enemigo menos implacable que los regímenes totalitarios, pero a su entender igual de recalcitrante: la *intelligentsia* británica. Orwell no se cansó de recriminar a los intelectuales y demás compañeros de viaje de su país el «servilismo» con que aceptaban la propaganda de Rusia, o la autocensura que se imponían para no decir palabra sobre las presuntas políticas socialistas de Stalin. Sus críticas se hacían eco de analistas europeos como el mismo Borkenau, Ignazio Silone, André Gide y, más tarde, Arthur Koestler, pero su posición era muy minoritaria en el Reino Unido, donde eminencias como Bernard Shaw, H. G. Wells o Beatrice Webb ni siquiera ponían en entredicho el régimen de Rusia después de visitar el país. Todavía en 1948, en una nota titulada «Marx y Rusia», Orwell se sentía movido a recordarles a sus compatriotas que la palabra «comunismo» significaba al menos «dos cosas distintas»: «una teoría política y un movimiento político que no lleva, de manera visible, esta teoría a la práctica». Implícitamente, se pasó un decenio insistiendo en la importancia de esa distinción.

Pero conviene no adelantarse. Por lo pronto, el estallido de la Segunda Guerra Mundial le exigió tomas de partido adicionales. Orwell razonó desde un principio que no había más alternativa que oponer resistencia a Hitler o rendirse a él. En consecuencia, apoyó de manera inequívoca el esfuerzo bélico británico. Dos artículos de 1940 incluidos en esta colección,

«Apuntes sobre la marcha» y «Mi país, a derechas o a izquierdas», muestran la evolución de su pensamiento frente a los conflictos de una sociedad en guerra, así como la aparición de un patriotismo claramente diferenciado del nacionalismo y coherente con una visión progresista. «El patriotismo —escribió en "Mi país..."— no tiene nada que ver con el conservadurismo. Es la devoción hacia algo que está cambiando pero que sentimos que es místicamente lo mismo». La fórmula pareció gustarle tanto que la repitió al año siguiente, con más detalle: «El patriotismo no tiene nada que ver con el conservadurismo. En realidad es todo lo contrario, ya que se trata de una devoción a algo que siempre está cambiando, y que sin embargo se percibe místicamente como algo idéntico a sí mismo». Todos los analistas de actualidad reciclan material, pero hay que estar muy convencido de algo para invocar dos veces la mística.

El segundo ejemplo aparece en el ensayo político quizá más famoso de Orwell, *El león y el unicornio* (1941), del que ofrecemos la tercera sección: «La revolución inglesa». Por entonces, Orwell estaba seguro de que una revolución socialista no solo salvaría a Inglaterra de sus males históricos, sino de que, además, constituiría la mejor manera de ganar la guerra. Se necesitaba un programa político renovador, y su ensayo asume el desafío de formularlo. Hay que decir, con todo, que el autor no va mucho más allá de las propuestas elementales del socialismo clásico. Aboga por la nacionalización de la tierra, las minas, los ferrocarriles y las industrias; proyecta una diferencia de 1 a 10 entre el salario mínimo y el máximo; bosqueja una reforma educativa sobre principios democráticos, y demás. Al mismo tiempo, cree que el resultado no sería «lógico» ni «doctrinario» (tal vez preservaría la monarquía), ni crearía «ninguna dictadura de clase explícita»; antes bien, mostraría «un poder notable de asimilar el pasado» que dejaría «atónitos a los observadores extranjeros» y les haría dudar de que se hubiera llevado a cabo «una revolución de verdad».

No es necesario ser un neoliberal convencido, sin embargo, para notar que «La revolución inglesa» tiene menos de programa realista que de quimera personal. Con más convicción, alguien como Mario Vargas Llosa ha criticado su inocencia en materia económica, argumentando que la centralización estatal «multiplica cancerosamente la burocracia» y fomenta «una clase privilegiada todavía más inepta que la que Orwell crucificó en su ensayo». Otras críticas son posibles a la luz de la historia. Por ejemplo, el espinoso problema del imperio, que Orwell exhortaba a resolver con una alianza de dominios basada en el libre comercio, resultó ser intratable por vía política y se saldó con la partición del subcontinente indio sobre líneas étnico-religiosas (nacionalistas, habría dicho nuestro autor) y una catástrofe humanitaria. A pesar de estas salvedades, «La revolución inglesa» sigue ofreciendo planteamientos dignos de atención. Para empezar, es un excelente análisis de la herencia cultural que debería contemplar cualquier movimiento político con un programa realmente democrático. También defiende la democracia como un baluarte de la libertad, algo nada evidente en una época en que muchos espíritus revolucionarios preferían desechar como mitología burguesa la primera, cargándose en el proceso la segunda. «Esta guerra es una carrera entre la consolidación del imperio de Hitler y el crecimiento de la conciencia democrática», escribe Orwell. «Mientras exista la democracia, incluso en la muy imperfecta forma que ha adoptado en Inglaterra, el totalitarismo corre un peligro mortal.»

Aunque quizá se acercan demasiado a una profesión de fe, cabe recordar que esas palabras se redactaron en 1941, en pleno bombardeo nazi de Londres. Orwell, con su habitual capacidad para recalar en el peor entorno posible, acababa de encontrar un empleo fijo en la sede de la BBC, donde, a partir de ese año, tuvo a su cargo la redacción y lectura de boletines de guerra en el Eastern Service, destinado al público del subcontinente. Él mismo acabó dudando del valor de esas emisiones en un territorio donde apenas existían aparatos de radio, pero los pocos indios que las sintonizaron tuvieron la suerte de escuchar no solo sus boletines, sino medidas alocuciones sobre asuntos de fondo. De ellas, «Literatura y totalitarismo» sigue siendo imprescindible para entender la relación entre ambos términos, así como para vislumbrar la génesis de algunas ideas esenciales de *1984*.

Orwell advertía que el totalitarismo no solo inhibe la expresión de ciertos pensamientos, sino que «dicta lo que debemos pensar, crea una ideología para nosotros, trata de gobernar nuestra vida emocional al tiempo que establece un código de conducta». Por supuesto, nada más ambicionaba un Mussolini. Pero un efecto colateral de regímenes como el suyo era que la literatura —entendida como «algo individual», una «expresión de lo que alguien piensa y siente»— se veía amenazada en su esencia. Orwell no hablaba en un plano puramente teórico. La hipótesis estaba poniéndose a prueba en Rusia, donde la única libertad de la que gozaban los escritores consistía en volverse propagandistas del partido, callar o acabar en el gulag, sin que aceptar las normas de hoy garantizara la venia oficial de mañana.

De hecho, la intuición fundamental de Orwell es que el totalitarismo fomenta una suerte de esquizofrenia social. En eso estribaba su gran diferencia respecto de otras ortodoxias del pasado, como la Inquisición. El siguiente pasaje lo dice de manera inmejorable:

La peculiaridad del Estado totalitario es que, si bien controla el pensamiento, no lo fija. Establece dogmas incuestionables y los modifica de un día para otro. Necesita dichos dogmas, pues precisa una obediencia absoluta por parte de sus súbditos, pero no puede evitar los cambios, que vienen dictados por las necesidades de la política del poder. Se afirma infalible y, al mismo tiempo, ataca el propio concepto de verdad objetiva. Por poner un ejemplo obvio y radical, hasta septiembre de 1939 todo alemán tenía que contemplar el bolchevismo ruso con horror y aversión, y desde septiembre de 1939 tiene que contemplarlo con admiración y afecto. Si Rusia y Alemania entran en guerra, como bien podría ocurrir en los próximos años, tendrá lugar otro cambio igualmente violento.

Ese cambio, dicho sea de paso, tuvo lugar solo un mes después, el 22 de junio de 1941, cuando Alemania en efecto invadió Rusia. En su diario de entonces, del que incluimos la sección correspondiente, Orwell anotó que era imposible «adivinar lo que harán los rusos», aunque él mismo no tardó en adivinar un dato valioso: rusos y alemanes mentían por igual en sus boletines. «Ambos bandos se han pasado la semana haciendo extravagantes declaraciones sobre el número de tanques enemigos, etc., destruidos.» Era una forma más de atacar «la verdad objetiva», y así proseguía la guerra del totalitarismo, no solo con la literatura, sino también con la realidad.

Orwell volvió sobre este tema al año siguiente en «Recuerdos de la guerra de España», un ensayo autobiográfico en el que retoma varias de las denuncias consignadas en «Descubriendo el pastel español», para luego entrar en consideraciones más amplias. La pregunta era: ¿podía escribirse una historia de la contienda? El régimen triunfador ya había empezado a crear una versión oficial, imponiendo sus sesgos ideológicos. «El objetivo tácito de este modo de pensar —anota Orwell— es un mundo de pesadilla en el que el líder máximo, o bien la camarilla dirigente, controle no solo el futuro, sino incluso el pasado. Si sobre tal o cual acontecimiento el líder dictamina que "jamás tuvo lugar"... pues bien: no tuvo lugar jamás.» La reflexión prefigura uno de los rasgos más destacados del mundo imaginario de *1984*, donde su protagonista, Winston Smith, altera sistemáticamente los registros históricos por el bien del Partido. Pero Orwell no había inventado nada que no existiera ya en el mundo real. En ensayos como «Notas sobre el nacionalismo» (1945) o «La destrucción de la literatura» (1946), aporta ejemplos concretos de reescrituras de la historia como la eliminación de Trotski de los anales de la Revolución rusa, o la rehabilitación en la izquierda del ex presidente chino antifascista Chiang Kai-shek, diez años después de «hervir vivos a cientos de comunistas».

Durante todo el curso de la guerra, Orwell notó esas incoherencias y siguió fustigando a sus responsables, aun cuando en muchos sectores se considerase indecoroso hacerlo mientras Stalin fuese un aliado. En este sentido, Orwell sin duda prefería la falta de decoro a la mentira. Testimonio de ello es su empeño en publicar *Rebelión en la granja*, su fábula sobre el estalinismo escrita entre 1943 y principios de 1944, a pocos meses de que los rusos frenasen a los nazis en Stalingrado. Las peripecias del manuscrito serían entretenidas si no recordasen los procesos que este ataca. El editor habitual de Orwell, Victor Gollancz, dio un paso a un lado por motivos políticos. Un funcionario del Ministerio de Información previno a otros editores de los riesgos de aceptarlo. Incluso T. S. Eliot, a quien nadie hubiera acusado de simpatizar con el comunismo, lo rechazó en nombre de Faber & Faber arguyendo que «si la fábula apuntase en general a dictadores y dictaduras cualesquiera, entonces publicarla no sería un problema, pero lo cierto es que [...] solo puede aplicarse a Rusia», lo cual ofendería «a mucha gente». Orwell replicó en su ensayo «La libertad de prensa» (incluido en este volumen) con una frase famosa: «Si algo significa la libertad, es el derecho a decirle a la gente lo que no quiere oír».

Había indicios, con todo, de que lo que Orwell decía quería oírse incluso más allá de los Urales. Ya publicada la novela —y convertida en un bombazo editorial que debió de dejar mudo a Victor Gollancz— el escritor de origen ucraniano Ihor Ševčenko escribió a Orwell para contarle que había leído pasajes en traducción a unos refugiados soviéticos, y que estos habían reaccionado vivamente «contra los valores "absolutos" del libro», cuyo talante «se corresponde con su propio estado de ánimo». La misma reacción se entrevé unos años más tarde en el testimonio del poeta polaco Czesław Miłosz, quien, en *La mente cautiva* (1951), recuerda a muchos intelectuales del otro lado del telón de acero fascinados con Orwell «por su manera de indagar en los detalles que ellos conocen tan bien». Pero el debate ideológico continuaba en Inglaterra. En defensa del único orden capaz de albergarlo, Orwell siguió criticando las «tendencias totalitarias» de la «intelectualidad inglesa» hasta finales de la década de los cuarenta. Tal vez en ningún sitio dejó tan claro lo que estaba en juego como en el prólogo escrito para la edición ucraniana de *Rebelión* (1947): «durante los últimos diez años he estado convencido de que la destrucción del mito soviético era esencial si queríamos resucitar el movimiento socialista».

Orwell siguió canalizando sus energías en el articulismo político hasta el final. Aunque en sus últimos años se retiró a la isla de Jura, en las Hébridas, en busca de una vida tranquila que le permitiera centrarse en *1984*, de alguna manera encontró tiempo para plasmar varios de sus ensayos más importantes, incluido el dedicado a *Los viajes de Gulliver*, aptamente titulado «Política frente a literatura» (1946). Desde hacía rato, el enfrentamiento era sumamente fructífero en su obra. Y como señala su biógrafo Bernard Crick, «los temas dominantes de *Rebelión en la granja* y *1984* aparecen en las reseñas de estos años». A veces, de hecho, aparecen donde menos se esperan. A nadie salvo a Orwell se le habría ocurrido que, en *Gulliver*, Swift «vislumbra con extraordinaria claridad el "Estado policial" infestado de espías, con sus interminables cacerías de herejes y juicios por traición, destinados a neutralizar el descontento popular convirtiéndolo en una histeria belicista». Al mismo tiempo, nada cuadra más con el hombre que dos años antes había opinado, en «Raffles y miss Blandish», que las novelas negras de James Hadley Chase eran «una ensoñación muy apropiada para una época totalitaria», en la que las atrocidades se consideraban neutras o incluso admirables si se hacían «a lo grande, con osadía».

Frente a ejemplos como los anteriores, podría pensarse que la obsesión del autor a veces lo llevaba por derroteros imaginarios. Pero nada sería más errado. Anticipando la sociología literaria o la crítica cultural, los ensayos literarios de Orwell son una excelente muestra de cómo un crítico puede enriquecer una obra dada al prestar atención a su historia y contexto sociopolítico. También aprovechan la literatura para refinar una interpretación del mundo. Por lo demás, no solo el tema del totalitarismo tenía plena vigencia, sino que las reflexiones de Orwell seguían ampliándose y ajustándose al nuevo orden mundial. Su breve artículo «La bomba atómica y usted» (1945) y sus largas reseñas sobre James Burnham, un ideólogo de la Guerra Fría hoy bastante olvidado, son testimonio de su empeño por comprender la realidad que iba definiéndose en la posguerra. Fue Orwell quien, en el primero de esos textos, acuñó la expresión «guerra fría», y además del nombre dejó un diagnóstico certero de la situación. A su entender, el desarrollo de las armas nucleares auguraba la consolidación de superestados que no se atacarían, sino que prolongarían una «paz que no es paz». En 1984 fue más contundente: «La guerra es la paz».

Burnham, que defendía la creación de un nuevo imperialismo estadounidense, representó para Orwell un adversario siempre estimulante, incluso una fuente de inspiración. De Burnham procede la idea de los superestados en permanente contienda, así como la intuición de que, en regímenes fuertes, aparece una clase dirigente que se aferra al poder por el poder mismo. Pero hay un interesante cambio de signo cuando las ideas pasan de un autor a otro: lo necesario se vuelve contingente. Orwell, además, hace la pregunta clave que escapa a la visión maquiavélica del estadounidense: «¿por qué el ansia de poder puro y duro se ha convertido en un impulso humano de primer orden precisamente ahora?». El culpable, a no dudarlo, empieza por «t». Y si cabe extraer una lección, es que el ansia de poder es una circunstancia histórica combatible, no una fuerza natural ni una esencia humana que justifique grandes teorías sobre combates de imperios incesantes y necesarios. Orwell, al cabo, le recomienda a Burnham que no sea tan melodramático, porque la historia nunca lo es a largo plazo. Viniendo de alguien que veía con recelo el corto, avalado por el trágico panorama de los tiempos recientes, es una recomendación de una lucidez ejemplar. Pero Orwell siempre evitó la exaltación utopista al hablar del futuro. De hecho, los aires de profeta que adquirió a lo largo del siglo XX le son más bien extraños. No viene mal recordar que *1984* nunca pretendió ser una profecía, sino una «advertencia».

Sus escritos contra el totalitarismo pueden considerarse otra. Y si bien muchas de sus polémicas han pasado a la historia, nada indica que deba descartarse su vigilancia. Al fin y al cabo, no han desaparecido los nacionalismos, los fanatismos ni las tendencias dictatoriales; tampoco los dobleces de los ideólogos, las generalizaciones fáciles ni las falsedades públicas. Como escribió Orwell, los «enemigos de la libertad intelectual» siempre dejan en segundo plano «la cuestión de la verdad». En los textos aquí reunidos, en cambio, esa cuestión ocupa el primero, reflejada en un estilo lúcido y perspicaz, que se ha convertido en parte de un legado. Según contaron algunos conocidos de Orwell, aquella bala disparada por un francotirador fascista le dejó una voz débil y monocorde el resto de su vida; pero la que importa, la que se conserva en sus escritos, ha seguido hablando alto y claro, con el sonido armónico de la integridad.

MARTÍN SCHIFINO

Opresión y resistencia

Por qué escribo

Grangel [n.º 4, verano de] 1946

Desde muy temprana edad, tal vez ya a los cinco o seis años, supe que de mayor quería ser escritor. Entre los diecisiete y los veinticuatro poco más o menos traté de renunciar a esa idea, aunque con plena conciencia de que atentaba contra mi verdadera naturaleza, y de que tarde o temprano tendría que dedicarme a escribir libros.

Fui el segundo de tres hermanos, pero me separaban cinco años de cada uno, y prácticamente no vi a mi padre antes de cumplir ocho. Por esta razón, y por otras, era bastante solitario, y pronto desarrollé algunas manías desagradables que me volvieron impopular en mis años de colegio. Tenía esa costumbre propia de los niños solitarios consistente en inventarme historias y mantener conversaciones con personajes imaginarios; creo que, desde mis comienzos, mis ambiciones literarias tuvieron que ver con la sensación de hallarme aislado y de estar infravalorado por los demás. Sabía que tenía facilidad de palabra, que tenía la capacidad de afrontar los hechos menos agradables, y sentía que eso creaba una especie de mundo privado en el que hallaba compensación por cada uno de mis fracasos en la vida cotidiana. No obstante, el volumen de escritos serios —entiéndase «con intenciones serias»— que acumulé a lo largo de mi infancia y adolescencia no debe de llegar siquiera a la media docena de páginas. Mi primer poema se lo dicté a mi madre a los cuatro o cinco años. Solo recuerdo que versaba sobre un tigre, y que el tigre tenía «dientes como sillas»; una frase no del todo mala, aunque sospecho que el poema debía de ser un plagio del «Tigre, tigre», de William Blake. A los once años, cuando estalló la guerra de 1914-1918, escribí un poema de tintes patrióticos que se publicó en el periódico local, así como otro, dos años más tarde, a propósito de la muerte de Kitchener. De vez en cuando, siendo ya un poco mayor, escribí «poemas a la naturaleza» francamente malos, casi siempre inacabados, al estilo georgiano. También en un par de ocasiones traté de escribir sendos relatos que terminaron en otros tantos fracasos. Esa viene a ser toda la obra «seria» que en realidad puse sobre el papel durante todos aquellos años.

Ahora bien, durante todo ese tiempo, en cierto modo me dediqué a otras actividades literarias. Para empezar, los textos de encargo que redacté con facilidad, con rapidez y sin demasiado placer. Además de los deberes de la escuela, escribí versos de ocasión, poemas semicómicos que me salían con toda facilidad, a una velocidad que ahora me parece pasmosa; a los catorce años escribí toda una obra en verso, con metro y rima, mera imitación de Aristófanes, más o menos en una semana; asimismo, colaboré en la edición de las revistas escolares, tanto impresas como manuscritas. Esas revistillas eran las parodias más patéticas que se puedan imaginar; me tomaba menos molestias con ellas que las que ahora dedicaría al periodismo más insulso y chabacano. Pero junto con todo esto, durante quince años, o más, llevé a cabo un ejercicio literario de índole muy distinta: un «relato» continuo a propósito de mí mismo, una suerte de diario que solo existía en mi mente. Creo que este es un hábito corriente entre niños y adolescentes. Muy de niño me gustaba imaginar que era, por ejemplo, Robin Hood, y me imaginaba en calidad de héroe de aventuras apasionantes, aunque muy pronto mi «relato» dejó de ser tan narcisista, al menos de una manera tan zafia, y pasó a ser más bien una descripción sin más de lo que hacía y lo que veía. A veces, durante minutos enteros, esta actividad mental no cesaba: «Abrió la puerta y entró en la habitación. Un rayo de luz amarillenta, filtrándose por las cortinas de muselina, caía sesgado sobre la mesa, donde una caja de cerillas entreabierta aguardaba junto al tintero. Con la mano derecha en el bolsillo se acercó a la ventana. En la calle, un gato de color carey perseguía una hoja caída», etcétera. Este hábito no cejó hasta que tuve unos veinticinco años, es decir, duró todo lo que mis años de no literato. Aunque tenía que buscar con desvelo, y lo hacía, las palabras más adecuadas, me parecía desarrollar este esfuerzo descriptivo casi en contra de mi voluntad, sujeto a una suerte de compulsión externa a mí. El «relato», supongo, tuvo que haber sido un reflejo fiel del estilo de los distintos escritores a los que admiraba en cada fase. En la medida en que lo recuerdo, tuvo siempre esa misma meticulosidad descriptiva.

Cuando tenía unos dieciséis años, descubrí de pronto la alegría de las palabras sin más —esto es, los sonidos y sus asociaciones de palabras—, los versos de *Paraíso perdido*, de Milton («Así pues, con dificultad y arduo empeño, / él siguió adelante: con dificultad y arduo empeño, él...»),* que ya no me parecen tan maravillosos, me producían escalofríos, y el arcaísmo «hee» por «he» [«él»] me procuraba un placer adicional. En cuanto a la necesidad de describir las cosas, ya lo sabía prácticamente todo. Por eso está claro qué tipo de libros deseaba escribir, en la medida en que pueda decirse que ya entonces deseaba eso. Quería escribir largas novelas naturalistas de final triste, llenas de descripciones detalladas y símiles atractivos, colmadas además de episodios grandilocuentes, en que las palabras se usaran en parte por su sonoridad. Y, en realidad, mi primera novela completa, *Los días de Birmania*, que escribí cuando tenía treinta años

---

* «So hee with difficulty and labour hard / Moved on: with difficulty and labour hee...»

pero proyecté mucho antes, es en gran medida esa clase de libro.

Si doy toda esta información de fondo es porque no creo que se puedan evaluar los motivos que animan a un escritor sin conocer algo acerca de sus primeros pasos. Su material narrativo vendrá determinado por la época en que le ha tocado vivir —al menos es así en épocas tumultuosas y revolucionarias, como la nuestra—, aunque, antes de que haya empezado a escribir, habrá adquirido una actitud emocional de la cual nunca podrá librarse por completo. Es su trabajo, sin duda, disciplinar su temperamento y evitar el quedarse atascado en una etapa de inmadurez, o en un estado de ánimo perverso. Pero si escapa a sus influencias más tempranas, habrá acabado con su propio impulso de escribir. Dejando a un lado la necesidad de ganarse la vida, creo que son cuatro los grandes motivos que hay para escribir, al menos prosa. Existen los cuatro en distintos grados en cada escritor, y en este la proporción varía según el momento en que se halle y el ambiente en que viva. Son los siguientes:

1. *Egoísmo puro y duro*. Deseo de parecer inteligente, de que se hable de uno, de que a uno se le recuerde después de muerto, de resarcirse de los adultos que abusaron de uno en su niñez, etcétera. Es una paparruchada fingir que este no es un motivo, porque además es de los más potentes. Los escritores tienen en común esta característica con los científicos, los artistas, los políticos, los abogados, los soldados, los empresarios de éxito, es decir, con lo más granado del género humano. La gran mayoría de los seres humanos no exhiben un egoísmo muy acentuado. Pasados los treinta, más o menos, renuncian a la ambición personal —en muchos casos, abandonan casi del todo la idea de ser individuos— y viven sobre todo para los demás, o bien quedan aplastados por el tedio y la monotonía. Pero hay, además, una minoría de personas dotadas, voluntariosas, obstinadas incluso, decididas a

vivir la vida hasta el final, y a esta categoría pertenecen los escritores. Los escritores serios, debiera decir, son en conjunto más vanidosos y egocéntricos que los periodistas, aunque el dinero les interesa menos.

2. *Entusiasmo estético*. La percepción de la belleza en el mundo exterior o, si se quiere, en las palabras y en su adecuada disposición. El placer ante el impacto de un sonido u otro, ante la firmeza de una buena prosa, ante el ritmo de un buen relato. Deseo de compartir una experiencia que uno considera de gran valor, que entiende que nadie debe perderse. La motivación estética es muy débil en muchos escritores, pero incluso el panfletista o el autor de manuales tendrán sus palabras y expresiones predilectas, las que le atraen por motivos en modo alguno utilitarios. Puede tener también inclinación hacia la tipografía, la anchura de los márgenes, etcétera. Por encima del nivel de una guía ferroviaria, ningún libro es del todo ajeno a las consideraciones estéticas.

3. *Impulso histórico*. Deseo de ver las cosas como son, de hallar cuál es la verdad, de almacenarla para su buen uso en la posteridad.

4. *Propósito político*. Empleo la palabra «político» en el sentido más amplio posible. Es el deseo de propiciar que el mundo avance en una dirección determinada, de alterar la idea que puedan tener los demás sobre el tipo de sociedad a la que conviene aspirar. No hay un solo libro que sea ajeno al sesgo político. La opinión de que el arte nada tiene que ver con la política, ni debe tener que ver con ella, es en sí misma una actitud política.

Bien se ve que estos impulsos diversos han de estar en guerra unos con otros, y cómo han de fluctuar de una persona a otra, de una época a otra. Por naturaleza —entendiendo por «naturaleza» el estado que uno alcanza cuando se hace adulto—, soy una persona en la que los primeros tres motivos pesan mucho más que el último. En una época de paz, podría haberme dedicado a escribir libros recargados o meramente

descriptivos, y podría haber seguido siendo ajeno a mis lealtades políticas. Pero tal como están las cosas, me he visto
obligado a convertirme en una especie de panfletista. Primero
pasé cinco años dedicado a una profesión totalmente inapro-
piada (la Policía Imperial de la India, en Birmania), y luego
experimenté la pobreza y el fracaso. Esto acentuó mi odio natural por la autoridad, y me llevó a tener conciencia plena de
la existencia de la clase obrera. Mi trabajo en Birmania me
había dado cierta capacidad de comprensión de la naturaleza
del imperialismo, pero esas experiencias no fueron suficientes
para dotarme de una orientación política precisa. Llegaron
entonces Hitler, la Guerra Civil española, etcétera. A finales
de 1935 todavía no había tomado una decisión en firme. Recuerdo las tres últimas estrofas de un poema que escribí por
entonces, dando expresión a mi dilema:

> *Soy la paciencia que no se agota,*
> *el eunuco sin harén;*
> *entre cura y comisario*
> *camino como Eugene Aram;*

> *Y el comisario me lee la suerte*
> *mientras suena la radio,*
> *pero el cura ha prometido un Austin 7,*
> *porque Duggie siempre paga.*

> *Soñé que habitaba en salones de mármol,*
> *y desperté y vi que era cierto.*
> *No nací yo para una época como esta.*
> *¿Sí nació Smith? ¿Y Jones? ¿Y tú?**

* «I am the worm who never turned, / The eunuch without a
harem; / Between the priest and the commissar / I walk like Eugene
Aram; // And the commissar is telling my fortune / While the radio
plays, / But the priest has promised an Austin Seven, / For Duggie

30

La guerra de España y otros sucesos de 1936-1937 cambiaron la escala de valores y me permitieron ver las cosas con mayor claridad. Cada renglón que he escrito en serio desde 1936 lo he creado, directa o indirectamente, en contra del totalitarismo y a favor del socialismo democrático, tal como yo lo entiendo. Me parece una soberana estupidez, en una época como la nuestra, pensar siquiera que se puede evitar el escribir sobre tales asuntos. De un modo u otro, en la forma que sea, todos escribimos sobre ellos. Solo es cuestión de elegir bando y posición. Cuanto más consciente es uno de su sesgo político, mayores posibilidades tiene de actuar políticamente sin sacrificar su estética ni su integridad intelectual.

Mi mayor aspiración durante los últimos años ha sido convertir la escritura política en un arte. Mi punto de partida es siempre un sentimiento de parcialidad, una sensación de injusticia. Cuando me pongo a escribir un libro no me digo: «Voy a hacer una obra de arte». Lo escribo porque existe alguna mentira que aspiro a denunciar, algún hecho sobre el cual quiero llamar la atención, y mi preocupación inicial es hacerme oír. Pero no podría realizar el trabajo de escribir un libro, ni tampoco un artículo largo para una publicación periódica, si no fuera, además, una experiencia estética. Todo el que se tome la molestia de examinar mi obra se dará cuenta de que, incluso cuando es propaganda pura y dura, contiene muchas cosas que un profesional de la política consideraría irrelevantes. Ni soy capaz ni quiero abandonar del todo la visión del mundo que adquirí en la infancia. Mientras siga con vida, mientras siga siendo capaz de hacer lo que hago, seguiré albergando intensos sentimientos por el estilo, seguiré amando la superficie de la Tierra, seguiré complaciéndome en los ob-

---

always pays. // I dreamt I dwelt in marble halls, / And woke to find it true; / I wasn't born for an age like this; / Was Smith? Was Jones? Were you?» El poema, «A happy vicar I might have been», apareció en *Adelphi* (diciembre de 1936).

jetos sólidos y en las informaciones inútiles. De nada sirve tratar de reprimir esa parte de mí. El trabajo consiste en reconciliar mis gustos y mis rechazos más arraigados con las actividades esencialmente públicas, no individuales, que esta época nos impone a todos.

No es tarea fácil. Plantea problemas de construcción y de lenguaje; plantea de un modo completamente nuevo el problema de la veracidad. Permítaseme dar un ejemplo del tipo de dificultades más crudas que surgen. Mi libro acerca de la Guerra Civil española, *Homenaje a Cataluña*, es una obra de corte francamente político, por descontado, pero en conjunto está escrito con cierto desapego, y con cierta atención por la forma. Intenté por todos los medios contar toda la verdad sin traicionar mi instinto literario, pero, entre otras cosas, incluye un largo capítulo lleno de citas tomadas de los periódicos y demás, en las que se defiende a los trotskistas que estaban entonces acusados de haber tramado un complot con Franco. Está claro que semejante capítulo, que al cabo de uno o dos años perdería su interés para cualquier lector normal, podía arruinar el libro entero. Un crítico por el que siento un gran respeto me dio una lección en lo tocante a eso. «¿Por qué has metido todo eso? —me dijo—. Has convertido lo que podría ser un buen libro en mero periodismo.» Lo que me dijo era verdad, pero yo no supe hacerlo de otro modo. No pude. Me enteré por casualidad de algo que poca gente conocía en Inglaterra, y no por no querer, sino porque no se les permitió, y es que se estaba acusando falsamente a hombres inocentes. Si aquello no me hubiera indignado, jamás habría escrito el libro.

De una forma u otra, este problema siempre aflora de nuevo. El del lenguaje es más sutil, y nos llevaría mucho tiempo comentarlo. Diré tan solo que en los últimos años he intentado escribir de un modo menos pintoresco y más preciso. Sea como fuere, he descubierto que cuando uno ha perfeccionado un estilo, ya se le ha quedado pequeño. *Rebelión en la granja* fue el primer libro en el que intenté, con conciencia plena de lo que estaba haciendo, fundir la intención política y el propósito artístico. No he escrito una novela desde hace siete años, pero tengo la esperanza de escribir una dentro de poco. Seguro que será un fracaso —todo libro es un fracaso—, pero sé con toda claridad qué clase de libro aspiro a escribir.

Al repasar estas últimas dos páginas veo que puede dar la impresión de que mis motivos al escribir son completamente propios del espíritu público. No quisiera que el lector se quedase con esa sensación. Todos los escritores son vanidosos, egoístas y perezosos. En el fondo de su ser, sus motivaciones siguen siendo un misterio. Escribir un libro es un combate horroroso y agotador, como si fuese un brote prolongado de una dolorosa enfermedad. Nadie emprendería jamás semejante empeño si no le impulsara una suerte de demonio al cual no puede resistirse ni tampoco tratar de entender. Por todo cuanto uno sabe, ese demonio es sencillamente el mismo instinto que hace a un niño llorar para llamar la atención. Y, sin embargo, también es cierto que no se puede escribir nada legible a menos que uno aspire a una anulación constante de la propia personalidad. La buena prosa es como el cristal de una ventana. No sé decir con certeza cuáles de mis motivaciones son las más poderosas, pero sí sé cuáles merecen seguirse sin rechistar. Al repasar mi obra, veo que de manera invariable, cuando he carecido de un objetivo político, he escrito libros exánimes, y me han traicionado en general los pasajes grandilocuentes, las frases sin sentido, los epítetos y los disparates.

Descubriendo el pastel español

New English Weekly, 29 de julio
y 2 de septiembre de 1937

I

Es probable que la guerra española haya producido una cosecha de mentiras más abundante que cualquier otro suceso desde la Gran Guerra de 1914-1918, pero dudo sinceramente, a pesar de todas esas hecatombes de monjas violadas y sacrificadas ante los ojos de los reporteros del *Daily Mail*, que sean los periódicos profascistas los que hayan causado el mayor daño. Son los periódicos de izquierdas, el *News Chronicle* y el *Daily Worker*, con unos métodos de distorsión mucho más sutiles, los que han impedido que el público británico comprenda la verdadera naturaleza de la contienda.

El hecho que estos periódicos han ocultado con tanto esmero es que el gobierno español (incluido el gobierno semiautónomo catalán) le tiene mucho más miedo a la revolución que a los fascistas. Ahora parece ya casi seguro que la guerra terminará con algún tipo de pacto, y existen incluso motivos para dudar que el gobierno, que dejó caer Bilbao sin mover un dedo, quiera salir demasiado victorioso; pero no cabe ninguna duda acerca de la minuciosidad con la que está aplastando a sus propios revolucionarios. Desde hace algún tiempo, un régimen de terror —la supresión forzosa de los partidos políticos, la censura asfixiante de la prensa, el espionaje incesante y los encarcelamientos masivos sin juicio previo— ha ido imponiéndose. Cuando dejé Barcelona a finales de junio, las prisiones estaban atestadas; de hecho, las cárceles corrientes estaban desbordadas desde hacía mucho, y los prisioneros se apiñaban en tiendas vacías y en cualquier otro cuchitril provisional que pudiera encontrarse para ellos. Pero la clave aquí es que los presos que están ahora en las cárceles no son fascistas, sino revolucionarios; que no están ahí porque sus opiniones se sitúen demasiado a la derecha, sino porque se sitúan demasiado a la izquierda. Y los responsables de haberlos recluido ahí son esos terribles revolucionarios ante cuyo mero nombre James Louis Garvin tiembla como un flan: los comunistas.

Mientras tanto, la guerra contra Franco continúa, aunque, con la excepción de esos pobres diablos que están en las trincheras del frente, nadie en el gobierno de España la considera la guerra de verdad. La lucha de verdad es entre la revolución y la contrarrevolución, entre los obreros que tratan en vano de aferrarse a algo de lo que conquistaron en 1936 y el bloque liberal-comunista, que con tanto éxito está logrando arrebatárselo. Es una lástima que en Inglaterra haya todavía tan poca gente al corriente de que el comunismo es ahora una fuerza contrarrevolucionaria, de que los comunistas están aliados en todas partes con el reformismo burgués y usando al completo su poderosa maquinaria para aplastar o desacreditar a cualquier partido que muestre indicios de tendencias revolucionarias. De ahí que resulte grotesco ver cómo los comunistas son tildados de «rojos» malvados por los intelectuales de la derecha, que están en esencia de acuerdo con ellos. El señor Wyndham Lewis, por ejemplo, tendría que adorar a los comunistas, al menos durante un tiempo. En España, la alianza liberal-comunista ha resultado victoriosa casi por completo. De todas las conquistas que alcanzaron los obreros españoles en 1936 no queda nada firme, al margen de un puñado de granjas colectivas y una cierta extensión de tierras de las que los campesinos se apoderaron el año pasado; y es de suponer que hasta estos serán sacrificados con el tiempo, cuando ya no haya ninguna necesidad de aplacarlos. Para entender cómo surgió la situación actual, hay que volver la vista hacia los orígenes de la Guerra Civil.

La tentativa de Franco de hacerse con el poder difiere de las de Hitler o Mussolini, por cuanto se trató de una insurrección militar, comparable a una invasión extranjera, y por tanto no contaba con demasiado apoyo popular, si bien desde entonces Franco ha tratado de hacerse con él. Sus principales partidarios, aparte de ciertos sectores de las grandes empresas, eran la aristocracia terrateniente y la Iglesia, enorme y parásita. Evidentemente, un levantamiento de este tipo alinea en su contra fuerzas diversas que no están de acuerdo en ningún otro punto. El campesino y el obrero odian el feudalismo y el clericalismo, pero también los odia el burgués «liberal», que no es contrario en lo más mínimo a una versión algo más moderna del fascismo, al menos siempre y cuando no se lo llame así. El burgués «liberal» es genuinamente liberal hasta el momento en que deja de convenirle según sus intereses. Defiende ese grado de progreso al que apunta la expresión «la carrière ouverte aux talents», pues, claramente, no tiene ninguna oportunidad de desarrollarse en una sociedad feudal donde el obrero y el campesino son demasiado pobres para comprar bienes, donde la industria está lastrada por impuestos enormes con que pagar las sotanas de los obispos, y donde todo puesto lucrativo se le concede de forma sistemática al amigo del catamita del hijo ilegítimo del duque. Así pues, frente a un reaccionario tan flagrante como Franco, se consigue durante un tiempo una situación en que el obrero y el burgués, en realidad enemigos mortales, combaten codo con codo. A esta alianza precaria se la conoce como Frente Popular (o, en la prensa comunista, para otorgarle un atractivo espuriamente democrático, Frente del Pueblo). Es una combinación con más o menos la misma vitalidad, y más o menos el mismo derecho a existir, que un cerdo con dos cabezas o alguna otra de esas monstruosidades del circo de Barnum & Bailey.

Ante cualquier emergencia seria, la contradicción implícita existente en el Frente Popular se hará notar forzosamente, pues, aunque el obrero y el burgués luchan ambos contra el fascismo, no lo hacen con el mismo objetivo: el burgués está luchando por la democracia burguesa, esto es, el capitalismo, y el obrero, en la medida en que comprende el asunto, lo hace por el socialismo. Y en los primeros días de la revolución, los obreros españoles comprendían muy bien el asunto. En las zonas donde el fascismo fue derrotado, no se contentaron con expulsar de las ciudades a los soldados rebeldes, sino que también aprovecharon la oportunidad de apoderarse de las tierras y las fábricas y de sentar a grandes rasgos las bases de un gobierno obrero por medio de comités locales, milicias obreras, fuerzas policiales y demás. Cometieron el error, sin embargo (posiblemente porque la mayoría de los revolucionarios activos eran anarquistas que desconfiaban de cualquier parlamento), de dejar el control nominal en manos del gobierno republicano. Y, a pesar de los diversos cambios de personal, todos los gobiernos posteriores han tenido prácticamente el mismo carácter reformista burgués. Al principio no pareció importar, porque el gobierno, en particular en Cataluña, apenas tenía poder, y los burgueses debían mantenerse agazapados o incluso (esto seguía sucediendo cuando llegué a España en diciembre) hacerse pasar por obreros. Más tarde, cuando el poder se les escurrió de las manos a los anarquistas y pasó a las de los comunistas y los socialistas de derechas, el gobierno fue capaz de reafirmarse, los burgueses salieron de su escondite y la antigua división social entre ricos y pobres reapareció, sin grandes cambios. De ahí en adelante, todo movimiento, salvo unos pocos, dictados por la emergencia militar, se ha encaminado a deshacer el trabajo de los primeros meses de revolución. De todos los ejemplos que podría escoger, citaré solo uno: la disolución de las viejas milicias obreras —que estaban organizadas con un sistema genuinamente democrático y en las que los oficiales y los hombres cobraban la misma paga y se mezclaban en pie de igualdad— y su sustitución por el Ejército Popular (de nuevo, en la jerga comunista, el «Ejército del Pueblo»), estructurado en todo lo posible a la manera de un ejército burgués convencional, con una casta privilegiada de oficiales, diferencias inmensas en la paga, etcétera. Ni que decir tiene que esto se presenta como una necesidad militar, y casi seguro que contribuye a la eficiencia militar, al menos por un corto período de tiempo. Pero el propósito indudable de este cambio fue asestarle un golpe al igualitarismo. Se ha seguido la misma política en cada departamento, con el resultado de que, tan solo un año después del estallido de la guerra y la revolución, lo que tenemos aquí es en la práctica un Estado burgués convencional, con el añadido de un régimen del terror con el que preservar el *statu quo*.

Este proceso quizá no habría llegado tan lejos si la lucha se hubiera desarrollado sin injerencias extranjeras. Pero la debilidad militar del gobierno hizo que fuera imposible. Frente a los mercenarios extranjeros de Franco, se vio obligado a recurrir a Rusia en busca de ayuda, y aunque se ha exagerado enormemente la cantidad de armas suministradas por Rusia (en los tres primeros meses que pasé en España solo vi un arma rusa, una solitaria ametralladora), el simple hecho de su llegada llevó a los comunistas al poder. Para empezar, los aviones y cañones rusos y las buenas cualidades militares de las Brigadas Internacionales (no necesariamente comunistas, pero bajo control comunista) elevaron inmensamente el prestigio comunista. Pero, lo que es más importante, dado que Rusia y México eran los únicos países que suministraban armas de forma pública, los rusos consiguieron no solo obtener dinero a cambio de su armamento, sino también imponer por la fuerza ciertas condiciones. Por decirlo sin tapujos, las condiciones eran: «Aplastad la revolución o no recibiréis más armas». La razón que suele esgrimirse para explicar la actitud de los rusos es que, si daba la impresión de estar incitando a la revolución, el pacto franco-soviético (y la esperada alianza con el Reino Unido) correría peligro; es posible también que el espectáculo de una auténtica revolución en España suscitara ecos indeseados en Rusia. Los comunistas, claro está, niegan que el gobierno ruso haya ejercido cualquier presión directa. Pero esto, incluso si fuera cierto, es prácticamente irrelevante, ya que puede considerarse que los partidos comunistas de todos los países están llevando a cabo políticas rusas; y no cabe duda de que el Partido Comunista español, junto con los socialistas de derechas bajo su control y junto con la prensa comunista del mundo entero, ha aplicado toda su inmensa y creciente influencia en el bando de la contrarrevolución.

II

En la primera mitad de este artículo sugería que la auténtica lucha en España, en el bando del gobierno, ha sido entre la revolución y la contrarrevolución; que el gobierno, si bien bastante preocupado por evitar una derrota a manos de Franco, se ha preocupado aún más de revertir los cambios revolucionarios que habían acompañado el estallido de la guerra.

Cualquier comunista rechazaría esta insinuación y la tacharía de errónea o de deliberadamente falsa. Afirmaría que es un disparate decir que el gobierno español esté aplastando la revolución, porque la revolución nunca tuvo lugar, y que nuestra tarea ahora es derrotar al fascismo y defender la democracia. Y es de suma importancia ver en esta conexión el modo en que funciona la propaganda comunista antirrevolucionaria. Es un error pensar que no tiene ninguna relevancia en Inglaterra, donde el Partido Comunista es pequeño y relativamente débil. Veremos bastante rápido la relevancia que tiene si Inglaterra establece una alianza con la URSS; o quizá incluso antes, pues la influencia del Partido Comunista está destinada a incrementarse —lo está haciendo a ojos vista— a medida que cada vez más capitalistas se den cuenta de que el comunismo moderno está jugando a su mismo juego.

En términos generales, la propaganda comunista se sustenta en el terror que infunde en la gente en relación con los horrores (por entero reales) del fascismo. Y transmite, además, la falsa impresión —no a las claras, pero sí implícitamente— de que el fascismo no tiene nada que ver con el capitalismo. El fascismo no es más que una especie de maldad sin sentido, una aberración, un «sadismo de masas», el tipo de cosa que ocurriría si dejásemos de pronto sueltos a todos los maníacos homicidas de un manicomio. Presentando el fascismo de este modo, podemos movilizar a la opinión pública en su contra, al menos por un tiempo, sin provocar un movimiento revolucionario. Podemos enfrentarnos al fascismo con la «democracia» burguesa, es decir, el capitalismo; pero, mientras tanto, tenemos que deshacernos de ese individuo fastidioso que señala que el fascismo y la «democracia» burguesa son harina del mismo costal. Al principio esto lo hacemos llamándolo «iluso visionario». Le decimos que está embrollando el asunto, que está dividiendo a las fuerzas antifascistas, que no es momento de palabrería revolucionaria, que por ahora tenemos que luchar contra el fascismo sin plantear demasiadas preguntas sobre para qué estamos luchando. Tiempo después, si sigue negándose a cerrar la boca, subimos el tono y lo llamamos «traidor». Más exactamente, lo llamamos «trotskista».

¿Y qué es un trotskista? Esta palabra terrible —en estos momentos, en España pueden encarcelarte y dejarte ahí encerrado indefinidamente, sin juicio, si corre el simple rumor de que eres un trotskista— apenas está empezando a circular aquí y allá en Inglaterra. La oiremos más a menudo dentro de un tiempo. El término «trotskista» (o «trotskista-fascista») se usa por lo general para referirse a un fascista camuflado que se hace pasar por ultrarrevolucionario con el fin de dividir a las fuerzas de izquierdas. Pero extrae su peculiar poder del hecho de que significa tres cosas distintas. Puede referirse a alguien que, como

Trotski, desea una revolución mundial; o a un miembro de la propia organización encabezada por Trotski (el único uso legítimo del término); o al fascista camuflado que mencionábamos antes. Los tres significados pueden solaparse el uno sobre el otro a voluntad. El significado número 1 puede o no conllevar el significado número 2, y el significado número 2 conlleva casi invariablemente el significado número 3. Así pues: «A XY se le ha oído hablar favorablemente de la revolución mundial; por lo tanto es trotskista, y por consiguiente fascista». En España, y en cierta medida incluso en Inglaterra, cualquiera que profese el socialismo revolucionario (esto es, que profese los ideales que el Partido Comunista defendía hasta hace pocos años) está bajo sospecha de ser un trotskista a sueldo de Franco o Hitler.

La acusación es muy astuta, porque en cualquier caso determinado, a no ser que uno por casualidad sepa lo contrario, podría ser cierta. Un espía fascista probablemente se haría pasar por revolucionario. En España, antes o después se descubre que cualquiera cuyas opiniones estén a la izquierda de las del Partido Comunista es un trotskista o, como mínimo, un traidor. En los inicios de la guerra, el POUM, un partido comunista opositor que se correspondería más o menos con el Partido Laborista Independiente inglés, estaba aceptado, y contribuyó con un ministro al gobierno catalán; más tarde dicha organización fue expulsada del gobierno, luego se denunció que era trotskista y finalmente fue suprimida, y todos los miembros que cayeron en manos de la policía acabaron en la cárcel.

Hasta hace pocos meses se decía que los anarcosindicalistas «trabajaban lealmente» junto a los comunistas. Entonces fueron expulsados del gobierno y luego pareció que no estaban trabajando tan lealmente; ahora están en proceso de convertirse en traidores. Después de eso les llegará el turno a los socialistas de izquierdas. Largo Caballero, socialista de izquierdas y presidente del Gobierno hasta mayo de 1937, ídolo de la prensa comunista, está ya en las «tinieblas de afuera», tachado de «trotskista» y «enemigo del pueblo». Y así prosigue el juego. El final lógico es un régimen en el que se elimine cualquier partido y periódico opositor, y en el que todo disidente de cierta importancia acabe en la cárcel. Por descontado, un régimen semejante será fascista. No será igual que el fascismo que impondría Franco; será incluso mejor que el fascismo de Franco, hasta el punto de que vale la pena luchar por él, pero será fascismo. Solo que, al estar dirigido por comunistas y liberales, lo llamarán otra cosa.

Mientras tanto, ¿puede ganarse la guerra? La influencia comunista ha ido en detrimento del caos revolucionario y, por tanto, aparte de la ayuda rusa, ha tendido a aumentar la eficiencia militar. Si los anarquistas salvaron al gobierno entre agosto y octubre de 1936, los comunistas lo han hecho de octubre en adelante. Pero al organizar la defensa han logrado ahogar el entusiasmo (dentro de España, no fuera). Hicieron posible un ejército militarizado de reclutamiento obligatorio, pero también lo han vuelto necesario. Es significativo que, ya en enero de este año, la incorporación voluntaria a filas prácticamente se haya detenido. Un ejército revolucionario puede ganar algunas veces por medio del entusiasmo, pero un ejército de reclutamiento obligatorio tiene que ganar por medio de las armas, y es poco probable que el gobierno tenga algún día una amplia preponderancia en este aspecto a no ser que Francia intervenga o Alemania e Italia decidan largarse con las colonias españolas y dejar a Franco en la estacada. En definitiva, un punto muerto parece lo más probable.

¿Y tiene el gobierno intenciones serias de ganar? No tiene la intención de perder, eso es seguro. Por otro lado, una victoria sin paliativos, con Franco a la fuga y los alemanes e italianos arrojados al mar, generaría problemas difíciles, algunos demasiado obvios como para que haya necesidad de mencionarlos. No hay pruebas palpables, y uno solo puede juzgar en función del resultado final, pero sospecho que lo que trata de conseguir el gobierno es un pacto en el que persistiría en esencia la situación de la guerra. Todas las profecías se equivocan y, por tanto, esta también lo estará, pero me arriesgaré y diré que, aunque la guerra tal vez acabe pronto o acaso se prolongue durante años, terminará con una España dividida, ya sea por fronteras reales o en zonas económicas. Por descontado, un pacto como este sería reivindicado como una victoria por alguno de los bandos, o por ambos.

Todo lo que he dicho en este artículo parecería por completo una obviedad en España, e incluso en Francia. Sin embargo, en Inglaterra, a pesar del profundo interés que ha suscitado la guerra española, hay muy poca gente que haya oído siquiera hablar de la batalla enorme que está teniendo lugar tras las líneas gubernamentales. Esto, por supuesto, no es casual. Ha habido una conspiración deliberada (podría dar ejemplos detallados) para evitar que se comprenda la situación de España. Personas de las que cabría esperar mejor criterio se han prestado al engaño sobre la base de que si uno cuenta la verdad sobre España se usará como propaganda fascista.

Es fácil ver adónde conduce esta cobardía. Si el público británico hubiese recibido información verídica acerca de la guerra española, habría tenido la oportunidad de entender qué es el fascismo y cómo se lo puede combatir. Tal y como están las cosas, la versión del fascismo que da el *News Chronicle*, una especie de manía homicida propia del coronel Blimp* zumbando en el vacío económico, ha quedado asentada más firmemente que nunca. Y, así, estamos un paso más cerca de la gran guerra «contra el fascismo» (cf. 1914, «contra el militarismo»), que permitirá que nos pongan el fascismo, en su variante británica, cual soga al cuello en la primera semana.

* El coronel Blimp, protagonista de una tira cómica que se publicó en los años treinta y cuarenta, personificaba las actitudes reaccionarias y antidemocráticas de cierto sector de la población británica de su época. *(N. de la T.)*

Apuntes sobre la marcha
Time and Tide, 30 de marzo y 6 de abril de 1940

El otro día, al leer la afirmación del doctor Ley de que «razas inferiores como, por ejemplo, polacos y judíos» no necesitan comer tanto como los alemanes, súbitamente me vino a la memoria la primera imagen que vi al pisar suelo asiático (o, mejor dicho, justo antes).

El transatlántico en el que viajaba había atracado en Colombo, y la habitual multitud de culíes subió a bordo para ocuparse del equipaje. Los supervisaban algunos policías, entre ellos un sargento blanco. Uno de los culíes se hizo cargo de un portauniforme metálico alargado, e iba llevándolo con tal torpeza que por poco no dio a alguien en la cabeza. Le soltaron un improperio por su negligencia. El sargento de policía se volvió, vio lo que el hombre hacía y le pegó una terrible patada en el trasero que lo mandó trastabillando al otro extremo de la cubierta. Entre los pasajeros, mujeres incluidas, hubo murmullos de aprobación.

Transfiramos ahora esta escena a la estación de Paddington o al puerto de Liverpool. Sencillamente, no podría ocurrir. Un mozo de equipajes inglés a quien pateasen devolvería el golpe o, al menos, no cabría descartar que lo hiciera. El policía, por su parte, no le patearía por tan poca cosa, y desde luego no ante testigos. Pero, sobre todo, quienes lo presenciasen se indignarían. El millonario más egoísta de Inglaterra, si viera tratar a un compatriota suyo así, a patadas, se sentiría ofendido siquiera un momento. Y, sin embargo, aquellas personas —gente corriente, honrada, de clase media, con rentas de unas quinientas libras anuales— contemplaban la escena sin emoción alguna salvo una leve aprobación. Ellos eran blancos; el culi, negro. Dicho de otra forma: el culi era infrahumano, una clase distinta de animal.

De esto hace casi veinte años. ¿Siguen ocurriendo cosas por el estilo en la India? Yo tiendo a pensar que probablemente sí, pero cada vez con menos frecuencia. Prácticamente no cabe duda, en cambio, de que en este momento, en algún lugar, un alemán estará pegando una patada a un polaco. No cabe duda alguna de que en algún lugar un alemán estará pegando una patada a un judío. Y tampoco cabe duda (*vide* la prensa alemana) de que se están imponiendo penas de prisión a granjeros alemanes por mostrar una «condescendencia culpable» para con los prisioneros polacos a su servicio. Y es que la siniestra conquista de los últimos veinte años ha sido la extensión del racismo al propio suelo de Europa.

El racismo no es una simple aberración de profesores locos, y nada tiene que ver con el nacionalismo. El nacionalismo probablemente sea deseable hasta cierto punto; en cualquier caso es inevitable. A los pueblos con culturas nacionales bien desarrolladas no les gusta que los gobiernen extranjeros, y la historia de países como Irlanda y Polonia es en gran medida la historia de ese hecho. En cuanto a la teoría de que «el proletario no tiene país», en la práctica siempre resulta absurda. Acabamos de tener otra prueba en Finlandia.

Pero el racismo es algo completamente distinto. Es la invención no de naciones conquistadas, sino de naciones conquistadoras. Es una forma de llevar la explotación más allá de lo normalmente posible, pretendiendo que aquellos a quienes se explota no son seres humanos.

Casi todas las aristocracias con poder real se han fundado sobre una diferencia de raza; el normando domina al sajón, el alemán al eslavo, el inglés al irlandés, el blanco al negro, y así sucesivamente. Vestigios de la hegemonía normanda se han conservado en nuestra lengua hasta hoy. Y es mucho más fácil para el aristócrata ser implacable si se imagina que el siervo es distinto de él en sangre y osamenta. De ahí la tendencia a exagerar las diferencias raciales, esas idioteces al uso sobre formas de cráneos, colores de ojos, hemogramas, etcétera. En Birmania he oído teorías raciales menos salvajes, sí, que las de Hitler sobre los judíos, pero no menos estúpidas.

Los ingleses han forjado en la India toda una mitología a partir de las supuestas diferencias entre sus propios cuerpos y los de los orientales. He oído decir mucho, valga como ejemplo, que un blanco no puede sentarse sobre sus talones como hace un oriental (así se sientan, por cierto, a la hora del almuerzo, los trabajadores en las minas de carbón).

A la gente de sangre mixta, aunque sea completamente blanca, se supone que la delatan ciertas peculiaridades misteriosas de las uñas. A las diversas supersticiones surgidas en torno a la insolación, hace ya tiempo que alguien debería haberles dedicado una monografía. Y es innegable que este tipo de sandeces nos han puesto más fácil sacarle el jugo a la India. A día de hoy, a los obreros ingleses no podríamos tratarlos como a los obreros indios; y no solo porque ellos no lo tolerarían, sino porque, pasado cierto punto, nosotros no lo toleraríamos. Dudo que nadie en Inglaterra encuentre ahora apropiado que haya niños de seis años trabajando en fábricas. Pero no son pocos los empresarios que, en la India, con mucho gusto emplearían a niños en caso de permitirlo la ley.

Si creyera que una victoria en esta guerra fuese a suponer, sencillamente, la inyección de savia nueva para el imperialismo británico, supongo que me alinearía con Rusia y Alemania. Y soy consciente de que hay entre nuestros gobernantes quien no pretende más que eso. Imaginan que, si logran ganar la guerra (o dejarla en suspenso y volver a Alemania contra Rusia), podrán disfrutar de otros veinte años de explotación colonial. Pero yo veo bien probable que las cosas se desarrollen de otra forma. Para empezar, la lucha mundial ya no es entre el socialismo y el capitalismo. En la medida en que el socialismo no significa más que propiedad centralizada y planificación de la producción, todos los países industrializados serán «socialistas» dentro de poco. Quienes realmente se enfrentan son el socialismo democrático y una especie de sociedad de castas racionalizada. Y es mucho más verosímil que sea el primero el que prevalezca si no se despoja por completo de influencia a los países occidentales, donde las ideas democráticas están firmemente arraigadas entre la gente común.

En el sentido económico estricto, el socialismo nada tiene que ver con ningún género de libertad, igualdad o dignidad. Nada impide, por ejemplo, que internamente un Estado sea socialista y, externamente, imperialista. Desde un punto de vista técnico, sería posible «socializar» Inglaterra mañana y seguir explotando la India y las colonias de la Corona en beneficio de la población de la metrópoli. Parece evidente que Alemania avanza rápido hacia el socialismo; y, sin embargo, este proceso lleva aparejada una determinación clarísima, diáfana, de hacer de los pueblos sometidos una reserva de mano de obra esclava; algo bastante factible en la medida en que se dé crédito al mito de las «razas inferiores». Si judíos y polacos no son seres humanos, ¿por qué no expoliarlos? Hitler es, simplemente, el espectro de nuestro propio pasado irguiéndose contra nosotros. Es partidario de extender y perpetuar nuestros propios métodos precisamente cuando empiezan a avergonzarnos.

Nuestra relación real con la India no ha cambiado mucho desde la revuelta de 1857, pero en los últimos veinte años nuestros sentimientos al respecto lo han hecho enormemente, y en ello hay un destello de esperanza. Si tuviéramos que volver a conquistar la India como lo hicimos en los siglos XVIII y XIX, descubriríamos que somos incapaces. Pero no porque la empresa militar fuera a ser más ardua ahora —sería de lejos más fácil—, sino porque no habría dónde hallar a los rufianes necesarios.

Los hombres que conquistaron la India para nosotros —aventureros puritanos de Biblia y espada, hombres capaces de liquidar a tiros a cientos de «nativos» y describir la escena en sus memorias con todo realismo y sin mayor escrúpulo que el que uno sentiría al matar un pollo— constituyen simplemente una raza extinguida. Las opiniones de la izquierda en la metrópoli han calado incluso en la percepción del angloindio medio. Son ya historia los días —que eran solo anteayer— en que uno enviaba a la cárcel al sirviente díscolo con una nota que rezaba: «POR FAVOR, DENLE AL PORTADOR QUINCE LATIGAZOS». Hemos perdido, por la razón que sea, la antigua fe en nuestra misión sagrada. Cuando nos llegue la hora de saldar deudas, qué duda cabe que nos resistiremos; pero, a mi juicio, la posibilidad de que al final tengamos que pagar está ahí.

Una vez empezada la guerra, eso que llaman «neutralidad» es imposible. Toda acción constituye un acto de guerra. Uno se ve forzado, quiera o no, a ayudar, bien a su bando, bien al enemigo. Pacifistas, comunistas, fascistas, etcétera, en este momento están ayudando a Hitler. Y están en todo su derecho, siempre que crean que la causa de Hitler es mejor y estén dispuestos a asumir las consecuencias. Yo, si me alineo con Gran Bretaña y Francia, es porque antes lo haría con los viejos imperialismos —decadentes, como con toda la razón los llama Hitler— que con esos otros recientes, completamente seguros de sí mismos y, por ello, completamente despiadados. No pretendamos, eso sí —por el amor de Dios—, que vamos a esta guerra con las manos limpias. Si algo nos legitima para defendernos es, precisamente, haber cobrado conciencia de que no tenemos las manos limpias.

Leyendo *The Thirties*, un lúcido y deprimente libro de Malcolm Muggeridge, me acordé de una perrería bastante cruel que en una ocasión infligí a una avispa. Estaba chupando mermelada de mi plato, y la corté por la mitad. Ella no se enteró; se limitó a seguir comiendo mientras de su esófago seccionado manaba un hilillo de mermelada. No se dio cuenta del hecho horroroso que le había sucedido sino cuando quiso echarse a volar. Con el hombre moderno ocurre lo mismo. Lo que le han cercenado es el alma, y durante un tiempo —veinte años quizá— no lo advirtió.

Amputar el alma era realmente imprescindible. Las creencias religiosas, en su versión que conocíamos, había que abandonarlas. Hacia el siglo XIX, en esencia ya constituían una mentira: un mecanismo semiinconsciente para que siguiera siendo rico el rico y pobre el pobre. El pobre había de contentarse en su pobreza porque su recompensa le aguardaba en el mundo de ultratumba, que solía representarse como una mezcla de Kew Gardens y joyería. Diez mil libras anuales para mí y dos semanales para ti, pero todos hijos de Dios por igual. Y transía entero el tejido de la sociedad capitalista una mentira afín que era realmente imprescindible extirpar.

Hubo, por tanto, un período dilatado durante el cual todo hombre perspicaz fue en cierto sentido un rebelde; uno, de hecho, a menudo bastante irresponsable. La literatura era, en buena medida, literatura de revuelta o desintegración. Gibbon, Voltaire, Rousseau, Shelley, Byron, Dickens, Stendhal, Samuel Butler, Ibsen, Zola, Flaubert, Shaw, Joyce...; de una forma u otra todos se dedicaron a destruir, a echar abajo, a sabotear. Durante doscientos años estuvimos serruchando, serruchando y serruchando la rama donde estábamos sentados. Y, al final —mucho más súbitamente de lo que hubiese imaginado nadie—, nuestro esfuerzo surtió efecto y nos precipitamos. Lo que abajo había resultó no ser un lecho de rosas; era una cloaca repleta de alambre de espino.

Es como si en cuestión de diez años hubiésemos retrocedido a la Edad de Piedra. Tipos humanos supuestamente extintos desde hacía siglos —el derviche extático, el cacique rapaz, el gran inquisidor— han reaparecido de súbito, pero no internados en psiquiátricos sino como amos del mundo. Da la impresión de que la mecanización y una economía colectiva no bastan. Por sí solas no llevan sino a la pesadilla que estamos padeciendo ahora: guerra sin fin y, por la guerra, hambruna igualmente sin fin; poblaciones reducidas a la esclavitud penando entre alambradas; mujeres arrastradas entre alaridos al matadero; sótanos revestidos de corcho donde el verdugo te vuela los sesos por la espalda. En definitiva, amputar el alma no parece ser una intervención quirúrgica sencilla, como extirparse el apéndice. La herida tiende a infectarse.

La clave del libro del señor Muggeridge está contenida en dos textos del Eclesiastés, «Vanidad de vanidades, dijo el Predicador: todo es vanidad» y «Teme a Dios, y guarda sus mandamientos, porque esto es el todo del hombre». Es un punto de vista al que se han ido adhiriendo últimamente infinidad de personas que hace tan solo algunos años se lo habrían tomado a risa. Vivimos una pesadilla precisamente por haber querido establecer un paraíso terrenal. Hemos creído en el «progreso», hemos fiado en el liderazgo humano, hemos dado al César lo que es de Dios. Tal es, a grandes rasgos, la línea argumental.

Lamentablemente, el señor Muggeridge no da muestras de creer él mismo en Dios. Parece, al menos, dar por sentado que la fe religiosa está desapareciendo de la mente humana. Es bastante patente que tiene razón, y si uno asume que no hay castigo que funcione sino el sobrenatural, la conclusión se impone. No hay sabiduría sino en el temor de Dios; nadie cree, sin embargo, en Dios; no existe, pues, sabiduría. La historia del hombre se reduce al ascenso y la caída de civilizaciones materiales, una torre de Babel tras otra. Y si eso es así, lo que nos espera está bien claro: guerras y más guerras, revoluciones y contrarrevoluciones, Hitlers y superHitlers..., e ir sumiéndonos así, cada vez más hondo, en abismos de visión hórrida; aun así, tiendo a pensar que el señor Muggeridge disfruta con semejante perspectiva.

Habrán pasado como treinta años desde que, en su libro *El estado servil*, Hilaire Belloc predijo con sorprendente exactitud las cosas que andan sucediendo ahora. Pero, lamentablemente, no proponía solución. Las únicas alternativas que veía eran la esclavitud o la vuelta a una economía de pequeños propietarios, que es evidente que no va a producirse y, de hecho, no se puede producir. Se nos plantea ahora la cuestión de evitar una sociedad colectivista. La única pregunta es si se fundamentará en la buena voluntad de sus miembros o en la represión. El Reino de los Cielos del pasado ha fracasado definitivamente, pero, por otra parte, el «realismo marxista» también, con independencia de sus posibles logros materiales. Parece que no hay más alternativa que aquello contra lo que tan seriamente nos previenen el señor Muggeridge, F. A. Voigt y los demás que piensan como ellos: ese «Reino de la Tierra» tan ridiculizado; la idea de una sociedad en que los hombres, aun sabiéndose mortales, estén dispuestos a actuar como hermanos.

La fraternidad implica un padre común, por lo que suele sostenerse que el hombre no podrá desarrollar un sentimiento de comunidad salvo creyendo en Dios. La respuesta es que, de modo semiinconsciente, la mayoría ya lo ha desarrollado. El ser humano no es un individuo, es una mera célula en un cuerpo imperecedero, y de alguna forma lo sabe. Otra explicación no cabe para el hecho de que alguien acepte morir en combate. Decir que lo hace solo porque lo llevan allí es absurdo. En caso de tener que coaccionar a ejércitos enteros, sería imposible sacar adelante guerra alguna. Un hombre muere en combate —lógicamente no encantado, pero en cualquier caso voluntariamente— por abstracciones llamadas «honor», «deber», «patriotismo» y cosas así.

Lo que de verdad cuenta es que perciba la existencia de algún tipo de organismo que lo supere extendiéndose por el futuro y el pasado, y en cuyo seno se sienta inmortal. «Si Inglaterra vive, ¿quién muere?» suena a brindis al sol, pero si sustituimos «Inglaterra» por lo que sea que prefiramos, veremos que expresa uno de los motivos últimos de la conducta humana. Las personas se sacrifican en aras de comunidades fragmentarias —la nación, la raza, el credo, la clase— y solo cobran conciencia de que no son individuos en el momento mismo de enfrentarse a las balas. Un ligerísimo empujón adicional, y su sentimiento de lealtad podría extrapolarse directamente a la humanidad, que no es ninguna abstracción.

En *Un mundo feliz*, Aldous Huxley caricaturizaba bien la utopía hedonística, prototipo de lo que parecía posible e incluso inminente hasta que entró en escena Hitler, pero eso nada tenía que ver con lo que sería el futuro. Hacia donde ahora vamos se parece más a la Inquisición española o, gracias a la radio y a la policía secreta, a algo probablemente aún peor. Escasas posibilidades tenemos de evitarlo a menos que seamos capaces de restablecer la fe en la fraternidad humana sin necesidad de «otro mundo» que le dé sentido. Esto es lo que lleva a personas ingenuas como el deán de Canterbury a creer que han descubierto el verdadero cristianismo en la Rusia soviética. Es evidente que son meras víctimas de la propaganda, pero si tan receptivos se muestran al engaño es porque saben que, de alguna forma, el Reino de los Cielos ha de erigirse sobre la Tierra. Tenemos que ser hijos de Dios, aunque el Dios del devocionario ya no exista.

Los mismos que han dinamitado nuestra civilización han sido en ocasiones conscientes de esto. El célebre dicho de Marx según el cual «la religión es el opio del pueblo» suele sacarse de contexto y recibir un sentido sutilmente distinto —pero otro al fin y al cabo— del que él le diera. Marx no decía —desde luego no en ese pasaje— que la religión sea un narcótico suministrado desde arriba; decía que es algo que la gente se crea para cubrir una necesidad que él reconocía como real. «La religión es el suspiro del alma en un mundo desalmado. La religión es el opio del pueblo.» ¿Qué está diciendo sino que no solo de pan vive el hombre, que con odiar no basta, que un mundo en que merezca la pena vivir no puede estar fundamentado en el «realismo» y la represión? De haber sabido lo enorme que sería su influencia intelectual, quizá lo hubiese dicho más veces y más alto.

Mi país, a derechas o a izquierdas

Folios of New Writing, n.º 2, otoño de 1940

Contrariamente a lo que suele creerse, el pasado no estuvo más lleno de acontecimientos que el presente. Si produce esa impresión es porque, cuando echamos la vista atrás, vemos solapadas cosas que ocurrieron con años de diferencia, y porque pocos de nuestros recuerdos nos llegan en un estado genuinamente puro. Es en gran parte a causa de los libros, películas y relatos surgidos tras la guerra de 1914-1918 que le suponemos ahora a esta un carácter épico y formidable del que carece la guerra actual.

Pero si uno vivió en los años de aquella guerra, y si separa laboriosamente sus recuerdos reales de las adiciones posteriores, descubre que normalmente no eran los grandes acontecimientos los que lo conmovían en su momento. No creo que la batalla del Marne, por ejemplo, tuviera para el público general las propiedades melodramáticas que se le han otorgado posteriormente. Ni siquiera recuerdo haber oído la expresión «batalla del Marne» hasta años después. Fue simplemente que los alemanes llegaron a treinta y cinco kilómetros de París —algo ciertamente bastante aterrador tras oír los relatos de las atrocidades que habían cometido en Bélgica—, y que luego, por algún motivo, se retiraron. Yo tenía once años cuando comenzó la guerra. Si organizo con honestidad mis recuerdos y hago caso omiso de lo que he ido sabiendo desde entonces, debo admitir que nada en toda la guerra me conmovió tan profundamente como lo había hecho el hundimiento del *Titanic* unos años antes. Este desastre, nimio en comparación, estremeció al mundo entero, y la conmoción aún no se ha disipado del todo. Recuerdo las terribles y detalladas crónicas que leíamos en torno a la mesa del desayuno (en aquellos tiempos era costumbre leer el periódico en voz alta), y recuerdo que, de toda la larga lista de horrores, el que más me impresionó fue que, en el último momento, el *Titanic* se irguió en vertical y se hundió por la proa, de modo que la gente que se aferraba a la popa fue impulsada hasta no menos de noventa metros por los aires antes de zambullirse en el abismo. Me provocaba un nudo en el estómago que casi puedo sentir todavía. Nada durante la guerra me provocó esa misma sensación.

Del estallido de la guerra tengo tres recuerdos vívidos que, al ser nimios e irrelevantes, no están influenciados por nada de lo que ha venido después. Uno es de la caricatura del «emperador alemán» (creo que el odiado nombre de «káiser» no se popularizó hasta un poco después) que salió en los últimos días de julio. La gente estaba medio conmocionada ante esta mofa de la realeza («Pero si es un hombre muy bien parecido, ¡de verdad!»), aunque estábamos al borde de la guerra. Otro es del día en que el ejército confiscó todos los caballos de nuestro pequeño pueblo de campo, y un cochero rompió a llorar en el mercado cuando su caballo, que le había servido durante años, le fue arrebatado. Y otro es de una turba de hombres jóvenes en la estación ferroviaria, peleándose por los periódicos de la tarde que acababan de llegar en el tren de Londres. Y recuerdo la pila de diarios verdes como guisantes (algunos seguían siendo verdes en aquellos días), los cuellos altos, los pantalones ajustados y los sombreros hongo mucho mejor de lo que recuerdo los nombres de las batallas terribles que se propagaban ya con furia por la frontera francesa.

De los años centrales de la guerra recuerdo sobre todo las espaldas fornidas, las pantorrillas protuberantes y el tintineo de las espuelas de los artilleros, cuyo uniforme me gustaba mucho más que el de la infantería. Y en cuanto al período final, si me piden que diga sinceramente cuál es mi recuerdo principal, debo responder sencillamente: margarina. El que para 1917 la guerra casi hubiera dejado de afectarnos, salvo por el estómago, es un ejemplo del terrible egoísmo de los niños. En la biblioteca de la escuela había un mapa enorme del frente occidental clavado en un caballete, con un hilo de seda rojo recorriéndolo a lo largo de un zigzag de chinchetas. De vez en cuando el hilo se movía un dedo para aquí o para allá, y cada movimiento daba por resultado una pirámide de cadáveres. No le prestaba atención. Iba a la escuela con chicos que tenían una inteligencia superior a la media, y aun así no recuerdo que un solo suceso significativo de la época se nos mostrara con su verdadera relevancia. La Revolución rusa, por ejemplo, no causó ninguna impresión, salvo en aquellos pocos cuyos padres resultaron tener dinero invertido en Rusia. Entre los más jóvenes la reacción pacifista se había instalado ya mucho antes de que terminara la guerra. Ser tan descuidado como uno se atreviese en los desfiles del Cuerpo de Instrucción de Oficiales y no interesarse en absoluto por la guerra se consideraban señal de progresismo. Los oficiales jóvenes que habían vuelto, curtidos por la terrible experiencia e indignados por la actitud de la generación más joven, para la cual esa experiencia no significaba absolutamente nada, solían sermonearnos por nuestra bobería. Por descontado, eran incapaces de darnos un argumento que nosotros pudiésemos entender. Solo nos vociferaban que la guerra era «algo bueno», que «nos hacía fuertes», que «nos mantenía en forma», etcétera. Nosotros nos limitábamos a reírnos de ellos por lo bajo. El nuestro era ese pacifismo estrecho de miras característico de países resguardados y con una armada poderosa. Durante años después de la guerra, tener cualquier conocimiento de asuntos militares o interés por ellos, ni que fuera saber por qué lado del cañón sale la bala, era sospechoso en los círculos «progresistas». Lo de 1914-1918 se despachó como una matanza sin sentido, e incluso a los hombres que habían caído en la carnicería se los consideraba en parte responsables. Me he reído a menudo al pensar en ese anuncio de reclutamiento, «¿Qué hiciste tú en la Gran Guerra, papá?» (un niño haciéndole esta pregunta a un padre sobrecogido por la vergüenza), y en todos los hombres que deben de haberse sentido empujados a alistarse en el ejército solo por ese anuncio y que luego han sido desdeñados por sus hijos por no declararse objetores de conciencia.

Pero los muertos se cobraron venganza después de todo. A medida que la guerra se fue convirtiendo en un acontecimiento de un pasado cada vez más lejano, mi generación en particular, la de esos que eran entonces «demasiado jóvenes», fue tomando conciencia de la enormidad de la experiencia que se habían perdido. Sentíamos que no éramos del todo hombres, porque nos lo habíamos perdido. Pasé la mayor parte de los años 1922-1927 entre hombres un poco mayores que yo y que habían estado en la guerra. Hablaban de ello sin cesar, con horror, claro está, pero también con una nostalgia que crecía de forma sostenida. Ahora podemos ver esta nostalgia perfectamente clara en los libros bélicos ingleses. Además, la reacción pacifista no fue más que una fase, e incluso los «demasiado jóvenes» habían recibido todos instrucción para la guerra. La mayor parte de la clase media inglesa la recibe desde la cuna en adelante, no técnica sino moralmente. El primer eslogan político que recuerdo es «Queremos ocho [acorazados] y no vamos a esperar». A los siete años era miembro de la Liga Naval y llevaba un traje de marinero con la inscripción «HMS *Invencible*» en el gorro. Incluso antes de ingresar en el Cuerpo de Instrucción de Oficiales de la escuela privada ya había estado en un cuerpo de cadetes de la escuela pública. Llevo cargando con un fusil, de forma intermitente, desde que tenía diez años, como preparación no solo para la guerra sino para un tipo concreto de guerra; una en la que los cañones se elevan en un orgasmo frenético de sonido, y en la que en el momento designado sales trepando de la trinchera, rompiéndote las uñas con los sacos de arena, y avanzas a trompicones a través del barro y las alambradas hacia la cortina de fuego de las ametralladoras. Estoy convencido de que parte de la fascinación por la Guerra Civil española que tenía la gente de mi edad se debía a que era muy parecida a la Gran Guerra. En ciertos momentos, Franco consiguió juntar los aviones suficientes como para librar una guerra de tipo moderno, y estos fueron los puntos de inflexión. Pero por lo demás fue una copia mala de la guerra de 1914-1918, una guerra de posiciones, de trincheras, artillería, incursiones, francotiradores, barro, alambre de púas, piojos y estancamiento. A principios de 1937, el pedazo del frente de Aragón en el que estaba yo debía de parecerse mucho a un sector tranquilo de la Francia de 1915. La artillería era lo único que faltaba. Incluso en las raras ocasiones en que todos los cañones de Huesca y de las afueras disparaban simultáneamente, solo alcanzaban a hacer un ruido intermitente y poco impresionante, como el final de una tormenta. Los proyectiles de los cañones de 150 mm de Franco caían con bastante estruendo, pero nunca eran más de una docena a la vez. Sé que lo que sentí cuando oí por primera vez la artillería disparando «con rabia», como suele decirse, fue, al menos en parte, decepción. Era tan diferente del rugido formidable, ininterrumpido, que había estado esperando durante veinte años...

No acabo de recordar en qué año estuve por primera vez seguro de que se acercaba la guerra actual. Después de 1936, claro está, era evidente para cualquiera que no fuese idiota. Durante varios años, la guerra que se avecinaba fue una pesadilla para mí, y en ocasiones incluso pronuncié discursos y escribí panfletos contra ella. Pero la noche antes de que se anunciara el pacto germano-soviético soñé que la guerra había estallado. Fue uno de esos sueños que, al margen del significado profundo y freudiano que puedan tener, a veces ciertamente nos revelan el verdadero estado de nuestros sentimientos. Me enseñó dos cosas: en primer lugar, que debería estar sencillamente aliviado cuando la tan temida guerra comenzara; en segundo lugar, que en el fondo yo era patriota, que no sabotearía ni actuaría en contra de mi propio bando, que apoyaría la guerra, que lucharía en ella si era posible. Al bajar me encontré en el periódico con la noticia del vuelo de Ribbentrop a Moscú. De modo que la guerra se avecinaba, y el gobierno, incluso el de Chamberlain, tenía asegurada mi lealtad. Ni que decir tiene que esta lealtad era y sigue siendo un mero gesto. Al igual que con casi toda la gente que conozco, el gobierno ha rechazado de plano emplearme en ningún puesto, ni siquiera como oficinista o soldado raso. Pero eso no cambia los sentimientos de uno. Además, se verán obligados a hacer uso de nosotros tarde o temprano.

Si tuviera que defender mis motivos para apoyar la guerra, creo que podría hacerlo. No hay en realidad ninguna alternativa entre oponer resistencia a Hitler y rendirse a él, y desde una perspectiva socialista diría que es mejor lo primero. En todo caso, no veo razón alguna para la rendición que no convirtiera en un sinsentido la resistencia republicana en España, la resistencia china frente a Japón, etcétera. Pero no pretendo decir que esa sea la base emocional de mis acciones. Lo que supe en mi sueño aquella noche fue que el largo y machacón adiestramiento para el patriotismo al que es sometida la clase media había hecho su trabajo, y que cuando Inglaterra se encontrara en un grave apuro me sería imposible sabotearla. Pero que nadie malinterprete lo que significa esto. El patriotismo no tiene nada que ver con el conservadurismo. Es la devoción hacia algo que está cambiando pero que sentimos que es místicamente lo mismo, como la devoción de los exbolcheviques blancos hacia Rusia. Ser leal tanto a la Inglaterra de Chamberlain como a la Inglaterra del mañana puede parecer un imposible, si no supiéramos que es un fenómeno cotidiano. Solo la revolución puede salvar a Inglaterra, eso es obvio desde hace años, pero ahora la revolución ha comenzado, y podría avanzar bastante rápido si conseguimos que Hitler no nos invada. En dos años, tal vez uno, si conseguimos tan solo aguantar, veremos cambios que sorprenderán a esos idiotas incapaces de ver más allá. Me atrevo a decir que la sangre correrá por los sumideros de Londres. Muy bien, que así sea si es necesario. Pero cuando las milicias rojas estén acuarteladas en el Ritz, sentiré todavía que la Inglaterra que me enseñaron a amar hace tanto tiempo y por motivos tan diferentes persiste de algún modo.

Crecí en una atmósfera teñida de totalitarismo, y más tarde pasé cinco aburridos años entre el sonido de cornetas. Aún hoy noto una ligera sensación de sacrilegio por no ponerme en posición de firmes durante el «Dios salve al Rey». Es infantil, por supuesto, pero prefiero haber recibido ese tipo de educación que ser como esos intelectuales de la izquierda, tan «progresistas» que son incapaces de comprender las emociones más normales y corrientes. Es precisamente esa gente a la que nunca le ha dado un vuelco el corazón al contemplar la Union Jack, la que se acobardará cuando llegue el momento. Que cualquiera compare el poema que escribió John Cornford no mucho antes de que lo mataran («Antes del asalto a Huesca») con el «There's a breathless hush in the Close tonight» de sir Henry Newbolt. Si dejamos a un lado las diferencias técnicas, que no son más que una cuestión de su época, veremos que el contenido emocional de los dos poemas es casi exactamente el mismo. El joven comunista que murió heroicamente en las Brigadas Internacionales era obra de la escuela privada hasta la médula. Había transformado sus lealtades, pero no sus sentimientos. ¿Qué prueba eso? Simplemente, la posibilidad de construir un socialista sobre el armazón de un Blimp, la capacidad de un tipo de lealtad para transmutarse en otro, la necesidad espiritual de patriotismo y las virtudes militares, para las cuales, por poco que les gusten a los blandengues de la izquierda, no se ha encontrado todavía ningún sustituto.

La revolución inglesa
19 de febrero de 1941

I

La revolución inglesa comenzó hace varios años, y empezó a cobrar verdadero impulso cuando regresaron las tropas de Dunkerque. Al igual que todo lo demás en Inglaterra, se produce de una manera soñolienta, sin querer casi, pero tiene lugar de todos modos. La guerra la ha acelerado, aunque también ha incrementado, y a la desesperada, la necesidad de que sea veloz.

El progreso y la reacción dejan ahora de tener relación alguna con las etiquetas partidistas. Quien desee cifrarla en un momento determinado, podrá decir que la vieja distinción entre derecha e izquierda se vino abajo cuando empezó a publicarse el *Picture Post*. ¿Cuál es la orientación política del *Picture Post*? ¿Cuál es la de *Cavalcade*, o la de los programas de radio de Priestley, o la de los artículos de opinión del *Evening Standard*? Ninguna de las antiguas clasificaciones se ajusta a ellas. Sencillamente apuntan a la existencia de infinidad de ciudadanos que en el último año, o en los dos últimos, han comprendido que algo no marcha nada bien. Aun así, dado que una sociedad sin clases, sin propietarios, suele considerarse propia del «socialismo», podemos dar ese nombre a la sociedad hacia la que ahora nos encaminamos. La guerra y la revolución son inseparables. No podemos establecer nada que una nación occidental considere socialismo sin derrotar a Hitler; por otra parte, no podemos derrotar a Hitler mientras sigamos enclavados social y económicamente en el siglo XIX. El pasado lucha contra el futuro. Disponemos de uno o dos años, tal vez solo de unos meses, para lograr que el futuro triunfe.

No podemos dejar en manos de este gobierno, ni de ninguno similar, la iniciativa para llevar a cabo los cambios necesarios. Dicha iniciativa tendrá que venir de abajo, y eso significa que habrá de surgir algo que nunca ha existido en Inglaterra, un movimiento socialista que de veras cuente con el apoyo de la masa popular. Pero hay que empezar por estudiar por qué ha fallado el socialismo inglés de momento.

En Inglaterra solo existe un partido socialista que haya tenido alguna vez cierta importancia, el laborista, que nunca ha sido capaz de lograr ningún cambio de verdadero peso, porque, salvo en cuestiones puramente internas, nunca ha poseído una política genuinamente independiente. Ha sido y sigue siendo ante todo un partido de los sindicatos, dedicado a los aumentos salariales y a la mejora de las condiciones laborales. Esto acarreó que, a lo largo de los años críticos, estuvo directamente interesado en la prosperidad del capitalismo británico. En particular, le interesaba el mantenimiento del Imperio británico, ya que la riqueza de Inglaterra procedía en gran medida de Asia y África. El nivel de vida de los trabajadores de los sindicatos, a los que representaba el Partido Laborista, dependía de manera indirecta del sudor de los culíes de la India. Al mismo tiempo, el Partido Laborista era un partido socialista, que empleaba la fraseología socialista, que pensaba en términos de un antiimperialismo anticuado, más o menos resuelto a restituir lo suyo a las poblaciones de color. Tenía que defender la «independencia» de la India, al igual que tenía que defender, en términos generales, el desarme y el «progreso». No obstante, todo el mundo estaba al tanto de que esto eran paparruchas. En la época del tanque y del bombardero, los países agrarios y atrasados, como la India y las colonias de África, no pueden ser más independientes que un perro o un gato. De haber llegado al poder cualquier gobierno laborista con una clara mayoría, de haber procedido a otorgar a la India algo que pudiera en verdad llamarse independencia, la ex colonia sencillamente habría terminado absorbida por Japón, o repartida entre Japón y Rusia.

Un gobierno laborista habría podido optar por tres posibles políticas imperiales. Una, continuar la administración del imperio igual que hasta entonces, es decir, abandonar toda pretensión de socialismo. Otra, dar carta de libertad a los pueblos sometidos, es decir, entregarlos en la práctica a Japón, Italia y otras potencias depredadoras y, dicho sea de paso, causar un fortísimo descenso del nivel de vida en Gran Bretaña. La tercera habría sido desarrollar una política imperial positiva y proponerse la transformación del imperio en una federación de estados socialistas, una especie de versión menos constreñida y más libre de la Unión de Repúblicas Soviéticas. Sin embargo, la historia del Partido Laborista y su propio trasfondo imposibilitaban este camino. Era un partido de los sindicatos, de aspecto y planteamientos irremisiblemente provincianos, sin mucho interés por los asuntos del imperio, sin contactos entre los hombres que de hecho aglutinaban el imperio. Habría tenido que entregar la administración de la India y de África, y toda la tarea de la defensa del imperio, a hombres procedentes de una clase muy distinta, tradicionalmente hostiles al socialismo. Por encima de todo planeaba la duda de que un gobierno laborista que fuera en serio pudiera hacerse obedecer. A pesar del número de sus seguidores, el Partido Laborista no tenía presencia en la armada, apenas la tenía en el ejército o en las fuerzas aéreas, no la tenía en las administraciones coloniales, y ni siquiera tenía peso en la administración pública del país. En Inglaterra su posición era fuerte, pero no inexpugnable; fuera, todos los puntos clave estaban en manos de sus enemigos. Una vez en el poder, se habría visto siempre ante la misma disyuntiva: cumplir con las promesas hechas y arriesgarse a una revuelta, o bien continuar con la misma política de los conservadores y dejar de hablar del socialismo. Los líderes laboristas nunca dieron con la solución idónea. A partir de 1935 fue muy dudoso que desearan siquiera ocupar puestos de gobierno. Habían degenerado hasta ser la oposición permanente.

Fuera del Partido Laborista existían varios partidos extremistas, el más fuerte de los cuales era el comunista. Los comunistas tuvieron una influencia considerable en el Partido Laborista entre 1920 y 1926 y entre 1935 y 1939. Su principal contribución, y la de toda el ala izquierda del movimiento laborista, fue el papel que desempeñaron al alejar a la clase media del socialismo.

La historia de los últimos siete años ha dejado clarísimo que el comunismo no tiene la menor posibilidad de éxito en Europa occidental. El atractivo del fascismo es infinitamente mayor. En un país tras otro, los comunistas han sido expulsados de la vida política por obra y gracia de los nazis, sus enemigos más modernizados. En los países de habla inglesa nunca contaron con un verdadero apoyo popular. El credo que difundían podía ser atractivo solo para un tipo de personas bastante infrecuente, que se encontraban sobre todo en la intelectualidad de clase media, es decir, el tipo que ha dejado de tener amor por su país, pero que sigue sintiendo la necesidad del patriotismo y que, por tanto, desarrolla sentimientos patrióticos hacia Rusia. Alrededor de 1940, tras trabajar durante veinte años e invertir grandes cantidades de dinero, el Partido Comunista británico apenas contaba con veinte mil miembros, cifra de hecho menor que la que tuvo en sus comienzos, en 1920. Los otros partidos marxistas tenían una importancia aún menor. Carecían del dinero y del prestigio de Rusia a manera de respaldo. Más aún que los comunistas, estaban ligados a la doctrina decimonónica de la guerra de clases. Siguieron año tras año predicando su evangelio anticuado, y nunca llegaron a extraer ninguna conclusión coherente del hecho de que esas prédicas no les valieran seguidores.

En Inglaterra tampoco creció ningún movimiento fascista fuerte. Las condiciones materiales no eran del todo malas, pero ningún líder al que se pudiera tomar en serio hizo acto de presencia. Habría sido preciso buscar mucho para encontrar a un hombre más falto de ideas que sir Oswald Mosley. Era más hueco que un tarro. Se le había escapado incluso el hecho de que el fascismo no debe ser una ofensa para el sentimiento nacional. Todo su movimiento era una burda imitación de los existentes en el extranjero: el uniforme y el programa del partido tomados de Italia, el saludo calcado de Alemania, y el acoso a los judíos adoptado casi a destiempo, pues Mosley de hecho comenzó su movimiento político contando con algunos judíos entre sus seguidores más destacados. Un hombre con el temple de Bottomley o de Lloyd George tal vez hubiera sido capaz de dar existencia a un genuino movimiento fascista británico, pero tales líderes solo aparecen cuando existe la necesidad psicológica de que lo hagan.

Al cabo de veinte años de estancamiento y de desempleo, el movimiento socialista inglés era incapaz de generar una versión del socialismo que a las masas populares les resultara siquiera deseable. El Partido Laborista representaba un tímido reformismo, y los marxistas miraban el mundo moderno con lentes propias del siglo XIX. Unos y otros hicieron caso omiso de los problemas agrarios y de los problemas imperiales, y ambos se enfrentaron a la clase media. La asfixiante estupidez de la propaganda izquierdista había aterrorizado y alejado a una clase de personas necesaria: gerentes de fábricas, aviadores, oficiales de la armada, granjeros, oficinistas, tenderos, policías. Todos habían aprendido a considerar el socialismo algo que amenazaba su *modus vivendi*, algo sedicioso, extranjerizante, «antibritánico», como habrían dicho muchos de ellos.

Solo los intelectuales, el sector menos provechoso de la clase media, gravitaban hacia ese movimiento.

Un partido socialista que deseara de verdad alcanzar algo habría empezado por afrontar diversos hechos que incluso a día de hoy se consideran innombrables en los círculos de la izquierda. Habría reconocido que Inglaterra está más unida que la mayoría de los países, que los trabajadores británicos tienen mucho que perder además de sus cadenas, y que las diferencias de planteamientos y de hábitos que se dan entre una clase y otra disminuyen rápidamente. En general, habría reconocido que la «revolución proletaria» a la antigua usanza es inviable. Pero en todos los años de entreguerras no llegó a surgir un programa socialista que fuese revolucionario y viable. Básicamente, no cabe duda de ello, porque nadie ansiaba realmente un cambio sustancial. Los líderes del laborismo deseaban seguir como si tal cosa, con sus salarios intactos, intercambiando periódicamente sus puestos con los de los conservadores. Los comunistas deseaban seguir como si tal cosa, sufriendo un plácido martirio, arrostrando interminables derrotas y, después, echándoles la culpa a los demás. La intelectualidad de izquierdas deseaba seguir como si tal cosa, mofándose de los reaccionarios y minando la moral de la clase media, pero manteniendo a la vez sus puestos de favor en calidad de parásitos de las cajas registradoras donde se generaban los dividendos. La política laborista había terminado por ser una mera variante del conservadurismo. La política «revolucionaria» no era más que una farsa.

Ahora, en cambio, las circunstancias han cambiado. Los años de ensueño han tocado a su fin. Ser socialista ya no significa dar patadas teóricas contra un sistema con el que en la práctica uno está plenamente satisfecho. Esta vez nos encontramos en una tesitura difícil. Ahora sí se da el caso de que «¡Sansón, los filisteos caen sobre ti!». O damos forma y sustancia a nuestras palabras o pereceremos. Sabemos muy bien que con su estructura social actual Inglaterra no podrá sobrevivir, y hemos de lograr que otros comprendan esta realidad y que actúen en consecuencia. No podemos ganar la guerra sin introducir el socialismo, ni podemos tampoco establecer el socialismo sin ganar la guerra. En estos momentos es posible, como no lo fue en los años de paz, ser a la vez revolucionario y realista. Un movimiento socialista capaz de poner en movimiento a la masa popular, de echar a los profascistas de los puestos de poder, de erradicar las injusticias más flagrantes, de permitir que la clase obrera entienda que tiene algo por lo que debe luchar, y de ganarse el respaldo de la clase media en vez de insistir en el antagonismo, amén de elaborar una política imperial viable en vez de un batiburrillo de patrañas y utopías, y de coaligar la inteligencia con el patriotismo, por vez primera un movimiento de tales características es posible.

II

Que estemos en guerra significa que el socialismo ha pasado de ser un concepto de manual a constituir una política viable.

La ineficacia del capitalismo privado se ha demostrado en toda Europa. Su injusticia ha sido puesta de manifiesto en el East End londinense. El patriotismo, contra el cual tanto y tan arduamente lucharon los socialistas, se ha convertido en una herramienta poderosa en sus manos. Personas que en otras circunstancias se aferrarían a sus nimios y miserables privilegios varios, ahora renunciarán al punto a todos ellos cuando su país corra peligro. La guerra es el mayor de los agentes transformadores. Acelera todos los procesos, borra toda distinción irrelevante, saca las realidades a la superficie. Por encima de todo, la guerra hace comprender al individuo que no lo es todo ni es únicamente eso. Solo por ser consciente de esto mueren los hombres en los campos de batalla. En estos momentos, no es tanto cuestión de renunciar a la vida, sino al lujo, las comodidades, la libertad económica, el prestigio social. Son muy pocas las personas que en Inglaterra quieren de veras ver a su país conquistado por Alemania. Si quedase claro que derrotar a Hitler traerá consigo la desaparición de todo privilegio de clase, la gran masa de la clase media, aquella que vive con unos ingresos que se hallan en una horquilla que va de las seis libras semanales a las dos mil libras al año, probablemente se pondría de nuestra parte. Son personas imprescindibles, ya que entre ellas se encuentran la mayoría de los expertos técnicos. Obviamente, el esnobismo y la ignorancia política de personas como los pilotos de aviación y los oficiales de la armada serán obstáculos muy difíciles de sortear. Pero sin esos pilotos, sin esos capitanes de destructores, etcétera, no sobreviviríamos ni siquiera una semana. La única manera de seducirlos es a través de su patriotismo. Un movimiento socialista inteligente utilizará su patriotismo en vez de limitarse a insultarlo, como ha hecho hasta la fecha.

¿Quiero decir con todo esto que no habrá oposición? Claro que no. Sería pueril esperar algo así.

Habrá una encarnizada lucha política, y habrá sabotajes conscientes e inconscientes por todas partes. En un momento u otro quizá sea necesario recurrir a la violencia. Es fácil imaginar que estalle una rebelión profascista, por ejemplo, en la India. Tendremos que luchar contra los sobornos, la ignorancia y el esnobismo. Los banqueros y los grandes empresarios, los terratenientes y los inversores, los funcionarios de posaderas prensiles se dedicarán a obstruir y poner trabas con ahínco. Incluso la clase media pondrá el grito en el cielo cuando vea que su acostumbrado *modus vivendi* se halla amenazado. Pero precisamente porque el sentido inglés de la unidad nacional jamás se ha desintegrado, porque el patriotismo por fin es más fuerte que el odio de clase, es muy probable que prevalezca la voluntad de la mayoría. De nada sirve especular con que sea posible llevar a cabo cambios fundamentales sin causar una escisión nacional; ahora bien, la minoría traidora será mucho más reducida en tiempos de guerra que en cualquier otra etapa de la historia.

La transformación de la opinión pública se está produciendo ya de manera visible, pero no se puede contar con que suceda a una velocidad suficiente por su cuenta y riesgo. Esta guerra es una carrera entre la consolidación del imperio de Hitler y el crecimiento de la conciencia democrática. En Inglaterra, por doquier se ven muestras de una reñida batalla que se desarrolla ante nuestros ojos, en el Parlamento y en el gobierno, en las fábricas y en las fuerzas armadas, en las tabernas y en los refugios antiaéreos, en los periódicos y en la radio. A diario se sabe de pequeñas derrotas, de victorias pírricas. Morrison es nombrado ministro de Seguridad Nacional... pequeño paso adelante. Priestley deja de emitir programas en la radio... pequeño paso atrás. Es una pugna entre los que andan a tientas y los que se niegan en redondo a aprender, entre los jóvenes y los viejos, entre los vivos y los muertos. Ahora bien, es muy necesario que el descontento que sin lugar a dudas existe hoy adopte una forma determinada, no meramente obstruccionista. Es hora de que el pueblo defina sus propios objetivos de guerra. Lo que se necesita es un programa de acción sencillo y concreto, al cual se le pueda dar la máxima publicidad, en torno al cual sea posible aglutinar a la opinión pública.

Propongo el siguiente programa, compuesto por seis puntos, por parecerme que algo así es lo que necesitamos. Los tres primeros se refieren a la política interior de Inglaterra y los otros tres al imperio y al mundo en general.

1. Nacionalización de la tierra, las minas, los ferrocarriles, los bancos y las industrias principales.

2. Limitación de los ingresos, de tal modo que el más elevado y libre de impuestos no exceda al más bajo en una proporción superior a diez a uno.

3. Reforma del sistema educativo según planteamientos democráticos.

4. Concesión inmediata del estatus de Dominio a la India, con la potestad de escindirse del Imperio cuando termine la guerra.

5. Formación de un Consejo General del Imperio en el que estén representados los pueblos de color.

6. Declaración de una alianza formal con China, Abisinia y el resto de las víctimas de las potencias fascistas.

La tendencia general de este programa es inconfundible. Apunta con franqueza a la conversión de este conflicto bélico en una guerra revolucionaria, y a la conversión de Inglaterra en una democracia socialista. Deliberadamente, no he incluido nada que no pueda entender hasta la persona más simple. Tal como lo expreso, podría publicarse en la primera plana del *Daily Mirror*. Sin embargo, de cara a las intenciones de este libro, me parece necesario ampliar algunas cuestiones.

1. *Nacionalización*. Es posible «nacionalizar» una industria de un plumazo, pero el proceso real es más lento y complejo. Lo que se necesita es que la propiedad de todas las industrias principales pase formalmente al Estado, en representación del pueblo llano. Cuando se haya hecho esto, será posible eliminar la clase de los propietarios que viven no en virtud de nada que produzcan, sino mediante la posesión de acciones y títulos de propiedad. La propiedad estatal implica, por tanto, que nadie pueda vivir sin trabajar. No está tan claro, en cambio, hasta qué punto lo repentino del cambio afectaría al comportamiento de la industria. En un país como Inglaterra, no podemos desmantelar toda la estructura y reconstruirla empezando por abajo, y menos aún en tiempos de guerra. Es inevitable que los grandes consorcios industriales continúen en gran medida con el mismo personal que antes, de modo que los que fueron propietarios o directores de los consejos de administración mantengan sus puestos de trabajo como empleados del Estado. Hay motivos para pensar que muchos de los pequeños capitalistas verían con buenos ojos semejan-

tes medidas. La resistencia provendría de los grandes capitalistas, los banqueros, los terratenientes y los ricos desocupados; *grosso modo*, la clase que vive con más de dos mil libras al año. Si se calcula cuántas personas dependen de ellos, no llegan a medio millón de ciudadanos. La nacionalización de la tierra cultivada implica expulsar al terrateniente y al recaudador de diezmos, aunque no ha de interferir necesariamente en la vida del simple granjero. Es difícil imaginar cualquier reorganización de la agricultura inglesa que no mantenga la mayor parte de las granjas existentes como unidades, al menos en un primer momento. Mientras sea competente, el granjero seguirá siendo un gestor asalariado. Virtualmente ya lo es, aunque con la desventaja añadida de que ha de obtener beneficios y se halla permanentemente endeudado con el banco. En algunos tipos de pequeño comercio, e incluso en la propiedad de la tierra a pequeña escala, el Estado no interferiría en modo alguno. Por ejemplo, sería un craso error comenzar por la victimización de la clase de los pequeños terratenientes. Se trata de personas necesarias, que en general son competentes. El trabajo que llevan a cabo depende del sentimiento de que «son sus propios amos y señores». Sin embargo, el Estado ciertamente impondría un límite por arriba a la propiedad de la tierra cultivada (ocho hectáreas a lo sumo), y nunca permitiría la propiedad privada de tierras en las zonas urbanas.

A partir del momento en que todos los bienes de producción se hayan declarado propiedad del Estado, el pueblo llano tendrá la sensación clara, ahora mismo imposible, de que el Estado es el propio pueblo. Los ciudadanos estarán dispuestos a soportar los sacrificios que nos esperan, tanto con la guerra como sin ella. Y aun cuando el rostro visible de Inglaterra apenas parezca cambiar, el día en que nuestras industrias principales estén formalmente nacionalizadas se habrá quebrantado del todo el dominio de una clase única. A partir de entonces, y en lo sucesivo, dejará de hacerse hincapié en la propiedad y se hará, en cambio, en la administración; habremos pasado del privilegio a la competencia. Es muy probable que la propiedad estatal traiga consigo menos cambios sociales que los que nos serán impuestos por las penalidades usuales de la guerra, pero es el primer paso necesario, sin el cual toda reconstrucción verdadera es imposible.

2. *Ingresos*. La limitación de ingresos implica fijar un salario mínimo, lo cual a su vez comporta una moneda nacional regulada, basándose sencillamente en la cantidad de bienes de consumo que estén disponibles. Y esto a su vez conlleva un plan de racionamiento más estricto que el que ahora funciona. De nada sirve, en esta etapa de la historia universal, sugerir que todos los seres humanos deben tener exactamente los mismos ingresos. Se ha demostrado una y mil veces que sin una recompensa monetaria, la que sea, no hay incentivos para emprender determinadas tareas. Por otra parte, la recompensa monetaria no tiene por qué ser exagerada. En la práctica, es imposible que las ganancias se limiten de una manera tan rigurosa como la que he propuesto; siempre habrá anomalías y evasiones. Pero no hay motivo por el cual la proporción de diez a uno no pueda ser la variación máxima en condiciones normales, y dentro de esos límites es posible cierta idea de igualdad. El hombre que gana tres libras a la semana y el que gana mil quinientas al año pueden sentirse congéneres. El duque de Westminster y quienes duermen a la intemperie en los bancos de Embankment no pueden sentirse así.

3. *Educación*. En tiempos de guerra, la reforma educativa por fuerza ha de ser más una promesa que una realidad. Por el momento, no estamos en condiciones de elevar la edad a la que los niños dejan de asistir a la escuela, ni tampoco de incrementar el personal de la enseñanza en las escuelas primarias. Sin embargo, hay algunos pasos inmediatos que sí podrían darse de cara a un sistema educativo democrático. Podríamos empezar por abolir la autonomía de los colegios privados y de las universidades más antiguas, e inundarlos de

alumnos que cuenten con una ayuda del Estado, escogidos simplemente según su probada capacidad. En la actualidad, la educación que se da en los colegios privados es en parte un adiestramiento a fondo en los prejuicios de clase y, en parte, una suerte de impuesto que la clase media paga a la clase alta a cambio del derecho a ingresar en ciertas profesiones. Es verdad que la situación está cambiando. La clase media ha comenzado a rebelarse contra el elevado coste de la enseñanza, y la guerra, si se prolonga otro año, u otros dos, dejará en la bancarrota a la mayoría de los colegios privados. La evacuación también está dando pie a transformaciones de menor entidad. Pero existe el peligro de que algunos de los colegios de mayor antigüedad, que podrán capear más tiempo la tormenta financiera, sobrevivan en forma de centros emponzoñados del esnobismo a ultranza. En cuanto a los diez mil colegios de pago que posee Inglaterra, la inmensa mayoría no se merecen otra cosa que desaparecer. Son sencillamente empresas de vocación comercial; en muchos casos, su nivel educativo es en realidad inferior al de las escuelas primarias. Existen solamente debido a la extendida idea de que hay algo deshonroso en que a un niño lo eduquen las autoridades públicas. El Estado podría acabar con esta idea declarándose responsable de toda la educación, aunque en un primer momento no fuera más que un gesto. Necesitamos gestos en igual medida que acciones. Es evidentísimo que hablar de «defender la democracia» es una soberana estupidez mientras sea un mero accidente de nacimiento lo que decida si un niño dotado recibe o no la educación que merece.

4. *India*. Lo que debemos ofrecerle a la India no es la «libertad», que como ya he dicho antes resulta ahora mismo inviable, sino una alianza, una sociedad; en una palabra, igualdad. Pero también debemos decirles a los habitantes de la India que son libres para escindirse si así lo desean. Sin eso, no puede haber igualdad en la sociedad común, y la afirmación de que defendemos a los pueblos de color frente al fas-

cismo nunca será creíble. Sin embargo, es un error imaginar que si los ciudadanos de la India fueran libres para escindirse e ir a la deriva lo harían sin dudarlo. Cuando un gobierno británico les ofrezca una independencia incondicional, se negarán a aceptarla. En cuanto tengan el poder de escindirse, las principales razones para hacerlo habrán desaparecido.

Una ruptura completa entre ambos países sería un desastre tanto para la India como para Inglaterra. Los indios inteligentes lo saben. Tal como están ahora las cosas, la India no solo no puede defenderse, sino que es incluso a duras penas capaz de alimentarse. Toda la administración del país depende de una red de expertos (ingenieros, gestores forestales, ferroviarios, soldados, médicos) que son en su mayor parte ingleses, y que no podrían ser reemplazados por otros en cinco o, tal vez, ni siquiera diez años. Además, el inglés es la principal *lingua franca*, y casi la totalidad de la intelectualidad india está hondamente influida por la cultura británica. Cualquier transferencia a otra potencia extranjera —y es que, si los británicos abandonaran la India, los japoneses y otras potencias se apoderarían de inmediato de ella— entrañaría una inmensa dislocación. Ni los japoneses, ni los rusos, ni los alemanes ni los italianos serían capaces de administrar la India ni siquiera con el bajísimo nivel de eficacia alcanzado por los británicos. No poseen la cantidad suficiente de expertos ni el conocimiento de las lenguas locales, de las condiciones de la zona, y probablemente no se granjearían la confianza de los intermediarios indispensables, como son los euroasiáticos. Si la India sencillamente se «liberase», esto es, si se viera privada de la protección militar británica, el primer resultado sería una conquista inmediata por parte de algún país extranjero; el segundo, una serie de hambrunas pavorosas que acabarían con la vida de millones de personas en pocos años.

Lo que la India necesita es el poder de redactar su propia Constitución sin interferencia británica, aunque formando algún tipo de sociedad que garantice su protección militar y su asesoría técnica. Esto es algo impensable mientras no haya un gobierno socialista en Gran Bretaña. Durante ochenta años al menos, Inglaterra ha impedido de manera artificial el desarrollo de la India, en parte por miedo a la competencia comercial si las industrias indias hubieran alcanzado un alto grado de desarrollo y, en parte, porque un pueblo atrasado es más fácil de gobernar que un pueblo civilizado. Es un lugar común que el ciudadano medio de la India sufre mucho más a manos de sus compatriotas que a manos de los británicos. El pequeño capitalista indio explota al obrero urbano de forma totalmente despiadada; el campesino vive, desde que nace hasta que muere, en las garras del prestamista. Pero todo esto es resultado indirecto del gobierno británico, que prefiere semiconscientemente mantener a la India en un atraso tan grande como sea posible. Las clases más leales a Gran Bretaña son los príncipes, los terratenientes y la comunidad empresarial; en general, las clases reaccionarias, a las que las cosas les van francamente bien gracias al *statu quo*. En el momento en que Inglaterra dejara de mantener con la India la relación que el explotador mantiene con el explotado, el equilibrio de fuerzas interno quedaría alterado. No habría entonces necesidad de que los británicos adulasen a los ridículos príncipes de la India, con sus elefantes engalanados con oro y joyas y sus ejércitos de cartón, ni de que impidieran el desarrollo de los sindicatos en la India, ni de que enfrentasen a musulmanes con hindúes, ni de que protegieran la vida insignificante del prestamista, ni de que recibieran los parabienes de los funcionarios más aduladores, ni de que prefiriesen al gurka, un bárbaro, antes que al civilizado bengalí. Una vez detenido el flujo de dividendos que fluye de los cuerpos de los culíes de la India a las cuentas bancarias de las viejas damas residentes en Cheltenham, todo el nexo del *sahib* con el nativo, con la altanería ignorante de una parte y la envidia y el servilismo de la otra, podría tocar a su fin. Los ingleses y los indios podrían trabajar codo con codo en pro del desarrollo de la India, así como en pro del adiestramiento de todos los indios en las artes y los oficios que hasta la fecha se les ha impedido aprender. Harina de otro costal sería precisar cuántos de los integrantes del personal británico en la India, comercial o administrativo, estarían de acuerdo con semejante disposición, que comportaría el que dejaran de ser *sahibs* de una vez por todas. Sin embargo, en términos generales, es mucho lo que cabe esperar de los más jóvenes y de los funcionarios (ingenieros de caminos, canales y puertos, expertos en explotaciones forestales y en agricultura, médicos, pedagogos) que disponen de una educación científica. En los altos funcionarios, en los gobernadores de provincias, en los comisarios, jueces, etcétera, no es posible confiar; pero también son los más fáciles de sustituir.

A grandes rasgos, eso es lo que supondría el estatus de Dominio si un gobierno socialista se lo ofreciera a la India. Se trata de la propuesta de formar una sociedad comercial en igualdad de términos, duradera hasta el momento en que el mundo deje de estar regido por los bombarderos. Sin embargo, hemos de añadir a esto el derecho incondicional a escindirse. Es la única forma de demostrar que lo que decimos lo decimos en serio. Y lo aplicable a la India lo es también, *mutatis mutandis*, a Birmania, Malasia y la mayor parte de nuestras posesiones en África.

Los puntos 5 y 6 se explican por sí solos. Son los prolegómenos necesarios a toda afirmación de que libramos esta guerra por la protección de los pueblos pacíficos frente a las agresiones del fascismo.

¿Es una esperanza imposible, descabellada, pensar que una política como esta tendría un predicamento masivo en Inglaterra? Hace un año, incluso hace solo seis meses, tal vez lo hubiera sido, pero ahora no es ningún desatino. Por si fuera poco —y esta es la peculiar oportunidad de este momento—, se le podría dar la publicidad necesaria. Existe ahora una abundante prensa semanal, con una circulación de millones de ejemplares, que estaría dispuesta a popularizar, si no exactamente el que acabo de esbozar, sí un programa político pactado sobre esas bases. Hay incluso tres o cuatro periódicos de difusión diaria que estarían preparados para darle la resonancia apetecida. Esa es la distancia que hemos recorrido en los últimos seis meses.

Ahora bien, ¿es viable semejante iniciativa política? Eso depende enteramente de nosotros.

Algunos de los puntos que he planteado podrían llevarse a efecto de inmediato, mientras que otros nos costarán años o incluso décadas, y ni siquiera entonces sería posible aplicarlos a la perfección. Ningún programa político se lleva nunca a la práctica en su totalidad. Pero lo que cuenta es que ese programa, o alguno semejante, debería constituir nuestra política declarada. Siempre es la dirección lo que importa. Es, por supuesto, un desatino contar con que el gobierno actual se pliegue a ninguna política que entrañe la transformación de este conflicto bélico en una guerra revolucionaria. En el mejor de los casos, no pasa de ser un gobierno de compromiso, en el que Churchill cabalga a lomos de dos caballos, como un acróbata en el circo. Antes de que medidas tales como la limitación de los ingresos sean siquiera concebibles, tendrá que producirse un total desplazamiento del poder, lejos de la anquilosada clase dirigente. Si a lo largo de este invierno la guerra entra en otra fase de estancamiento, en mi opinión deberíamos comenzar la agitación en pro de unas nuevas elecciones generales, cosa que la maquinaria del Partido Conservador hará cuanto esté en su mano por impedir. Pero es que también sin unas elecciones podemos instaurar el gobierno que deseamos, siempre y cuando lo deseemos con vehemencia. Un verdadero empujón desde abajo bastará para lograrlo. En cuanto a quiénes hayan de estar en ese gobierno, cuando llegue, no aventuro ninguna opinión. Solo sé que los hombres adecuados estarán ahí cuando el pueblo de veras los necesite, pues son los movimientos los que hacen a sus líderes, y no a la inversa.

Dentro de un año, quizá dentro de solo seis meses, si seguimos sin dejarnos conquistar, veremos el ascenso de algo que nunca ha existido hasta ahora, un movimiento socialista específicamente inglés. Hasta la fecha solo han existido el Partido Laborista —creación de la clase obrera, desde luego, pero sin aspiraciones de lograr ningún cambio fundamental— y el marxismo, que era una teoría alemana interpretada por los rusos y trasplantada sin éxito a Inglaterra. No había en ello nada que de veras conmoviera el corazón del pueblo inglés. A lo largo de toda su historia, el movimiento socialista inglés no ha dado pie a un cántico de melodía pegadiza, nada parecido a «La marsellesa» o a «La cucaracha», por ejemplo. Cuando aparezca un movimiento socialista autóctono de Inglaterra, los marxistas, al igual que todo el que tiene intereses creados en el pasado, serán sus más enconados enemigos. Inevitablemente lo denunciarán por «fascista». Ya es costumbre entre los intelectuales más blandos de la izquierda afirmar que si luchamos contra los nazis deberíamos «volvernos nazis». Por la misma regla de tres, igual podrían decir que si luchamos contra los negros deberíamos volvernos negros. Para «volvernos nazis» deberíamos tener detrás la historia de Alemania. Las naciones no escapan a su pasado mediante una mera revolución. Un gobierno socialista inglés transformará la nación de arriba abajo, pero esta, pese a todo, conservará por doquier las huellas inconfundibles de nuestra civilización, la peculiar civilización a la que me referí al comienzo de este libro.

No será doctrinario. Ni siquiera será lógico. Abolirá la Cámara de los Lores, pero muy probablemente no derogará la monarquía. Dejará anacronismos y cabos sueltos por todas partes, el juez con su ridícula peluca de crin de caballo, el león y el unicornio en los botones de las gorras de los soldados. No creará ninguna dictadura de clase explícita. Se agrupará en torno al viejo Partido Laborista y su masa de seguidores, los sindicatos, aunque se surtirá también de la mayor parte de la clase media y de muchos de los jóvenes hijos de la burguesía. La mayor parte de sus cerebros y dirigentes provendrán de esa nueva clase indeterminada, de trabajadores cualificados, de expertos técnicos, de pilotos, científicos, arquitectos y periodistas, las personas que se sienten a sus anchas en la época de la radio y del hormigón armado. Sin embargo, nunca perderá el contacto con la tradición del compromiso, con la creencia en que la ley está por encima del Estado. Fusilará a los traidores, pero no sin antes juzgarlos solemnemente, y de vez en cuando los exonerará de la pena. Aplastará con prontitud y crueldad toda intentona de revuelta, pero apenas interferirá en la palabra escrita y en la expresión oral de la ciudadanía. Seguirán existiendo partidos políticos con distintos nombres, y las sectas revolucionarias seguirán publicando sus periódicos y causando una impresión tan nula como siempre. Desestabilizará a la Iglesia, pero no perseguirá la religión. Conservará un vago respeto por el código moral cristiano, y de vez en cuando hará referencia a Inglaterra como «país cristiano». La Iglesia católica opondrá resistencia, pero las sectas disidentes y el grueso de la Iglesia anglicana serán capaces de llegar a un acuerdo con el gobierno. Mostrará un poder notable de asimilar el pasado, que dejará atónitos a los observadores extranjeros y a veces los llevará incluso a dudar de que se haya llevado a cabo una revolución de verdad.

Aun así, habrá hecho lo esencial. Habrá nacionalizado la industria, habrá reducido el nivel de ingresos de los inversores, habrá creado un sistema educativo ajeno a las clases sociales. Su verdadera naturaleza quedará de manifiesto en el odio que le profesen los ricos del mundo que sobrevivan. Aspirará no a la desintegración del imperio, sino a su conversión en una federación de estados socialistas, libres no tanto de la bandera inglesa cuanto del prestamista, del inversor y del funcionario británico más tarugo. Su estrategia bélica será totalmente distinta de la puesta en práctica por el Estado que se rige de acuerdo con la propiedad privada, porque no temerá los efectos secundarios revolucionarios que se produzcan cuando un régimen sea derrocado. No tendrá ni el menor escrúpulo en atacar a los países neutrales que le sean hostiles ni en desencadenar la rebelión de los nativos en las colonias enemigas. Combatirá de tal manera que, incluso si es derrotado, su recuerdo será peligroso para el vencedor, tal como el recuerdo de la Revolución francesa fue peligroso en la Europa de Metternich. Los dictadores lo temerán mucho más que al régimen británico actual, aun cuando su fuerza militar fuese diez veces superior a la que hoy tiene.

Sin embargo, en este momento en que la vida soñolienta de Inglaterra apenas se ha empezado a alterar, en que el injurioso contraste entre riqueza y pobreza sigue siendo visible en todas partes, e incluso entre las bombas, ¿por qué me atrevo a decir que todas estas cosas han de suceder?

Pues porque ha llegado el momento en que uno puede predecir el futuro en términos de una disyuntiva: o esto o aquello. O bien convertimos esta conflagración en una guerra revolucionaria (no digo que nuestra política será exactamente la que he indicado; tan solo digo que ha de transcurrir sobre esas líneas generales), o bien la perdemos y, con ello, perdemos mucho más. Muy pronto será posible decir con total certeza que avanzamos por una senda o por la otra. En cualquier caso, es seguro que con nuestra estructura social actual no podemos ganar la guerra. Nuestras verdaderas fuerzas, físicas, morales o intelectuales, no se pueden movilizar.

III

El patriotismo no tiene nada que ver con el conservadurismo. En realidad es todo lo contrario, ya que se trata de una devoción a algo que siempre está cambiando, y que sin embargo se percibe místicamente como algo idéntico a sí mismo. Es el puente entre el futuro y el pasado. Ningún revolucionario de verdad ha sido jamás un internacionalista.

Durante los últimos veinte años, el planteamiento negativo y *fainéant* que ha estado en boga entre los izquierdistas europeos, las burlas constantes de que han sido objeto el patriotismo y la valentía física por parte de los intelectuales, los empeños por minar la moral de Inglaterra y por difundir una actitud ante la vida más bien hedonista, o propia de quien se plantea «y yo qué saco de esto», solo ha causado perjuicios. Habría sido perjudicial aunque viviésemos en el mundo blandengue de la Sociedad de Naciones, tal como habían imaginado esas personas. En una época de führers y de bombarderos fue un desastre. Por poco que nos pueda gustar, la dureza es el precio de la supervivencia. Una nación educada en el pensamiento hedonista no puede sobrevivir entre pueblos que trabajan como esclavos y se reproducen como conejos, pueblos cuya principal industria nacional no es otra que la guerra. Los socialistas ingleses de todo pelaje y condición han querido plantar cara al fascismo, aunque al mismo tiempo han aspirado a que sus compatriotas no tuvieran un talante belicista. Han fracasado porque en Inglaterra las lealtades tradicionales son más fuertes que las lealtades de nuevo cuño. No obstante, a pesar de todas las heroicidades «antifascistas» de la prensa izquierdista, ¿qué posibilidades habríamos tenido cuando llegara el momento de entablar el verdadero combate contra el fascismo si el inglés medio hubiera sido el tipo de individuo en que el *The New Statesman*, el *Daily Worker* e incluso el *News Chronicle* deseaban convertirlo?

Hasta 1935, la práctica totalidad de los izquierdistas ingleses eran vagamente pacifistas. A partir de 1935, los que más se hacían oír se lanzaron afanosos al movimiento del Frente Popular, que fue sencillamente una mera elusión del problema que constituía el fascismo. Se propusieron ser «antifascistas» de una manera puramente negativa, posicionándose «contra» el fascismo sin estar «a favor» de ninguna política concebible, y por debajo de tal actitud subyacía la pusilánime idea de que, cuando llegara el momento, serían los rusos los que se encargarían de entablar combate en nuestro nombre. Es asombroso que esta ilusión persista. Todas las semanas vemos infinidad de cartas a la prensa en las cuales se señala que, si tuviésemos un gobierno sin conservadores, los rusos difícilmente podrían renunciar a ponerse de nuestra parte. O si no, se publican resonantes objetivos de guerra (por ejemplo, libros como *Unser Kampf*, *A Hundred Million Allies – If We Choose*, etcétera), en virtud de los cuales la población de toda Europa indefectiblemente se alzará en nuestro nombre. Siempre se esgrime la misma idea: busquemos en el extranjero las fuentes de inspiración, logremos que alguien se ocupe de luchar por nosotros. Por debajo subyace el aterrador complejo de inferioridad del intelectual inglés, la creencia de que los ingleses han dejado de ser un pueblo marcial, de que ya no tienen capacidad de resistencia.

En verdad, no hay ningún motivo para pensar que alguien se vaya a ocupar de luchar por nosotros al menos de momento, tal vez con la salvedad de los chinos, que llevan haciéndolo desde hace ya tres años.* Los rusos quizá se verían impelidos a luchar de nuestra parte si sufriesen una agresión directa, aunque han dejado bien claro que no se enfrentarán al ejército alemán mientras exista alguna manera de evitar la contienda. En cualquier caso, no es probable que se sientan atraídos por el espectáculo de un gobierno inglés de izquierdas. Casi con toda certeza, el actual régimen ruso será hostil a cualquier revolución en Occidente. Los pueblos sometidos de Europa se rebelarán cuando Hitler empiece a tambalearse, pero no antes de que dé muestras de flaqueza. Nuestros aliados potenciales no son los europeos, sino, por una parte, los estadounidenses, que aún necesitarán un año al menos para movilizar sus recursos, incluso en el caso de que las grandes

---

* Escrito antes del estallido de la guerra en Grecia. *(N. del A.)*

empresas entren en vereda, y, por otra, los pueblos de color, que no podrán estar de nuestra parte ni siquiera sentimentalmente mientras nuestra propia revolución no haya comenzado. Durante mucho tiempo, tal vez dos o seguramente tres años, Inglaterra tendrá que ser el parachoques del mundo entero. Debemos hacer frente a los bombardeos, al hambre, al exceso de trabajo, a las epidemias de gripe, al tedio, a los traicioneros ofrecimientos de paz. Este es a todas luces un momento para fortalecer la moral, no para debilitarla. En vez de adoptar la actitud mecánicamente antibritánica que suele ser usual en la izquierda, es preferible considerar cómo sería en realidad el mundo si pereciera la cultura en lengua inglesa. Y es que es pueril suponer que los demás países de habla inglesa, incluido Estados Unidos, no se sentirán afectados en el caso de que Gran Bretaña sea conquistada.

Lord Halifax y toda su tribu creen que cuando termine la guerra las cosas seguirán exactamente igual que antes. Volveremos al demencial ambiente de los salones de Versalles, a la «democracia», es decir, al capitalismo; volveremos a las colas del paro y a los Rolls-Royce, a los sombreros de copa y los pantalones de chaqué, *in saecula saeculorum*. Es evidente, huelga decirlo, que nada de eso ha de suceder. Podría darse a lo sumo un feble remedo de todo aquello en caso de que se llegase a una paz negociada, pero por poco tiempo. El capitalismo liberal ha muerto.* La disyuntiva se encuentra entre el tipo de sociedad colectivizada que Hitler establecerá y el tipo de sociedad que pueda surgir si es derrotado.

Si Hitler gana esta guerra, consolidará su dominio en Europa, África y Oriente Medio, y si sus ejércitos no se encuen-

* Es interesante reseñar que el señor Kennedy, embajador de Estados Unidos en Londres, comentó a su regreso a Nueva York en octubre de 1940 que, como resultado de la guerra, «la democracia ha muerto». Al decir «democracia», claro está, se refería al capitalismo privado. (*N. del A.*)

tran demasiado extenuados, podrá incluso hacerse con vastos territorios de la Rusia soviética. Establecerá una sociedad a imagen y semejanza del más puro sistema de castas, en la que el *Herrenvolk* alemán (la «raza suprema» o «raza aristocrática») gobierne a los eslavos y a otros pueblos considerados inferiores, cuyo cometido no será otro que el suministro de productos agrarios a bajo precio. Reducirá a los pueblos de color, de una vez por todas, a una esclavitud sin paliativos. La verdadera inquina de las potencias fascistas con el imperialismo británico estriba en que son conscientes de que se está desintegrando. Otros veinte años siguiendo las actuales líneas de desarrollo, y la India será una república campesina ligada a Inglaterra solo mediante una alianza voluntaria. Los «medio simios» de los que habla Hitler con tanto aborrecimiento pilotarán aviones y fabricarán ametralladoras. El sueño fascista de un imperio esclavo estará al alcance de la mano. Por otra parte, si somos derrotados, nos limitaremos a entregar a nuestras víctimas a nuevos amos, que llegarán ansiosos de ejercer como tales sin haber desarrollado el menor escrúpulo.

Pero es mucho más lo que está en liza, no solo el destino de los pueblos de color. Se ha entablado una lucha sin cuartel entre dos visiones de la vida antitéticas e incompatibles. «Entre democracia y totalitarismo —dice Mussolini— no puede haber una solución de compromiso.» Son dos credos que no podrán coexistir ni siquiera por un breve tiempo. Mientras exista la democracia, incluso en la muy imperfecta forma que ha adoptado en Inglaterra, el totalitarismo corre un peligro mortal. Todo el mundo de habla inglesa está obsesionado con la idea de la igualdad entre los seres humanos, y aunque sería una mentira inexcusable afirmar que nosotros o los estadounidenses alguna vez hayamos actuado a la altura de las creencias que profesamos, la idea sigue estando ahí, y sigue siendo capaz de convertirse un buen día en realidad. De la cultura de lengua inglesa, si no perece antes, brotará una sociedad de seres humanos libres e iguales. Pero es precisamente la idea de la igualdad entre los hombres —la idea de igualdad «judía» o «judeocristiana»— la que Hitler se ha propuesto destruir a toda costa. Lo ha dicho en multitud de ocasiones, eso lo sabe cualquiera. La idea de un mundo en el que los negros valgan lo mismo que los blancos y en el que los judíos sean tratados como los seres humanos que son, le produce el mismo horror, la misma desesperación, que a nosotros nos inspira la idea de una esclavitud sin fin.

Es importante tener en cuenta cuán irreconciliables son los dos puntos de vista. En el plazo de un año es probable que tenga lugar, en la intelectualidad de izquierdas, una reacción prohitleriana. Ya hay señales premonitorias. Los logros positivos de Hitler resultan atractivos para estas personas vacuas; en el caso de los que tienen inclinaciones pacifistas, son atractivos por su masoquismo. Se sabe de antemano, más o menos, qué es lo que dirán. Empezarán por negarse a reconocer que el capitalismo británico esté evolucionando hacia algo diferente o que la derrota de Hitler pueda significar nada más que una victoria de los millonarios británicos y estadounidenses. A partir de ahí, pasarán a sostener que, a fin de cuentas, la democracia es «lo mismo que» el totalitarismo o que es «igual de mala». No hay demasiada libertad de expresión en Inglaterra; por tanto, no es mucho mayor que la existente en Alemania. Estar en paro es una experiencia horrorosa; por tanto, no es mucho peor encontrarse en las salas de tortura de la Gestapo. En general, negro más negro es igual a blanco, y media barra de pan equivale a no tener pan.

En realidad, al margen de lo que pueda ser cierto acerca de la democracia y el totalitarismo, no es verdad que sean iguales. No sería verdad que son iguales ni siquiera aunque la democracia británica fuese incapaz de evolucionar más allá de su etapa actual. Toda la concepción del Estado continental militarizado, con su policía secreta, su censura y su mano de obra forzosa, es absolutamente distinta de la concepción de una democracia marítima más o menos laxa, con sus arrabales y su desempleo, sus huelgas y sus partidos políticos. Es la diferencia que hay entre el poder terrestre y el poder naval, entre la crueldad y la ineficacia, entre la mentira y el autoengaño, entre el hombre de las SS y el cobrador del alquiler. Y al elegir entre una y otra se escoge no tanto según la fuerza de lo que ahora son, sino en función de lo que son capaces de llegar a ser. Aun así, en cierto sentido es irrelevante que la democracia, en su máximo esplendor o en su momento más bajo, sea «mejor» que el totalitarismo. Para decidir eso habría que tener acceso a criterios absolutos. Lo único que importa es dónde pondrá uno sus simpatías cuando llegue la hora de la verdad. Los intelectuales a los que tanto les gusta cotejar democracia y totalitarismo, pesarlos en la misma balanza, «demostrar» que una es tan perniciosa como el otro, son simplemente unos frívolos que nunca se han tenido que enfrentar a la cruda realidad. Muestran la misma incomprensión, la misma superficialidad, que los fascistas ahora que empiezan a flirtear con el fascismo, la misma que cuando hace un año o dos vociferaban y protestaban en contra del fascismo. La cuestión no es si la postura de Hitler se puede o no defender en un debate en sociedad. La cuestión es más sencilla: ¿acepta uno esa defensa?; ¿está dispuesto a acatar el dominio de Hitler?; ¿desea ver a Inglaterra conquistada, sí o no? Sería mejor estar bien seguros sobre este punto antes de incurrir en la frivolidad de ponerse de parte del enemigo. Y es que en la guerra no existe eso que se llama «neutralidad»; en la práctica, uno ha de ponerse de uno u otro bando.

Cuando llegue la hora de la verdad, nadie que se haya educado en la tradición occidental podrá aceptar la visión de la vida que propugna el fascismo. Es importante comprenderlo ahora mismo y asumir todo lo que entraña. A pesar de su desidia, hipocresía e injusticia, la civilización anglohablante es el único obstáculo de envergadura que se interpone en los planes de Hitler. Es una contradicción patente de todos los dogmas «infalibles» del fascismo. Por eso, durante bastantes años, todos los escritores fascistas se han mostrado de acuerdo en que es preciso destruir el poderío de Inglaterra. Inglaterra ha de ser «exterminada», «aniquilada», «debe dejar de existir». En el plano estratégico, sería posible que la guerra terminase con toda Europa continental en manos de Hitler, y con el Imperio británico y el poderío naval de Gran Bretaña más o menos intactos. Pero en el plano ideológico no lo sería; si Hitler hiciera una oferta en este sentido, solo sería una trampa con el objetivo de conquistar Inglaterra de un modo indirecto o de reanudar el ataque en un momento más favorable. A Inglaterra no se le puede permitir que permanezca en calidad de embudo a través del cual las ideas mortíferas que lleguen del otro lado del Atlántico puedan fluir hacia los estados policiales de Europa. Y dando la vuelta al argumento, desde nuestro punto de vista, bien se ve la enormidad de la cuestión que nos aguarda, la importancia suprema de preservar nuestra democracia más o menos tal como la hemos conocido. Ahora bien, preservar es siempre ampliar. El dilema que se abre ante nosotros no es la disyuntiva entre victoria y derrota, sino entre revolución y apatía. Si aquello por lo que luchamos es destruido del todo, habrá sido destruido en parte por nuestros actos.

Podría ocurrir que en Inglaterra se introdujera el socialismo, que esta guerra se convirtiera en una guerra revolucionaria, y a pesar de todo fuésemos derrotados. No es del todo impensable. Pero, por terrible que fuera para cualquier persona que en estos momentos es adulta, sería mucho menos atroz que el «compromiso de paz» que esperan unos cuantos ricos, y por el que abogan los mentirosos a sueldo de esos ricos. La ruina final de Inglaterra solo ocurriría con un gobierno inglés que actuase a las órdenes de Berlín. Pero eso no podrá suceder si Inglaterra despierta antes. Porque en ese caso la derrota sería innegable, la lucha continuaría y la idea en sí habría sobrevivido. La diferencia que hay entre caer luchando y rendirse sin luchar no es en modo alguno una cuestión de «honor», de heroísmo adolescente. Hitler dijo una vez que aceptar la derrota destruye el alma de una nación. Suena a demagogia, pero estrictamente es verdad. La derrota de 1870 no hizo disminuir la influencia mundial que tenía Francia. La Tercera República tuvo mayor influencia desde el punto de vista intelectual que la Francia de Napoleón III. En cambio, el tipo de paz que Pétain, Laval y compañía han aceptado solo se puede comprar eliminando deliberadamente y a conciencia la cultura nacional. El gobierno de Vichy disfrutará de una independencia espuria solo con la condición de que destruya las señas distintivas de la cultura francesa: el republicanismo, el laicismo, el respeto por el intelecto, la ausencia de todo prejuicio racial. No podremos ser totalmente derrotados si antes hemos hecho nuestra revolución. Tal vez lleguemos a ver las tropas alemanas desfilar por Whitehall, pero entonces estará en marcha otro proceso que a la postre será mortal para los sueños alemanes de poder. El pueblo español fue derrotado, pero todo lo que aprendió durante aquellos dos años y medio memorables se volverá un buen día contra los fascistas españoles como un bumerán.

A comienzos de la guerra se citaron a menudo unos versos de grandilocuencia shakespeariana. Si mal no recuerdo, hasta el propio Chamberlain los citó una vez:

> *Así venga el enemigo de los cuatro puntos cardinales*
> *alzado en armas,*
> *lo hemos de hacer pedazos: nada nos hará arrepentirnos*
> *con tal de que Inglaterra solo a sí misma se mantenga fiel.**

Si se interpretan correctamente, no les falta razón. Pero Inglaterra ha de ser fiel a sí misma, y no lo será mientras los refugiados que han buscado nuestras costas se hacinen en

* «Come the four corners of the world in arms / And we shall shock them: naught shall make us rue / If England to herself do rest but true.»

90

campos de concentración, mientras los directores de las empresas urdan sutiles tramas para no tener que pagar el impuesto por exceso de beneficios. Es hora de decir adiós al *Tatler* y al *Bystander*, a la dama del Rolls-Royce. Los herederos de Nelson y de Cromwell no están en la Cámara de los Lores, están en los campos y en las calles, en las fábricas y en las fuerzas armadas, en el bar donde sirven cuatro cervezas distintas y en el plácido jardín de un barrio de los alrededores de la ciudad. En la actualidad, siguen bajo el mando de una generación de fantoches. Comparada con la necesidad de hacer que la verdadera Inglaterra aflore, la tarea de ganar la guerra, por necesaria que sea, es secundaria. Mediante la revolución seremos más nosotros mismos, no menos. No es cuestión de quedarnos como estamos, de hallar una solución de compromiso, de salvar a toda costa la «democracia», de perseverar en el inmovilismo. Nada permanece inmóvil, nunca. Hemos de acrecentar nuestra herencia cultural o hemos de perderla. Hemos de engrandecernos o empequeñecernos. Hemos de avanzar o retroceder. Yo creo en Inglaterra, y creo que avanzaremos.

Wells, Hitler y el Estado Mundial
Horizon, agosto de 1941

En mayo o abril, dicen los sabihondos, va a caer un aplastante y formidable golpe sobre Gran Bretaña [...] Qué tiene que ver Hitler en esto, no puedo imaginarlo. Sus recursos militares, dispersos y en declive, no son ahora, seguramente, demasiado superiores a los de los italianos antes de que los pusieran a prueba en Grecia y África.

Las fuerzas aéreas alemanas se han desgastado enormemente. Están anticuadas, y sus hombres de primer rango están en su mayoría muertos, desmoralizados o exhaustos.

En 1914 el ejército de los Hohenzollern era el mejor del mundo. Detrás de ese tarado vocinglero de Berlín no hay nada que se le parezca ... Aun así, nuestros «expertos» militares hablan del fantasma acechante. En sus fantasías tiene un equipamiento perfecto y una disciplina imbatible. De vez en cuando va a lanzar un «golpe» decisivo desde España y el norte de África, o va a marchar a través de los Balcanes, a marchar desde el Danubio hasta Ankara, hasta Persia, hasta la India, o a «aplastar Rusia», o a «abalanzarse» por el Brennero en dirección a Italia. Pasan las semanas y el fantasma no hace ninguna de estas cosas; por una excelente razón: no existe hasta tal punto. La mayoría de los cañones y las municiones tan insuficientes que poseía deben de haberle sido arrebatados o se habrán desperdiciado en los estúpidos amagos de Hitler para invadir Gran Bretaña. Y su disciplina tosca y chapucera se debilita ante la progresiva toma de conciencia de que el *Blitzkrieg* no da para más y de que la guerra se va a volver contra ellos.

Estas citas no están tomadas del *Cavalry Quarterly*, sino de una serie de artículos de prensa escritos por H. G. Wells a principios de este año y recopilados ahora en un libro titulado *Guide to the New World*. Desde que fueron escritos, el ejército alemán ha invadido los Balcanes y reconquistado la Cirenaica, puede marchar a través de Turquía o España en el momento en que le convenga y ha emprendido la invasión de Rusia. Desconozco qué resultado tendrá esta campaña, pero cabe tener en cuenta que el Estado Mayor alemán, cuya opinión probablemente valga algo, no la habría puesto en marcha si no estuviera bastante seguro de poder completarla antes de tres meses. Esto por lo que respecta a la idea de que el ejército alemán es como el coco, que su equipamiento es insuficiente, que su moral se está desmoronando, etcétera.

¿Qué puede invocar Wells ante este «tarado vociglero de Berlín»? Pues el galimatías de costumbre sobre un Estado Mundial, junto con la Declaración Sankey, que es un intento de definir los derechos humanos fundamentales, de corte antitotalitario. Con la salvedad de que ahora Wells anda especialmente preocupado por el control federal mundial de las fuerzas aéreas, es el mismo evangelio que ha ido predicando casi sin interrupción a lo largo de los últimos cuarenta años, siempre con un aire de irritada sorpresa ante la incapacidad de los seres humanos para comprender algo tan obvio.

¿De qué sirve decir que necesitamos un control federal mundial del aire? La cuestión es cómo vamos a conseguirlo. ¿De qué sirve señalar que un Estado Mundial es aconsejable? Lo que importa es que a ninguna de las cinco grandes potencias militares se le ocurriría someterse a algo semejante. En las décadas pasadas, todos los hombres sensatos han estado sustancialmente de acuerdo con lo que sostiene Wells; pero los hombres sensatos no tienen poder ni, en demasiados casos, disposición alguna para el sacrificio. Hitler es un demente criminal, y Hitler tiene un ejército de millones de hombres, aviones por millares y decenas de miles de tanques. En su nombre, una gran nación ha estado dispuesta a dejarse la piel trabajando durante seis años y luego a combatir otros dos, mientras que en la visión del mundo, racional y esencialmente hedonista, que presenta Wells, una criatura humana difícilmente está dispuesta a derramar una gota de sangre. Antes de ponernos a hablar siquiera de la reconstrucción mundial, o incluso de la paz, hay que eliminar a Hitler, lo que supone crear una dinámica que no tiene que ser necesariamente la misma que la de los nazis, pero que seguramente será igual de inaceptable para la gente «progresista» y hedonista. ¿Qué es lo que ha mantenido en pie a Inglaterra este último año? En parte, no cabe duda de ello, alguna idea difusa sobre un futuro mejor, pero ante todo ese sentimiento atávico de patriotismo, esa sensación arraigada entre los pueblos de habla inglesa de que son superiores a los extranjeros. Durante los últimos veinte años, el objetivo principal de los intelectuales ingleses de izquierdas ha sido el de acabar con este sentimiento, y en el caso de que lo hayan logrado podríamos ver en breve a los hombres de las SS patrullando las calles de Londres. De modo similar, ¿por qué están los rusos peleando como tigres contra la invasión alemana? En parte, quizá, por algún ideal de socialismo utópico que recuerdan a medias, pero lo hacen ante todo en defensa de la Santa Rusia (la «tierra sagrada de nuestra madre patria», etcétera), que Stalin ha revivido solo ligeramente modificada. La energía que, en efecto, da forma al mundo brota de las emociones —el orgullo racial, la adoración a un líder, las creencias religiosas, la fascinación por la guerra— que los intelectuales liberales descartan sistemáticamente como anacronismos, y que a menudo han destruido de un modo tan completo en su interior que han perdido todo poder de acción.

La gente que dice que Hitler es el Anticristo, o bien el Espíritu Santo, está más cerca de comprender la verdad que esos intelectuales que llevan diez espantosos años manteniendo que no es más que una figura salida de una ópera bufa que no merece ser tomada en serio. Lo único que refleja de verdad esta idea es el ambiente protegido de la vida inglesa. El Left Book Club era en el fondo un producto de Scotland Yard, del mismo modo que la Peace Pledge Union es un producto de la Royal Navy. Uno de los acontecimientos de los últimos diez años ha sido el surgimiento del «libro político», una versión ampliada de un panfleto en el que se combina la historia con la crítica política, como un importante género literario. Pero los mejores escritores en esta línea —Trotski, Rauschning, Rosenberg, Silone, Borkenau, Koestler y otros— no han sido nunca ingleses, y son casi todos ellos renegados de uno u otro partido extremista, gente que ha visto de cerca el totalitarismo y conoce el significado del exilio y la persecución. Solo en los países de habla inglesa estaba de moda creer, hasta el mismo estallido de la guerra, que Hitler era un loco sin importancia y que los tanques alemanes estaban hechos de cartón. El señor Wells, como se verá en las citas que he reproducido más arriba, cree todavía algo por el estilo. Supongo que ni las bombas ni la campaña alemana en Grecia habrán modificado su opinión. La rutina de pensamiento de toda una vida se interpone entre él y la comprensión del poder de Hitler.

El señor Wells, como Dickens, pertenece a la clase media no militarista. El estruendo de los cañones, el tintineo de las espuelas, el nudo en la garganta cuando desfila la vieja bandera, lo dejan frío. Siente un odio inquebrantable hacia el lado combativo, cazador, temerario de la vida, simbolizado en todas sus obras primerizas mediante una violenta propaganda contra la caballería. El villano principal de su obra *Esquema de la historia universal* es el militar aventurero Napoleón. Si examinamos prácticamente cualquiera de los libros que ha escrito en los últimos cuarenta años, encontramos la misma idea recurrente: la supuesta antítesis entre el hombre de ciencia que trabaja por un Estado Mundial planificado y el reaccionario que trata de restablecer un pasado turbulento. En sus novelas, utopías, ensayos, películas y panfletos aflora esta antítesis, siempre más o menos igual. En un lado, la ciencia, el orden, el progreso, el internacionalismo, los aviones, el acero, el hormigón, la higiene; en el otro, la guerra, el nacionalismo, la religión, la monarquía, los campesinos, los profesores de griego, los poetas, la caballería. Para él la historia es una sucesión de victorias logradas por el hombre científico frente al hombre romántico. Puede que tenga razón al dar por supuesto que una forma de sociedad «razonable», planificada, controlada por científicos en lugar de por hechiceros, se impondrá antes o después, pero eso no es lo mismo que dar por sentado que está a la vuelta de la esquina. Pervive ahí, en algún punto, una interesante controversia que tuvo lugar entre Wells y Churchill en tiempos de la Revolución rusa. Wells acusa a Churchill de no creerse realmente su propia propaganda sobre los bolcheviques, monstruos chorreando sangre, etcétera, sino de temer sin más que fueran a introducir una era de sentido común y control científico en la que no habría lugar para patrioteros como él. La opinión que tenía Churchill de los bolcheviques, sin embargo, estaba más cerca de la verdad que la de Wells. Puede que los primeros bolcheviques fueran ángeles o demonios, según como prefiriera considerarlos uno, pero en cualquier caso no eran hombres sensatos. No estaban introduciendo una utopía wellsiana, sino un Gobierno de los Santos, el cual, como el Gobierno de los Santos inglés, era un despotismo militar alentado por tribunales de brujería. Este mismo error de interpretación reaparece, a la inversa, en la actitud de Wells hacia los nazis. Hitler es como todos los señores de la guerra y hechiceros de la historia en un solo individuo. Por tanto, argumenta Wells, es un absurdo, un fantasma del pasado, una criatura condenada a desaparecer casi de inmediato. Por desgracia, la ecuación de la ciencia con sentido común no se cumple. El avión, que se esperaba con impaciencia como una influencia civilizadora, pero que en la práctica apenas ha sido usado para algo más que tirar bombas, es un símbolo de ello. La Alemania moderna es mucho más científica que Inglaterra, y mucho más bárbara. Mucho de lo que Wells ha imaginado, y para lo que ha trabajado, está físicamente ahí, en la Alemania nazi. El orden, la planificación, el apoyo del Estado a la ciencia, el acero, el hormigón, los aviones, todo está ahí, pero al servicio de unas ideas propias de la Edad de Piedra. La ciencia está combatiendo en el bando de la superstición. Pero es obvio que para Wells es imposible aceptarlo. Eso contradeciría la cosmovisión en la que se basan sus propias obras. Los señores de la guerra y los hechiceros deben fracasar; el Estado Mundial del sentido común, tal como lo concibe un liberal del siglo XIX cuyo corazón no da un vuelco al oír el son de las cornetas, debe triunfar. Traiciones y derrotismos aparte, Hitler no puede ser un peligro. Que al final triunfara sería una inversión imposible de la historia, como una restauración jacobita.

Pero ¿no es una especie de parricidio que alguien de mi edad (treinta y ocho años) encuentre defectos en H. G. Wells? Las personas pensantes que nacieron alrededor de principios de siglo son en cierto modo obra de Wells. Cuánta influencia puede tener un simple escritor, y especialmente un escritor «popular» cuya obra surte un rápido efecto, es discutible, pero dudo que otro que haya escrito libros entre 1900 y 1920, si más no en inglés, haya influido tanto en los jóvenes. Las mentes de todos nosotros, y por lo tanto el mundo material, serían sensiblemente diferentes si Wells jamás hubiese existido; solo que la uniformidad de su pensamiento, la unilateralidad de su imaginación, que hicieron que pareciera un inspirado profeta en la época eduardiana, hacen ahora de él un pensador vacío, inadecuado. Cuando Wells era joven, la antítesis entre la ciencia y las fuerzas reaccionarias era real. La sociedad estaba gobernada por gente estrecha de miras y con una falta de curiosidad enorme, rapaces hombres de negocios, terratenientes alelados, obispos, políticos que podían citar a Horacio pero que nunca habían oído hablar del álgebra. La ciencia tenía una ligera mala fama, y la creencia religiosa era obligatoria. El tradicionalismo, la estupidez, el esnobismo, el patriotismo, la superstición y la fascinación por la guerra parecían estar todos en el mismo bando; hacía falta alguien que pudiera defender el punto de vista contrario. En la década de 1900, descubrir a H. G. Wells era una experiencia maravillosa para un niño. Ahí estabas tú, en un mundo de pedantes, clérigos y golfistas, con tus futuros jefes presionándote («espabila o quítate de en medio»), tus padres pervirtiendo de manera sistemática tu vida sexual, tus estúpidos maestros de escuela soltando una risita con sus muletillas en latín; y aquí estaba ese hombre maravilloso que podía contarte cosas de los habitantes de otros planetas y del fondo del mar, y que sabía que el futuro no iba a ser lo que la gente respetable imaginaba. Más o menos diez años antes de que los aviones fuesen factibles técnicamente, Wells sabía que en poco tiempo los hombres serían capaces de volar. Lo sabía porque él mismo quería ser capaz de volar y, por tanto, tenía la seguridad de que continuarían las investigaciones en esa dirección. Por otro lado, incluso cuando era pequeño, en una época en que los hermanos Wright ya habían conseguido elevar su máquina sobre el suelo durante cincuenta y nueve segundos, la opinión mayoritariamente aceptada era que si Dios hubiese querido que voláramos nos habría puesto alas. Hasta 1914 Wells era, en general, un verdadero profeta. En los detalles materiales, su visión del nuevo mundo se estaba cumpliendo hasta extremos sorprendentes.

No obstante, dado que pertenecía al siglo XIX y a una nación y una clase no militaristas, no podía comprender la fuerza tremenda del viejo mundo, que en su mente simbolizaban esos *tories* aficionados a la caza del zorro. Wells era, y sigue siendo, totalmente incapaz de entender que el nacionalismo, la intolerancia religiosa y la lealtad feudal son fuerzas mucho más poderosas que eso que él mismo describiría como cordura. Criaturas salidas de la Edad Oscura han llegado marchando hasta el presente, y aunque se trata de fantasmas, en todo caso son fantasmas que no podremos apaciguar más que con potentes poderes mágicos. Las personas que han mostrado una mejor comprensión del fascismo son, o bien las que lo han sufrido, o bien las que poseen ellas mismas una vena fascista. Un libro tan descarnado como *El talón de hierro*, escrito hace casi treinta años, es una profecía más acertada sobre el futuro que *Un mundo feliz* o *Esquema de los tiempos futuros*. Si tuviésemos que elegir entre los contemporáneos de Wells a un escritor que le enmendara la plana, ese podría ser Kipling, que no estaba sordo a las voces malignas del poder y la «gloria» militar. Kipling habría comprendido el atractivo de Hitler y, en ese sentido, también el de Stalin, cualquiera que hubiese sido su postura al respecto. Wells es demasiado cuerdo para entender el mundo moderno. El torrente de novelas de clase media-baja que constituyen su mayor logro se detuvo de golpe en la otra guerra y nunca se reanudó del todo, y desde 1920 ha desperdiciado su talento matando dragones de papel. Pero qué difícil es, a fin de cuentas, tener talento que desperdiciar.

Literatura y totalitarismo
Emisión, 21 de mayo de 1941; transcripción

En estas charlas semanales he estado hablando de crítica, la cual, a fin de cuentas, no forma parte de la corriente principal de la literatura. Una literatura vigorosa puede existir sin apenas crítica ni espíritu crítico, como lo hizo en la Inglaterra del siglo XIX. Pero hay una razón por la cual, en este momento concreto, no se pueden ignorar los problemas que implica cualquier crítica seria. Dije al principio de mi primera charla que estos no son tiempos de crítica. Son tiempos de tomar partido, no de desapego; unos tiempos en los que resulta especialmente difícil ver los méritos literarios de un libro con cuyas conclusiones no estemos de acuerdo. La política —la política en el sentido más general— ha invadido la literatura hasta unos extremos que no acostumbramos a encontrar, y esto ha llevado hasta la superficie de nuestra conciencia la lucha constante que existe entre el individuo y la comunidad. Es en el momento en que uno considera la dificultad de escribir crítica honesta e imparcial en una época como la nuestra, cuando empieza a comprender la naturaleza de la amenaza que pende sobre el conjunto de la literatura en la época venidera.

Vivimos tiempos en los que el individuo autónomo está dejando de existir; o quizá deberíamos decir: en los que el individuo está dejando de tener la ilusión de ser autónomo. En fin, en todo lo que decimos de la literatura —y, sobre todo, en lo que decimos de la crítica— damos instintivamente por sentada la noción del individuo autónomo. Toda la literatura europea moderna —hablo de la literatura de los últimos cuatrocientos años— se basa en el concepto de la honestidad intelectual o, si se prefiere, en aquella máxima de Shakespeare: «Sé sincero contigo mismo». Lo primero que le pedimos a un escritor es que no cuente mentiras, que diga lo que piensa realmente, lo que siente realmente. Lo peor que podemos afirmar de una obra de arte es que no es sincera. Y esto es aún más cierto en relación con la crítica que con la escritura creativa, en la que no importa cierta dosis de pose y artificiosidad, e incluso cierta dosis de farsa pura y dura, siempre y cuando el escritor posea cierta sinceridad fundamental. La literatura moderna es en esencia algo individual. O es la fiel expresión de lo que alguien piensa y siente, o no es nada.

Como digo, damos esta idea por sentada, y, sin embargo, tan pronto como la reflejamos por escrito nos damos cuenta de cuán amenazada está la literatura. Pues esta es la época del Estado totalitario, que no permite, y probablemente no puede permitirle al individuo, ni la más mínima libertad. Cuando uno menciona el totalitarismo piensa de inmediato en Alemania, Rusia, Italia; pero creo que debemos afrontar el riesgo de que este fenómeno pase a ser mundial. Es evidente que el período de capitalismo liberal está tocando a su fin, y que los países, uno detrás de otro, están adoptando una economía centralizada que podemos llamar «socialismo» o «capitalismo de Estado» según se prefiera. Con ello, la libertad económica del individuo, y en gran medida su libertad para hacer lo que quiera, escoger trabajo y moverse de un lado a otro de la superficie del planeta, llegan a su fin. Bueno, hasta hace poco no se habían previsto las implicaciones de esto. No se había comprendido por completo que la desaparición de la libertad económica tendría algún efecto sobre la libertad intelectual. Al socialismo se lo solía considerar una especie de liberalismo moralizado; el Estado se encargaría de nuestra vida económica y nos liberaría del miedo a la pobreza, el desempleo y demás, pero no tendría ninguna necesidad de interferir en nuestra vida intelectual privada. El arte podría prosperar tal como lo había hecho en la época capitalista-liberal; un poco más, de hecho, porque el artista ya no estaría sometido a imposiciones económicas.

Pero, a tenor de las evidencias, hay que admitir que estas ideas han sido falseadas. El totalitarismo ha abolido la libertad de pensamiento hasta unos límites inauditos en cualquier época anterior. Y es importante que comprendamos que este control del pensamiento no es solo de signo negativo, sino también positivo: no solo nos prohíbe expresar —e incluso tener— ciertos pensamientos; también nos dicta lo que debemos pensar, crea una ideología para nosotros, trata de gobernar nuestra vida emocional al tiempo que establece un código de conducta. Y, en la medida de lo posible, nos aísla del mundo exterior, nos encierra en un universo artificial en el que carecemos de criterios con los que comparar. El Estado totalitario trata, en todo caso, de controlar los pensamientos y emociones de sus súbditos al menos de modo tan absoluto como controla sus acciones.

La pregunta que nos preocupa es: ¿puede sobrevivir la literatura en una atmósfera semejante? Creo que uno debe responder tajantemente que no. Si el totalitarismo se convierte en algo mundial y permanente, lo que conocemos como literatura desaparecerá. Y no basta con decir —como podría parecer factible en un primer momento— que lo que desaparecerá será simplemente la literatura de la Europa posterior al Renacimiento. Creo que la literatura de toda clase, desde los poemas épicos hasta los ensayos críticos, se encuentra amenazada por el intento del Estado moderno de controlar la vida emocional del individuo. La gente que lo niega acostumbra a presentar dos argumentos. Afirma, en primer lugar, que esa supuesta libertad que había existido a lo largo de los últimos siglos no era más que el reflejo de la anarquía económica y que, en cualquier caso, se trataba en gran medida de una ilusión. Y también señala que la buena literatura, mejor que nada de lo que podamos producir hoy en día, fue escrita en las épocas pasadas, cuando el pensamiento no era precisamente más libre que en la Alemania o la Rusia actuales. Esto es verdad hasta cierto punto. Es verdad, por ejemplo, que la literatura pudo existir en la Europa medieval, cuando el pensamiento estaba sometido a un férreo control —principalmente, el de la Iglesia— y a uno podían quemarlo vivo por pronunciar una ínfima herejía. El control dogmático de la Iglesia no impidió, por ejemplo, que Chaucer escribiera *Los cuentos de Canterbury*. También es cierto que la literatura medieval, y el arte medieval en general, no era tanto un asunto personal como algo más comunitario que en la actualidad. Es probable que las baladas inglesas, por ejemplo, no se puedan atribuir en absoluto a un individuo. Seguramente se componían de manera comunitaria, como he visto hace muy poco que se hace en los países orientales. Es obvio que la libertad anárquica que ha caracterizado a la Europa de los últimos siglos, ese tipo de atmósfera en la que no existen criterios rígidos de ninguna clase, no es necesaria, quizá no es ni siquiera beneficiosa, para la literatura. La buena literatura puede crearse dentro de un marco rígido de pensamiento.

Sin embargo, hay varias diferencias fundamentales entre el totalitarismo y todas las ortodoxias del pasado, tanto en Europa como en Oriente. La más importante es que las ortodoxias del pasado no cambiaban, o al menos no lo hacían rápidamente. En la Europa medieval, la Iglesia dictaba lo que debíamos creer, pero al menos nos permitía conservar las mismas creencias desde el nacimiento hasta la muerte. No nos decía que creyésemos una cosa el lunes y otra distinta el martes. Y lo mismo puede decirse más o menos de cualquier ortodoxo cristiano, hindú, budista o musulmán hoy en día. En cierto modo, sus pensamientos están restringidos, pero viven toda su vida dentro del mismo marco de pensamiento. Nadie se inmiscuye en sus emociones. Pues bien, con el totalitarismo ocurre exactamente lo contrario. La peculiaridad del Estado totalitario es que, si bien controla el pensamiento, no lo fija. Establece dogmas incuestionables y los modifica de un día para otro. Necesita dichos dogmas, pues precisa una obediencia absoluta por parte de sus súbditos, pero no puede evitar los cambios, que vienen dictados por las necesidades de la política del poder. Se afirma infalible y, al mismo tiempo, ataca el propio concepto de verdad objetiva. Por poner un ejemplo obvio y radical, hasta septiembre de 1939 todo alemán tenía que contemplar el bolchevismo ruso con horror y aversión, y desde septiembre de 1939 tiene que contemplarlo con admiración y afecto. Si Rusia y Alemania entran en guerra, como bien podría ocurrir en los próximos años, tendrá lugar otro cambio igualmente violento. La vida emocional de los alemanes, sus afinidades y odios, tiene que revertirse de la noche a la mañana cuando ello sea necesario. No hace falta señalar el efecto que tienen este tipo de cosas en la literatura. Y es que escribir es en gran medida una cuestión de sentimiento, el cual no siempre se puede controlar desde fuera. Es fácil defender de boquilla la ortodoxia del momento, pero la escritura de cierta trascendencia solo es posible cuando un hombre siente la verdad de lo que está diciendo; sin eso, falta el impulso creativo. Todas las pruebas que tenemos indican que los repentinos cambios emocionales que el totalitarismo exige a sus seguidores son psicológicamente imposibles. Y ese es el motivo principal por el que sugiero que, en caso de que el totalitarismo triunfe en todo el mundo, la literatura tal como la conocemos estará a un paso del fin. Y, de hecho, parece que el totalitarismo ha tenido ya ese efecto. En Italia la literatura ha quedado imposibilitada, y en Alemania parece casi haberse detenido. La actividad más característica de los nazis es la quema de libros. E incluso en Rusia el renacimiento literario que esperábamos no ha tenido lugar, y los escritores rusos más prometedores muestran una marcada tendencia a suicidarse o a desaparecer en las prisiones.

He dicho antes que el capitalismo liberal está llegando de forma obvia a su fin y, en consecuencia, puede haber dado la impresión de que insinúo que la libertad de pensamiento está irremediablemente condenada. Pero no creo que sea así, y en resumen diré sencillamente que creo que la esperanza de la supervivencia de la literatura reside en aquellos países en los que el liberalismo ha echado raíces más profundas, los países no militaristas, Europa occidental y las Américas, India y China. Creo —y puede que no sea más que una vana esperanza— que, aunque es seguro que está por venir una economía colectivizada, esos países sabrán cómo desarrollar una forma de socialismo que no sea totalitaria, en la que la libertad de pensamiento pueda sobrevivir a la desaparición del individualismo económico. Esa es, en todo caso, la única esperanza a la que puede aferrarse cualquiera que se preocupe por la literatura. Cualquiera que sienta el valor de la literatura, que sea consciente del papel central que desempeña en el desarrollo de la historia humana, debe ver también que es una cuestión de vida o muerte oponerse al totalitarismo, tanto si nos viene impuesto desde fuera como desde dentro.

Diario de guerra

14-6-1941

Un misterio absoluto, sobre el que nadie tiene noticias ciertas, envuelve las relaciones entre Rusia y Alemania. No conozco a nadie que haya visto a Cripps desde su regreso.* Solo se puede juzgar por las probabilidades, y mi impresión es que los dos hechos generales son (i) que Stalin no irá a la guerra contra Alemania mientras quede un modo no suicida de evitarlo, y (ii) a Hitler no le conviene dejar a Stalin en mal lugar, pues lo está utilizando contra la clase obrera del mundo entero. Mucho más probable que un ataque directo contra Rusia, o un acuerdo claramente desventajoso para esta, es que

* Stafford Cripps (1889-1952), a la sazón embajador británico en Moscú, había vuelto a Londres el 11 de junio. El 13 de junio, el conde Friedrich von Schulenburg, el embajador alemán en Moscú, telegrafió al Ministerio de Asuntos Exteriores alemán: «[...] Ya antes del regreso del embajador inglés Cripps a Londres, pero sobre todo desde dicho regreso, han circulado en la prensa inglesa y extranjera numerosos rumores sobre una guerra inminente entre Alemania y la URSS». Tildó dichos rumores de absurdos, pese a que había juzgado necesario «aclarar que se trata de una burda maniobra propagandística» en los círculos responsables de Moscú (Churchill, *The Second World War*, III, pp. 326-337). Véase también *Acontecimientos*, 2-7-1939, n. 7.

se produzca alguna concesión disfrazada de alianza, tal vez acompañada de un ataque contra Irán o Turquía. Después oiremos que ha habido un «intercambio de expertos», etc., y que parece haber muchos ingenieros alemanes en Bakú. Pero no hay que descartar la posibilidad de que toda esa maniobra sea un farol para disimular un ataque inminente, posiblemente la invasión de Inglaterra.

19-6-1941

Pacto de no agresión entre Turquía y Alemania. He aquí nuestra recompensa por no acabar en su momento con Siria. A partir de ahora la prensa turca estará en contra nuestra, y eso tendrá efectos en los árabes.

Ayer se corrió el Derby, en Newmarket, y al parecer asistió una multitud. Hasta el *Daily Express* se burló. El *Evening Standard* lleva un tiempo diciendo que Hitler invadirá Gran Bretaña dentro de 80 días e insinúa que las maniobras en Europa oriental probablemente sean un movimiento de distracción, pero creo que lo hace con la intención de asustar a la gente para que trabaje más.

El gobierno británico ha dejado de emitir pasavantes* a Petsamo y ha detenido tres barcos finlandeses con la excusa de que Finlandia es ahora territorio ocupado por el enemigo. Es el indicio más claro hasta el momento de que algo está pasando entre Rusia y Alemania.

* Los funcionarios consulares podían emitir certificados a los barcos de países neutrales (como Finlandia) para que pudiesen pasar libremente sin ser abordados ni inspeccionados.

20-6-1941

Llevamos varios días a punto de derretirnos de calor. Una de las escasas ventajas de la guerra es que los periódicos han abandonado la estúpida costumbre de publicar titulares sobre el tiempo del día anterior.

22-6-1941

Los alemanes han invadido la URSS esta mañana.

Todo el mundo está muy nervioso. En todas partes se da por sentado que es ventajoso para nosotros. No obstante, solo lo será si los rusos tienen intención de combatir y logran ofrecer verdadera resistencia, capaz si no de detener su avance al menos de desgastar su armada y su fuerza aérea. Está claro que el objetivo inmediato de los alemanes no son ni el territorio ni el petróleo, sino barrer a la fuerza aérea rusa y eliminar así un peligro de su retaguardia mientras se encargan de Inglaterra. Es imposible adivinar lo que harán los rusos. El indicio más ominoso es que los alemanes no habrían intentado algo así sin estar seguros de alcanzar una victoria rápida.

23-6-1941

En mi opinión, el discurso de Churchill ha sido magnífico. No complacerá a la izquierda, pero olvidan que tiene que hablar para el mundo entero, por ejemplo, para los estadounidenses del Medio Oeste, para los oficiales navales y de aviación, para los tenderos y granjeros descontentos, y para los propios rusos, aparte de los partidos políticos de izquierdas. Sus referencias hostiles al comunismo eran ciertas y se limitaban a subrayar que nuestra oferta de ayuda es sincera. Imagino los gritos que darán los corresponsales en el

The New Stateman, etc. ¿Qué impresión daría que Stalin se pusiese en pie y dijese: «Siempre he sido un partidario convencido del capitalismo»?

Es imposible adivinar qué impresión causará en Estados Unidos este movimiento de Hitler. La idea de que conducirá a la creación de un partido pronazi fuerte en Inglaterra está equivocada. Sin duda hay gente acaudalada a la que le gustaría que Hitler destruyera el régimen soviético, pero se trata de una minoría. Los católicos estarán sin duda entre ellos, pero probablemente tendrán el suficiente sentido común de no mostrar sus cartas hasta que la resistencia rusa empiece a ceder. He hablado con gente de la Home Guard, entre ellos algunos militares carpetovetónicos y hombres de negocios bastante adinerados; todos son totalmente prorrusos, aunque están muy divididos respecto a la capacidad rusa de resistir. He aquí una típica conversación reproducida lo mejor que recuerdo.

Pollero mayorista: En fin, espero que los rusos les den una buena tunda.

Pañero (judío): No. Se vendrán abajo, como la última vez. Ya lo verá.

Médico (extranjero, tal vez refugiado): Se equivoca. Todo el mundo subestima la fuerza de Rusia. Barrerán a los nazis.

Verdulero: Caramba, son doscientos puñeteros millones.

Pañero: Sí, pero no están organizados, etc.

Todos hablan sin saber, pero demuestran cuáles son los sentimientos de la gente. Hace tres años, la mayoría de la gente que ganase más de 1.000 libras al año, o incluso más de 6 por semana, se habría puesto del lado de los alemanes y contra los rusos. A estas alturas, el odio a Alemania les ha hecho olvidar todo lo demás.

En realidad, todo depende de si Rusia y Gran Bretaña están dispuestas a cooperar de verdad, sin *arrière-pensée* y sin cargar al otro con la mayor parte de la lucha. Sin duda en Rusia hay un partido pronazi fuerte, y me atrevo a decir que lo dirige el propio Stalin. Si Rusia vuelve a cambiar de bando y Stalin representa el papel de Pétain, sin duda los comunistas lo seguirán y volverán a ser pronazis. En mi opinión, si destruyen el régimen soviético y matan a Stalin o lo hacen prisionero, muchos comunistas se declararían leales a Hitler. De momento, los comunistas británicos han emitido una especie de manifiesto, exigiendo un «gobierno del pueblo», etc. Cambiarán de cantinela en cuanto lleguen las instrucciones de Moscú. Si de verdad los rusos piensan ofrecer resistencia, no les conviene que haya un gobierno débil en Gran Bretaña, ni que estén en marcha fuerzas subversivas. Seguro que los comunistas son superpatrióticos dentro de diez días —el eslogan probablemente sea: «Todo el poder para Churchill»— y nadie les hace el menor caso. Pero si la alianza entre los dos países es sincera y con cierto toma y daca, los efectos políticos internos en ambos bandos serán positivos. Las circunstancias especiales que hicieron que la ayuda militar rusa fuese una mala influencia en España no se dan en este caso.

Todo el mundo hace comentarios anticipados sobre lo aburridos que serán los rusos libres. Creen que serán como los rusos blancos. La gente imagina a Stalin en una tiendecita de Putney vendiendo samovares y bailando danzas caucásicas, etc.

30-6-1941

No hay noticias de la campaña germano-rusa. Ambos bandos se han pasado la semana haciendo extravagantes declaraciones sobre el número de tanques enemigos, etc., destruidos. Uno solo puede creer las tomas de ciudades, etc., y por ahora las pretensiones alemanas no son muchas. Han tomado Lemberg y parecen haber ocupado Lituania, también dicen haber rodeado Minsk, aunque los rusos aseguran que han detenido su avance. En cualquier caso, no se han roto las líneas. Todo el mundo está muy optimista: «Los alemanes abarcan demasiado. Si Hitler no consigue romper las líneas la semana que viene, estará acabado», etc. Pocos se paran a pensar que los alemanes son buenos soldados y no habrían iniciado esta campaña sin sopesar antes sus riesgos. Otros cálculos más moderados lo plantean así: «Si en octubre el ejército ruso sigue en pie y continúa combatiendo contra Hitler, es posible que en invierno sea un hombre acabado». Es difícil opinar sobre la orden del gobierno ruso de confiscar los aparatos de radio particulares. Caben varias explicaciones posibles.

No hay nada definitivo sobre la naturaleza de nuestra alianza con la URSS. Anoche todo el mundo esperaba divertido a oír si emitían *La Internacional* después de los himnos nacionales de los demás aliados.* No lo hicieron, claro. No obstante, también tardaron en añadir el himno abisinio. Al final tendrán que emitir algo que represente a la URSS, pero elegirlo será peliagudo.

3-7-1941

El discurso por radio de Stalin supone la vuelta al Frente Popular, a la defensa de la democracia y, en la práctica, está en total contradicción con lo que él y sus seguidores han estado proclamando los dos últimos años. No obstante, fue un magnífico discurso bélico, complemento exacto del de Churchill, y dejó claro que no busca ningún compromiso, al menos en este momento. No obstante, algunos pasajes dieron a entender que están considerando batirse en retirada. Se refirió a Gran Bretaña y EE.UU. en términos amistosos y más o me-

---

* La BBC tenía la costumbre de emitir los himnos nacionales de todas las naciones aliadas los domingos por la noche.

nos como aliados,* aunque en apariencia no existe aún ninguna alianza formal. Tildó a Ribbentrop & Co. de «caníbales» tal como lleva haciendo un tiempo *Pravda*. Por lo visto, una razón de la extraña fraseología de los discursos es que en ruso hay muchos insultos que no tienen equivalente en inglés.

No se me ocurre un ejemplo mejor de la superficialidad moral y emotiva de nuestro tiempo que el hecho de que ahora todos seamos más o menos pro-Stalin. El asesino repugnante está de momento de nuestro lado, de manera que las purgas, etc., se olvidan de repente. Lo mismo ocurriría con Franco, Mussolini, etc., si se pasaran de pronto a nuestro bando. Lo más que se puede decir a favor de Stalin es que probablemente sea sincero —cosa que sus seguidores no pueden ser—, pues sus constantes cambios de bando son al menos fruto de su propia decisión. Es un caso de «cuando papá se da la vuelta, todos nos volvemos»,** y por lo visto papá se da la vuelta movido por el espíritu.

* Resulta significativo que, en ese momento, se evitase utilizar la palabra «aliados». El 12 de julio, sir Stafford Cripps y Viacheslav Molótov firmaron en Moscú un acuerdo anglorruso. En él se declaraba que ambas partes apoyarían a la otra «en la guerra contra la Alemania hitleriana» y no firmarían un armisticio o acuerdo de paz por separado. La distinción entre ser aliados y «cobeligerantes» se subrayó en varios comentarios. Así, Vernon Bartlett, el corresponsal político del *News Chronicle*, escribió el 14 de julio (el día que se anunció el acuerdo), bajo el titular «Moscú no es un aliado, sino un "cobeligerante"»: «Ayer la gente se preguntaba si debemos considerar a la Unión Soviética una potencia aliada o asociada. Cuestiones así [...] resultan absurdas». En cuanto a la frase «Alemania hitleriana», afirmó que daba a entender que «los rusos conservan la esperanza de que se produzca una división de opiniones en Alemania».

** Más conocida como «Eran diez en la cama y el pequeño dijo: "Daos la vuelta"» (de una cancioncilla infantil).

6-7-1941

Varios periódicos se están impacientando de que no hagamos más por ayudar a la URSS. Ignoro si, aparte de los ataques aéreos, hay intención de prestarles otro tipo de ayuda, pero si no se hace nada, sería un síntoma inquietante, dejando a un lado las consecuencias políticas y militares que eso podría tener. Pues, si no podemos iniciar una ofensiva terrestre ahora que los alemanes tienen 150 divisiones ocupadas en Rusia, ¿cuándo diablos lo haremos? No he oído ningún rumor sobre movimientos de tropas, de modo que al menos desde Inglaterra no se está preparando ninguna expedición.* La única novedad es que Beaverbrook ha empezado a producir tanques, igual que el año pasado se puso a producir aviones. Pero eso no dará frutos hasta dentro de unos meses, y no hay el menor indicio de dónde tienen intención de utilizarlos. Si los alemanes estuviesen en situación de traer aquí muchas unidades acorazadas, es decir, si tuviesen el dominio absoluto del mar y el aire, habríamos perdido la guerra.

No se habla de ninguna alianza formal con Rusia, ni de nada que clarifique de hecho nuestra relación, a pesar de las declaraciones más o menos amistosas de ambas partes. Por supuesto, no podemos correr ningún riesgo hasta estar seguros de que se trata de una alianza firme, es decir, de que seguirán combatiendo incluso si consiguen repeler la invasión.

Sin noticias fiables de los frentes. Los alemanes han atravesado el Pruth, pero no está claro que hayan atravesado el Berésina. Los daños declarados por ambas partes son evidentemente falsos. Los rusos aseguran que las bajas alemanas as-

* Desde el momento en que la Unión Soviética entró en la guerra del lado de Gran Bretaña, se produjo una constante agitación a favor de la apertura de un segundo frente, en gran parte promovida por los comunistas y sus simpatizantes.

cienden ya a 700.000, o lo que es lo mismo, casi un 10 por ciento del ejército de Hitler.

He leído varios periódicos católicos, y también varios ejemplares del *Truth*,* para ver cuál es su actitud ante nuestra cuasialianza con la URSS. Los periódicos católicos no se han vuelto pronazis, y es posible que no lleguen a hacerlo. Por lo visto, han adoptado la línea de que Rusia está objetivamente de nuestro lado y es necesario ayudarla, aunque no debe haber una alianza clara. El *Truth*, que odia a Churchill, ha adoptado la misma línea, aunque tal vez sea un poco más antirruso. Parece ser que algunos periódicos católicos irlandeses se han vuelto claramente pronazis. De ser así, habrá repercusiones similares en EE.UU. Será interesante comprobar si la «neutralidad» impuesta a la prensa irlandesa, que le prohíbe hacer ningún comentario sobre los beligerantes, se pondrá en práctica en el caso de Rusia, ahora que ha entrado en la guerra.

La Convención del Pueblo ha votado un apoyo total al gobierno y exige «la continuación vigorosa de la guerra», y eso solo quince días después de que exigieran una «paz popular». Se cuenta la anécdota de que cuando la noticia de la invasión de Rusia llegó a un café de Nueva York donde estaban charlando unos comunistas, uno de ellos que había ido un momento al baño volvió y descubrió que la «línea del partido» había cambiado durante su ausencia.

28-8-1941

Ya soy oficialmente empleado de la BBC.

El frente oriental, si es que lo hay, se extiende más o menos por Tallin, Gomel, Smolensk, Kiev, Dnipropetrovsk y

* Un periódico de extrema derecha.

Jersón. Los alemanes han ocupado un área que debe de ser mayor que Alemania, pero no han destruido a los ejércitos rusos. Los británicos y los rusos invadieron Irán hace tres días y los iraníes ya se baten en retirada. No hay rumores fiables sobre los movimientos de tropas en ese país. Ahora disponen de más o menos un mes para emprender alguna acción en el continente, pero no creo que sean esas sus intenciones. Por debajo de los términos de la declaración conjunta de Churchill y Roosevelt se percibe que los sentimientos antihitlerianos de los estadounidenses se han enfriado tras la invasión de Rusia. Por otro lado, no hay indicios de que en nuestro país haya aumentado la voluntad de sufrir sacrificios, etc. Sigue habiendo quejas porque no hacemos lo suficiente por ayudar a la URSS, pero en conjunto no son muchas. Creo que la campaña rusa está decidida en el sentido de que Hitler no logrará llegar al Cáucaso y Oriente Próximo este invierno, pero tampoco se va a hundir y ha causado más daño del que ha recibido. De momento, la victoria no parece estar a la vista. Nos espera una guerra fatigosa, larga y monótona en la que todo el mundo irá empobreciéndose cada vez más. Ya ha empezado la nueva fase que había previsto, y ha concluido el período casi revolucionario que empezó con Dunkerque. Por tanto, pongo final a este diario, como dije que haría cuando empezase la nueva fase.

Esta fue la última entrada en el Diario de guerra *de Orwell hasta marzo de 1942.*

Recuerdos de la guerra de España
[¿1942?]

1

Antes que nada los recuerdos físicos: los sonidos, los olores, la superficie de las cosas.

Es curioso que, de la guerra de España, lo que recuerde más vívidamente que cualquier otra cosa que sucediera luego sea la semana de «adiestramiento» que recibimos antes de que nos enviaran al frente: los enormes barracones de caballería en Barcelona, con sus ventosos establos y patios empedrados, el frío helador de la bomba de agua en la que nos aseábamos, la comida asquerosa —solo tolerable gracias a un vino que nos bebíamos en unos cacitos metálicos—, las milicianas que cortaban leña vestidas con pantalones y el pase de lista al amanecer, cuando mi prosaico nombre inglés servía de pequeño interludio cómico a los sonoros nombres españoles: Manuel González, Pedro Aguilar, Ramón Fenellosa, Roque Ballester, Jaime Doménech, Sebastián Viltrón, Ramón Nuvo Bosch. Si menciono justamente estos nombres es porque recuerdo las caras de todos ellos. Salvo dos, que eran gentuza y a estas alturas se habrán hecho sin duda falangistas, es probable que estén muertos. Sé con certeza que dos han fallecido. El mayor debía de tener alrededor de veinticinco años; el menor, dieciséis.

Una de las experiencias esenciales de la guerra es la imposibilidad absoluta de eludir los repugnantes olores de origen humano. Las letrinas son un tema recurrente en la literatura bélica, y no las mencionaría si no fuera porque la letrina de nuestros barracones desempeñó un papel importante en el desvanecimiento de mis ilusiones sobre la Guerra Civil española. La letrina de tipo latino, en la que uno tiene que acuclillarse, es en el mejor de los casos bastante mala, pero aquellas estaban hechas de alguna clase de piedra pulida, tan resbaladiza que lo más que podía hacerse era intentar mantenerse en pie. Para colmo, siempre estaban atascadas. A estas alturas, guardo muchos otros recuerdos repugnantes en la memoria, pero creo que esas letrinas fueron lo primero que inspiró en mí una idea que después se volvería recurrente: «Henos aquí, soldados de un ejército revolucionario, defendiendo la democracia contra el fascismo, peleando en una guerra con un objetivo claro, y los detalles de nuestras vidas son tan sórdidos y degradantes como podrían serlo en una prisión, por no decir en un ejército burgués». Más tarde, otras muchas cosas reforzaron aquella impresión, como, por ejemplo, el tedio y el hambre animal que acompañaban la vida en las trincheras, las mezquinas intrigas por las sobras de la comida, y las patéticas y reiteradas rencillas a las que se entregaba la gente, exhausta por la falta de sueño.

El horror esencial de la vida militar (quien haya sido soldado sabrá de lo que hablo) guarda escasa relación con la naturaleza de la guerra en la que a uno le toca combatir. La disciplina, por ejemplo, es al cabo idéntica en todos los ejércitos; las órdenes deben acatarse y, si es necesario, hay que hacerlas cumplir con castigos, y la relación entre los oficiales y los soldados rasos ha de ser la de un superior con un inferior. La imagen de la guerra plasmada en libros como *Sin novedad en el frente* es sustancialmente verdadera. Las balas hieren, los cadáveres apestan y, bajo el fuego enemigo, los hombres a menudo se atemorizan hasta el punto de orinarse encima. Es verdad que la procedencia social de los miembros de un ejército tiñe de un color determinado su entrenamiento, sus tácticas e incluso su eficacia, y también que la conciencia de llevar la razón puede elevar la moral, aunque esto último vale más para la población civil que para las tropas. (La gente suele olvidar que, cerca del frente, un soldado está por lo común demasiado hambriento, asustado o muerto de frío, o sobre todo demasiado cansado, para preocuparse por las causas políticas de la guerra.) Pero las leyes de la naturaleza son las mismas para un ejército «rojo» que para uno «blanco». Un piojo es un piojo y una bomba es una bomba, incluso si uno pelea por una causa justa.

¿Por qué vale la pena señalar cuestiones tan obvias? Porque, a todas luces, la mayor parte de la intelectualidad británica y estadounidense no las sabía entonces, ni parece saberlas ahora. Últimamente, nuestra memoria se ha vuelto frágil; sin embargo, miremos un poco atrás, desempolvemos la hemeroteca de *New Masses* o del *Daily Worker* y echemos un vistazo a la romántica basura belicista que los izquierdistas difundían en aquel entonces. ¡Aquellas frases trasnochadas! ¡Y su imaginación escasa y atroz! ¡La sangre fría con la que Londres se tomó el bombardeo de Madrid! No me refiero con esto a la contrapropaganda de la derecha, los Lunn, los Garvin *et hoc genus* —sobre ellos no hay nada que agregar—, sino a los mismos que durante veinte años habían denostado la guerra y se habían mofado de su «gloria», de los relatos sobre las atrocidades, del patriotismo, incluso del valor físico, y que ahora afirman cosas que, cambiando unos cuantos nombres, habrían encajado perfectamente en el *Daily Mail* de 1918. Si la intelectualidad británica se había comprometido con algo, era con el desenmascaramiento de la guerra, con la teoría de que la guerra no es sino cadáveres y letrinas y de que jamás conduce a nada bueno. Pues bien, la misma gente que en 1933 se reía compasivamente por lo bajo si decías que en determinadas circunstancias pelearías por tu país, en 1937 te denunciaba como «trotsko-fascista» si sugerías que los reportajes de *New Masses* sobre heridos recientes que pedían volver al frente podían ser pura exageración. Y los intelectuales de izquierdas hicieron ese viaje desde «la guerra es el infierno» hasta «la guerra es gloriosa» no solo sin conciencia de estar siendo incongruentes, sino de un día para otro. Más tarde, la mayoría de ellos efectuarían otras transiciones igualmente violentas. Debe de haber un gran número de gente, una suerte de núcleo central de la intelectualidad, que en 1935 aprobó la declaración «Por el rey y por la patria», en 1937 pidió a gritos una «línea dura contra Alemania», en 1940 apoyó la Convención Popular, y ahora exige que se forme un segundo frente.

Por lo que respecta a las masas, los extraordinarios cambios de opinión que se producen a cada instante, las emociones que pueden avivar y sofocar como un fuego, son el resultado de la hipnosis a que las someten los periódicos y la radio. Los intelectuales, a mi juicio, dependen más bien del dinero y de la seguridad física. En función de las circunstancias, pueden estar a favor o en contra de la guerra, pero en ningún caso poseen una imagen realista de esta. Cuando se entusiasmaron con la guerra de España sabían, por supuesto, que allí se estaba matando a la gente, y que morir no es precisamente grato; tenían la sensación, sin embargo, de que para un soldado del ejército republicano español la experiencia de la guerra de algún modo no resultaba degradante. De alguna manera, las letrinas apestaban menos, la disciplina era menos fastidiosa. Solo hay que echar una mirada al *The New Statesman* para comprobar que eso era lo que creían entonces; las mismas paparruchas se escriben ahora sobre el Ejército Rojo. Nos hemos vuelto demasiado civilizados para captar lo obvio. Porque la verdad es muy simple: para sobrevivir, a menudo debemos pelear, y para hacerlo hay que ensuciarse. La guerra es el mal, y en ocasiones es el mal menor. Aquellos que toman la espada perecen por la espada, y los que no, mueren de enfermedades apestosas. El hecho de que valga la pena escribir tales verdades de Perogrullo demuestra en qué nos han convertido todos estos años de capitalismo, durante los cuales hemos vivido de rentas.

2

En relación con lo que acabo de decir, inserto una nota al pie sobre el tema de las atrocidades.

Tengo pocas pruebas de primera mano sobre las atrocidades de la Guerra Civil española. Sé que algunas las cometieron los republicanos, y muchas más (que continúan) los fascistas. Pero lo que me impresionó entonces, y sigue haciéndolo ahora, es que se dé o no crédito a las atrocidades únicamente en función de las preferencias políticas. Todo el mundo se cree las atrocidades del enemigo y descree de las que hayan cometido los de su propio bando, sin preocuparse siquiera por tener en cuenta las pruebas. Recientemente redacté una lista de atrocidades cometidas durante el período transcurrido entre 1918 y el presente; no ha habido un solo año en que no se haya cometido una atrocidad en un lugar u otro, y es difícil dar con un caso en que la derecha y la izquierda dieran crédito a la misma historia. Y lo que es más extraño: la situación puede invertirse de pronto y las atrocidades probadas «más allá de toda duda» pueden convertirse en mentiras ridículas, simplemente porque el horizonte político ha cambiado.

En la guerra actual nos encontramos ante la curiosa situación de que nuestra «campaña de difusión de atrocidades» tuvo lugar mucho tiempo antes de que la propia guerra empezara, y corrió a cargo de la izquierda, gente que normalmente se enorgullece de su incredulidad. En el mismo período, la derecha, los principales responsables de las atrocidades de 1914-1918, miraba hacia Alemania y simplemente se negaba a reconocer allí ninguna maldad. Luego, tan pronto como la guerra estalló, eran los pronazis del día anterior los que no paraban de repetir historias horribles, mientras los antinazis se descubrían a sí mismos dudando de si la Gestapo existía de veras. La causa de lo anterior no ha de buscarse tan solo en el pacto germano-soviético, sino que se debió, en parte, a que antes de la guerra la izquierda había creído erróneamente que Gran Bretaña y Alemania no se enfrentarían jamás, gracias a lo cual se sentían libres para ser antialemanes y antibritánicos al mismo tiempo, y, en parte, también a que la propaganda oficial de guerra, con su hipocresía repugnante y sus pretensiones de superioridad moral, tiende siempre a hacer que la gente que piensa simpatice con el enemigo. Parte del precio que pagamos por las mentiras sistemáticas del período que va de 1914 a 1918 fue la exagerada reacción progermana que vino a continuación. Entre 1918 y 1933, los círculos de izquierdas se mofaban de cualquiera que se atreviera a sugerir que Alemania había tenido la más mínima responsabilidad en el estallido de la guerra. Entre todas las denuncias del Tratado de Versalles vertidas durante aquellos años, no creo haber oído jamás mencionar, y no digamos ya discutir, la pregunta: «¿Qué habría ocurrido si Alemania hubiese ganado la guerra?». Pues lo mismo sucede con las atrocidades. La verdad —esa es la sensación general— deviene mentira si es tu enemigo quien la dice. Recientemente descubrí que la misma gente que en 1937 se tragó todas y cada una de las horribles historias sobre los japoneses en Nankín, se negaba a creerse lo mismo sobre Hong Kong en 1942. Existía incluso la tendencia a percibir que las atrocidades de Nankín se habían vuelto, por así decirlo, retrospectivamente falsas, solo porque el gobierno británico les prestaba ahora atención.

Por desgracia, la verdad sobre las atrocidades es mucho peor que las mentiras que se dicen sobre ellas para convertirlas en propaganda. La verdad es que ocurren. El hecho que a menudo se aduce como razón para el escepticismo, que las mismas historias de horror reaparecen guerra tras guerra, solo hace más probable que esas historias sean ciertas. Evidentemente, se trata de fantasías muy difundidas, y la guerra proporciona la oportunidad de ponerlas en práctica. Además, aunque haya dejado de estar de moda decirlo, pocas dudas caben de que quienes solemos llamar los «blancos» cometen más y mayores atrocidades que los «rojos». No existe la menor duda, por ejemplo, acerca del comportamiento de los japoneses en China, ni hay demasiadas dudas sobre la larga lista de ultrajes fascistas que han tenido lugar durante los últimos diez años en Europa. La cantidad de testimonios es enorme, y un porcentaje considerable de ellos provienen de la radio y la prensa alemanas. Estas cosas tuvieron lugar de verdad, eso es lo que no hay que perder de vista. Ocurrieron aunque lord Halifax haya dicho que ocurrieron. Las violaciones y las matanzas en las ciudades chinas, las torturas en los sótanos de la Gestapo, los ancianos profesores judíos arrojados a las fosas sépticas, el ametrallamiento de refugiados en las carreteras de España...; todos estos hechos tuvieron lugar, y no ocurrieron menos porque el *Daily Telegraph* los haya descubierto de repente con cinco años de retraso.

3

Dos recuerdos, uno que no prueba nada en particular y otro que, a mi juicio, arroja cierta luz sobre la atmósfera de un período revolucionario.

Una mañana temprano, un hombre y yo estábamos acechando fascistas en las trincheras a las afueras de Huesca. Sus líneas y las nuestras estaban a unos trescientos metros, distancia desde la cual nuestros viejos fusiles no podían disparar con precisión; sin embargo, avanzando furtivamente hasta un punto situado a unos cien metros de la trinchera fascista, uno tenía la posibilidad, con un poco de fortuna, de alcanzar a alguien a través de una abertura en el parapeto. Por desgracia, el terreno entre un lugar y otro era un campo de remolachas perfectamente plano, sin más cobertura que unas pocas zanjas, y era necesario salir cuando aún estaba oscuro y volver poco antes del amanecer, antes de que la luz fuese demasiado intensa. En aquella ocasión no apareció ningún fascista, esperamos demasiado y nos sorprendió el alba. Estábamos en una zanja, pero detrás de nosotros había unos doscientos metros de terreno llano que no le hubiera permitido ponerse a cubierto ni siquiera a un conejo. Aún estábamos intentando reunir valor para emprender la carrera campo a través cuando oímos un tumulto y unos silbidos en la trinchera fascista. Se acercaban algunos de nuestros aviones. En ese momento, un hombre que presumiblemente le llevaba un mensaje a un oficial saltó fuera de la trinchera y echó a correr a lo largo del parapeto a plena vista. Iba a medio vestir y se sujetaba los pantalones con ambas manos mientras corría. No le disparé. Es cierto que soy un mal tirador, incapaz de acertar a un hombre que vaya corriendo cien metros más allá; además, en ese instante pensaba sobre todo en volver a nuestra trinchera mientras toda la atención de los fascistas se concentraba en los aviones. Aun así, si no intenté matarlo fue en parte a causa del detalle de los pantalones. Había ido allí a matar «fascistas», pero un hombre que tiene que sujetarse los pantalones no es un «fascista»; es a todas luces un prójimo, alguien como uno, y no se tienen deseos de dispararle.

¿Qué demuestra este incidente? Nada en realidad, porque es ese tipo de cosas que suceden continuamente en todas las guerras. Lo otro es distinto. No creo que baste con que lo cuente para conmover a quienes me lean, pero a mí sí que me conmueve; lo veo como un incidente característico de la atmósfera moral de una determinada época.

Uno de los reclutas que se nos unió estando yo aún en los barracones era un chico de aspecto asilvestrado que provenía de un barrio pobre de Barcelona. Iba descalzo y vestido con harapos. Era, además, extremadamente oscuro de piel (de sangre árabe, me atrevería a decir) y gesticulaba de un modo que no es propio de un europeo. En uno de esos gestos en particular —el brazo extendido, la palma de la mano vertical— reconocí un ademán característico de la gente de la India. Un día desapareció de mi litera un paquete de puritos, que por entonces todavía podían comprarse por muy poco dinero. Estúpidamente, di parte a un oficial, y uno de esos sinvergüenzas que he mencionado antes se apresuró a inventarse que a él le habían robado veinticinco pesetas de su litera. Por algún motivo, el oficial decidió en el acto que el chico de piel oscura debía de ser el ladrón. En las milicias, robar no era cualquier cosa, y en teoría se podía fusilar a alguien por eso. El desdichado muchacho permitió que lo llevaran al puesto de guardia para registrarlo. Lo que me impresionó más fue que apenas intentó defender su inocencia. En el fatalismo de su actitud podía verse la desesperada pobreza en que había sido criado. El oficial le ordenó que se desnudara. Él lo hizo con espantosa humildad, y registraron sus ropas. Por supuesto, ahí no estaban ni los cigarros ni el dinero; de hecho, no era él quien los había robado. Lo más doloroso era que, una vez demostrada su inocencia, no parecía estar menos avergonzado. Esa noche lo llevé al cine y le di coñac y chocolate. Pero eso también fue terrible; me refiero al intento de borrar un agravio con dinero. Durante un rato estuve dispuesto a creer que era un ladrón, y eso no puede borrarse.

Pues bien, unas semanas más tarde, en el frente, tuve problemas con uno de los hombres de mi sección. Para entonces yo era cabo,* y tenía doce hombres bajo mi mando. Era una guerra estática, terriblemente fría, y mi labor principal consistía en conseguir que los centinelas permanecieran despiertos en sus puestos. Un día, un hombre se negó de pronto a ir a un puesto determinado alegando, con razón, que estaría ex-

* En español en el original. (N. del T.)

puesto al fuego enemigo. Era una criatura endeble, de modo que lo sujeté y me dispuse a arrastrarlo hasta allí. Esto caldeó los ánimos en mi contra, porque los españoles, creo yo, toleran peor que los ingleses que alguien les ponga las manos encima. Al instante estaba rodeado de hombres que me gritaban: «¡Fascista, fascista! ¡Déjale en paz! ¡Este no es un ejército burgués! ¡Fascista!», etcétera. Les espeté lo mejor que pude, en mi mal español, que debían obedecer las órdenes, y la riña derivó en una de esas fuertes discusiones que terminan por minar la disciplina en los ejércitos revolucionarios. Algunos dijeron que yo estaba en lo correcto, y otros que me equivocaba. La cuestión es, sin embargo, que uno de los que se puso de mi lado fue el chico de piel oscura. Tan pronto como descubrió qué era lo que pasaba, saltó al cuadrilátero y empezó a defenderme apasionadamente. Repitiendo aquel gesto asilvestrado, indio, no paraba de exclamar: «¡No hay cabo como él!».* Poco después, solicitó que lo trasladaran a mi sección.

¿Por qué me resulta conmovedor este incidente? Porque en circunstancias normales habría sido imposible que los buenos sentimientos se restablecieran jamás entre aquel muchacho y yo. Mis esfuerzos por disculparme de mi acusación implícita de robo probablemente habrían empeorado las cosas antes que mejorarlas. Uno de los efectos de la vida segura y civilizada es una hipersensibilidad que da a las emociones primarias un cariz un tanto repugnante. La generosidad es tan hiriente como la maldad, y la gratitud, tan odiosa como la ingratitud. Pero en España, en 1936, no vivíamos una época normal. Era un tiempo en que los gestos y sentimientos generosos surgían más espontáneamente. Podría relatar una docena de incidentes similares; incomunicables, en realidad, pero que mi mente vincula con la atmósfera especial de aquella

* En español en el original. *(N. del T.)*

época: las ropas raídas y los coloridos carteles revolucionarios, el uso generalizado de la palabra «camarada», las baladas
antifascistas impresas en papel finísimo que se vendían por
una moneda, las frases como «solidaridad internacional proletaria», patéticamente repetidas por hombres ignorantes que
pensaban que significaban algo en realidad. ¿Es posible ser
amigo de alguien, y ponerse de su parte en una trifulca, tras
ser registrado ignominiosamente en su presencia en busca de
algo que se supone que le has robado? No, no lo es; a menos
que ambos hayan vivido una experiencia emocionalmente en-
riquecedora. Ese es uno de los subproductos de la revolución,
aunque en aquel caso no fuera sino el comienzo de una revolución a todas luces predestinada al fracaso.

4

La lucha por el poder entre los distintos partidos republicanos españoles es un asunto triste y lejano que, a estas alturas,
no tengo deseos de revivir. Si lo menciono, es solamente para
lanzar una advertencia: no se crean nada, o casi nada, de lo
que lean acerca de los asuntos internos en el bando del gobierno. Sin importar la fuente, no será más que mera propaganda partidaria, es decir, mentiras. La pura verdad sobre la
guerra es más simple: la burguesía española vio la ocasión de
aplastar al movimiento obrero y la aprovechó, con la ayuda
de los nazis y de las fuerzas reaccionarias del mundo entero.
Dudo que algo distinto pueda sacarse en claro jamás.

Recuerdo haberle dicho alguna vez a Arthur Koestler que
«la historia se detuvo en 1936», ante lo cual él asintió, com-
prendiéndolo de inmediato. Ambos estábamos pensando en
el totalitarismo en general, pero más particularmente en la
Guerra Civil española. En mi juventud ya me di cuenta de
que los periódicos jamás informan correctamente sobre evento alguno, pero en España, por primera vez, vi reportajes pe-

riodísticos que no guardaban la menor relación con los hechos, ni siquiera el tipo de relación con la realidad que se espera de las mentiras comunes y corrientes. Vi cómo se daba cuenta de grandes batallas donde no había habido el menor enfrentamiento y se silenciaban acciones de guerra en que cientos de hombres habían perdido la vida. Vi tropas que habían peleado valerosamente y que eran tachadas de cobardes y traidoras, y soldados que jamás habían disparado un solo tiro saludados como héroes de victorias imaginarias; vi cómo los periódicos de Londres vendían estas mentiras, y a ávidos intelectuales que construían superestructuras emocionales sustentadas en eventos que no ocurrieron jamás. Vi, de hecho, cómo se escribía la historia no según lo ocurrido en realidad, sino según lo que debería haber ocurrido de acuerdo con las «directrices del partido». Y a pesar de todo, por horrible que fuera, nada de lo anterior tenía la menor importancia. Se trataba de asuntos secundarios, de la lucha por el poder entre la Internacional Comunista y los partidos españoles de izquierdas, de los esfuerzos del gobierno ruso de impedir la revolución en España. Pero el panorama de la guerra que el gobierno republicano español presentó al mundo entero no era falso. Los asuntos fundamentales estaban ahí. Ahora bien, en el caso de los fascistas y sus valedores, ¿cómo podrían haber revelado sus auténticos propósitos? Su versión de la guerra era pura fantasía y, dadas las circunstancias, no podría haber sido de otro modo.

La única línea propagandística que los nazis y los fascistas podían seguir era presentarse a sí mismos como patriotas cristianos que buscaban salvar a España de la dictadura rusa. Lo anterior implicaba hacer creer que la vida bajo el gobierno de la República no era sino una interminable matanza (véanse el *Catholic Herald* o el *Daily Mail*, aunque aquellos eran juegos de niños en comparación con la prensa fascista del continente), y suponía exagerar enormemente la escala de la intervención rusa. Permítaseme entresacar solo un ejemplo de la enorme pirámide de mentiras que la prensa católica y reaccionaria del mundo entero construyó: la presencia en España de un ejército ruso. La totalidad de los devotos partidarios de Franco lo creían a pies juntillas. Se llegó a estimar que aquella fuerza contaba con medio millón de soldados. Ahora bien, no había ningún ejército ruso en España. Puede que hubiera un puñado de oficiales de aviación y otro puñado de técnicos; unos cuantos cientos a lo sumo, pero no un ejército. Los miles de extranjeros, por no hablar de los millones de españoles, que lucharon en España son testigos de ello. Sin embargo, su testimonio no causó la menor impresión entre los propagandistas de Franco, ninguno de los cuales puso jamás un pie en la España que aún estaba bajo el gobierno de la República. Esta gente se negaba a admitir la realidad de la intervención alemana o italiana al tiempo que la prensa alemana e italiana se jactaba abiertamente de las hazañas de sus «legionarios». He escogido mencionar tan solo este punto, pero de hecho la totalidad de la propaganda fascista sobre la guerra se movía por esos cauces.

Lo anterior me asusta porque a ratos hace que tenga la impresión de que el propio concepto de verdad objetiva está desapareciendo del mundo. Después de todo, hay muchas posibilidades de que esas mentiras, u otras parecidas, pasen a la historia. ¿Cómo se escribirá la historia de la guerra de España? Si Franco continúa en el poder, serán sus acólitos los que escriban los libros de historia, y —por insistir en el punto anterior— aquel inexistente ejército ruso se convertirá en un hecho histórico, y los niños de las generaciones venideras lo estudiarán en las escuelas. Pero supongamos que el fascismo es finalmente derrotado y que en un futuro próximo se restablece algún tipo de gobierno democrático en España. Aun en ese caso, ¿cómo se escribirá la historia de España? ¿Qué clase de documentos dejará Franco? Supongamos que los archivos del bando del gobierno pueden recuperarse; aun así, ¿cómo podrá escribirse la verdadera historia de la guerra? Porque, como he dicho, el propio gobierno se encargó de poner en circulación abundantes mentiras. Es posible escribir una historia de la guerra, verdadera en términos generales, desde la perspectiva antifascista, pero sería una historia partidista, poco fiable en última instancia. No obstante, algún tipo de historia de la guerra habrá de escribirse, y cuando aquellos que recuerdan la realidad de la guerra hayan muerto, esta versión será universalmente aceptada. A todos los efectos, y desde un punto de vista práctico, la mentira se habrá vuelto verdad.

Sé muy bien que hoy se estila decir que, en cualquier caso, tal como está escrita, la mayor parte de la historia es mentira. Estoy dispuesto a creer que la historia es en gran parte imprecisa y sesgada; lo peculiar de nuestra época, sin embargo, es el completo abandono de la idea de que es posible escribir la historia con veracidad. En el pasado se mentía deliberadamente, o se coloreaba inconscientemente lo escrito, o se hacían esfuerzos por hallar la verdad, a sabiendas de que se cometerían muchos errores. En cualquier caso, sin embargo, los historiadores creían en la existencia de los «hechos», y en que estos eran más o menos determinables. En la práctica, existía un corpus considerable de hechos en los que casi todos estaban de acuerdo. Si uno repasa, por ejemplo, la historia de la última guerra publicada por la *Enciclopedia Británica*, descubrirá que una cantidad considerable de material se ha tomado de fuentes alemanas. Sin duda, un historiador británico y uno alemán estarían en completo desacuerdo en muchos aspectos, incluso en asuntos fundamentales, pero aun en ese caso podían contar con ese corpus de, por así llamarlos, hechos neutrales acerca de los cuales ninguno se atrevería a recusar seriamente al otro. Es justamente esa base común, que implica que los seres humanos pertenecen a la misma especie animal, lo que el totalitarismo destruye. De hecho, la teoría nazi niega específicamente que haya algo parecido a «la verdad». No existe, por ejemplo, aquello que llamamos la «ciencia», tan solo «ciencia alemana», «ciencia judía», etcétera. El objetivo tácito de este modo de pensar es un mundo de pesadilla en el que el líder máximo, o bien la camarilla dirigente, controle no solo el futuro, sino incluso el pasado. Si sobre tal o cual acontecimiento el líder dictamina que «jamás tuvo lugar»... pues bien: no tuvo lugar jamás. Si dice que dos más dos son cinco, así tendrá que ser. Esta posibilidad me atemoriza mucho más que las bombas. Y conste que, tras nuestras experiencias de los últimos años, una declaración así no puede hacerse frívolamente.

Sin embargo, ¿no será pueril, o morboso, atemorizarse con visiones de un futuro totalitario? Antes de descartar el mundo totalitario como una pesadilla que no llegará a verificarse jamás, se impone recordar que en 1925 el mundo actual nos habría parecido una pesadilla imposible. En realidad, solo existen dos maneras de permanecer a salvo de ese mundo fantasmagórico y cambiante en el cual lo negro puede mañana ser blanco y el clima de ayer ser modificado por decreto. Una consiste en que, por más que se niegue la verdad, esta continúa existiendo, por así decirlo, a nuestras espaldas, y por tanto no se puede violar en menoscabo de la eficacia militar. La otra es que, mientras existan lugares del mundo que no hayan sido conquistados, la tradición liberal estará en condiciones de seguir con vida. Si permitimos que el fascismo, o posiblemente incluso la combinación de varios fascismos, conquiste el mundo entero, esas dos condiciones dejarán de existir. En Inglaterra subestimamos el peligro de esta situación porque nuestras tradiciones y nuestra seguridad pretérita nos han enseñado a creer que al final todo sale bien y que lo que más tememos no llega a suceder jamás. Alimentados durante cientos de años de una literatura en la que el bien siempre triunfa en el último capítulo, creemos casi por instinto que a la larga el mal siempre se derrota a sí mismo. El pacifismo, por ejemplo, se funda ampliamente en esta creencia: no opongáis resistencia al mal y este de algún modo se destruirá a sí mismo.

Pero ¿por qué habría de ser así? ¿Qué evidencia existe en ese sentido? ¿Qué ejemplos hay de un Estado industrializado moderno que se haya venido abajo sin haber sido conquistado por una fuerza militar extranjera?

Consideremos, por ejemplo, la reinstauración de la esclavitud. ¿Quién podría haber imaginado hace veinte años que la esclavitud regresaría a Europa? Pues bien, la esclavitud ha resurgido bajo nuestras propias narices. Los campos de trabajos forzosos a lo largo y ancho de toda Europa y el norte de África, en los que polacos, rusos, judíos y prisioneros políticos de todas las razas son obligados a construir carreteras o a drenar pantanos a cambio de míseras raciones de alimentos, no son sino esclavitud, pura y dura. Lo máximo que puede alegarse es que la compraventa de esclavos no está aún permitida. En otros aspectos —la separación de las familias, por ejemplo—, las condiciones son hoy probablemente peores que las que existían en las plantaciones de algodón de Estados Unidos. Mientras subsista cualquier tipo de dominación totalitaria, no habrá motivo alguno para pensar que este estado de cosas cambiará. No comprendemos sus implicaciones porque, a nuestra manera mística, sentimos que un régimen fundado en la esclavitud forzosamente tiene que caer. Pero vale la pena comparar la duración de los estados esclavistas de la Antigüedad con la de cualquier Estado moderno. Algunas civilizaciones fundadas en la esclavitud subsistieron por períodos de hasta cuatro mil años.

Cuando pienso en la Antigüedad, el detalle que más me aterra es que de aquellos cientos de millones de esclavos sobre cuyas espaldas recayó el peso de la civilización, una generación tras otra, no exista la menor constancia. Ni siquiera conocemos sus nombres. En la larga historia griega y romana, ¿cuántos nombres de esclavos nos resultan conocidos? Por mi parte, apenas puedo recordar dos, tres a lo sumo. Recuerdo a Espartaco y a Epicteto. Y en la sala romana del Museo Británico hay una jarra de vidrio con el nombre del artesano escrito en la base: «Felix fecit». Tengo en la mente una imagen del pobre Félix (un galo pelirrojo con un collar metálico alrededor del cuello), pero quizá ni siquiera fuera un esclavo. Así pues, solo hay dos esclavos cuyo nombre conozco con certeza, y probablemente muy poca gente recuerde más. Los demás han quedado sumidos en el más absoluto silencio.

5

La columna vertebral de la resistencia contra Franco fue la clase obrera española, especialmente los miembros de los sindicatos de las zonas urbanas. A la larga —y es importante recordar que solo a la larga—, la clase obrera sigue siendo el más sólido enemigo del fascismo, simplemente porque es la que más gana con una reconstrucción social como es debido. Al contrario que otras clases o categorías, no puede ser sobornada permanentemente.

Decir lo anterior no implica idealizar a la clase obrera. En la larga lucha que ha seguido a la Revolución rusa, los que han sido derrotados han sido los trabajadores manuales, y resulta imposible no tener la sensación de que ese fracaso fue culpa suya. Época tras época, país tras país, el movimiento obrero organizado ha sido aplastado por medio de la violencia abierta e ilegal, y sus camaradas extranjeros, unidos a ellos por un teórico vínculo de solidaridad, simplemente se han limitado a quedarse de brazos cruzados. La realidad de fondo es que entre los trabajadores blancos y negros no existe solidaridad, ni siquiera de dientes para fuera; esa es la causa secreta de muchas traiciones. ¿Quién puede creer en la conciencia de clase del proletariado internacional después de los acontecimientos de los últimos diez años? Para la clase obrera británica, el asesinato de sus camaradas de Viena, Berlín, Madrid o cualquier otro sitio pareció ser menos interesante e importante que el partido de fútbol de la víspera. Con todo, sigue siendo un hecho que la clase obrera seguirá luchando contra el fascismo cuando todos los otros hayan sucumbido. Una particularidad de la conquista nazi de Francia fueron las pasmosas defecciones de miembros de la intelectualidad, incluidos algunos de izquierdas. Los intelectuales son quienes más alzan la voz contra el fascismo, pero una buena parte de ellos se abandonan al derrotismo en cuanto comienzan las dificultades. Son suficientemente lúcidos para percibir los riesgos que corren, y se dejan sobornar (porque es evidente que los nazis piensan que vale la pena sobornar a intelectuales). Con la clase obrera sucede lo contrario. Demasiado ignorante para descubrir cuál es la trampa en la que se la hace caer, fácilmente se traga las promesas del fascismo; a pesar de todo, sin embargo, tarde o temprano retoma la lucha. Está obligada a hacerlo porque siempre termina descubriendo por experiencia propia que las promesas del fascismo no pueden cumplirse. Para triunfar permanentemente sobre la clase obrera, los fascistas tendrían que elevar el nivel general de vida, una meta que son incapaces de alcanzar y que quizá tampoco ansíen conseguir. La lucha de la clase obrera se parece al crecimiento de una planta. La planta es ciega y carece de inteligencia, pero sabe que debe seguir alzándose hacia la luz, y seguirá buscándola por más obstáculos que encuentre. ¿Por qué luchan los obreros? Pues sencillamente por una vida mejor, que en la actualidad —y ellos están cada vez más al tanto de ello— es técnicamente posible. Su conciencia acerca de este objetivo fluctúa, como la marea. Durante un tiempo, en España la gente actuaba conscientemente, moviéndose hacia una meta que deseaba alcanzar y que creía que podía alcanzar. Esto determinó en gran medida el peculiar optimismo que inundó la vida en la España republicana durante los primeros meses de la guerra. La gente común sabía muy bien que la República era su amiga y Franco, su enemigo. Sabían que estaban en lo correcto, porque luchaban por algo que el mundo les debía y estaba en condiciones de darles.

Hay que recordar lo anterior para ver la guerra de España en su auténtica dimensión. Cuando uno piensa en la crueldad, la miseria y la futilidad de la guerra —y en este caso particular en las intrigas, las persecuciones, las mentiras y los malos entendidos—, siempre tiene la tentación de decir: «Un bando es tan malo como el otro. Yo soy neutral». En la práctica, sin embargo, permanecer neutral es imposible, y difícilmente existe algo como una guerra en la que no importe quién gane. Por lo común, uno de los bandos apuesta más o menos por el progreso y el otro, más o menos por lo contrario. El odio que la República española suscitó en los millonarios, duques, cardenales, *playboys*, conservadores y no sé cuántos otros bastaría para mostrar cómo son las cosas en realidad. En esencia, se trataba de una guerra de clases. De haber triunfado, la causa de la gente común habría salido fortalecida en todas partes. Pero se perdió, y los que viven de sus rentas en el mundo entero se frotaron las manos. Ese fue el asunto de fondo, y el resto es mero parloteo.

6

El desenlace de la guerra de España se fraguó en Londres, París, Roma y Berlín; en ningún caso en España. A partir del verano de 1937, todos aquellos que tenían ojos para ver se dieron cuenta de que el gobierno no podía ganar la guerra a menos de que se produjera una profunda modificación en la escena internacional, y la decisión de Negrín y los suyos de continuar luchando hasta el final pudo haber estado influida en parte por la expectativa de que la guerra mundial, que efectivamente empezó en 1939, estuviera a punto de estallar en 1938. La tan publicitada desunión en el bando del gobierno no fue la causa principal de la derrota. Las milicias del gobierno se organizaron demasiado deprisa, estaban pésimamente armadas y carecían de imaginación desde el punto de vista militar, pero nada habría sido distinto de haber existido un consenso político absoluto desde el inicio. Cuando la guerra estalló, el obrero español medio no sabía ni siquiera cómo disparar un fusil (jamás había existido servicio militar obligatorio en España), y el tradicional pacifismo de la izquierda supuso un inconveniente enorme. Los miles de extranjeros que sirvieron en España constituían una buena infantería, pero entre ellos había muy pocos expertos de ninguna clase. La tesis trotskista de que se podría haber ganado la guerra si la revolución no hubiese sido saboteada era probablemente falsa. Nacionalizar fábricas, demoler iglesias y lanzar manifiestos revolucionarios no habrían vuelto más eficientes a los ejércitos. Los fascistas ganaron porque eran más fuertes; poseían armas modernas, y los otros no. Ninguna estrategia política podría haber contrarrestado algo así.

Lo más desconcertante de la guerra de España fue el comportamiento de las grandes potencias. En realidad, los alemanes e italianos, cuyos motivos para intervenir eran suficientemente obvios, ganaron la guerra para Franco. Las razones de Francia y de Gran Bretaña resultan más difíciles de entender. En 1936 todo el mundo tenía claro que si el gobierno británico ayudaba al español, así fuera con unos cuantos millones de libras en armas, Franco se vendría abajo y la estrategia alemana quedaría en gran medida invalidada. En aquella época no había que ser adivino para prever que la guerra entre Gran Bretaña y Alemania estaba próxima; se podía incluso predecir que daría comienzo en un período de uno o dos años. Y, sin embargo, la clase dirigente británica, del modo más malvado, cobarde e hipócrita, hizo todo lo posible para entregar España, sin más, a Franco y los nazis. ¿Por qué? Porque eran profascistas; esa es la respuesta obvia. Aun así, aunque sin duda lo eran, a la hora de la verdad decidieron plantarle cara a Alemania. Sus intenciones al respaldar a Franco siguen siendo inciertas; incluso es posible que no tuvieran ninguna estrategia clara.

Determinar si la clase dirigente británica es malévola o meramente estúpida es una de las cuestiones más complejas de nuestro tiempo, si bien en determinados momentos resulte de suma importancia. En cuanto a los rusos, sus motivos para participar en la guerra de España son absolutamente inescrutables. ¿Intervinieron, como creen los rojos menos radicales, en defensa de la democracia y en pro del fracaso de los nazis? Si es así, ¿por qué lo hicieron de un modo tan cicatero y, al final, dejaron a España en la estacada? ¿O intervinieron, como presumían los católicos, para fomentar la revolución en España? Entonces, ¿por qué hicieron todo lo que estuvo en sus manos para aplastar los movimientos revolucionarios españoles, defender la propiedad privada y entregar el poder a la clase media en vez de dárselo a la clase obrera? O bien, como han sugerido los trotskistas, ¿intervinieron con el único propósito de impedir una revolución en España? Si ese es el caso, ¿por qué no apoyaron a Franco? De hecho, cuanto hicieron se explica más fácilmente si uno asume que actuaban guiados por diversos motivos contradictorios. Creo que en el futuro llegaremos al convencimiento de que la política exterior de Stalin, en vez de ser tan diabólicamente lúcida como se presume, ha sido meramente oportunista y estúpida. En cualquier caso, sin embargo, la Guerra Civil española demostró que los nazis sabían lo que estaban haciendo y sus oponentes no. La guerra se libró a un nivel técnicamente muy bajo, y en general siguiendo una estrategia muy simple. El bando capaz de hacerse con armas estaba destinado a ganar. Los nazis y los italianos se las proporcionaron a sus amigos fascistas de España, mientras que las democracias occidentales y los rusos no hicieron lo mismo con aquellos que deberían haber sido sus amigos. Como resultado de todo ello, la República española sucumbió habiendo «ganado lo que a república alguna faltó».*

* Cita del poema «Apparent Failure» de Robert Browning. (N. del T.)

En cuanto a si fue correcto o no animar a los españoles a continuar la lucha aun a sabiendas de que era imposible ganarla, tal como sin duda hicieron los izquierdistas de todos los países, esa es una pregunta difícil de responder. Por mi parte, pienso que fue lo correcto, porque creo que luchar y perder es preferible, incluso desde el punto de vista de la supervivencia, que rendirse sin dar batalla. Los efectos de esa decisión en la gran estrategia de la lucha contra el fascismo no pueden determinarse todavía. Los andrajosos y mal armados ejércitos republicanos resistieron durante dos años y medio, un tiempo que sin duda superó las expectativas de sus enemigos. Ahora bien, si esa resistencia trastocó la agenda del fascismo o si, por el contrario, meramente pospuso la guerra a gran escala y dio a los nazis más tiempo para afinar su maquinaria bélica, es algo que aún resulta incierto.

7

Nunca pienso en la guerra de España sin que me vengan a la memoria dos recuerdos. Uno es de la sala del hospital de Lérida, y de las voces más bien tristes de los milicianos cantando una canción cuyo estribillo terminaba así:

> *Una resolución:*
> *¡luchar hasta el fin!**

Pues bien: en efecto, lucharon hasta el fin. Durante los últimos dieciocho meses de la guerra, los ejércitos republicanos debieron de estar combatiendo sin cigarrillos siquiera, y con muy poca comida. Ya para cuando dejé España, a me-

---

* En español en el original. *(N. del T.)*

diados de 1937, la carne y el pan escaseaban, el tabaco era algo insólito y el café y el azúcar, prácticamente imposibles de conseguir.

El otro recuerdo es el del miliciano italiano que me estrechó la mano en la sala de guardia el día en que me incorporé a las milicias. Escribí acerca de este hombre en mi libro sobre la guerra de España,* y no quisiera repetir lo que ya he dicho allí. Cuando recuerdo —¡cuán vivamente!— su uniforme raído y su rostro fiero, conmovedor, inocente, los complejos asuntos que envuelven a la guerra parecen desvanecerse y veo con claridad que no existe la menor duda de quién estaba en lo correcto. A pesar de la política del poder y de las mentiras periodísticas, la cuestión central de la guerra fue el intento de este tipo de personas de acceder a una vida decente, en la que reconocían un derecho nato. Resulta difícil pensar sin amargura en el probable destino de ese hombre. Debía de ser trotskista, puesto que lo conocí en el cuartel Lenin, o bien anarquista, y en las peculiares circunstancias de nuestra época, cuando estas personas no son asesinadas por la Gestapo, lo son por la GPU. Eso, sin embargo, a la larga no modifica las cuestiones importantes. El rostro de aquel hombre, que miré solamente durante un par de minutos, se convirtió para mí desde entonces en una especie de recordatorio visual de lo que realmente importaba en la guerra. A mis ojos, ese hombre simboliza la flor y nata de la clase obrera europea, acosada por la policía de todos los países, a la gente que abarrota las fosas comunes de los campos de batalla españoles o la que ahora se pudre por millones en los campos de trabajos forzados.

Cuando uno piensa en la gente que apoya o ha apoyado al fascismo, se queda sorprendido de su diversidad. ¡Vaya cuadrilla! ¡Imaginemos un programa que, de algún modo,

* George Orwell, *Homenaje a Cataluña*, Miguel Temprano García, trad., Debate, Barcelona, 2011. *(N. del T.)*

pusiera durante un tiempo en el mismo barco a Hitler, Pétain, Montagu Norman, Pavelitch, William Randolph Hearst, Streicher, Buchman, Ezra Pound, Juan March, Cocteau, Thyssen, el padre Coughlin, el muftí de Jerusalén, Arnold Lunn, Antonescu, Spengler, Beverley Nichols, lady Houston y Marinetti! Sin embargo, la clave es bastante simple: se trata, en todos los casos, de gente que tiene algo que perder, o que añora una sociedad jerárquica y teme la posibilidad misma de un mundo poblado de seres humanos libres e iguales. Tras toda la propaganda sobre la Rusia «atea» y el «materialismo» de la clase obrera yace el sencillo propósito de quienes tienen dinero o privilegios de aferrarse a ellos. Y lo mismo vale para todo ese discurso de la futilidad de una reconstrucción social que no vaya acompañada de un «cambio interior», por más que esa idea contenga un germen de verdad. A los piadosos, desde el Papa hasta los yoguis de California, les fascina esa idea del «cambio interior», mucho más tranquilizador desde su punto de vista que un cambio de sistema económico. Pétain atribuye la caída de Francia al «apego a los placeres» de la gente común. Es posible ver esta idea en su auténtica dimensión deteniéndose a pensar cuánto placer puede haber en la vida de un típico campesino u obrero francés en comparación con la del propio Pétain. ¡Hay que ver la impertinencia de estos políticos, sacerdotes, literatos y demás, que sermonean a los obreros socialistas a causa de su «materialismo»! Todo lo que estos trabajadores piden es lo que ellos considerarían el mínimo indispensable sin el cual es imposible vivir humanamente. Comida suficiente, una vida sin el temor acuciante del desempleo, la certeza de que los hijos tendrán oportunidades de prosperar, un baño una vez al día, ropa de cama limpia con una frecuencia razonable, un techo que no esté lleno de goteras y un horario de trabajo suficientemente acotado como para conservar un mínimo de energía al final de la jornada. Ni uno solo de esos que predican en contra del «materialismo» consideraría vivible una vida sin estas cosas. ¡Y qué fácil sería alcanzar ese mínimo si escogiéramos concentrarnos en ello durante solo veinte años! Elevar el nivel de vida del mundo entero hasta el que tiene Gran Bretaña no supondría una empresa mayor que la guerra que acabamos de librar. No sostengo, y no sé de nadie que lo haga, que eso resolvería nada por sí solo; se trata simplemente de que la pobreza y el trabajo inhumano deben erradicarse antes de abordar los auténticos problemas de la humanidad. El mayor de estos últimos es el declive de la creencia en la inmortalidad personal, y no podrá afrontarse mientras el ser humano medio esté trabajando como una mula, o bien temblando de miedo ante la policía secreta. ¡Cuánta razón tiene la clase obrera en su «materialismo»! ¡Cuánta razón tienen al darse cuenta de que el estómago está antes que el alma, no en la escala de valores sino en el tiempo! En cuanto lo entendemos, el dilatado horror que hemos soportado se vuelve cuando menos inteligible. Todo aquello que podría hacernos vacilar —los cantos de sirena de un Pétain o de un Gandhi, el hecho ineludible de que, para pelear, uno debe degradarse, la equívoca postura moral de Gran Bretaña, con su palabrería democrática y su imperio de culíes, el siniestro derrotero seguido por la Rusia soviética, la miserable farsa de los políticos de izquierdas— se desvanece, y descubrimos entonces el despertar gradual de la gente común, su lucha contra los señores de la propiedad y los lameculos y mentirosos a sueldo. El asunto es sencillo: ¿debe o no permitirse que la gente como aquel soldado italiano viva la vida decente, plenamente humana, que la técnica hace posible hoy? Personalmente creo, quizá sobre bases insuficientes, que el hombre común ganará esta batalla tarde o temprano, y quisiera que fuese más temprano que tarde: en algún momento dentro de los próximos cien años, pongamos por caso, y no dentro de diez mil. Eso era lo que estaba auténticamente en juego en la guerra de España y en la última guerra, y quizá lo esté también en otras guerras por venir.

Jamás volví a ver a aquel miliciano italiano ni averigüé nunca su nombre. Puede darse por seguro que falleció. Casi dos años después, cuando la guerra estaba ya claramente perdida, escribí estos versos en su memoria:

> El soldado italiano me estrechó la mano
> junto a la mesa del cuartel.
> La mano fuerte y la mano sutil:
> palmas que tan solo pueden
>
> toparse bajo el fragor de las armas.
> ¡Qué paz, sin embargo, conocí entonces,
> mirando aquel rostro maltrecho
> más puro que un rostro de mujer!
>
> Las turbias frases que allí balbuceé
> se volvieron sagradas en sus oídos:
> sabía él desde la cuna cosas que, por mi parte,
> remisamente aprendí, y en los libros.
>
> Las aviesas armas contaron historias
> que ambos creímos,
> mi lingote, empero, resultó de oro,
> ¡ay, quién lo hubiera dicho!
>
> ¡Ventura para ti, soldado italiano!
> Aunque los bravos no sepan de suerte.
> ¿Qué podría darte el mundo?
> Sin duda menos de lo que le diste tú.
>
> Entre sombras y fantasmas,
> blancos y rojos,
> entre mentiras y balas,
> ¿dónde esconderías la cabeza?

¿Dónde está Manuel González,
y dónde Pedro Aguilar
y Ramón Fenellosa? Solo
las lombrices lo saben.

Antes incluso de que tus huesos se secaran
se olvidaban ya tus hazañas y tu nombre,
y la mentira que acabó contigo está enterrada
bajo otra mentira mayor.

No hay poder, sin embargo, que nos desherede
de aquello que vi en tu rostro un día,
ni bomba que haga añicos
*tu espíritu de cristal.**

---

* «The Italian soldier shook my hand / Beside the guard-room table; / The strong hand and the subtle hand / Whose palms are only able // To meet within the sounds of guns, / But oh! what peace I knew then / In gazing on his battered face / Purer than any woman's! // For the flyblown words that make me spew / Still in his ears were holy, / And he was born knowing that I had learned / Out of books and slowly. // The treacherous guns had told their tale / And we both had bought it, / But my gold brick was made of gold – / Oh! who ever would have thought it? // Good luck go with you, Italian soldier! / But luck is not for the brave; / What would the world give back to you? / Always less than you gave. // Between the shadow and the ghost, / Between the white and the red, / Between the bullet and the lie, / Where would hide your head? // For where is Manuel Gonzalez, /And where is Pedro Aguilar, / And where is Ramon Fenellosa? / The earthworms know where they are. // Your name and your deeds were forgotten / Before your bones were dry, / And the lie that slew you is buried / Under a deeper lie; // But the thing that I saw in your face / No power can disinherit: / No bomb that ever burst / Shatters the crystal spirit.»

¿Pueden ser felices los socialistas?

Tribune, 24 de diciembre de 1943

Cuando pensamos en la Navidad, lo hacemos casi automáticamente en Dickens, y por dos buenas razones. Para empezar, es uno de los pocos escritores ingleses que ha escrito realmente sobre ella. La Navidad es la festividad inglesa más popular, pero aun así, sorprendentemente, ha generado muy poca literatura. Están los villancicos, de origen medieval en su mayor parte; está ese puñado de poemas escritos por Robert Bridges, T. S. Eliot y algunos otros, y está Dickens; pero poco más. En segundo lugar, Dickens destaca entre los escritores modernos —sin duda es prácticamente único— por su capacidad para ofrecer un retrato convincente de la felicidad.

Dickens abordó con éxito el tema de la Navidad dos veces, en un conocido capítulo de *Los papeles póstumos del Club Pickwick* y en *Canción de Navidad*. Esta última obra se la leyeron a Lenin en su lecho de muerte y, según su esposa, su «sentimentalismo burgués» le pareció completamente insoportable. En cierto modo Lenin tenía razón, pero si hubiese estado en mejores condiciones de salud tal vez se habría dado cuenta de que la historia tiene ciertas implicaciones sociológicas interesantes. Para empezar, por mucho que Dickens recargue las tintas, por repelente que sea el patetismo del pequeño Tim, la familia Cratchit ciertamente da la impresión de pasárselo bien. Parecen felices, mientras que, por ejemplo, los ciudadanos de *Noticias de ninguna parte*, de William Morris, no lo parecen. Además —y la comprensión que tenía Dickens de esto es uno de los secretos de su poder—, esa felicidad radica principalmente en el contraste; están contentos porque, por una vez, en cierto modo tienen lo bastante para comer. El lobo está en la puerta, pero meneando la cola. Los vapores del pudin de Navidad flotan sobre un trasfondo de casas de empeño y trabajo mal pagado, y el fantasma del señor Scrooge está, en un doble sentido, junto a la mesa. Bob Cratchit quiere incluso beber a la salud de Scrooge, a lo que la señora Cratchit se niega con razón. Los Cratchit son capaces de disfrutar de la Navidad precisamente porque acontece solo una vez al año. Su felicidad es convincente porque se la representa como una felicidad incompleta.

Todos los esfuerzos para representar una felicidad permanente, por el contrario, han fracasado, desde los principios de la historia en adelante. Las utopías (la palabra «utopía», por cierto, no significa «un buen lugar», sino simplemente «un lugar que no existe») han sido frecuentes en la literatura de los últimos trescientos o cuatrocientos años, pero las «favorables» son invariablemente poco atractivas, y acostumbran además a carecer de vitalidad.

Las utopías modernas más conocidas son, de lejos, las de H. G. Wells. Su visión del futuro, implícita a lo largo de sus primeras obras y expuesta en parte en *Anticipations* y en *Una utopía moderna*, alcanza su máxima expresión en dos libros escritos a principios de los años veinte, *El sueño* y *Hombres como dioses*. Aquí tenemos un retrato del mundo como a Wells le gustaría verlo, o como cree que le gustaría verlo. Es un mundo basado en el hedonismo ilustrado y la curiosidad científica. Todos los males y miserias que sufrimos hoy en día se han esfumado. La ignorancia, la guerra, la pobreza, la suciedad, la enfermedad, la frustración, el hambre, el miedo, el exceso de trabajo, la superstición..., todos se han desvanecido. Así expuesto, no se puede negar que es el tipo de mundo que todos esperamos. Todos queremos abolir las cosas que Wells quiere abolir. Pero ¿hay alguien que de verdad quiera vivir en una utopía wellsiana? Por el contrario, no vivir en un mundo como ese, no despertarse en una zona residencial higiénica, ajardinada y plagada de institutrices desnudas, se ha convertido de hecho en un propósito político consciente. Un libro como *Un mundo feliz* es la expresión del miedo real que siente el hombre moderno frente a la sociedad hedonista y racionalizada que está en su mano crear. Un escritor católico dijo hace poco que las utopías eran ahora técnicamente factibles y que, por consiguiente, cómo evitar la utopía se había convertido en un serio problema. Con el movimiento fascista delante de nuestros ojos, no podemos descartarlo como si fuera un simple comentario estúpido, ya que una de las fuentes del movimiento es el deseo de evitar un mundo demasiado racional y demasiado cómodo.

Todas las utopías «favorables» parecen coincidir en postular la perfección al tiempo que son incapaces de transmitir felicidad. *Noticias de ninguna parte* es una especie de versión mojigata de la utopía wellsiana. Todo el mundo es bondadoso y razonable, toda la tapicería es de Liberty,* pero la sensación que nos deja es la de una especie de melancolía desvaída. El reciente esfuerzo de lord Samuel en esta misma dirección, *An Unknown Land*, es aún más deprimente. Da la impresión de que los habitantes de Bensalem (nombre tomado de Francis Bacon) ven la vida simplemente como un mal por el que hay que pasar con el menor jaleo posible. Lo único que les ha reportado su sabiduría es un desánimo permanente. Pero sorprende aún más que Jonathan Swift, uno de los escritores más imaginativos que haya existido nunca, no salga mejor parado que los otros a la hora de forjar una utopía «favorable».

* Almacenes de Londres en los que se vendían los diseños de William Morris, fundador del movimiento Arts and Crafts. (*N. de la T.*)

Las primeras partes de *Los viajes de Gulliver* son probablemente el ataque más devastador contra la sociedad humana que jamás se haya escrito. Cada una de sus palabras tiene relevancia hoy en día; algunos pasajes contienen profecías bastante detalladas de los horrores políticos de nuestro tiempo. Donde falla Swift, sin embargo, es al tratar de describir una raza de seres a los que sí admire. En la última parte, en contraste con los despreciables yahoos, se nos presenta a los houyhnhnms, una noble raza de caballos inteligentes exentos de defectos humanos. Pero esos caballos, pese a su carácter elevado y su intachable sentido común, son unas criaturas notablemente aburridas. Como a los habitantes de otras utopías, lo que más les preocupa es evitar el jaleo. Llevan vidas rutinarias, apagadas, «razonables», exentas no solo de peleas, desorden o inseguridad de cualquier tipo, sino también de «pasión», incluido el amor físico. Escogen a sus parejas en función de principios eugénicos, evitan los excesos de afecto y parecen algo contentos de morir cuando les llega la hora. En partes anteriores del libro, Swift nos había mostrado adónde llevaban al hombre su locura y vileza, y al parecer lo único que nos queda es una existencia insípida, apenas digna de ser vivida.

Los esfuerzos por describir una felicidad decididamente celestial no han tenido más éxito. El cielo es un fiasco tan grande como la utopía, si bien llama la atención que el infierno ocupe un lugar muy respetable en la literatura, y que a menudo haya sido descrito de una forma de lo más minuciosa y convincente.

Es un tópico que el cielo cristiano, tal como se acostumbra a representar, no atraería a nadie. Casi todos los escritores cristianos que abordan el tema del cielo afirman directamente que es indescriptible o evocan una imagen difusa de oro, piedras preciosas y cánticos sin fin. Esto ha inspirado, es verdad, algunos de los mejores poemas del mundo:

Tus muros son de calcedonia,
Tus baluartes bloques de diamante,
Tus puertas todas de perla de Oriente,
¡No se vio riqueza igual!*

O:

Señor, Señor, Señor, todos los santos Te adoran,
Inclinan sus coronas doradas por todo el mar cristalino,
Los querubines y serafines se postran a Tus pies,
¡El que fue, es y por siempre será!**

Pero lo que no consiguió fue describir un lugar o estado en el que el común de los humanos quisieran seriamente estar. Muchos pastores evangelistas y sacerdotes jesuitas (véase, por ejemplo, el formidable sermón del *Retrato del artista adolescente* de James Joyce) han aterrorizado a sus congregaciones hasta helarles la sangre con sus vívidas descripciones del infierno. Pero, en cuanto llega el turno del cielo, se recurre de inmediato a palabras como «éxtasis» o «dicha» sin esforzarse demasiado en decir en qué consisten. Tal vez el fragmento más decisivo al respecto sea ese célebre pasaje de Tertuliano en el que explica que uno de los placeres del cielo es contemplar las torturas de los condenados.

Las versiones paganas del paraíso no son mucho mejores. Uno tiene la sensación de que en los Campos Elíseos siempre está atardeciendo. El Olimpo, donde vivían los dioses, con su

* «The walls are of chalcedony, / Thy bulwarks diamonds square, / Thy gates are of right orient pearl / Exceeding rich and rare!»
** «Holy, holy, holy, all the saints adore Thee, / Casting down their golden crowns about the glassy sea, / Cherubim and seraphim falling down before Thee, / That wast, and art, and evermore shalt be!»

néctar y su ambrosía, sus ninfas y Hebe —las «furcias inmortales», como las llamó D. H. Lawrence—, puede que resulte un poco más acogedor que el cielo cristiano, pero tampoco querríamos pasar mucho tiempo allí. Y en cuanto al paraíso musulmán, con sus setenta y siete huríes por cada hombre —todas ellas, es de suponer, exigiendo atención al mismo tiempo—, es sencillamente una pesadilla. Y tampoco los espiritualistas, pese a asegurarnos sin cesar que «todo es hermoso y brillante», son capaces de describir ninguna actividad en el más allá que una persona racional considere soportable, no hablemos ya de que le resulte atractiva.

Lo mismo ocurre con los intentos de descripción de la felicidad perfecta que no son utópicos ni celestiales, sino meramente sensuales. Dan siempre una impresión de vacío o de vulgaridad, o de ambas cosas. Al comienzo de *La doncella de Orleans*, Voltaire describe la vida de Carlos VII con su amante, Agnès Sorel. Eran «siempre felices», afirma. ¿Y en qué consistía su felicidad? Al parecer, en pasarse el día comiendo, bebiendo, yendo de cacería y haciendo el amor. ¿Quién no se hartaría de una existencia semejante después de unas semanas? Rabelais habla de los espíritus afortunados que se lo pasan bien en el otro mundo como consolación por haberlo pasado mal en este. Cantan una canción que podría traducirse más o menos como sigue: «Brincar, bailar, gastar bromas, beber vino, blanco y tinto, y no hacer nada en todo el día más que contar coronas doradas». ¡Parece muy aburrido, a fin de cuentas! La vacuidad que subyace a la idea de «pasárselo bien» eternamente queda reflejada en el cuadro de Brueghel *El país de Jauja*, donde tres gordinflones yacen dormidos, cabeza con cabeza, mientras van apareciendo espontáneamente huevos duros y jamones asados listos para comer.

Uno pensaría que los seres humanos solo son capaces de describir, tal vez ni siquiera de imaginar, la felicidad por medio de la contraposición. Es por eso que la concepción del cielo o de la utopía varía de una época a otra. En la sociedad preindustrial, el cielo era presentado como un lugar de reposo eterno, adoquinado de oro, porque la experiencia del común de los humanos era la del trabajo excesivo y la pobreza. Las huríes del paraíso musulmán son el reflejo de una sociedad polígama en la que la mayoría de las mujeres desaparecían en los harenes de los ricos. Pero estas imágenes de «dicha eterna» fracasaban porque, tan pronto como la dicha se volvía eterna (entendiendo la eternidad como un tiempo sin fin), el contraste dejaba de funcionar. Algunas de las convenciones que han quedado incorporadas a nuestra literatura se originaron en condiciones materiales que ya no existen hoy en día. El culto a la primavera es un ejemplo. En la Edad Media la primavera no era sinónimo, ante todo, de prados y flores silvestres; era sinónimo de verdura, leche y carne fresca después de varios meses viviendo a base de tocino en salazón en chozas llenas de humo y sin ventanas.

Las canciones de la primavera eran felices:

Nada más que comer y celebrar
Y dar gracias al Señor por este año feliz,
Cuando la carne es barata y las mujeres, caras,
Y muchachos lozanos van de aquí para allá,
Tan felices,
*¡Siempre tan felices!**

Y es que había algo por lo que estar felices. El invierno se había terminado, eso era lo maravilloso. La propia Navidad, una festividad precristiana, seguramente apareció porque tenía que haber algún arranque ocasional en el que comer en

* «Do nothing but eat and make good cheer, / And thank Heaven for the merry year / When flesh is cheap and females dear, / And lusty lads roam here and there, / So merrily, / And ever among so merrily!»

exceso y beber para darse un respiro en mitad del insoportable invierno del norte.

La incapacidad de la humanidad para imaginar la felicidad más que como una forma de alivio, ya sea del esfuerzo o del dolor, les plantea a los socialistas un grave problema. Dickens puede presentarnos a una familia hundida en la miseria zampándose un ganso asado y hacer que se los vea felices; por el contrario, los habitantes de universos perfectos parecen carecer de alegría espontánea y, para colmo, acostumbran a ser algo repelentes. Pero es evidente que nuestro objetivo no es el tipo de mundo que Dickens describió ni, seguramente, ningún mundo que fuera capaz de imaginar. La meta socialista no es una sociedad en la que al final todo acabe bien porque un anciano y amable caballero reparta pavos. ¿Cuál es nuestro objetivo si no una sociedad en la que la «caridad» sea innecesaria? Queremos un mundo en el que Scrooge, con sus dividendos, y el pequeño Tim, con su pierna tuberculosa, sean ambos impensables. Pero ¿significa eso que nuestro objetivo es una utopía sin dolor ni esfuerzo?

A riesgo de decir algo que los editores del *Tribune* tal vez no aprueben, sugiero que el verdadero objetivo del socialismo no es la felicidad. Hasta ahora la felicidad ha sido un efecto derivado, y, por lo que sabemos, puede que siga siéndolo siempre. El verdadero objetivo del socialismo es la fraternidad humana. Ese es el sentimiento generalizado, aunque no acostumbre a decirse, o no se diga lo bastante alto. Los hombres entregan sus vidas a luchas políticas desgarradoras, o los matan en guerras civiles, o los torturan en las cárceles secretas de la Gestapo, no con el fin de instaurar un paraíso con calefacción central, aire acondicionado y luz de fluorescentes, sino porque quieren un mundo en el que los seres humanos se amen los unos a los otros en lugar de engañarse y matarse los unos a los otros. Y quieren ese mundo como un primer paso. Qué harán llegados a ese punto no está tan claro, y tratar de pronosticarlo en detalle no hace más que confundir el asunto.

El pensamiento socialista tiene que trabajar con predicciones, pero solo en términos generales. A menudo uno tiene que dirigirse a objetivos que apenas entreví. En estos momentos, por ejemplo, el mundo está en guerra y quiere paz. Sin embargo, el mundo no conoce la paz, nunca la ha conocido, a no ser que el buen salvaje existiera alguna vez. El mundo quiere algo de cuya existencia es vagamente consciente, pero que no puede definir con precisión. El día de Navidad, miles de hombres sangrarán hasta la muerte sobre la nieve de Rusia, o se ahogarán en aguas heladas, o se harán saltar en pedazos unos a otros con granadas de mano en islas pantanosas del Pacífico, y niños sin hogar rebuscarán entre los escombros de las ciudades alemanas en busca de comida. Intentar que ese tipo de cosas sean imposibles es un buen objetivo. Pero explicar en detalle cómo sería un mundo en paz es otra cuestión, y tratar de hacerlo tiende a conducirnos a los horrores que con tanto entusiasmo ha expuesto Gerald Heard.

Casi todos los creadores de utopías han sido como ese hombre que tiene dolor de muelas y, por tanto, cree que la felicidad consiste en no tenerlo. Quieren forjar una sociedad perfecta mediante la prolongación sin fin de algo que solo era valioso porque era provisional. El camino más sabio sería decir que existen ciertos criterios por los que la humanidad debe guiarse, que la estrategia global está trazada, pero que las profecías detalladas no son asunto nuestro. Todo aquel que intenta imaginar la perfección no hace más que delatar su propio vacío. Esto es así incluso en el caso de un gran escritor como Swift, que es capaz de despellejar a un obispo o a un político con toda habilidad y luego, cuando trata de crear un superhombre, nos deja solo con la impresión —nada más lejos de sus intenciones— de que los apestosos yahoos llevan dentro de sí más potencial de desarrollo que los ilustrados houyhnhnms.

Raffles y miss Blandish

28 de agosto de 1944; *Horizon*, octubre de 1944;
Politics, noviembre de 1944

Casi medio siglo después de su primera aparición, Raffles, «el caco aficionado», sigue siendo uno de los personajes más conocidos de la novela inglesa. Muy pocas son las personas que no estén enteradas de que defendió los colores de Inglaterra jugando al críquet, de que vivía de soltero en unas habitaciones del hotel Albany y de que saqueó a su antojo no pocas casas del elegante barrio de Mayfair, en las que, además, entraba previa invitación de sus dueños. Por ese motivo, sus hazañas constituyen un telón de fondo excelente para examinar una novela de detectives más moderna, como es el caso de *El secuestro de miss Blandish*. Semejante decisión es arbitraria —podría haber elegido, por ejemplo, *Arsenio Lupin*—; en cualquier caso, *El secuestro de miss Blandish* y los libros de Raffles* tienen en común la cualidad de ser novelas de detectives en las que el delincuente tiene más protagonismo que el

---

* *Raffles*, *Ladrón nocturno* y *Mr. Justice Raffles*, de E. W. Hornung. El tercero es decididamente un fiasco, y solo el primero tiene la auténtica atmósfera Raffles. Hornung escribió numerosos relatos policíacos, en los que tendía normalmente a colocarse en el bando del criminal. Publicó también, en una línea muy similar a la de *Raffles*, el logrado *Stingaree*. (*N. del A.*)

policía. Se pueden comparar, así pues, por motivos sociológicos. *El secuestro* es la versión de 1939 del delito pintado de color rosa, mientras que *Raffles* es la de 1900. Lo que de hecho me importa es la inmensa diferencia que se produce en el ambiente moral de ambos libros, así como el cambio de la actitud popular que seguramente entraña.

A fecha de hoy, el encanto de *Raffles* se debe en parte a la ambientación de época y, en parte, a la excelencia técnica de los relatos. Hornung era un escritor muy concienzudo y, dentro de su estilo, sumamente capaz. Todo el que aprecie la eficacia narrativa sentirá admiración por su obra. De todos modos, lo realmente dramático de Raffles, lo que lo convierte en una especie de santo y seña incluso hoy en día (hace muy pocas semanas, en un juicio por robo, un magistrado se refirió al acusado llamándolo «un Raffles en la vida real»), es el hecho de que sea un *gentleman*. Raffles se nos presenta —y lo subrayan infinidad de diálogos y comentarios que parecen pronunciados al desgaire— no como un hombre en el fondo honrado que ha tomado un camino erróneo, sino como uno educado en un colegio privado que se convierte en una oveja descarriada. Sus remordimientos, en el caso de que los tenga, son casi puramente sociales. Ha deshonrado a «la vieja escuela», ha perdido su derecho a frecuentar «la sociedad decente», ha dilapidado su condición de *amateur* y se ha convertido en un bellaco. Ni Raffles ni Bunny parecen pensar que robar es una vileza en sí misma, aunque Raffles se justifica una vez realizando un comentario puntual: «La distribución de la propiedad privada ya está mal hecha de por sí». Se consideran no pecadores, sino renegados, o fuera de la ley. Y el código moral que respetamos la mayoría de nosotros sigue estando tan próximo al del propio Raffles que su situación nos resulta especialmente irónica. ¡Un hombre que es miembro de uno de los mejores clubes del West End y que en realidad es un ladrón! ¿Y si se tratara de un tendero o de un fontanero que fuese en realidad un malhechor? ¿Habría en eso algo intrínsecamente dramático? No, aunque el tema de la doble vida, o de la respetabilidad que encubre al delincuente, siguiera estando ahí. El mismísimo Charles Peace, con su alzacuellos de cura, parece algo menos hipócrita que Raffles con su chaqueta de buen paño y el escudo del club de críquet I Zingari en la pechera.

A Raffles, cómo no, se le dan bien todos los juegos, pero es particularmente acertado que su deporte predilecto sea el críquet. Este detalle no solo permite establecer inacabables analogías entre su astucia al batear las bolas lentas y su astucia como ladrón, sino que también sirve para definir la naturaleza exacta de sus delitos. El críquet, en realidad, no es un deporte muy popular en Inglaterra —no llega ni de lejos a contar con la popularidad del fútbol, por ejemplo—, pero da expresión a un rasgo bien marcado del carácter inglés, la tendencia a valorar la «forma» o el «estilo» por encima de los resultados. A ojos de cualquier amante del críquet, es posible que una entrada de diez carreras sea «mejor» (es decir, más elegante) que una de cien carreras: el críquet también es uno de los contados deportes en los que el aficionado puede aventajar al profesional. Es un deporte en el que menudean las esperanzas vanas y los cambios de suerte súbitos y dramáticos, y sus reglas están definidas de tal modo que su interpretación forma parte de una cuestión ética. Por ejemplo, cuando Larwood practicaba en Australia el lanzamiento contra el cuerpo del bateador, no llegó en realidad a vulnerar el reglamento; sencillamente, hacía algo que «no era críquet». Como un partido de críquet lleva mucho tiempo y es un deporte caro, es sobre todo propio de la clase alta, aunque en toda la nación se lo relaciona con conceptos tales como la «buena forma», el «buen juego», etcétera, y su popularidad ha decaído a la vez que la tradición de «no hacer leña del árbol caído». No es un deporte del siglo XX, y a casi nadie que tenga una mentalidad moderna le gusta. Los nazis, por ejemplo, tuvieron que esforzarse para disuadir la práctica del críquet, que había adquirido cierta raigambre en Alemania tanto antes como después de la última guerra. Al hacer de Raffles un jugador de críquet además de un ladrón, Hornung no solo le presta un disfraz verosímil, sino que también traza el contraste moral más acusado que le cupo imaginar.

Raffles, en no menor medida que *Grandes esperanzas* o *Rojo y negro*, es una historia de esnobismo, y gana muchísimo gracias a la precariedad de la situación social del protagonista. Un escritor dotado de menor finura habría hecho del «*gentleman* ladronzuelo» un miembro de la nobleza, al menos un baronet. Raffles, en cambio, es de clase media, y si se le acepta en el seno de la aristocracia es solo por su encanto personal. «Nos mezclábamos con la alta sociedad, pero no formábamos parte de ella —le dice a Bunny ya hacia el final del libro—. Me preguntaron por mi dedicación al críquet.» Tanto él como Bunny aceptan los valores de la «alta sociedad» sin cuestionárselos, y de buen grado se acomodarían en su seno siempre y cuando pudieran dar un golpe cuantioso. La ruina que de continuo los amenaza es tanto más negra por su más que dudosa «pertenencia a la clase alta». Un duque que haya cumplido condena en la cárcel sigue siendo un duque, mientras que un simple hombre de la calle, si cae en la deshonra, deja de ser para siempre un hombre que ronda la calle. Los últimos capítulos del libro, en los que Raffles ha sido descubierto y ha de vivir bajo un nombre falso, desprenden una sensación pareja a la del crepúsculo de los dioses, un ambiente mental bastante parejo al de aquel poema de Kipling titulado «Soldado y caballero»:

> *Así es, ¡un soldado de las fuerzas armadas*
> *que ha montado en sus seis caballos!*, etcétera.*

---

* «A trooper of the forces— / I, who kept my own six horses!»

Raffles pertenece de manera irrevocable a la «cohorte de los condenados». Todavía podrá cometer robos de los que salga airoso, pero ya es imposible que vuelva a entrar en el Paraíso, esto es, en Piccadilly y el Marylebone Cricket Club. De acuerdo con el código de colegio privado, solo existe una manera de rehabilitarse: la muerte en la batalla. Así pues, Raffles perece en combate contra los bóeres (cualquier lector avezado lo habría previsto desde el primer momento), y a ojos de Bunny y de su creador este hecho lo redime de sus delitos.

Tanto Raffles como Bunny, por supuesto, carecen de toda creencia religiosa y no se rigen por un verdadero código ético, sino guiándose tan solo por ciertas normas de conducta que cumplen de una manera más bien laxa e instintiva. Pero en esto reside la honda diferencia moral que hay entre *Raffles* y *El secuestro de miss Blandish*. Raffles y Bunny, a fin de cuentas, son dos caballeros, y los criterios morales que poseen no pueden incumplirse. Hay determinadas cosas que «no se hacen». La mera idea de llevarlas a cabo ni siquiera se llega a plantear. Por ejemplo: Raffles no abusará nunca de la hospitalidad que se le brinde. Cometerá un robo en una casa en la que viva en calidad de huésped, pero la víctima debe ser otro huésped, nunca el anfitrión. No asesinará,* y evita la violencia siempre que le es posible, pues prefiere llevar a término sus latrocinios sin recurrir a las armas. Considera que la amistad es algo sagrado, y es caballeroso, aunque amoral, en su trato con las mujeres. Es capaz de asumir riesgos adiciona-

---

* 1945. En realidad, Raffles asesina a un hombre, y es responsable, de forma más o menos consciente, de la muerte de otros dos. Pero todos ellos son extranjeros y se han comportado de un modo muy censurable. También, en una ocasión, contempla la posibilidad de asesinar a un chantajista. No obstante, en las novelas policíacas existe la convención, bastante asentada, de que asesinar a un chantajista «no cuenta». (*N. del A.*)

les en nombre del «espíritu deportivo», y a veces también por motivos puramente estéticos. Por encima de todo, es intensamente patriota. Celebra el Jubileo de Diamante («Durante sesenta años, Bunny, nos ha gobernado absolutamente la más espléndida soberana que el mundo haya conocido») enviando a la reina, por correo, una antigua taza de oro previamente robada en el Museo Británico. Por motivos en parte políticos, roba una perla que el emperador de Alemania envía a uno de los enemigos de Gran Bretaña, y cuando la guerra de los bóeres empieza a torcerse, su única idea es presentarse en el frente de batalla. Una vez allí, desenmascara a un espía aun a costa de revelar su verdadera identidad, y muere gloriosamente cuando le alcanza un balazo disparado por los bóeres. En esta mezcolanza de delincuencia y patriotismo recuerda a Arsenio Lupin, prácticamente contemporáneo suyo, quien también le gasta una jugarreta al emperador de Alemania y limpia su muy mancillado pasado alistándose en la Legión Extranjera.

Es importante precisar que, según los criterios de hoy en día, los delitos de Raffles son más bien insignificantes; joyas por valor de cuatrocientas libras se le antojan un muy buen botín. Y si bien los relatos resultan convincentes en sus detalles físicos, no son sensacionalistas; pocos cadáveres, apenas sangre, ningún delito sexual, nada de sadismo, ninguna perversión. Parece darse el caso de que la novela policíaca, al menos en sus cotas más altas, ha incrementado sobremanera la sed de sangre en los últimos veinte años. Algunas de las primeras novelas de detectives ni siquiera contienen un solo asesinato. Las novelas de Sherlock Holmes, por ejemplo, no son solo de asesinatos, y algunas ni siquiera contienen un delito impugnable. Lo mismo sucede con las novelas de John Thorndyke, mientras que pocas de las de Max Carrados tratan de asesinatos. Sin embargo, desde 1918, una novela de detectives que no contenga un asesinato es algo muy infrecuente, y los detalles más repugnantes de la desmembración y la exhumación están a la orden del día. Algunas de las novelas de Peter

Wimsey, por ejemplo, despliegan un morboso interés por lo cadavérico. Las novelas de Raffles, escritas desde el punto de vista del delincuente, son mucho menos antisociales que muchas de las modernas novelas escritas desde el punto de vista del detective. La principal impresión que dejan es de pura inmadurez. Pertenecen a una época en la que las personas se regían por determinados criterios morales, aunque fueran una ridiculez. La frase clave es «no hecho». La distinción que trazan entre el bien y el mal es tan insensata como un tabú de la Polinesia, si bien, y al igual que ese tabú, al menos tiene la ventaja de que todo el mundo la admite.

Hasta ahí lo concerniente a *Raffles*. Ahora, de cabeza a la ciénaga. *El secuestro de miss Blandish*, obra de James Hadley Chase, se publicó en 1939, pero al parecer gozó de una gran popularidad en 1940, durante la batalla de Inglaterra y el *blitz*. En líneas generales, el argumento es como sigue.

Miss Blandish, hija de un millonario, es secuestrada por unos gángsteres que se ven casi de inmediato sorprendidos y son asesinados por otra banda más nutrida y mejor organizada. Piden rescate por ella y le sacan a su padre medio millón de dólares. El plan original consistía en matarla en cuanto se recibiera el dinero del rescate, pero, por azar, la secuestrada sigue con vida. Uno de los gángsteres es un joven llamado Slim, cuyo único placer en la vida consiste en acuchillar a todo el que se le ponga por delante. En su infancia ya hizo pruebas al eviscerar a animales vivos con unas tijeras oxidadas. Slim es sexualmente impotente, pero se encapricha de miss Blandish. La madre de Slim, verdadero cerebro de la banda, ve en este detalle la posibilidad de curar la impotencia que padece Slim, y decide hacerse con la custodia de miss Blandish hasta que Slim logre violarla. Tras muchos esfuerzos y no pocos intentos de persuasión, incluida una flagelación de miss Blandish con una manguera de goma, se consuma la violación. Entretanto, el padre de miss Blandish ha contratado a un detective privado; mediante sobornos y torturas, el detective y la policía logran asediar y exterminar a toda la banda. Slim escapa con miss Blandish y es asesinado tras una última violación. El detective se dispone a devolver a miss Blandish a su familia, pero, a esas alturas, ella se ha encariñado tanto de las caricias de Slim* que se siente incapaz de vivir sin él, de modo que se arroja desde la ventana de un rascacielos.

Hay algunos otros puntos que cabe destacar antes de captar plenamente todo lo que este libro entraña. Para empezar, la trama central tiene una semejanza más que notable con *Santuario*, la novela de William Faulkner. En segundo lugar, y al contrario de lo que cabría suponer, no es la obra de un plumífero analfabeto, sino una muestra de escritura brillante, en la que apenas hay una sola palabra de más o una nota discordante. Tercero: todo el libro, tanto la narración como los diálogos, está escrito en dialecto norteamericano; el autor, un inglés que, según tengo entendido, nunca ha puesto un pie en Estados Unidos, parece haber llevado a cabo una transferencia mental completa al submundo de ese país. Cuarto: la obra, según sus editores, ha vendido nada menos que medio millón de ejemplares.

Ya he esbozado el argumento, pero la materia narrativa es todavía más sórdida y brutal de lo que se podría pensar. El libro contiene ocho asesinatos con todas las letras, incontables homicidios y lesiones que se producen como si tal cosa, una exhumación (con un cuidadoso recordatorio del hedor reinante), la flagelación de miss Blandish, la tortura de otra mujer con la brasa de un cigarrillo, una actuación de *striptease*, una escena de una crueldad inaudita, un tercer grado, y mucho más de esta guisa. Presupone una gran sofisticación de los lectores en material sexual (hay una escena, por ejemplo, en la

---

* Es posible hacer otra lectura del episodio final. Puede que signifique simplemente que miss Blandish está embarazada. Pero la interpretación que he dado más arriba parece más acorde con la brutalidad general del libro. *(N. del A.)*

que un gángster, seguramente con inclinaciones masoquistas, tiene un orgasmo en el momento en que es acuchillado), y da por sentada la corrupción más absoluta y egoísta como si fuera lo más natural del mundo en cuanto norma del comportamiento humano. El detective, por ejemplo, es un granuja redomado, del mismo calibre que los gángsteres, y actúa movido prácticamente por los mismos motivos; al igual que ellos, anda en busca de «quinientos de los grandes». Para la maquinaria de la trama, es necesario que el señor Blandish ansíe recobrar a su hija; al margen de esto, cuestiones como el afecto, la amistad, la amabilidad o la mera cortesía ni siquiera se tienen en consideración. En gran medida, tampoco se da una sexualidad normal. En resumidas cuentas, solo funciona una única motivación en todo el relato: el ansia de poder.

Conviene tener presente que el libro no es pornográfico en el sentido normal del término. Al contrario que los libros que tratan del sadismo en materia sexual, hace hincapié en la crueldad, no en el placer. Slim, el violador de miss Blandish, tiene unos «labios húmedos y carnosos»; es un detalle repugnante, y tiene por objeto provocar repulsa. Pero las escenas que tratan de la crueldad con las mujeres son relativamente llevaderas. Los verdaderos momentos culminantes del libro son las crueldades en que incurren los hombres con otros hombres, sobre todo el tercer grado al que es sometido un gángster, Eddie Schultz, que es atado a una silla y aporreado en el cuello, y al que además le rompen los brazos a golpe limpio cuando intenta desatarse. En otro de los libros del señor Chase, *Ya no le hará falta*, el héroe, que está destinado a resultar un personaje simpático y tal vez incluso noble, aparece descrito mientras desfigura a mamporros a otra persona y, tras haberle partido la boca, le aplasta la cara a pisotones. Incluso si no se dan incidentes puramente físicos de esta índole, el ambiente mental de estos libros es el mismo. La única temática de que tratan es la pugna por el poder y el triunfo de los fuertes sobre los débiles. Los gángsteres más grandes acaban con los pequeños de manera tan inmisericorde como el pez grande que se come al chico. La policía mata a los delincuentes con la misma crueldad con que un pescador pesca al pez grande. Si uno se pone finalmente de parte de los policías y en contra de los gángsteres, es tan solo porque están mejor organizados y son más poderosos; porque, a decir verdad, la ley es más fuerte que el crimen. El poder y la fuerza tienen razón: *vae victis*.

Tal como ya he señalado, *El secuestro* disfrutó de su máxima popularidad en 1940, si bien la versión teatral gozó de gran éxito algún tiempo después. Fue, de hecho, una de esas cosas que ayudaron a sobrellevar el tedio de los bombardeos. A comienzos de la guerra, el *New Yorker* publicó una foto de un hombrecillo acercándose a un quiosco empapelado de periódicos con titulares como «Grandes batallas de tanques en el norte de Francia», «Gran batalla naval en el mar del Norte», «Feroces batallas aéreas en el canal de la Mancha», etcétera. El hombrecillo le pide al quiosquero «novelas de acción, por favor». Ese hombrecillo representaba a los millones de personas drogadas para las cuales el mundo de los gángsteres y del boxeo es más «real», más «duro», que algo tan nimio como las guerras, las revoluciones, los terremotos, las hambrunas y las epidemias. Desde el punto de vista del lector de novelas de acción, una descripción de los bombardeos de Londres o de las luchas clandestinas de la resistencia europea sería «cosa de señoritas». Por otra parte, una batalla a tiro limpio en Chicago, que tuviera como resultado quizá media docena de muertos, parecería genuinamente «dura». Este hábito mental está hoy en día sumamente extendido. Un soldado está boca abajo en una trinchera fangosa, los disparos de las ametralladoras hacen blanco a menos de dos palmos de donde está, y engaña el tedio intolerable leyendo una novela de gángsteres norteamericanos. ¿Qué es lo que le da tanta emoción a esa novela? Precisamente, ¡el hecho de que la gente ande ametrallándose! Ni el soldado ni nadie más ven que haya en esto nada curioso. Se da por sentado que una bala imaginaria es mucho más apasionante que una bala real.

La explicación evidente de todo esto es que en la vida real uno suele ser una víctima pasiva de las circunstancias, mientras que en la novela de aventuras uno puede considerarse el centro de los acontecimientos. Pero hay bastante más. En este punto es preciso volver a hacer referencia a que *El secuestro* está escrito —tal vez con ciertos errores técnicos, pero con una habilidad más que notable— en lenguaje norteamericano.

Existe en Estados Unidos una abundantísima literatura de sesgo más o menos similar a *El secuestro*. Al margen de los libros propiamente dichos, hay numerosas «revistas pulp», clasificadas de manera que satisfagan los gustos y fantasías más diversos, aunque todas ellas compartan un mismo ambiente mental. No son pocas las que resultan manifiestamente pornográficas, aunque la inmensa mayoría más bien tienden a un público puramente sádico y masoquista. A tres peniques el ejemplar, con el título de «Yank Mags»,* estas revistas tuvieron también una popularidad considerable en Inglaterra, aunque al escasear el suministro durante la guerra no se encontró un sustitutivo del todo satisfactorio. Las imitaciones inglesas de las revistas pulp sin duda existen, pero son más bien pobres en comparación con las originales. Las películas inglesas de malvados, asimismo, nunca tendrán la misma calidad que las películas estadounidenses de malvados, al menos en lo tocante a la brutalidad descrita. Con todo, la trayectoria del señor Chase pone de manifiesto la hondura que tiene la influencia norteamericana. No solo habita en una fantasía continua en el submundo de Chicago, sino que también pue-

* Se dice que llegaron al país como lastre de un barco, lo que explicaba su bajo precio y su aspecto espachurrado. Desde la guerra, los barcos llevan de lastre cosas más útiles, probablemente grava. *(N. del A.)*

de dar por sentado que existen cientos de miles de lectores que saben a qué se refiere cuando emplea palabras de jerga como «hotsquat» («silla caliente», por la silla eléctrica), que no tienen que efectuar cálculos mentales cuando se ven ante «cincuenta de los grandes» y que entienden a primera vista una frase como esta: «Johnny era un borrachín, y estaba a dos pasos de la fábrica de majaretas».* Evidentemente, hay muchísimas personas en Inglaterra que están parcialmente norteamericanizadas en cuestiones de lenguaje y, es de ley añadirlo, también en cuanto a planteamientos morales. Nunca se produjo una protesta popular contra *El secuestro*. A la postre fue retirado de la circulación de manera meramente retrospectiva, cuando una obra posterior, *Las penas de miss Callaghan*, puso los libros del señor Chase en el punto de mira de las autoridades. A juzgar por las conversaciones normales de la época, los lectores de a pie quedaron un tanto impresionados —tampoco en exceso— con las obscenidades de *El secuestro*, aunque no llegaron a considerar que el libro fuera indeseable en su totalidad. Por cierto, muchas personas tenían la falsa impresión de que era un libro estadounidense reimpreso en Inglaterra.

Aquello a lo que tendría que haberle puesto objeciones el lector de a pie —algo que, casi con total certeza, habría objetado tan solo unas décadas antes— es a la equívoca actitud ante el delito que sostiene el libro. A lo largo de *El secuestro* se da por sobreentendido que ser un delincuente es algo reprobable solamente en el sentido de que no sale a cuenta. Ser un policía está mejor pagado, pero no hay una verdadera diferencia moral, toda vez que la policía emplea en esencia métodos delictivos. En un libro como *Ya no le hará falta*, la distinción entre delito y prevención del delito está prácticamente ausente. Se trata de un nuevo rumbo en la ficción sensaciona-

* «Johnnie was a rummy and only two jumps ahead of the nut-factory.»

lista en lengua inglesa, en la que hasta hace muy poco siempre ha existido una marcada diferenciación entre lo correcto y lo erróneo, y un acuerdo general en cuanto a que la virtud ha de triunfar en el último capítulo. Los libros en inglés que glorifican el delito (el delito moderno, claro está; los piratas y los bandoleros son un asunto bien distinto) son muy poco frecuentes. Incluso un libro como *Raffles*, como ya he señalado, se rige por tabúes muy poderosos, y se entiende con toda claridad que los delitos de Raffles han de ser expiados tarde o temprano. En Estados Unidos, tanto en la vida misma como en la ficción, la tendencia a tolerar la delincuencia, e incluso a admirar al delincuente en la medida en que triunfe, es mucho más acusada. Es esta actitud, en definitiva, la que ha hecho posible el florecimiento de la delincuencia a tan gran escala. Se han escrito libros sobre Al Capone cuyo tono apenas difiere de los escritos sobre Henry Ford, Stalin, lord Northcliffe y toda la cuadrilla que ha pasado «de la cabaña de troncos a la Casa Blanca». Y con solo retroceder ochenta años, vemos que Mark Twain adoptó casi la misma actitud ante un bandolero tan desagradable como Slade, héroe y autor de veintiocho asesinatos, y ante los forajidos del Salvaje Oeste en general. Tuvieron éxito, lo «hicieron bien»; por eso mismo los admiraba.

En un libro como *El secuestro*, el lector no se limita, como en la antigua novela policíaca, a escapar de una realidad tediosa y sombría para adentrarse en un mundo imaginario y repleto de acción. La huida nos lleva de hecho hacia la crueldad y la perversión sexual. *El secuestro* está dirigido al instinto de posguerra, de un modo en que no podían estarlo ni *Raffles* ni las novelas de Sherlock Holmes. Al mismo tiempo, la actitud británica hacia el delito no es tan superior a la estadounidense como tal vez haya podido dar a entender. También está involucrada en la adoración del poder, y ha pasado a ser mucho más llamativa en los últimos veinte años. Vale la pena examinar a un escritor como Edgar Wallace, sobre todo en libros tan ejemplares como *El orador* y en los relatos que tienen por protagonista al señor J. G. Reeder. Wallace fue uno de los primeros autores de novela policíaca que se apartó de la vieja tradición del detective privado y que hizo que su protagonista fuera un agente de Scotland Yard. Sherlock Holmes es un simple aficionado que resuelve sus casos sin ayuda de la policía e incluso con su plena oposición, sobre todo en sus primeras apariciones. Por si fuera poco, al igual que Lupin, es esencialmente un intelectual, incluso un científico. Razona con lógica a partir de los hechos empíricos; su intelectualidad se halla de continuo en marcado contraste con los métodos rutinarios de la policía. Wallace planteó serias objeciones a este desaire, a su juicio, contra Scotland Yard, y en varios artículos de prensa se desvivió por denunciar públicamente el proceder de Holmes. Su ideal era el del detective e inspector que captura a los delincuentes no por su brillantez intelectual, sino porque forma parte de una poderosa organización. De ahí la curiosidad de que, en los relatos más característicos de Wallace, las «pistas» y la «deducción» no desempeñen ningún papel. El delincuente siempre cae derrotado por una coincidencia increíble, o porque, de una manera que no llega a explicarse, resulta que la policía está de antemano al corriente del delito. El tono de los relatos no deja lugar a dudas en cuanto a que la admiración de Wallace por la policía es lisa y llanamente la adoración del que abusa. Un detective de Scotland Yard es el tipo de persona más poderosa que alcanza a imaginar, mientras que el delincuente ocupa en su escala de valores un lugar fuera de la ley, contra el cual todo está permitido, como los esclavos romanos condenados al circo. Sus policías se comportan con mucha más brutalidad que los policías británicos en la vida real —golpean a las personas sin que medie provocación, les disparan el revólver junto al oído solo para aterrorizarlas, etcétera—, y algunos de sus relatos son una exhibición de temible sadismo intelectual. (Por ejemplo, a Wallace le gusta disponer las cosas de tal modo que el villano sea ahorcado el mismo día en que se casa la heroína.) Pero es un sadismo a la inglesa, es decir, inconsciente, sin demasiado sexo manifiesto y todavía dentro de los márgenes de la ley. El público británico tolera una ley penal endurecida y disfruta con los juicios por asesinato cuando pecan de una injusticia monstruosa, pero eso sigue siendo mejor, en todos los sentidos, que tolerar e incluso admirar al delincuente. Si uno ha de adorar a un abusón, mejor que sea un policía y no un gángster. En cierta medida, Wallace se rige todavía por el concepto de lo «no hecho». En *El secuestro* se «hace» de todo, con tal de que conduzca al poder. Caen todas las barreras, los motivos están a la vista de todos. Chase es un síntoma peor que Wallace, en el mismo sentido que la lucha libre y sin reglas de ninguna clase es peor que el boxeo, en el mismo sentido que el fascismo es peor que la democracia capitalista.

En los préstamos que toma de *Santuario*, la novela de Faulkner, Chase solo aprovecha la trama; el ambiente mental que prima en ambos libros no es ni siquiera similar. Chase bebe en realidad de otras fuentes, y este préstamo en particular es más bien simbólico. Lo que simboliza es la divulgación de las ideas que hoy en día se produce a todas horas, probablemente más acelerada que nunca gracias a la imprenta. Se ha dicho de Chase que es un «Faulkner para las masas», pero sería más preciso definirlo como un Carlyle para las masas. Es un escritor popular —hay muchos del mismo corte en Estados Unidos, aunque en Inglaterra siguen siendo habas contadas— que ha sabido ponerse al día de lo que hoy es moda llamar «realismo», y que en realidad hace referencia a la doctrina de que es el poder el que tiene la razón. La expansión del «realismo» ha sido el gran rasgo dominante de la historia intelectual de nuestra época. El porqué de esto es una cuestión más compleja. La interconexión existente entre sadismo, masoquismo, adoración del éxito, adoración del poder, nacionalismo y totalitarismo es una cuestión de gran tamaño en la que apenas hemos empezado a arañar la superficie, y solo mencionarla suele ser considerado algo cuando menos falto de delicadeza. Por tomar tan solo el primer ejemplo que me viene a la cabeza, creo que nadie ha señalado jamás el elemento sádico y masoquista que está presente en la obra de Bernard Shaw, y menos aún se ha sugerido que esto probablemente guarde alguna relación con la admiración que Shaw profesa hacia los dictadores. El fascismo se suele equiparar con el sadismo, aunque casi siempre por parte de personas que no ven nada malo en la adoración más sumisa que se profesa a Stalin. La verdad, cómo no, es que incontables intelectuales ingleses que actúan como lameculos de Stalin no son para nada distintos de la minoría que otorga su lealtad a Hitler o a Mussolini, ni de los expertos en eficacia que en los años veinte cantaban las alabanzas del «golpe», el «impulso», la «personalidad» y el «aprenda usted a ser un hombre tigre», ni de una generación de intelectuales anterior —Carlyle, Creasey y los demás— que agachó la cabeza ante el militarismo alemán. Todos ellos son adoradores del poder y de la crueldad que sale a cuenta porque lleva al éxito. Es importante reseñar que el culto al poder tiende a mezclarse con el amor por la crueldad y la perversidad en sí mismas. A un tirano se le admira tanto más si encima resulta que es un sanguinario, y eso de que «el fin justifica los medios» deviene, en efecto, en que «los medios se justifican por sí solos siempre y cuando sean sucios». Esta idea da color al planteamiento de todos los simpatizantes del totalitarismo, y explica, por ejemplo, el deleite innegable con que muchos intelectuales ingleses recibieron el pacto nazi-soviético. Fue un paso de utilidad más que dudosa para la URSS, pero fue sobre todo absolutamente inmoral, razón por la cual suscitó admiración. Las explicaciones de todo ello, y fueron tan numerosas como contradictorias, podían quedar para más adelante.

Hasta hace poco, las típicas novelas de aventuras de los pueblos de habla inglesa han sido las historias en las que el héroe se enfrenta en desventaja a toda suerte de enemigos. Así ha sido desde Robin Hood hasta Popeye el Marino. Es posible que el mito más básico del mundo occidental sea el de Jack el Matagigantes, aunque para ponerlo al día habría que llamarlo Jack el Mataenanos, y ya existe una literatura más que considerable que enseña, explícita o implícitamente, que uno debe ponerse de parte del fuerte y en contra del débil. La mayor parte de lo que hoy en día se escribe sobre política exterior es lisa y llanamente un encaje sobre el bastidor de este mismo tema, y hace ya varias décadas que frases hechas como «Juego limpio», «No hacer leña del árbol caído» o «Eso no es críquet» no dejan de suscitar una clara muestra de burla por parte de quien tenga pretensiones intelectuales. Lo relativamente nuevo es hallar la pauta aceptada según la cual: *a*) lo correcto es lo correcto y lo erróneo es lo erróneo, al margen de quién gane, y *b*) hay que respetar la debilidad, y debe desaparecer del todo de la literatura popular. Cuando leí por vez primera las novelas de D. H. Lawrence, más o menos a los veinte años de edad, me desconcertó que no pareciera existir ni la más remota clasificación de los personajes en «buenos» y «malos». Lawrence parecía mostrar simpatía por todos ellos, algo tan insólito que me dio incluso la sensación de haber perdido los papeles. Hoy en día a nadie se le ocurriría buscar héroes y villanos en una novela seria, mientras que en la ficción popular aún se cuenta con hallar una nítida diferenciación entre lo bueno y lo malo, entre legalidad e ilegalidad. La gente corriente, en general, todavía habita en un mundo de bien y mal absolutos, del cual los intelectuales hace mucho tiempo que huyeron. Sin embargo, la popularidad de *El secuestro* y de los libros y revistas estadounidenses con los que tiene parentesco demuestra cuán rápidamente gana terreno la doctrina del «realismo».

Algunas personas, tras leer *El secuestro*, me han comentado que «es puro fascismo». Es una descripción correcta, aunque el libro no tiene la menor relación con la política, y muy escasa con la problemática social o económica. Guarda con el fascismo la misma relación que, por ejemplo, las novelas de Trollope con el capitalismo decimonónico. Es una ensoñación muy apropiada para una época totalitaria. En su imaginario mundo poblado de gángsteres, Chase presenta, por así decirlo, una versión destilada de la moderna escena política, en la que asuntos como los bombardeos a gran escala contra civiles, el uso de rehenes, la tortura para obtener una confesión, las cárceles secretas, las ejecuciones sin juicio previo, el apaleamiento con porras de caucho, ahogar a alguien en una ciénaga, falsificar sistemáticamente los registros y las estadísticas, la traición, el soborno o el colaboracionismo son normales y moralmente neutros, e incluso admirables cuando se hacen a lo grande, con osadía. Al hombre de a pie no le interesa directamente la política, y cuando se pone a leer desea que los actuales litigios del mundo queden traducidos al lenguaje de un relato muy simple, que trate de individuos precisos. Slim y Fenner pueden suscitar su interés de un modo en que la GPU y la Gestapo no pueden hacerlo. La gente adora el poder en la forma en que es capaz de comprenderlo. Un chiquillo de doce años adora a Jack Dempsey. Un adolescente de una barriada pobre de Glasgow adora a Al Capone. Un estudiante de empresariales adora a lord Nuffield. Un lector del *The New Statesman* adora a Stalin. Hay una diferencia en cuanto a madurez intelectual, pero no en cuanto a planteamientos morales. Hace treinta años, los héroes de la ficción popular no tenían nada en común con los gángsteres y los detectives de Chase, y los ídolos de la intelectualidad liberal británica eran figuras también relativamente simpáticas. Entre Holmes y Fenner, por una parte, y entre Abraham Lincoln y Stalin, por otra, hay una brecha semejante.

No es posible deducir gran cosa del éxito que han cosechado los libros de Chase. Tal vez se trate de un fenómeno aislado, producto de la mezcla de tedio y brutalidad que comporta la guerra. Pero si tales libros han de arraigar definitivamente en Inglaterra, en vez de ser tan solo una importación de Estados Unidos digerida a medias, habrá motivos de sobra para que cunda el desánimo. Al elegir *Raffles* como antecedente de *El secuestro*, me he decantado a propósito por un libro que a tenor de los criterios morales de su época era, cuando menos, equívoco. Como ya he apuntado, Raffles carece de un verdadero código moral, de religión, de conciencia social. Todo lo que tiene es un conjunto de reflejos propios del sistema nervioso, por así decir, que corresponden a un caballero. Si se le da un golpe en tal o cual reflejo (que atienden a nombres como «deporte», «amigo», «mujer», «rey y patria», etcétera), se obtiene una reacción previsible. En los libros de Chase no hay caballeros ni tabúes. La emancipación es total. Freud y Maquiavelo han llegado a los suburbios más alejados del centro. Si se comparan el ambiente colegial de uno y la crueldad y la corrupción del otro, uno se siente impelido a pensar que el esnobismo, al igual que la hipocresía, actúa como freno de un comportamiento cuyo valor, desde un punto de vista social, fue menospreciado.

Arthur Koestler

11 de septiembre de 1944. Texto mecanografiado

Sorprende constatar hasta qué punto la literatura inglesa del presente siglo ha estado dominada por extranjeros; por ejemplo, Conrad, Henry James, Shaw, Joyce, Yeats, Pound y Eliot. No obstante, quien opte por convertirlo en una cuestión de prestigio nacional y estudie nuestros logros en las diversas ramas de la literatura, descubrirá que Inglaterra no lo ha hecho tan mal salvo en lo que, a grandes rasgos, podríamos denominar escritos «políticos» o «panfletarios». Me refiero a un tipo de literatura peculiar surgida de las luchas políticas europeas a partir del auge del fascismo. Bajo ese mismo epígrafe podemos incluir novelas, autobiografías, libros de «reportajes», tratados sociológicos y simples panfletos que comparten un mismo origen y participan en gran medida del mismo ambiente emocional.

Algunas figuras destacadas de esa escuela de escritores son Silone, Malraux, Salvemini, Borkenau, Victor Serge y el propio Koestler. Algunos son escritores imaginativos y otros no, pero todos se parecen en que se esfuerzan por escribir historia contemporánea no oficial, de la que no aparece en los libros de texto y sobre la que se miente en los periódicos. Además, todos son europeos del continente. Tal vez sea exagerado, aunque no mucho, afirmar que, cuando en este país se publica un libro sobre el totalitarismo y al cabo de seis meses sigue valiendo la pena leerlo, es porque se trata de un libro traducido de algún otro idioma. En los últimos doce años, los escritores ingleses han producido una gran cantidad de escritos políticos, pero casi ninguno tiene valor estético y muy pocos tienen valor histórico. El Club del Libro de Izquierdas, por ejemplo, existe desde 1936. ¿Cuántos títulos recuerda el lector de sus obras escogidas? La Alemania nazi, la Rusia soviética, España, Abisinia, Austria, Checoslovaquia...; todo lo que se ha escrito en Inglaterra sobre esos asuntos y otros afines son reportajes arteros y panfletos mistificadores en los que la propaganda se deglute entera y luego se regurgita a medio digerir, y muy pocas guías y libros de texto que sean de fiar. No ha habido nada comparable, por ejemplo, a *Fontamara* o *El cero y el infinito*, porque apenas hay escritores ingleses que hayan visto el totalitarismo desde dentro. En Europa, durante el pasado decenio, a la gente de clase media le ha sucedido cosas que en Inglaterra no ha tenido que experimentar ni siquiera la clase obrera. La mayor parte de los escritores europeos que he citado, y decenas de otros parecidos, se han visto obligados a quebrantar la ley para participar en política; a algunos los han bombardeado, otros han participado en combates callejeros, muchos han estado en la cárcel o en campos de concentración, o han tenido que cruzar la frontera con nombre falso y pasaportes falsificados. Es imposible imaginar, por ejemplo, al profesor Laski dedicado a semejantes actividades. Inglaterra carece, por tanto, de lo que podríamos llamar «literatura concentracionaria». El peculiar mundo creado por las fuerzas policiales secretas, la censura, la tortura y los juicios amañados, por supuesto, es bien conocido y hasta cierto punto despierta rechazo, pero ha causado muy poco impacto emocional. Debido a ello, apenas existe en Inglaterra literatura sobre el desencanto con la Unión Soviética. Están la postura de quienes la desaprueban por ignorancia y la de quienes la admiran de manera acrítica, pero muy pocas cosas entre ambas. Por ejemplo, la opinión sobre los juicios por sabotaje en Moscú estuvo muy dividida, pero sobre todo acerca de si los acusados eran o no culpables. Muy poca gente reparó en que, justificados o no, los juicios eran un horror indescriptible. Y la desaprobación inglesa de las atrocidades nazis también ha sido un tanto irreal, más o menos explícita según la conveniencia política. Para entender cosas como estas uno tendría que poder imaginarse como víctima, y que un inglés escriba *El cero y el infinito* sería tan improbable como que un traficante de esclavos escribiese *La cabaña del tío Tom*.

La obra de Koestler se centra en los procesos de Moscú. El asunto principal es la decadencia de las revoluciones debido a los efectos corruptores del poder, pero la peculiar naturaleza de la dictadura de Stalin le ha empujado a una postura no muy lejana del conservadurismo pesimista. Ignoro cuántos libros ha escrito. Es un húngaro que empezó redactándolos en alemán, y en Inglaterra se han publicado cinco: *Testamento español*, *Los gladiadores*, *El cero y el infinito*, *La escoria de la tierra* y *Llegada y salida*. El asunto de todos ellos es similar, y ninguno se libra más que en unas pocas páginas de un ambiente de pesadilla. De los cinco libros, tres transcurren por entero, o casi, en la cárcel.

En los primeros meses de la Guerra Civil española, Koestler fue corresponsal del *News Chronicle*, y a principios de 1937 fue detenido cuando los fascistas capturaron Málaga. Poco faltó para que lo fusilaran, y luego pasó varios meses encarcelado en una fortaleza, oyendo noche tras noche el estampido de los fusiles mientras ejecutaban a un grupo tras otro de republicanos y corriendo un grave peligro de ser fusilado también él. No fue una aventura casual que «podría haberle sucedido a cualquiera», pero estaba en consonancia con el estilo de vida de Koestler. Una persona sin interés en la política no habría estado en España en esa época, un observador más cauto habría salido de Málaga antes de que llegaran los fascistas, y a un periodista británico o estadounidense lo habrían tratado con más miramientos. El libro que escribió Koestler sobre esas vivencias, *Testamento español*, tiene pasajes notables, pero, dejando a un lado el carácter fragmentario habitual de cualquier reportaje, también incluye muchas falsedades. En las escenas de la cárcel, Koestler acierta al describir el ambiente de pesadilla que, por así decirlo, se ha convertido en su marca de fábrica, pero el resto está demasiado teñido de la ortodoxia del Frente Popular de la época. Uno o dos pasajes incluso parecen redactados por encargo del Club del Libro de Izquierdas. Por entonces Koestler era, o había sido hasta poco antes, miembro del Partido Comunista, y la complejidad política de la Guerra Civil impedía que ningún comunista escribiera honradamente sobre las luchas internas en el bando gubernamental. El pecado de casi todos los izquierdistas de 1933 en adelante es que han pretendido ser antifascistas sin ser antitotalitarios. En 1937 Koestler lo sabía, pero no se sentía con la libertad de decirlo. Más cerca estuvo —y de hecho lo afirmó, aunque se pusiera una máscara para hacerlo— en su libro siguiente, *Los gladiadores*, que fue publicado un año antes de la guerra y, por alguna razón, pasó sin pena ni gloria.

Los gladiadores, en ciertos aspectos, no llega a ser un libro redondo. Versa sobre Espartaco, el gladiador tracio que encabezó una rebelión de los esclavos en Italia en torno al año 65 a.C., y cualquier libro sobre ese tema está en desventaja en comparación con *Salambó*. En nuestra época habría sido imposible escribir un libro como *Salambó*, incluso teniendo el talento necesario. Lo mejor de *Salambó*, incluso más que el detalle físico, es que es totalmente despiadado. Flaubert pudo imaginarse la férrea crueldad de la Antigüedad porque a mediados del siglo XIX la gente todavía conservaba cierta paz de espíritu. Tenía tiempo de viajar al pasado. Hoy en día, el presente y el futuro son demasiado aterradores para escapar de ellos, y si alguien se interesa por la historia es para encontrar en ella significados modernos. Koestler convierte a Espartaco en una figura alegórica, una versión primitiva del dictador del proletariado. Mientras que Flaubert, con un prolongado esfuerzo de la imaginación, había conseguido que sus mercenarios fuesen verdaderamente precristianos, Espartaco parece un hombre moderno disfrazado. Pero eso no tendría mayor importancia si Koestler fuese consciente del significado de su alegoría. Las revoluciones siempre acaban mal; he ahí el tema principal. En lo que falla es al responder por qué, y su vacilación se contagia al relato y hace que los personajes principales parezcan irreales y enigmáticos.

Durante varios años, los esclavos conocen un triunfo tras otro. Su número llega a superar los cien mil, dominan grandes zonas del sur de Italia, derrotan a una expedición punitiva tras otra, se alían con los piratas que en la época dominaban el Mediterráneo y, finalmente, emprenden la construcción de una ciudad, que deciden llamar la Ciudad del Sol. En dicha urbe, las personas serán libres e iguales, y por encima de todo serán felices; no habrá esclavitud, ni hambre, ni injusticias, ni azotes ni ejecuciones. Es el sueño de una sociedad justa que parece obsesionar perpetuamente a la imaginación humana en todas las épocas, ya se llame «Reino de los Cielos» o «sociedad sin clases», o se conciba como una edad de oro que existió en el pasado y de la que hemos degenerado. No hace falta decir que los esclavos acaban fracasando en su empeño. En cuanto terminan de organizar la comunidad, su modo de vida vuelve a ser tan injusto, laborioso y temible como cualquier otro. Incluso la cruz, símbolo de esclavitud, tiene que ser resucitada para castigar a los malhechores. El punto de inflexión tiene lugar cuando Espartaco se ve obligado a crucificar a veinte de sus seguidores más antiguos y fieles. Después de eso, la Ciudad del Sol está condenada, los esclavos se dividen y son derrotados en diversas escaramuzas, y los últimos quince mil son capturados y crucificados de una tacada.

El verdadero punto débil del relato radica en que los motivos del propio Espartaco no acaban de estar claros. El abogado romano Fulvio, que se une a la rebelión y se convierte en su cronista, plantea el habitual dilema de los fines y los medios. Es imposible conseguir nada sin emplear la fuerza y la astucia, pero al hacerlo se pervierten los fines originales. No obstante, Espartaco no es un hombre sediento de poder, ni tampoco un visionario. Lo empuja una fuerza misteriosa que no acaba de entender, y a menudo duda de si abandonar la empresa y huir a Alejandría mientras esté a tiempo. En todo caso, la república de los esclavos se hunde más a causa del hedonismo que de la lucha por el poder. Los esclavos están descontentos con su libertad porque aún tienen que trabajar, y la ruptura final se produce porque los esclavos más turbulentos y menos civilizados, sobre todo los galos y los germanos, siguen comportándose como bandidos tras la creación de la república. Acaso sea lo que ocurrió —como es lógico, sabemos muy poco de las rebeliones de esclavos de la Antigüedad—, pero al permitir que la Ciudad del Sol acabe siendo destruida por la imposibilidad de impedir que Crixo el Galo saquee y viole, Koestler ha dudado entre la historia y la alegoría. Si Espartaco es el prototipo del revolucionario moderno —y es evidente que es lo que el autor pretende—, debería haber fracasado por la imposibilidad de combinar el poder con la rectitud. En cambio, queda reducido a una figura pasiva que, más que actuar, sufre las consecuencias de los actos ajenos, y a veces muy poco convincente. El relato no acaba de funcionar porque elude el problema de la revolución, o al menos no lo soluciona.

Koestler vuelve a esquivarlo de manera más sutil en el siguiente libro, su obra maestra *El cero y el infinito*. Pero en este caso el argumento no se echa a perder porque se ocupa de individuos y su interés es puramente psicológico. Se trata de un episodio escogido de un trasfondo que no tiene por qué cuestionar. *El cero y el infinito* describe el encarcelamiento y la ejecución de un viejo bolchevique, Rubashov, que al principio niega y finalmente confiesa unos crímenes que es consciente de no haber cometido. La madurez, la falta de sorpresa o de denuncia, la compasión y la ironía con que se nos cuenta la historia demuestran la ventaja de ser europeo al abordar un asunto así. El libro alcanza la altura de una tragedia, mientras que un inglés o un estadounidense lo habría convertido a lo sumo en un panfleto. Koestler ha digerido el material y es capaz de tratarlo a un nivel estético. Al mismo tiempo, el modo en que lo hace tiene ciertas implicaciones políticas, que en este caso carecen de importancia, pero que podrían perjudicar a sus próximos libros.

Como es lógico, todo gira en torno a una cuestión: ¿por qué confiesa Rubashov? No es culpable; es decir, solo lo es del crimen esencial de estar en desacuerdo con el régimen de Stalin. Los actos concretos de traición que se supone que ha cometido son inventados. Ni siquiera lo han torturado, o al menos no con demasiada violencia. Se viene abajo por la soledad, el dolor de muelas, la falta de tabaco, las luces que lo deslumbran y los continuos interrogatorios, pero en sí mismas esas cosas no deberían ser suficientes para quebrantar la voluntad de un revolucionario curtido. Los nazis le han hecho cosas peores sin conseguirlo. Las confesiones obtenidas en los procesos rusos pueden explicarse de tres maneras:

1) Los acusados eran culpables.
2) Los torturaron, y tal vez los chantajearon con amenazas a amigos y parientes.
3) Actuaron por desesperación, por haberse venido abajo desde un punto de vista psicológico y por la costumbre de la lealtad al Partido.

El propósito de Koestler en *El cero y el infinito* nos permite descartar la primera explicación, y aunque este no es el lugar para hablar de las purgas rusas, debo añadir que apenas hay pruebas que permitan deducir que los juicios a los que fueron sometidos los viejos bolcheviques fuesen un montaje. Si damos por sentado que los acusados no eran culpables —o al menos que no lo eran de los crímenes que confesaron—, la segunda es la explicación más sensata. No obstante, Koestler apunta a la tercera, que es la que acepta también el trotskista Boris Souvarin en su panfleto *Cauchemar en URSS*. Rubashov confiesa porque es incapaz de encontrar un motivo para no hacerlo. La justicia y la verdad objetiva hace mucho que dejaron de significar nada para él. Durante decenios ha sido solo una criatura del Partido, y lo que el Partido le exige ahora es que confiese unos crímenes inexistentes. Al final, aunque sea necesario debilitarlo y amenazarlo, se siente orgulloso de su decisión de confesar. Se siente superior al pobre oficial zarista que ocupa la celda contigua y que se comunica con Rubashov dando golpes en la pared. El oficial se sorprende cuando descubre que Rubashov tiene la intención de rendirse. Desde su punto de vista «burgués», uno tiene que mantenerse firme, incluso aunque sea un bolchevique. El honor, afirma, consiste en hacer lo que consideramos correcto. «El honor consiste en ser útil y no causar problemas», responde Rubashov, y piensa con cierta complacencia que está dando los golpes con unos quevedos, mientras que el otro, una reliquia del pasado, lo hace con un monóculo.

Como Bujarin, Rubashov está «mirando una negra oscuridad». ¿En nombre de qué código, de qué lealtad, de qué idea del bien y del mal puede desafiar al Partido y soportar más torturas? No solamente está solo, sino también vacío. Ha cometido crímenes peores que el que están perpetrando contra él. Por ejemplo, como enviado secreto del Partido a la Alemania nazi, se libró de los seguidores desobedientes entregándolos a la Gestapo. Curiosamente, la única fuerza interior a la que puede aferrarse son sus recuerdos de infancia, cuando era hijo de un terrateniente. Lo último que recuerda, antes de ser fusilado por la espalda, son las hojas de los álamos en la finca de su padre. Rubashov pertenece a la vieja generación de bolcheviques que fue eliminada en las purgas. Entiende de arte y de literatura, y conoce el mundo fuera de Rusia. Ofrece un claro contraste con Gletkin, el joven de la GPU que lleva a cabo el interrogatorio, y que es el típico «buen miembro del Partido», totalmente desprovisto de escrúpulos o curiosidad, un gramófono pensante. Rubashov, a diferencia de Gletkin, no tiene la revolución como punto de partida. Su imaginación no era una hoja en blanco cuando ingresó en el Partido. Su superioridad ante el otro acaba remontándose a su origen burgués.

En mi opinión, es imposible argüir que *El cero y el infinito* es solo un relato sobre las aventuras de un individuo imaginario. Está claro que se trata de un libro político, basado en hechos históricos, y que ofrece una interpretación de unos sucesos polémicos. Rubashov podría ser Trotski, Bujarin, Rakovski o cualquier otra figura relativamente civilizada entre los viejos bolcheviques. Si uno quiere escribir sobre los procesos de Moscú tendrá que responder a la pregunta: «¿Por qué confesaron los acusados?», y su respuesta será una decisión política. La de Koestler es: «Porque esa gente había sido corrompida por la revolución a la que servía», y eso casi le lleva a concluir que las revoluciones son malas por naturaleza. Si damos por sentado que a los acusados en los procesos de Moscú los obligaron a confesar mediante una especie de terrorismo, solo estamos afirmando que un grupo concreto de líderes revolucionarios se descarrió. La culpa es de los individuos y no de la situación. Sin embargo, la conclusión de Koestler es que si Rubashov estuviese en el poder no sería mejor que Gletkin; o, más bien, que solo lo sería en el sentido de que su punto de vista seguiría siendo en parte prerrevolucionario. La revolución, parece decir Koestler, es un proceso corruptor. Si uno participa en ella en serio, acabará convirtiéndose por fuerza en Rubashov o Gletkin. No es solo que «el poder corrompa», sino que también lo hace el modo de llegar al poder. Por ello cualquier esfuerzo de regenerar la sociedad «por medios violentos» conduce a los sótanos de la GPU. Lenin lleva a Stalin, y habría llegado a parecerse a él si hubiese sobrevivido.

Por supuesto, Koestler no lo dice de manera tan explícita, y es posible que ni siquiera sea consciente de ello. Escribe sobre la oscuridad, pero una que se produce cuando debería ser mediodía. Parte del tiempo intuye que las cosas podrían haber salido de otra forma. La idea de que alguien cometió una «traición», o de que las cosas salieron mal por la perversidad de algunos individuos, es omnipresente en el pensamiento de la izquierda. Más tarde, en *Llegada y salida*, Koestler deriva hacia posturas mucho más antirrevolucionarias, pero entre ambos libros hay otro, *La escoria de la tierra*, que es puramente autobiográfico y que guarda una relación solo indirecta con los problemas planteados en *El cero y el infinito*. Fiel a su estilo de vida, a Koestler lo apresaron en Francia al estallar la guerra y, como extranjero y conocido antifascista, fue detenido y encarcelado por el gobierno Daladier. Pasó los primeros nueve meses de la guerra en un campo de prisioneros, y luego, durante la caída de Francia, se escapó y huyó de modo rocambolesco a Inglaterra, donde volvieron a encarcelarlo como enemigo extranjero. No obstante, en esa ocasión lo pusieron enseguida en libertad. El libro es un testimonio valioso, y, junto con otros ejemplos de escritura honrada de la época, constituye un recordatorio de lo bajo que puede llegar a caer la democracia burguesa. Ahora, con Francia recién liberada y la caza de brujas de los colaboracionistas en pleno apogeo, es fácil olvidar que en 1940 varios observadores sobre el terreno consideraron que alrededor del 40 por ciento de la población francesa era activamente proalemana o sencillamente apática. Los verdaderos libros sobre la guerra nunca son bien recibidos por los no combatientes, y el de Koestler no tuvo muy buena acogida. Nadie en él salía bien parado, ni los políticos burgueses, cuya idea de combatir el fascismo consistía en encarcelar a cualquier izquierdista al que pudieran atrapar, ni los comunistas franceses, que eran directamente pronazis e hicieron cuanto estuvo en su mano por sabotear el esfuerzo bélico francés, ni la gente corriente, que apoyaba a bufones como Doriot como si fuesen dirigentes respetables. Koestler reproduce algunas conversaciones impagables con sus compañeros en el campo de concentración, y añade que hasta entonces, como la mayoría de los comunistas y socialistas de clase media, no había entrado en contacto con verdaderos proletarios, sino solo con la minoría educada. La conclusión que extrae es pesimista: «Sin educación de las masas, no hay progreso social; sin progreso social, no hay educación de las masas». En *La escoria de la tierra*, Koestler deja de idealizar a la gente corriente. Ha abandonado el estalinismo, pero tampoco es trotskista. Es el verdadero vínculo con *Llegada y salida*, en el que abandona, tal vez para siempre, lo que suele llamarse la «perspectiva revolucionaria».

Llegada y salida no es un libro redondo. La pretensión de que se trata de una novela apenas se sostiene; de hecho, es un panfleto que intenta demostrar que los credos revolucionarios son racionalizaciones de impulsos neuróticos. Con una simetría demasiado pulcra, el libro empieza y termina con la misma acción, un salto a un país extranjero. Un joven ex comunista que ha escapado de Hungría desembarca en la costa de Portugal, donde espera poder entrar al servicio de Gran Bretaña, en aquel entonces la única potencia enfrentada a Alemania. Su entusiasmo se enfría cuando el consulado británico no muestra ningún interés durante meses, el dinero se le acaba y otros refugiados más astutos huyen a América. Le tienta con éxito el Mundo, en la forma de un propagandista nazi; la Carne, en la forma de una joven francesa, y, tras un colapso nervioso, el Demonio, en la forma de un psicoanalista. El psicoanalista le hace admitir que su entusiasmo revolucionario no se funda en ninguna creencia sincera en la necesidad histórica, sino en un morboso complejo de culpa que surge de un intento de cegar a su hermano pequeño en la primera infancia. Cuando le surge una oportunidad de servir a los aliados, ha perdido cualquier motivación para querer hacerlo, y está a punto de partir para América cuando sus impulsos irracionales vuelven a adueñarse de él. En la práctica no puede abandonar la lucha. Cuando el libro termina, está suspendido en un paracaídas sobre el negro paisaje de su país natal, donde va a trabajar como agente secreto para Gran Bretaña.

Como aserto político (y el libro es poco más que eso) resulta insuficiente. Por supuesto, en muchos casos es cierto —y tal vez lo sea en todos— que la actividad revolucionaria es el resultado de un desajuste personal. Quienes combaten contra la sociedad son, en conjunto, los que tienen razones para que les desagrade, y la gente saludable y normal no se siente más atraída por la violencia y la ilegalidad que por la guerra. El joven nazi de *Llegada y salida* hace la penetrante observación de que lo equivocado del movimiento de izquierdas se nota en la fealdad de sus mujeres. Pero, después de todo, eso no invalida los motivos de los socialistas. Es posible que las razones últimas de Marx fuesen la envidia y el rencor, pero eso no demuestra que sus conclusiones fuesen erróneas. Al hacer que el protagonista de *Llegada y salida* tome su decisión definitiva por un mero instinto de no eludir la acción y el peligro, Koestler hace que sufra una súbita pérdida de inteligencia. Con una historia como la suya, debería poder ver que ciertas cosas hay que hacerlas, tanto si nuestros motivos son «buenos» como si son «malos». La historia debe moverse en cierta dirección, incluso aunque quienes la empujen sean neuróticos. En *Llegada y salida* los ídolos de Peter van cayendo uno tras otro. La Revolución rusa ha degenerado; Gran Bretaña, simbolizada por el anciano cónsul de dedos gotosos, no es mucho mejor, y el proletariado internacionalista y con conciencia de clase es un mito. Pero la conclusión (puesto que, después de todo, Koestler y su protagonista apoyan la guerra) debería ser que librarse de Hitler sigue siendo un objetivo que vale la pena, una limpieza necesaria en la que los motivos apenas son relevantes.

Para adoptar una decisión política racional, es preciso tener una imagen del futuro. Actualmente Koestler no parece tener ninguna, o más bien da la impresión de tener dos que se anulan mutuamente. Como objetivo final, cree en el paraíso terrenal, el Estado del Sol que los gladiadores deciden crear y que ha obsesionado a socialistas, anarquistas y herejes religiosos desde hace cientos de años. Pero su inteligencia le dice que el paraíso terrenal se aleja en la distancia y que lo que tenemos por delante es un baño de sangre, tiranía y privaciones. Hace poco se describió a sí mismo como un «pesimista a corto plazo». Por el horizonte asoman toda clase de horrores, pero de un modo u otro las cosas acabarán saliendo bien. Esta perspectiva probablemente esté ganando terreno entre la gente más racional; es el resultado de la gran dificultad, una vez que abandona uno la fe religiosa, de aceptar que la vida en la Tierra es intrínsecamente desdichada y, por otro lado, de comprender que hacerla tolerable es mucho más difícil de lo que parecía hasta ahora. Más o menos desde 1930, el mundo no nos ha dado un solo motivo para el optimismo. A la vista solo hay un cúmulo de mentiras, odios, crueldades e ignorancia, y más allá de nuestros problemas actuales asoman otros aún mayores que solo ahora empiezan a tener cabida en la conciencia europea. Es muy probable, ¡y al mismo tiempo inconcebible!, que los problemas de la humanidad no lleguen a resolverse nunca. Pero ¿quién se atreve a mirar el mundo actual y decirse: «Siempre será así, ni en un millón de años mejorará ni un ápice»? Por eso hay quien llega a albergar la creencia casi mística de que, de momento, no hay remedio y toda acción política es inútil, pero que de algún modo, en alguna parte del espacio y el tiempo, la humanidad dejará de ser tan brutal y mísera como lo es ahora.

La única salida fácil es la fe religiosa de quien considera esta vida solo una fase de preparación para la siguiente. Pero poca gente racional cree hoy en la vida después de la muerte, y es probable que su número esté disminuyendo. Las iglesias cristianas probablemente no sobrevivirían por méritos propios si se destruyera su base económica. El verdadero problema es cómo restablecer la actitud religiosa y aceptar al mismo tiempo que la muerte es algo definitivo. La humanidad solo puede ser feliz si no da por sentado que el objetivo de la vida es la felicidad. No obstante, es muy improbable que Koestler acepte este punto de vista. En sus escritos hay una vena hedonista muy marcada, y fruto de ella es su fracaso a la hora de adoptar una posición política tras su ruptura con el estalinismo.

La Revolución rusa, el acontecimiento principal en la vida de Koestler, empezó con grandes esperanzas. Hoy lo hemos olvidado, pero hace un cuarto de siglo la gente confiaba en que la Revolución rusa condujese a la Utopía. Es evidente que no ha sido así. Koestler es demasiado agudo para no darse cuenta de ello, y demasiado sensible para haber olvidado el objetivo original. Además, desde su perspectiva europea, puede ver las purgas y las deportaciones masivas como lo que son; a diferencia de Shaw y Laski, no está mirando por el lado equivocado del telescopio. De ahí que llegue a la conclusión de que a eso es a lo que conducen las revoluciones, y de que no hay nada que hacer salvo ser un «pesimista a corto plazo»; es decir, dejar la política, crearse una especie de oasis en el que tú y tus amigos podáis conservar la cordura, y esperar que la cosa mejore dentro de cien años. En la base de eso late ese hedonismo que le lleva a considerar deseable el paraíso terrenal. No obstante, deseable o no, tal vez no sea posible. Puede que cierto grado de sufrimiento sea inevitable en la vida y que debamos elegir entre varios males; incluso es posible que el objetivo del socialismo no sea crear un mundo perfecto sino uno mejor. Todas las revoluciones son fracasos, pero no todos los fracasos son iguales. Su reticencia a admitirlo ha llevado temporalmente la imaginación de Koestler a un punto muerto, y hace que *Salida y llegada* parezca superficial en comparación con sus primeros libros.

Notas sobre el nacionalismo

Polemic: A Magazine of Philosophy,
Psychology & Aesthetics, n.º 1 [octubre de] 1945

En algún lugar de su obra, Byron emplea la palabra francesa
«longueur» y aprovecha para señalar que, aunque en Inglaterra no tengamos esa palabra, poseemos en abundancia lo que
enuncia. Del mismo modo, hoy en día existe un hábito mental tan extendido que afecta a nuestras ideas sobre casi cualquier tema, pero que aún no tiene nombre. Como su equivalente más cercano, he escogido la palabra «nacionalismo»; sin
embargo, como se verá, no la empleo en su sentido corriente,
quizá porque la emoción de la que hablo no siempre está vin-
culada a lo que llamamos «nación», es decir, a un pueblo o a
una zona geográfica. Puede estar ligada a una iglesia o a una
clase social, o funcionar de un modo puramente negativo,
contra algo o alguien, sin necesidad de que haya ningún objeto positivo al cual se adhiera.

Cuando digo «nacionalismo» me refiero antes que nada
al hábito de pensar que los seres humanos pueden clasificarse
como si fueran insectos y que masas enteras integradas por
millones o decenas de millones de personas pueden etiquetar-
se sin problema alguno como «buenas» o «malas».* Pero, en

* Es habitual pensar en las naciones, o incluso entidades más
difusas como la Iglesia católica o el proletariado, como si fuesen in-

segundo lugar —y esto es mucho más importante—, me refiero al hábito de identificarse con una única nación o entidad, situando a esta por encima del bien y del mal, y negando que exista cualquier otro deber que no sea favorecer sus intereses. El nacionalismo no debe confundirse con el patriotismo, aunque ambas palabras se suelen utilizar con tanta vaguedad que cualquier definición es susceptible de ser sometida a discusión. Sin embargo, es preciso distinguir entre ellas, puesto que aluden a dos cosas distintas, incluso opuestas. Por «patriotismo» entiendo la devoción por un lugar determinado y por una determinada forma de vida que uno considera los mejores del mundo, pero que no tiene deseos de imponer a otra gente. El patriotismo es defensivo por naturaleza, tanto militar como culturalmente. El nacionalismo, en cambio, es inseparable del deseo de poder; el propósito constante de todo nacionalista es obtener más poder y más prestigio, no para sí mismo, sino para la nación o entidad que haya escogido para diluir en ella su propia individualidad.

Mientras se aplique en exclusiva a los movimientos nacionalistas más notables y reconocibles de Alemania, Japón y otros países, lo anterior resulta bastante obvio. Ante un fenómeno como el nazismo, que podemos observar desde fuera, casi todos diríamos más o menos las mismas cosas. Pero aquí debo repetir lo que ya he dicho antes, que solo empleo la palabra «nacionalismo» a falta de otra mejor. El nacionalismo,

---

dividuos, y a menudo se alude a ellas en femenino. En cualquier periódico pueden encontrarse afirmaciones tan patentemente absurdas como que «Alemania es traicionera por naturaleza», y cualquiera se atreve a realizar generalizaciones temerarias sobre el carácter nacional («El español es un aristócrata nato» o «Todos los ingleses son hipócritas»). De vez en cuando se reconoce que estas generalizaciones son infundadas, pero el hábito de repetirlas persiste, y personas que afirman tener un punto de vista internacional, como Tolstói o Bernard Shaw, incurren con frecuencia en ellas. *(N. del A.)*

en el sentido amplio que le doy al término, incluye movimientos y tendencias como el comunismo, el catolicismo político, el sionismo, el antisemitismo, el trotskismo y el pacifismo. No necesariamente implica lealtad a un gobierno o a un país —y mucho menos a la nación en la que uno haya nacido—, y ni siquiera es estrictamente necesario que las entidades a las que alude existan en realidad. Por nombrar unos cuantos ejemplos obvios, el judaísmo, el islam, la cristiandad, el proletariado y la raza blanca son todos ellos objeto de apasionados sentimientos nacionalistas, pero su existencia puede ser seriamente cuestionada y ninguno posee una definición aceptada universalmente.

Además, vale la pena insistir en que el sentimiento nacionalista puede ser puramente negativo. Hay trotskistas, por ejemplo, que simplemente se han convertido en enemigos de la URSS, sin desarrollar la correspondiente lealtad a cualquier otra entidad. Cuando uno percibe las implicaciones de algo así, la naturaleza de aquello a lo que llamo «nacionalismo» se vuelve mucho más clara: un nacionalista es alguien que piensa únicamente, o principalmente, en términos de prestigio competitivo. Puede ser un nacionalista positivo o negativo —esto es, puede usar su energía mental en ensalzar o denigrar—, pero, en todo caso, su pensamiento gira siempre en torno a victorias y derrotas, triunfos y humillaciones. Ve la historia, en especial la historia contemporánea, como el interminable ascenso y declive de grandes unidades de poder, y cualquier cosa que ocurra le parece una demostración de que su propio bando está en ascenso y de que algún odiado rival ha comenzado a declinar. Con todo, es importante no confundir el nacionalismo con el mero culto al éxito. El nacionalista no sigue el elemental principio de aliarse con el más fuerte. Por el contrario, una vez elegido el bando, se autoconvence de que este es el más fuerte, y es capaz de aferrarse a esa creencia incluso cuando los hechos lo contradicen abrumadoramente. El nacionalismo es sed de poder mitigada con autoengaño. Todo nacionalista es capaz de incurrir en la falsedad más flagrante, pero, al ser consciente de que está al servicio de algo más grande que él mismo, también tiene la certeza inquebrantable de estar en lo cierto.

Una vez aportada esta larga definición, creo que puede admitirse que el hábito mental del que hablo está muy extendido entre la intelectualidad inglesa, mucho más que entre el grueso de la población. Para aquellos que están interesados en la política contemporánea, ciertos tópicos han llegado a estar tan infestados de consideraciones de prestigio que una aproximación genuinamente racional a ellos es casi imposible. De entre los centenares de ejemplos que podrían escogerse, tomemos la siguiente pregunta: ¿cuál de los tres grandes aliados, la URSS, Gran Bretaña o Estados Unidos, ha contribuido más a la derrota de Alemania? En teoría, sería posible dar una respuesta razonada, y quizá incluso concluyente, a esta pregunta. En la práctica, sin embargo, sería imposible efectuar los cálculos necesarios, porque es probable que cualquiera que acepte ocuparse de una cuestión como esa la considere, inevitablemente, en términos de prestigio competitivo. Así pues, comenzará decidiendo en favor de Rusia, Gran Bretaña o Estados Unidos —según sea el caso—, y solo después se pondrá a buscar argumentos que apoyen su tesis. Y hay infinidad de cuestiones semejantes para las cuales uno solo puede obtener una respuesta sincera de alguien a quien todo el asunto le sea indiferente, y cuya opinión, por tanto, carece al fin y al cabo de valor. De ahí, en parte, el recurrente fracaso de las predicciones políticas de hoy. Resulta curioso comprobar que, de todos los «expertos» de las distintas escuelas, no hubo uno solo que fuera capaz de prever un evento tan probable como el pacto germano-soviético de 1939.*

* Unos cuantos escritores de tendencia conservadora, como Peter Drucker, predijeron un acuerdo entre Alemania y Rusia, pero esperaban que fuera una alianza como tal, o una fusión permanente.

Y cuando se tuvo noticia de ese acuerdo, se le dieron las explicaciones más radicalmente divergentes y se realizaron predicciones cuya falsedad se reveló casi de inmediato, puesto que jamás se basaban en un estudio de las posibilidades, sino en el mero deseo de hacer parecer mejor o peor, más fuerte o más débil, a la URSS. Los comentaristas políticos o militares, al igual que los astrólogos, son capaces de sobrevivir a cualquier error, porque sus seguidores más devotos no acuden a ellos en busca de una apreciación de los hechos, sino para estimular sus lealtades nacionalistas.* Y los juicios estéticos, especialmente los literarios, están a menudo tan corrompidos como los juicios políticos. Sería difícil para un nacionalista indio disfrutar de la lectura de Kipling o para un conservador reconocer mérito alguno en Mayakovski, y existe siempre la tentación de afirmar que cualquier libro de cuya tendencia uno discrepa es también malo desde el punto de vista literario. La gente que tiene un punto de vista fuertemente nacionalista es proclive a esta clase de prestidigitaciones sin ser consciente de su falta de honestidad.

Ningún escritor marxista o izquierdista, o de cualquier otra corriente política, se acercó siquiera a predecir el pacto. *(N. del A.)*

* Los analistas militares de la prensa popular pueden identificarse en su mayoría como prorrusos o antirrusos, reaccionarios o antirreaccionarios. Errores tales como creer inexpugnable la Línea Maginot o predecir que Rusia conquistaría Alemania en tres meses no han dañado su reputación porque han procurado decir justo aquello que su público particular quería oír. Los dos críticos militares preferidos por la *intelligentsia* son el capitán Liddell Hart y el general de división Fuller; el primero mantiene que la defensa es mejor que el ataque y el segundo, que el ataque es mejor que la defensa. Esta contradicción no ha impedido que ambos sean considerados autoridades por parte del mismo público. La razón secreta de su fama en los círculos de izquierdas es que los dos están en desacuerdo con el Ministerio de la Guerra. *(N. del A.)*

En Inglaterra, si nos atenemos sencillamente al número de sus adeptos, es probable que la forma dominante de nacionalismo sea el viejo jingoísmo británico. Es verdad que está bastante extendido aún, mucho más de lo que la mayoría de los observadores hubiera creído diez años atrás, pero lo que me ocupa en este ensayo son las reacciones de la intelectualidad, entre la que el jingoísmo e incluso el patriotismo de la vieja escuela están prácticamente muertos, aunque al parecer hayan vuelto a estar en boga entre unos pocos. Huelga decir que, entre los intelectuales, la forma dominante de nacionalismo es el comunismo, empleando dicha palabra de manera bastante laxa, para incluir no solo a los miembros del Partido Comunista, sino también a los «compañeros de viaje» y a los rusófilos en general. Para nuestro propósito, un comunista es aquel que considera a la URSS su patria y que cree su deber justificar la política rusa y favorecer a toda costa los intereses de esa nación. Obviamente, ese tipo de gente abunda hoy en Inglaterra, y su influencia directa e indirecta es muy grande. Pero también florecen otras formas de nacionalismo, y reconocer las similitudes entre corrientes de pensamiento distintas, e incluso aparentemente opuestas, es la mejor forma de situar las cosas en perspectiva.

Hace diez o veinte años, la forma de nacionalismo más afín al comunismo de hoy era el catolicismo político. Su exponente más destacado —aunque, más que un caso típico, quizá fuera un caso extremo— era G. K. Chesterton. Chesterton fue un escritor de considerable talento que tuvo que suprimir tanto su sensibilidad como su honestidad intelectual en aras de la causa de la propaganda católica. Durante aproximadamente los veinte últimos años de su vida, toda su producción fue en realidad una incesante repetición de las mismas cosas, que, bajo su apariencia ingeniosa, eran tan simples y aburridas «como grande es Diana de Éfeso». Cada libro que escribió, cada párrafo, cada frase, cada incidente de cualquier narración, cada diálogo, tenía que demostrar irrefutablemente la superioridad de los católicos sobre los protestantes o los paganos. Y a Chesterton no le bastó con considerar esta superioridad desde el punto de vista intelectual o espiritual; tuvo que traducirse en términos de prestigio nacional y poderío militar, lo que dio lugar a una absurda idealización de los países latinos, especialmente de Francia. Chesterton no vivió mucho tiempo en este último país, y la imagen que proyecta de él, como tierra de campesinos católicos que cantan sin cesar «La marsellesa» entre vasos llenos de vino tinto, guarda tanta relación con la realidad como *Chu Chin Chow** la tiene con la vida cotidiana de Bagdad. Esto acarreó no solo una enorme sobrevaloración del poderío militar francés (tanto antes como después del período de 1914 a 1918, Chesterton sostuvo que Francia, por sí misma, era más poderosa que Alemania), sino también una estúpida y grosera glorificación de la guerra actual. Los poemas de guerra de Chesterton, como «Lepanto» o «La balada de Santa Bárbara», hacen que «La carga de la brigada ligera» de Tennyson parezca un tratado pacifista; son quizá las muestras más rotundas de rimbombancia y mal gusto que pueden encontrarse en toda la lengua inglesa. Lo más curioso es que, en el caso de que otro hubiera escrito sobre Inglaterra y su ejército toda esa bazofia romántica que Chesterton solía escribir sobre Francia y el ejército francés, él habría sido el primero en mofarse. En lo tocante a la política nacional, era «inglesista», un auténtico enemigo del jingoísmo y del imperialismo y, en su opinión, un auténtico amigo de la democracia. Pero cuando miraba hacia fuera, hacia el ámbito internacional, podía renunciar a sus principios sin apenas darse cuenta. Así, su creencia casi mística en las virtudes de la democracia no le impidió admirar a Mussolini. Este había destruido el gobierno representativo y la libertad de prensa por

---

* Se trata de una versión, en forma de comedia musical, del cuento «Alí Babá y los cuarenta ladrones», escrita por Oscar Asche y con música de Frederic Norton. Se estrenó en 1916 y gozó de enorme popularidad. *(N. del T.)*

los que Chesterton había luchado tanto en Inglaterra, pero Mussolini era italiano y había hecho fuerte a Italia, y eso zanjaba el asunto. Chesterton jamás pronunció una sola palabra sobre el imperialismo y la conquista de otros pueblos cuando los ponían en práctica los italianos o los franceses. Su comprensión de la realidad, su gusto literario y, hasta cierto punto, su sentido moral quedaban trastocados al entrar en juego sus lealtades nacionalistas.

Obviamente, hay similitudes considerables entre el catolicismo político, tal como lo ejemplificaba Chesterton, y el comunismo. Y las hay también entre el nacionalismo escocés, el sionismo, el antisemitismo o el trotskismo. Decir que todas las formas de nacionalismo son iguales, incluso en lo relativo a su atmósfera mental, sería una torpe simplificación, pero hay ciertas reglas aplicables a todos los casos. Las siguientes son las principales características del pensamiento nacionalista.

La obsesión. En la medida de lo posible, ningún nacionalista piensa, habla o escribe jamás sobre nada que no sea la superioridad de su propia entidad de poder. Para un nacionalista resulta difícil, si no imposible, disimular su lealtad. La menor injuria contra su grupo, o cualquier elogio sobre una organización rival, lo llenan de un desasosiego que solo puede paliar dando puntual réplica. Si la entidad de su elección es un país real, como Irlanda o la India, en general le atribuirá una superioridad no solo en lo que a poder militar y virtud política se refiere, sino también en materia de arte, literatura, deporte, estructura lingüística, belleza física de sus habitantes y, quizá, incluso en cuanto a clima, paisaje y cocina. Se mostrará sumamente sensible ante detalles como la correcta disposición de las banderas, el tamaño relativo de los encabezados y el orden en que se nombra a los distintos países.* La

---

* Algunos norteamericanos han expresado su insatisfacción por el uso de «angloamericano» como forma de combinación de

nomenclatura desempeña un papel importante en el pensamiento nacionalista. Los países que han obtenido su independencia o experimentado una revolución nacionalista suelen cambiar de nombre, y es probable que cualquier país, u otra entidad que concite fuertes sentimientos, tenga muchos nombres distintos, cada uno de ellos con una implicación diferente. Los dos bandos de la Guerra Civil española tenían, entre ambos, nueve o diez denominaciones que expresaban distintos grados de amor y odio. Algunos de estos apelativos (por ejemplo, «nacionales» para quienes apoyaban a Franco y «leales» para quienes apoyaban al gobierno) eran bastante cuestionables, y no había uno solo con el que las dos facciones rivales estuvieran de acuerdo. Todos los nacionalistas consideran un deber difundir su lengua en detrimento de las lenguas rivales, y, en el caso de los anglohablantes, esa batalla toma una forma aún más sutil, convirtiéndose en una lucha entre dialectos. Los estadounidenses anglófobos rehusarán emplear una frase cualquiera en cuyo origen reconozcan la jerga inglesa, y el conflicto entre latinizantes y germanizantes oculta con frecuencia motivos nacionalistas. Los nacionalistas escoceses insisten en la superioridad de los nacidos en las Tierras Bajas, mientras que algunos socialistas, cuyo nacionalismo suele tomar la forma del odio de clase, despotrican del acento de la BBC e incluso de la *a* abierta. Los ejemplos son numerosos. Los nacionalistas parecen a menudo estar convencidos de la eficacia de la magia simpática, creencia que se manifiesta, quizá, en la extendida costumbre de quemar en efigie a los enemigos políticos o de usar sus fotografías como blancos en las galerías de tiro.

La inestabilidad. La intensidad con que se sostienen las lealtades nacionalistas no impide que sean transferibles. Para empezar, como he apuntado antes, pueden fijarse, y a menu-

---

estas dos palabras. Proponen que se sustituya por «americobritánico». *(N. del A.)*

do lo hacen, en un país extranjero. Es habitual descubrir que grandes líderes nacionales, o los fundadores de un movimiento nacionalista, ni siquiera pertenecen al país que han buscado glorificar. A veces son extranjeros, y más a menudo provienen de zonas periféricas donde la nacionalidad es dudosa. Ejemplos de lo anterior son Stalin, Hitler, Napoleón, De Valera, Disraeli, Poincaré o Beaverbrook. El movimiento pangermánico fue, en parte, creación de un inglés, Houston Chamberlain. Durante los pasados cincuenta o cien años, el nacionalismo transferido ha sido un fenómeno común entre los literatos. Con Lafcadio Hearne, la transferencia tuvo como objeto Japón; con Carlyle y muchos otros de su tiempo, Alemania, y en nuestra época ese objeto suele ser Rusia. Pero un hecho particularmente interesante es que la retransferencia también es posible. Un país u otra entidad al que se haya rendido culto durante años puede volverse súbitamente detestable, y otro objeto de afecto puede ocupar su lugar sin apenas intervalo entre uno y otro. En la primera versión de *Outline of History* («Esquema de la historia»), de H. G. Wells, al igual que en otros de sus ensayos de la misma época, uno descubre elogios tan extravagantes a Estados Unidos como los que los comunistas de hoy dedican a Rusia; y, sin embargo, unos años después esta admiración acrítica se ha convertido en hostilidad. El espectáculo del comunista fanático que se transforma en unas pocas semanas, o incluso días, en un trotskista igualmente fanático es de lo más común. En la Europa continental, los miembros de los movimientos fascistas eran con frecuencia reclutados entre los comunistas, y el proceso contrario podría tener lugar en los próximos años. Lo que permanece constante entre los nacionalistas es su estado mental; el objeto de su apego es cambiante, y puede ser incluso imaginario.

No obstante, para un intelectual la transferencia desempeña una función importante que ya he mencionado brevemente en relación con Chesterton: le permite ser mucho más nacionalista —más vulgar, más necio, más malévolo, más deshonesto— de lo que jamás podría serlo respecto de su país natal o de cualquier otra entidad de la que tenga conocimiento real. Cuando uno observa la servil o jactanciosa basura que gente a todas luces inteligente escribe sobre Stalin, el Ejército Rojo, etcétera, se da cuenta de que algo así solo es posible mediante una suerte de dislocación. En sociedades como la nuestra, es inusual que alguien que pueda ser descrito como un intelectual sienta un apego profundo por su país. La opinión pública —es decir, el sector de la opinión pública del que, como intelectual, está al tanto— no se lo permitiría. La mayoría de la gente que lo rodea es escéptica y desafecta, y es probable que él adopte la misma actitud por imitación o por simple cobardía; en ese caso, habrá abandonado la forma de nacionalismo que tiene más a mano sin aproximarse en absoluto a un punto de vista genuinamente internacional. Aún siente la necesidad de una patria, y es natural que busque una en el extranjero. En cuanto la haya encontrado, puede entregarse con desenfreno a aquellas emociones de las cuales cree haberse emancipado. Dios, el rey, el imperio, la bandera británica...; todos los ídolos destronados pueden reaparecer bajo nombres diferentes, y mientras no se los reconozca como lo que realmente son, se les puede rendir culto sin mala conciencia. El nacionalismo transferido, como el uso de chivos expiatorios, es una forma de ganar la salvación sin alterar la propia conducta.

La indiferencia frente a la realidad. Todos los nacionalistas tienen la capacidad de ignorar las semejanzas entre conjuntos de hechos similares. Un *tory* inglés defenderá la autodeterminación en Europa y se opondrá a esta en la India sin sensación alguna de incoherencia. Las acciones se consideran buenas o malas no por sus méritos, sino según quién las lleve a cabo, y parece que no haya ultraje —la tortura, la toma de rehenes, los trabajos forzados, las deportaciones en masa, el encarcelamiento sin juicio, la falsificación, el asesinato, el bombardeo de civiles— que no cambie de color moral cuando ha sido cometido por «nuestro» bando. El liberal *News Chronicle* publicó, como muestra de un espantoso acto de barbarie, unas fotografías de rusos colgados por los alemanes, y uno o dos años después dio a conocer, con aprobación general, unas instantáneas casi iguales, esta vez de alemanes colgados por los rusos.* Y lo mismo sucede con los hechos históricos; desde el punto de vista nacionalista, la historia es el pensamiento de la mayoría, y cuestiones como la Inquisición, las torturas del tribunal de la Cámara Estrellada, las hazañas de los piratas ingleses —de sir Francis Drake, por ejemplo, que solía ahogar a los prisioneros españoles—, el Reinado del Terror, los héroes del Motín de la India —que volaron por los aires a cientos de hindúes atándolos a las bocas de los cañones y abriendo fuego— o los soldados de Cromwell —que acuchillaban el rostro a las irlandesas—, se vuelven moralmente neutrales e incluso meritorias cuando se piensa que fueron llevadas a cabo por una «buena» causa. Si uno analiza el pasado cuarto de siglo, encuentra que apenas hay un año en que no se dieran a conocer relatos de atrocidades desde alguna parte del mundo, y, aun así, ni una sola de ellas —cometidas en España, Rusia, China, Hungría, México, Amritsar o Esmirna— recibió el debido crédito y fue condenada unánimemente por la intelectualidad. Si estos hechos merecían ser reprobados o, incluso, si había que dar crédito a que habían tenido lugar, se decidió en función de las preferencias políticas.

El nacionalista no solo no reprueba las atrocidades cometidas por su propio bando, sino que tiene una notable capaci-

* El *News Chronicle* invitaba a sus lectores a ver el noticiero cinematográfico en el que podía observarse la ejecución completa, con primeros planos. El *Star* publicó, al parecer con la aprobación general, fotografías de colaboracionistas semidesnudas acosadas por la turba de París. Las fotografías tenían un parecido notable con las instantáneas nazis de judíos siendo acosados por la turba de Berlín. *(N. del A.)*

dad para no oír siquiera hablar de ellas. Durante casi seis años, los admiradores ingleses de Hitler se las ingeniaron para no darse por enterados de la existencia de Dachau y Buchenwald. Y quienes se aprestan a denunciar los campos de concentración alemanes ignoran, o a duras penas saben, que también los hay en Rusia. Acontecimientos de gran magnitud, como la hambruna que Ucrania padeció en 1933 y que supuso la muerte de millones de personas, han escapado a la atención de la mayoría de los rusófilos ingleses. Muchos ingleses no han oído apenas nada acerca de los campos de exterminio de judíos alemanes y polacos durante la actual guerra; su antisemitismo ha provocado que este enorme crimen escape a sus conciencias. En el pensamiento nacionalista hay acontecimientos que son a la vez verdaderos y falsos, sabidos y desconocidos. Un hecho bien conocido puede resultar tan insoportable que sea dejado de lado y no se le permita formar parte de los procesos lógicos; o, por el contrario, puede formar parte de todos los cálculos y, a pesar de eso, no ser admitido jamás como un hecho, ni siquiera en la propia mente.

Todo nacionalista acaricia la idea de que el pasado puede ser alterado. Pasa la mayor parte del tiempo en un mundo fantástico en el que las cosas suceden como deberían suceder —en el que, por ejemplo, la Armada Invencible triunfó o la Revolución rusa fue aplastada en 1918—, y, cuando es posible, no duda en transferir fragmentos de su mundo a los libros de historia. Mucha propaganda de nuestra época no es más que mera falsificación. Se suprimen los hechos materiales, se alteran las fechas, las citas se sacan de su contexto y se manipulan para que digan lo contrario de su intención real. Acontecimientos que se cree que no deberían haber tenido lugar no se mencionan, y más tarde se niegan.* En 1927, Chiang Kai-shek

* Un ejemplo es el pacto germano-soviético, que se busca borrar de la memoria pública tan pronto como sea posible. Un corresponsal ruso me informa de que se ha omitido cualquier mención al

mandó hervir vivos a cientos de comunistas, y, sin embargo, diez años después se le ha convertido en uno de los héroes de la izquierda. El realineamiento de la política mundial lo ha situado en el campo antifascista y, así, se cree que el asesinato de los comunistas «no cuenta», o quizá que ni siquiera ocurrió. El principal objetivo de la propaganda es, por supuesto, influir en la opinión contemporánea, pero aquellos que reescriben la historia probablemente creen, cuando menos en parte, que pueden introducir datos en el pasado. Cuando uno tiene en cuenta las elaboradas falsificaciones que se han fraguado con el fin de mostrar que Trotski no desempeñó un papel importante en la guerra civil rusa, resulta muy difícil pensar que los responsables simplemente estén mintiendo. Es más probable que crean que su propia versión corresponde a lo que sucedió a los ojos de Dios, y que están justificados para modificar los registros de acuerdo con esa perspectiva.

La indiferencia ante la verdad objetiva es alentada por el hermetismo de una parte del mundo respecto de la otra, lo cual vuelve cada vez más difícil descubrir lo que realmente sucede. A menudo existen dudas sobre grandes eventos. Por ejemplo, es imposible cuantificar en millones, o quizá incluso decenas de millones, el número de muertes provocadas por la actual guerra. Las calamidades que constantemente se dan a conocer —batallas, matanzas, hambrunas, revoluciones— tienden a inspirar en la gente corriente una sensación de irrealidad. No hay manera de verificar los hechos, no se tiene certeza alguna de que hayan acontecido, y uno se topa con interpretaciones totalmente diferentes que provienen de fuentes distintas. ¿Cuáles fueron los aciertos y los errores del levantamiento de Varsovia en agosto de 1944? ¿Es verdad que hay cámaras de gas en Polonia? ¿Quién es el verdadero responsable de la hambruna bengalí? Posiblemente, la verdad

---

pacto en los anuarios rusos que recogen los acontecimientos políticos recientes. *(N. del A.)*

podría sacarse a la luz, pero en casi todos los periódicos los hechos se relatan con tanta falsedad que no puede culparse al lector corriente por tragarse las mentiras o por no formarse ninguna opinión. La incertidumbre general sobre lo que realmente está pasando hace que sea más fácil aferrarse a creencias disparatadas. Como nada se prueba nunca suficientemente ni se desmiente, el hecho más inequívoco puede negarse sin pudor. Además, aunque el nacionalista se pasa la vida obsesionado con el poder, la victoria, la derrota o la venganza, a menudo permanece ajeno a lo que sucede en el mundo real. Lo que quiere es sentir que su entidad ha conseguido superar a otra, lo cual se logra más fácilmente denostando al adversario que examinando los hechos para comprobar si estos le dan la razón. Toda controversia nacionalista está al nivel del debate social. Nunca se llega a ninguna conclusión, puesto que cada participante cree invariablemente que ha derrotado al otro. Algunos nacionalistas no están lejos de la esquizofrenia; viven alegremente entre sueños de poder y conquista que no tienen conexión con el mundo físico.

He examinado tan bien como he podido los hábitos mentales comunes a todas las formas del nacionalismo. A continuación me propongo clasificar esas formas, aunque, obviamente, eso no puede hacerse de manera exhaustiva. El nacionalismo es un tema amplísimo. Innumerables engaños y odios, que se vinculan entre sí de una manera extraordinariamente compleja, atormentan al mundo, y algunos de los más siniestros no han incidido aún en la conciencia europea. En este ensayo me ocupo del nacionalismo tal como aparece entre los intelectuales ingleses. Entre ellos, con mucha más frecuencia que entre los ingleses de a pie, el nacionalismo no está mezclado con el patriotismo, y por tanto puede estudiarse en su estado puro. Más abajo propongo una lista de las variedades de nacionalismo que ahora mismo florecen en el seno de la clase intelectual inglesa, acompañada de comentarios allí donde me parecen indispensables. Es conveniente echar mano de tres epítetos, «positivo», «transferido» y «negativo», aunque algunas variedades de nacionalismo tienen cabida en más de una categoría.

Nacionalismo positivo

1) *El neotorismo*. Lo representan gente como lord Elton, A. P. Herbert, G. M. Young o el profesor Pickthorne, las publicaciones del Comité de la Reforma Tory y revistas como *The New English Review* y *The Nineteenth Century and After*. La verdadera fuerza motriz del neotorismo, que le otorga su carácter nacionalista y lo diferencia del conservadurismo corriente, es el deseo de no reconocer el declive de la influencia y el poderío británicos. Incluso aquellos que son lo bastante realistas para ver que la posición militar británica no es la que solía ser, tienden a afirmar que las «ideas inglesas» (que no suelen definir) deben dominar el mundo. Todos los neo*tories* son antirrusos, pero con frecuencia aún más antiestadounidenses. Lo significativo es que esta escuela de pensamiento parece ir ganando terreno entre los intelectuales jóvenes, a veces antiguos comunistas que han atravesado el usual proceso de desencanto y se han desilusionado del comunismo. Una figura muy común es la del anglófobo que se vuelve violentamente probritánico. F. A. Voight, Malcolm Muggeridge, Evelyn Waugh o Hugh Kingsmill son algunos de los escritores que ilustran esta tendencia, y un proceso psicológico similar puede observarse en T. S. Eliot, Wyndham Lewis y muchos de sus seguidores.

2) *El nacionalismo celta*. Los nacionalismos galés, irlandés y escocés tienen puntos de divergencia, pero se asemejan en su orientación antiinglesa. Los miembros de estos tres movimientos se han opuesto a la guerra sin por ello dejar de definirse como prorrusos, y los más extremistas se las han inge-

niado para ser a la vez prorrusos y pronazis. Sin embargo, el nacionalismo celta no es lo mismo que la anglofobia. Su fuerza motriz es una creencia en la grandeza pretérita y futura del pueblo celta, y tiene una fuerte impronta racial. Se piensa que los celtas son espiritualmente superiores a los sajones —más sencillos, más creativos, menos vulgares, menos esnobs, etcétera—, pero bajo la superficie late la usual ansia de poder. Un síntoma es la quimera de que Irlanda, Escocia o incluso Gales pueden preservar sin ayuda su independencia y de que no deben nada a la protección británica. Entre los escritores, Hugh MacDiarmid y Sean O'Casey son buenos ejemplos de esta escuela de pensamiento, pero no hay escritor irlandés moderno, incluso de la estatura de Yeats o Joyce, que esté completamente libre de trazas nacionalistas.

3) *El sionismo*. Posee las características usuales de los movimientos nacionalistas, pero su variante estadounidense parece ser más violenta y maligna que la británica. Si lo clasifico como nacionalismo directo y no como transferido es porque florece casi exclusivamente entre los propios judíos. En Inglaterra, por razones tan variadas como incongruentes, la intelectualidad es en su mayoría projudía en lo tocante a Palestina, pero no de un modo particularmente intenso. Además, todos los ingleses de buena voluntad son projudíos, en el sentido de que desaprueban la persecución nazi, pero cualquier lealtad nacionalista auténtica en este terreno, o cualquier creencia en la superioridad innata de los judíos, es difícil de encontrar entre gentiles.

NACIONALISMO TRANSFERIDO

1) *El comunismo*.
2) *El catolicismo político*.
3) *El sentimiento racial*. La vieja actitud despectiva hacia los «nativos» se ha debilitado mucho en Inglaterra, y varias

teorías seudocientíficas que insisten en la superioridad de la raza blanca han sido abandonadas.* Entre la intelectualidad, el sentimiento racial solamente se da en una forma traspuesta, es decir, como una creencia en la superioridad innata de las razas distintas de la blanca. Esto es ahora cada vez más común entre los intelectuales ingleses, probablemente debido al masoquismo y la frustración sexual, más que al contacto con los movimientos nacionalistas negros y orientales. Incluso entre aquellos que no están sentimentalmente involucrados en el asunto racial, el esnobismo y la imitación ejercen una poderosa influencia. Casi cualquier intelectual inglés se escandalizaría ante la afirmación de que la raza blanca es superior a las otras, mientras que afirmar lo contrario sería irrecusable, incluso sin estar de acuerdo con ello. El apego nacionalista a las razas distintas de la blanca suele mezclarse con la creencia de que sus vidas sexuales son superiores, y existe una amplia mitología soterrada sobre la capacidad sexual de los negros.

4) *El sentimiento de clase.* Entre los intelectuales de clase alta o media solo existe en su forma traspuesta, esto es, como creencia en la superioridad del proletariado. Aquí, de nuevo, la presión de la opinión pública entre los intelectuales es abrumadora. La lealtad nacionalista hacia el proletariado y el más despiadado odio teórico hacia la burguesía

* Un buen ejemplo es la superstición referida a la insolación. Hasta hace poco, se creía que las personas de raza blanca eran mucho más propensas a la insolación que las personas de color, y que un blanco no podía caminar bajo el sol tropical sin llevar un salacot. No había prueba alguna que respaldara esta teoría, pero sirvió al propósito de acentuar la diferencia entre los «nativos» y los europeos. Durante la actual guerra, la teoría se ha ido abandonando en silencio, y ejércitos enteros han maniobrado en los trópicos sin llevar salacot. Parece que, mientras persistió esta superstición, los médicos ingleses en la India creyeron en ella con la misma firmeza que los profanos. *(N. del A.)*

pueden a menudo coexistir con el habitual esnobismo en la vida cotidiana.

5) *El pacifismo*. La mayoría de los pacifistas pertenecen a oscuras sectas religiosas o simplemente son personas humanitarias que se oponen al homicidio y que prefieren no profundizar demasiado en las implicaciones de su pensamiento. Sin embargo, hay una minoría de pacifistas intelectuales cuya auténtica —aunque nunca admitida— motivación parece ser el odio a la democracia occidental y la admiración por el totalitarismo. La propaganda pacifista suele reducirse a sostener que un bando es tan malo como el otro, pero si uno analiza con mayor detenimiento los escritos de los intelectuales pacifistas más jóvenes, descubre que bajo ninguna circunstancia expresan una desaprobación imparcial, sino que se dirigen casi enteramente contra Gran Bretaña y Estados Unidos. Además, por regla general no condenan la violencia como tal, sino solo la usada en defensa propia por los países occidentales. A los rusos, al contrario que a los británicos, no se los culpa por defenderse por medios bélicos, y de hecho toda la propaganda de este tipo elude mencionar a Rusia o a China. No se exige, de nuevo, que los indios repudien la violencia en su lucha contra los británicos. La literatura pacifista abunda en afirmaciones equívocas que, si acaso, parecen presuponer que los estadistas como Hitler son preferibles a aquellos como Churchill, y que la violencia es quizá excusable si es lo bastante violenta. Tras la caída de Francia, los pacifistas franceses, enfrentados a una disyuntiva que sus colegas ingleses no se vieron obligados a considerar, optaron en su mayoría por los nazis, y en Inglaterra parece haber habido cierto solapamiento entre los afiliados a la organización pacifista Peace Pledge Union y los miembros de los Camisas Negras. Los escritores pacifistas han dedicado elogios a Carlyle, uno de los padres intelectuales del fascismo. En general, resulta difícil no tener la impresión de que el pacifismo, tal como se da entre una parte de la intelectualidad, se inspira secretamente

en una admiración por el poder y la crueldad que obtiene los resultados buscados. El error fue vincular esta emoción a Hitler, pero puede ser transferida fácilmente.

Nacionalismo negativo

1) *La anglofobia*. Entre la intelectualidad, una postura burlona y ligeramente hostil en relación con Gran Bretaña es más o menos obligatoria, pero muchas veces no es una emoción fingida. Durante la guerra se manifestó en el derrotismo de la clase intelectual, que persistió hasta mucho después de que quedara claro que las potencias del Eje no estaban en condiciones de obtener la victoria. Mucha gente se mostró sin disimulo encantada con la caída de Singapur o cuando los ingleses fueron expulsados de Grecia, y hubo una notable renuencia a dar crédito a las buenas noticias, como, por ejemplo, al desenlace de la batalla de El Alamein o al número de aviones alemanes derribados durante la batalla de Inglaterra. Desde luego, los intelectuales ingleses de izquierdas no deseaban realmente que los alemanes o los japoneses ganaran la guerra, pero muchos de ellos no pudieron evitar disfrutar al ver a su propio país humillado, y hubieran querido que la victoria final se debiera a Rusia o quizá a Estados Unidos, pero no a Gran Bretaña. En política exterior, muchos intelectuales siguen el principio de que cualquier facción apoyada por Inglaterra debe de estar en el bando incorrecto. Como consecuencia de ello, la opinión «ilustrada» es en gran medida un mero reflejo de la política conservadora. La anglofobia siempre puede invertirse; de ahí el frecuente espectáculo de un pacifista durante una guerra que se vuelve belicista en la siguiente.

2) *El antisemitismo*. Hoy en día existen muy pocas evidencias de antisemitismo, porque las persecuciones nazis han vuelto obligatorio para cualquier persona pensante ponerse del lado de los judíos y contra sus opresores. Cualquiera que

sea lo bastante culto como para haber oído el término «antisemitismo» afirma automáticamente estar libre de él, y se eliminan cuidadosamente los comentarios antisemitas de toda clase de publicaciones. Pero, en realidad, el antisemitismo parece estar muy extendido, incluso entre los intelectuales, y el acuerdo tácito de silenciarlo probablemente contribuya a exacerbarlo. La gente con opiniones de izquierdas no es inmune a él, y su actitud está muchas veces influida por el hecho de que los trotskistas y anarquistas suelen ser judíos. Con todo, el antisemitismo florece de manera más natural entre la gente de tendencia conservadora, que sospecha que los judíos debilitan la moral nacional y diluyen la cultura local. Los neo*tories* y el catolicismo político son siempre propensos a sucumbir al antisemitismo, al menos de manera intermitente.

3) *El trotskismo*. Esta palabra se emplea de un modo tan laxo que termina por incluir a los anarquistas, a los socialistas democráticos e incluso a los liberales. La utilizo aquí para referirme a los marxistas doctrinarios cuya motivación principal es la hostilidad hacia el régimen estalinista. El trotskismo puede analizarse mejor en oscuros panfletos o en periódicos como el *Socialist Appeal** que en los propios escritos de Trotski, que en modo alguno era hombre de una sola idea. Aunque en algunos lugares —por ejemplo, en Estados Unidos— el trotskismo es capaz de atraer a un gran número de adeptos y de convertirse en un movimiento organizado con su propio pequeño Führer, su inspiración es esencialmente negativa. El trotskismo se opone a Stalin en igual medida que el comunismo está a favor de este, y, como la mayoría de los comunistas, no desea tanto cambiar el mundo externo como sentir que la batalla del prestigio progresa en su favor. En ambos casos existe la misma fijación obsesiva en un solo asunto, la misma incapacidad para formarse una idea genuinamente racional

* Fundado por Ted Grant (1913-2006), era el órgano de la Workers' International League (Liga Obrera Internacional). *(N. del T.)*

basada en las probabilidades. El hecho de que los trotskistas sean en todas partes una minoría perseguida y de que la acusación que pesa sobre ellos —que colaboran con los fascistas— sea obviamente falsa, crea la impresión de que el trotskismo es intelectual y moralmente superior al comunismo, pero resulta dudoso que exista mucha diferencia entre ambos. De todas maneras, el trotskista típico es un antiguo comunista, y nadie llega al trotskismo sino desde algún movimiento de izquierdas. Ningún comunista, a menos que esté atado a su partido por la costumbre de años, está a salvo de una súbita conversión al trotskismo. El proceso contrario no parece tener lugar con la misma frecuencia, aunque no hay una razón clara de por qué no podría ocurrir.

Podría parecer que, en la clasificación que acabo de proponer, he exagerado, simplificado en exceso, planteado supuestos injustificados y dejado fuera de la descripción la habitual existencia de motivos sinceros. Ha sido inevitable, puesto que mi propósito en este ensayo es aislar e identificar tendencias que existen en las mentes de todos nosotros y que pervierten nuestro pensamiento, sin que necesariamente ocurran todo el tiempo en estado puro u operen continuamente. Por todo ello, es importante que corrija la descripción demasiado simplificada que me he visto obligado a realizar. Para empezar, nadie tiene el derecho de pensar que todo el mundo está infectado de nacionalismo, y ni siquiera que todos los intelectuales lo están. En segundo lugar, el nacionalismo puede ser intermitente y limitado. Un hombre inteligente puede sucumbir solo a medias a la tentación de creer en lo que sabe que es absurdo y mantenerlo alejado de su mente durante largos períodos, volviendo a creer en ello solo en momentos de rabia o de sentimentalismo, o cuando está seguro de que no hay asuntos de importancia involucrados en ello. En tercer lugar, un credo nacionalista puede adoptarse de buena fe por motivos no nacionalistas. Por último, en la misma persona pueden coexistir muchos tipos de nacionalismo, incluso los que se neutralizan entre sí.

A lo largo de este ensayo no he dejado de decir «el nacionalista hace esto» o «el nacionalista hace lo otro», usando, a modo de ilustración, al nacionalista extremo, al fanático que no posee zonas neutrales en el cerebro ni interés alguno en nada que no sea la lucha por el poder. En realidad, este tipo de gente es poco común, y no merece que se emplee tanta pólvora en ella. En la vida real, lord Elton, D. N. Pritt, lady Houston, Ezra Pound, lord Vansittart, el padre Coughlin y demás integrantes de su lúgubre tribu merecen ser combatidos, pero apenas es necesario señalar sus deficiencias intelectuales. La monomanía carece de interés, y el hecho de que ningún nacionalista del tipo fanático pueda escribir un libro que valga la pena leer pasados unos años, tiene un efecto desodorante. Sin embargo, una vez que uno ha admitido que el nacionalismo no ha triunfado en todas partes, que todavía existen pueblos cuyos juicios no están a merced de sus deseos, el hecho sigue siendo que los hábitos mentales nacionalistas están muy extendidos, hasta el punto de que muchos problemas profundos y apremiantes —la India, Polonia, Palestina, la Guerra Civil española, los procesos de Moscú, los negros de Estados Unidos, el pacto germano-soviético y demás— no pueden ser discutidos apelando a la racionalidad, o al menos nunca lo son. Los Elton, Pritt y Coughlin, cada uno de ellos semejante a una enorme boca que profiere una y otra vez la misma mentira, son obviamente casos extremos, pero nos engañaríamos si no nos diéramos cuenta de que cualquiera de nosotros puede parecerse a ellos en el momento en que baja la guardia. Permítaseme hacer notar que, con solo pulsar una tecla —y puede tratarse de una tecla cuya existencia no sospechábamos hasta entonces—, hasta el sujeto más razonable y afable puede transformarse en un fanático despiadado que solo se desvive por «ganar la partida» a su adversario, sin importar cuántas mentiras tenga que decir o cuántos errores de lógica se vea obligado a disimular. Por ejemplo, cuando Lloyd George, que se oponía a la guerra de los bóeres, anunció en la Cámara de los Comunes que, sumados, los comunicados británicos aseguraban que se había dado muerte a más bóeres que el total de su población, Arthur Balfour se levantó y le espetó: «¡Canalla!».* Muy poca gente está a salvo de deslices de esa naturaleza. El negro desairado por una mujer blanca, el inglés que oye a un estadounidense ignorante criticar a Inglaterra y el apologista católico al que se le recuerda la Armada Invencible reaccionarán de un modo muy parecido. En cuanto pinchamos el nervio del nacionalismo, la razón puede desvanecerse y el pasado alterarse, y pueden negarse hechos sobre los que no cabe la menor duda.

Si uno esconde en algún lugar de la mente una lealtad o un odio nacionalistas, ciertos hechos son inadmisibles, aunque se sepa que son ciertos. A continuación expondré algunos ejemplos, una lista de cinco tipos de nacionalista a la que contrapongo otra de los hechos que a cada uno de ellos les resulta imposible admitir, ni siquiera en su fuero más interno:

El tory inglés. Gran Bretaña saldrá de esta guerra con menos poder y prestigio.

El comunista. De no haber sido auxiliada por Gran Bretaña y Estados Unidos, Rusia habría sido derrotada por Alemania.

El nacionalista irlandés. Irlanda solo continúa siendo independiente gracias a la ayuda británica.

* A la sazón, Balfour era líder de los *tories* en la Cámara de los Comunes. Posteriormente, sería primer ministro de Gran Bretaña (entre 1902 y 1905), primer lord del Almirantazgo y ministro de Asuntos Exteriores. Mientras ocupaba esta última cartera, en 1917, firmó la Declaración Balfour, por la que Gran Bretaña se manifestaba partidaria de la creación de un asentamiento judío en el Mandato Británico de Palestina. *(N. del T.)*

El trotskista. Las masas rusas aceptan el régimen estalinista.

El pacifista. Quienes «repudian» la violencia solo pueden hacerlo porque otros emplean la violencia en su nombre.

Todos estos hechos resultan groseramente obvios si no interpelan a las emociones de cada cual; sin embargo, para el tipo de personas mencionadas son intolerables, y por tanto deben ser negados y elaborarse falsas teorías con este fin. Vuelvo al sorprendente fallo de las predicciones militares en la actual guerra. Creo que es justo decir que la intelectualidad se ha equivocado más que la gente corriente en relación con el progreso de la guerra, y que sus opiniones han adoptado más a menudo un sesgo partidista. El intelectual izquierdista medio creía, por ejemplo, que la guerra estaba perdida en 1940, que lo más seguro era que los alemanes invadieran Egipto en 1942, que jamás se lograría expulsar a los japoneses de los territorios que habían conquistado y que los bombardeos angloamericanos no estaban haciendo mella en Alemania. Si podía creer tales cosas era porque su odio hacia la clase dirigente británica le impedía admitir que los planes de Gran Bretaña podían tener éxito. No existe límite para las necedades que uno es capaz de tragarse si se halla bajo la influencia de sentimientos de este tipo. He oído decir confiadamente, por ejemplo, que las tropas estadounidenses habían llegado a Europa no para combatir a los alemanes, sino para aplastar una revolución en Inglaterra. Hay que pertenecer a la clase intelectual para creerse algo así; ninguna persona normal puede ser tan estúpida. Cuando Hitler invadió Rusia, los funcionarios del Ministerio de Información lanzaron, «como marco de referencia», la advertencia de que Rusia caería en seis semanas. Al mismo tiempo, los comunistas consideraron cada fase de la guerra como una victoria de Rusia, incluso cuando los rusos fueron obligados a retroceder hasta el mar Caspio y más de un millón de ellos cayeron prisioneros. No es necesario aportar más ejemplos. El tema es que, tan pronto como aparecen el miedo, el odio, los celos y el culto al poder, se pierde el sentido de la realidad. Y, como he dicho antes, también el sentido de lo que es correcto e incorrecto. No hay ningún delito, absolutamente ninguno, que no pueda ser justificado cuando lo comete «nuestro» bando. Aun cuando no se niegue que tal delito haya tenido lugar, aunque se sepa que es exactamente el mismo que uno ha condenado en otra ocasión, aun así no se puede reconocer que está mal. La lealtad está de por medio, así que la piedad no procede.

La pregunta por las razones del ascenso y propagación del nacionalismo es demasiado compleja para que la abordemos aquí. Basta decir que, entre los intelectuales ingleses, el nacionalismo es un reflejo deformado de las terribles batallas que tienen lugar ahora mismo en el mundo real, y que sus peores necedades las han hecho posibles la quiebra del patriotismo y de las creencias religiosas. Si uno sigue esa senda, corre el peligro de ser arrastrado a alguna clase de conservadurismo o al quietismo político. Entraría dentro de lo razonable argüir, por ejemplo —e incluso es posible que sea cierto—, que el patriotismo es una forma de inoculación contra el nacionalismo, que la monarquía es un antídoto contra la dictadura y que la religión organizada nos previene frente a la superstición. O, de nuevo, puede argüirse que ningún punto de vista imparcial es posible, que todos los credos y causas implican las mismas mentiras, necedades y conductas bárbaras; y todo esto es muchas veces blandido como razón para mantenerse lejos de toda política. Por mi parte, no acepto esos argumentos, acaso solamente porque en el mundo moderno nadie que pueda ser descrito como un intelectual puede apartarse de la política en el sentido de no preocuparse por ella. Creo que uno debe involucrarse políticamente —usando la palabra «política» en un sentido amplio— y que debe tener preferencias, que uno está obligado a reconocer que ciertas causas son objetivamente mejores que otras, incluso si se las persigue por medios igualmente incorrectos. En cuanto a los amores y odios nacionalistas a los que he hecho referencia, estos forman parte del carácter de cada uno de nosotros, nos guste o no. No puedo responder la pregunta de si podemos librarnos de ellos, pero creo que es posible dar la batalla, y que un esfuerzo moral es esencial. Se trata, en primer lugar, de descubrir quiénes somos realmente y cuáles son nuestros verdaderos sentimientos, y, después, de tomar en cuenta nuestro posible sesgo. Si uno odia y teme a Rusia, si está celoso de la riqueza y el poder de Estados Unidos, si desprecia a los judíos, si tiene un sentimiento de inferioridad respecto de la clase dirigente de Gran Bretaña, no puede librarse de esos sentimientos simplemente reflexionando. Sin embargo, uno puede al menos reconocer que los tiene e impedir que contaminen sus procesos mentales. Los apremios emocionales que son ineludibles, y que incluso son necesarios para la acción política, deben ser capaces de ir codo con codo con la aceptación de la realidad. Pero esto, repito, requiere de un esfuerzo moral, y la literatura inglesa contemporánea, hasta el punto en que aún existe para los asuntos realmente importantes, nos muestra que somos pocos los que estamos preparados para llevar a cabo ese esfuerzo.

Antisemitismo en Inglaterra

Contemporary Jewish Record, abril de 1945

Hay aproximadamente cuatrocientos mil judíos en Inglaterra, además de algunos miles de refugiados que han ido llegando desde 1934. La población judía está concentrada casi por entero en media docena de grandes ciudades, y la mayor parte trabaja en pequeños comercios dedicados a la venta de alimentos, ropa y muebles. Algunos de los grandes monopolios, como el Imperial Chemical Industries (ICI), uno o dos de los principales diarios y por lo menos una gran cadena de grandes almacenes pertenecen, completamente o en parte, a judíos, pero sería exagerado sostener que en Inglaterra los negocios están controlados por ellos. Al contrario, parece que los judíos no han conseguido adaptarse satisfactoriamente a la tendencia moderna hacia las grandes fusiones y que siguen aferrados a los negocios que dependen de la pequeña escala y de los viejos métodos para salir adelante.

Empiezo por estas evidencias, que cualquier persona informada conoce bien, con el propósito de hacer hincapié en que no existe un «problema» judío real en Inglaterra. Los judíos ni son tantos ni son tan poderosos, y solo ejercen una influencia notable en eso que suele llamarse «los círculos intelectuales». Sin embargo, hay que admitir que, en general, el antisemitismo está en auge, que ha sido exacerbado por la guerra y que la gente sensible e inteligente no es inmune a él. No adopta formas violentas (los ingleses son casi sin excepción decentes y respetuosos de la ley), pero es lo bastante malévolo como para tenerlo en cuenta y, en circunstancias favorables, podría incluso tener consecuencias políticas. He aquí algunos ejemplos de comentarios antisemitas que he oído durante los últimos dos años.

Un empleado de oficina de mediana edad: «Normalmente voy al trabajo en autobús. A veces, aunque el trayecto es más largo, tomo el metro en la estación de Golders Green. Viajan muchos del "pueblo elegido" en esa línea».

Una estanquera: «No, no tengo cerillas. Debería preguntar a la estanquera de la siguiente calle. Ella siempre tiene cerillas. Es del "pueblo elegido", ¿sabe?».

Un joven intelectual comunista, o cercano al comunismo: «No, no me gustan los judíos. Nunca lo he ocultado. No los soporto. Pero que quede claro que no soy antisemita».

Una mujer de clase media: «Bueno, nadie puede llamarme antisemita, pero creo que la manera en que se comportan esos judíos es absolutamente asquerosa. La forma en que se cuelan en las colas para ponerse al principio de la fila y esas cosas. Son egoístas hasta decir basta. Creo que ellos mismos son responsables de muchas de las cosas que les pasan».

Un lechero: «Un judío no trabaja, no de la misma forma en que lo haría un inglés. Son muy listos. Nosotros trabajamos con esto [enseña el bíceps] y ellos lo hacen con esto [se toca la cabeza]».

Un censor jurado de cuentas, inteligente y de izquierdas de una manera indirecta: «Estos malditos judíos son todos proalemanes. Mañana cambiarían de bando si los nazis se alzaran con el poder. Veo a muchos en mi negocio. En el fondo de su corazón admiran a Hitler. Siempre acaban haciéndole la pelota al que los patea».

Una mujer inteligente, en cuanto se le ofrece un libro sobre el antisemitismo y las atrocidades alemanas: «No me lo enseñe, por favor, no me lo enseñe. Lo único que va a conseguir es que odie mucho más a los judíos».

Podría llenar muchas páginas con comentarios similares, pero basta con estos para proseguir con mi reflexión. Son indicativos de dos hechos. Uno, que es muy importante y al que regresaré más adelante, es que a partir de cierto nivel intelectual la gente se avergüenza de ser antisemita y se esfuerza por distinguir entre «antisemitismo» y que «no le gusten los judíos». El otro es que el antisemitismo es irracional. A los judíos se los acusa de ofensas específicas (por ejemplo, su mal comportamiento en las colas) y quien emite ese juicio habla con mucho convencimiento, pero resulta obvio que dichas acusaciones son el resultado de prejuicios hondamente arraigados. Tratar de argumentar con hechos y estadísticas es inútil, y a veces incluso peor que inútil. Hasta el último de los comentarios que he recopilado demuestra que la gente puede seguir siendo antisemita, o antijudía, aunque su postura sea indefendible. Si alguien te desagrada, te desagrada y punto; tus sentimientos no cambian aunque te reciten sus virtudes.

Pero sucede que la guerra ha espoleado el antisemitismo y que, a los ojos de la gente común, se trata de un sentimiento justificado. Para empezar, de los judíos puede decirse, con toda certeza, que se beneficiarán de la victoria de los aliados. Por consiguiente, la teoría de que «esta es una guerra judía» tiene cierta verosimilitud, sobre todo porque rara vez se reconoce el esfuerzo realizado por los judíos en ella. El Imperio británico es una organización enorme y heterogénea sustentada largamente en el común acuerdo, y con frecuencia es necesario halagar a los elementos que son menos de fiar en detrimento de los más leales. Difundir las proezas de los soldados judíos, o incluso admitir la existencia de un nutrido ejército judío en Oriente Próximo, promueven la hostilidad en Sudáfrica, en los países árabes y en otros lugares; es más fácil ignorar estas cuestiones y permitir que el ciudadano corriente piense que los judíos se libran del servicio militar porque son excepcionalmente inteligentes. De nuevo, a los judíos se los encuentra justamente en los oficios que generan impopularidad entre la población civil en tiempos de guerra; por regla general se dedican a vender comida, ropa, muebles y tabaco, precisamente los productos que escasean de manera cíclica, con el consiguiente sobreprecio. Asimismo, la acusación habitual según la cual los judíos se comportan de manera excepcionalmente cobarde durante los bombardeos adquirió tintes de verosimilitud en los de 1940. El barrio judío de Whitechapel fue una de las primeras zonas en ser bombardeadas, y esto provocó que enjambres de judíos lo abandonaran para refugiarse por todo Londres. Si uno juzgara el asunto solo a partir de estas anécdotas de guerra, se podría llegar a la conclusión, basada en premisas falsas, de que el antisemitismo es una pulsión casi racional. Y, naturalmente, el antisemita se considera a sí mismo racional. Siempre que toco este tema en un artículo periodístico, recibo numerosas respuestas, e invariablemente algunas de las cartas las envía gente normal y equilibrada —doctores, por ejemplo— y sin motivos aparentes para plantear quejas de índole económica. Esta gente siempre dice (al igual que lo hacía Hitler en *Mein Kampf*) que al principio no albergaba ningún tipo de prejuicio antijudío, pero que se vio impulsada a cambiar de opinión por la mera observación de los hechos. Una de las características del antisemitismo es la capacidad para creer historias que en modo alguno pueden ser ciertas. Un buen ejemplo de esto es el extraño accidente ocurrido en Londres en 1942, cuando una multitud, atemorizada por el estallido de una bomba, corrió hacia la boca de una estación de metro, de resultas de lo cual murieron por aplastamiento más de cien personas. El mismo día se oía por todo Londres que «los judíos habían sido los responsables». Desde luego, uno no puede esgrimir ningún argumento ante la gente que cree estas cosas. Lo único que puede hacerse es investigar por qué se da crédito a historias absurdas sobre este tema en particular y se permanece escéptico frente a otros temas.

Pero déjenme volver ahora al punto que mencioné anteriormente, el de que hay un sentimiento antisemita ampliamente extendido y falta voluntad para admitirlo. Entre la gente culta, el antisemitismo se considera un pecado imperdonable, de una categoría distinta de los otros tipos de prejuicio racial. La gente es capaz de llegar muy lejos para demostrar que no es antisemita. Así, en 1943, en la sinagoga de St. John's Wood se ofició un servicio en honor de los judíos de Polonia. Las autoridades locales mostraron enseguida su disposición a participar y al servicio asistieron el alcalde del distrito, vestido de gala, representantes de todas las iglesias y enviados de las fuerzas aéreas, del ejército, de las enfermeras y hasta de los Boy Scouts. A simple vista era una conmovedora muestra de solidaridad con el sufrimiento de los judíos, pero, en esencia, se trataba de un esfuerzo consciente por comportarse con decencia por parte de personas que en su fuero interno albergaban sentimientos muy diferentes. En ese barrio de Londres hay muchos judíos y el antisemitismo está muy extendido, y, como yo bien sabía, algunos de los hombres que tenía alrededor en la sinagoga comulgaban con esa tendencia. De hecho, el comandante de mi pelotón del ejército, que había tenido el cuidado de advertirnos de que debíamos causar una buena impresión durante el servicio, era un ex miembro de los Camisas Negras de Mosley. Mientras exista esta ambivalencia de sentimientos, la tolerancia hacia la violencia masiva contra los judíos o, lo que es más importante, una legislación antisemita no serán posibles en Inglaterra. De hecho, en la actualidad tampoco es posible que el antisemitismo se vuelva respetable. Pero esta ventaja es menor de lo que parece.

Uno de los efectos de las persecuciones en Alemania fue el de impedir que el antisemitismo fuera estudiado con seriedad. En Inglaterra se realizó una encuesta, breve e inadecuada, hace un año o dos, y si se ha llevado a cabo otra investigación sobre el tema debe de haber sido de carácter secreto. Al mismo tiempo, toda la gente inteligente ha eliminado conscientemente cualquier cosa que pueda herir la susceptibilidad de los judíos. A partir de 1934 desaparecieron, como por arte de magia, los chistes sobre judíos en las postales, los periódicos y los espectáculos, y quien incluyera un personaje judío poco simpático en una novela o un cuento era tachado al instante de antisemita. También en lo relativo al tema palestino, entre la gente culta, era de rigor aceptar la causa judía y desentenderse de las reclamaciones de los árabes; una decisión que era correcta en sí misma, pero que básicamente se adoptó porque los judíos eran perseguidos y existía la sensación de que no era correcto criticarlos. Así pues, fue gracias a Hitler que se creó una situación en la que la prensa favorecía a los judíos mientras, en el ámbito privado, proliferaba el antisemitismo, incluso —con algunas excepciones— entre la gente sensible y culta. Esto fue particularmente notable en 1940, en la época de la llegada de los refugiados. Por supuesto, toda persona inteligente entendía que era su deber protestar contra el encierro de los infortunados extranjeros que, más que nada, estaban en Inglaterra por ser enemigos de Hitler. Sin embargo, en privado se expresaban sentimientos diferentes. Una minoría de los refugiados se comportaban sin demasiado tacto, y el sentimiento hacia ellos generaba una corriente antisemita subterránea. Una figura muy importante del Partido Laborista —no revelo su nombre porque es una de las personas más respetadas en Inglaterra— me dijo con cierta virulencia: «Nadie invitó a esta gente a venir a este país. Si han elegido hacerlo, tendrán que asumir las consecuencias». Y este hombre, por supuesto, apoyaba todas y cada una de las protestas contra el internamiento de los refugiados. Esta sensación de que el antisemitismo es un pecado y una vergüenza, algo que una persona civilizada no padece, no ayuda a la hora de abordar el tema desde un punto de vista científico, y de hecho mucha gente admitirá que le atemoriza profundizar demasiado en él. Es decir, les atemoriza descubrir que el antisemitismo se está expandiendo, y que también ellos han resultado infectados.

Para poner este asunto en perspectiva, debemos echar la vista varias décadas atrás, a los días en que Hitler era un desempleado desconocido que pintaba acuarelas y del que nadie había oído hablar. Uno podría pensar que, a pesar de que hoy el antisemitismo está bastante extendido en Inglaterra, lo está menos que hace treinta años, y también es verdad que el antisemitismo extremo, de tipo racial o religioso, nunca ha florecido en este país. Nunca ha habido mucho problema con los matrimonios interraciales ni con los judíos que ocupan un lugar prominente en la vida pública. Pero hace treinta años se aceptaba, más o menos como una ley de la naturaleza, que el judío era una figura cómica y, no obstante su inteligencia, con un «carácter» deficiente. El judío, en teoría, no padecía ninguna incapacidad jurídica, pero en la práctica quedaba excluido de ciertas profesiones. Probablemente no habría sido aceptado como oficial en la armada, por ejemplo, ni en un regimiento de élite del ejército. Un muchacho judío en la escuela privada lo pasaba invariablemente mal. Podía, desde luego, librarse de su condición de judío si era atlético o tenía carisma, pero se trataba de una discapacidad estructural, como ser tartamudo o sufrir cualquier otra minusvalía de nacimiento. Los judíos ricos tendían a ocultarse bajo apellidos aristocráticos ingleses o escoceses, y a la mayoría de las personas les parecía normal que lo hicieran, al igual que, cuando tiene la oportunidad, lo hace un criminal para cambiar de identidad. Hace veinte años, en Rangún, estaba abordando un taxi con un amigo cuando un niño harapiento de tez blanca comenzó a contarnos una historia sobre su llegada desde Colombo en barco y que necesitaba dinero para regresar. Su aspecto era difícil de conciliar con la forma en que se comportaba, así que le pregunté: «Hablas muy bien el inglés, ¿de dónde eres?». Me respondió entusiasmado, en su inglés con acento indio: «Soy judío, señor». Recuerdo que me giré hacia mi amigo y le dije, solo medio en broma: «Y lo admite sin ningún empacho». Todos los judíos que había conocido hasta entonces estaban avergonzados de serlo y preferían no hablar de sus ancestros, y si el tema se imponía se referían a ellos como «hebreos».

La actitud de la clase trabajadora no era mejor. El judío que había crecido en Whitechapel daba por hecho que sería atacado, o al menos abucheado, si se aventuraba por alguno de los barrios cristianos de alrededor, y los «chistes de judíos» en las publicaciones de humor y en los espectáculos eran frecuentes y ofensivos. Esto también sucedía en el ámbito literario, en el que escritores como Belloc, Chesterton y sus seguidores alcanzaron las más altas cotas de insidia. Los literatos no católicos también pecaban de lo mismo, pero sin tanta malevolencia. Ha habido una perceptible corriente antisemita de Chaucer en adelante, y sin necesidad de levantarme de esta mesa para consultar los libros, me vienen a la memoria pasajes, que hoy habrían sido tachados de prosa antisemita, en obras de Shakespeare, Smollett, Thackeray, Bernard Shaw, H. G. Wells, T. S. Eliot, Aldous Huxley y muchos otros. A bote pronto, los únicos escritores que recuerdo que, antes de la época de Hitler, hicieran un claro esfuerzo por defender a los judíos fueron Dickens y Charles Reade. Y, por poco que el común de los intelectuales estuviera de acuerdo con las opiniones de Belloc y de Chesterton, nunca llegaron a desaprobarlas. Las interminables diatribas de Chesterton contra los judíos, que introducía en sus narraciones y ensayos con el mínimo pretexto, nunca le acarrearon problemas; de hecho, Chesterton era una de las figuras más respetadas del mundillo literario. Cualquiera que escribiera hoy en ese tono desataría una tormenta en su contra, eso siempre que encontrase quien le publicara su trabajo.

Si, como sugiero, los prejuicios contra los judíos siempre han estado ampliamente extendidos en Inglaterra, no hay razón para pensar que Hitler los ha atenuado. Lo que ha hecho es acentuar la división entre la persona políticamente consciente que estima que este no es momento para arremeter contra los judíos, y la persona inconsciente cuyo antisemitismo nato se ha intensificado por la tensión nerviosa que la guerra provoca. Uno podría pensar, por tanto, que mucha gente que preferiría morir antes que admitir su pulsión antisemita, tiene hacia esta alguna predisposición. Alguna vez he dicho que creo que el antisemitismo es esencialmente una neurosis, pero que tiene, desde luego, sus racionalizaciones, en las que se cree con sinceridad y que son en parte verdad. El razonamiento que esgrime el hombre común es que el judío es un explotador, y la justificación parcial de esto es que el judío, en Inglaterra, suele ser un pequeño hombre de negocios, con lo cual es una persona cuyos estragos económicos son más visibles y cercanos que los de, por ejemplo, un banco o una compañía de seguros. Más arriba en la escala intelectual, el razonamiento en torno al antisemitismo es que el judío es una persona que promueve la desafección y debilita la moral nacional. Se trata de otra justificación superficial. Durante los últimos veinticinco años, las actividades de eso que llamamos «los intelectuales» han sido, en buena medida, maliciosas. No creo que exagere si digo que, si los intelectuales hubieran hecho su trabajo un poco más a fondo, Inglaterra se habría rendido en 1940. Pero la *intelligentsia* desafecta incluía, inevitablemente, a muchos judíos. Puede decirse, con cierta certeza, que los judíos son enemigos de nuestra cultura autóctona y de nuestra moral nacional. Examinada cuidadosamente, la idea parece una necedad, pero siempre hay algunos individuos relevantes que están dispuestos a sostenerla. Durante los últimos años se ha producido lo que constituye un contraataque contra ese izquierdismo más bien superficial que estuvo de moda en la década anterior, y cuya encarnación más clara fueron las organizaciones al estilo del Club del Libro de Izquierdas. Este contraataque (véanse los libros *El buen gorila*, de Arnold Lunn, o *Izad más banderas*, de Evelyn Waugh) tenía un trasfondo antisemita, y quizá habría sido más evidente si el tema no hubiese sido tan peligroso. También es cierto que durante varios decenios Inglaterra no contó con una *intelligentsia* nacionalista digna de mención. Pero el nacionalismo británico —es decir, el nacionalismo de tipo intelectual— puede revivir, y de hecho va a hacerlo si Inglaterra sale muy debilitada de esta guerra; los jóvenes intelectuales de 1950 quizá serán tan ingenuamente patrióticos como los de 1914. En ese caso, el tipo de antisemitismo que floreció entre los *antidreyfusards* en Francia, y ese que Chesterton y Belloc trataron de importar a este país, podrían tener un punto de apoyo.

No tengo una teoría incontrovertible sobre los orígenes del antisemitismo. Las dos explicaciones habituales que lo atribuyen a causas económicas y a que se trata de un legado de la Edad Media no me satisfacen, aunque debo admitir que si uno las combina pueden servir al propósito de explicar los hechos. Todo lo que puedo decir sin temor a equivocarme es que el antisemitismo es parte del gran problema del nacionalismo, que todavía no ha sido examinado con seriedad y que el judío es a todas luces un chivo expiatorio, aunque no sepamos aún qué es exactamente lo que expía. Para escribir este ensayo me he basado casi exclusivamente en mi limitada experiencia, y, para otros observadores, mis experiencias quizá sean negativas. El hecho es que casi no hay datos sobre este tema. Por si sirve de algo, a continuación voy a resumir mis opiniones.

En Inglaterra hay más antisemitismo de lo que estamos dispuestos a admitir y la guerra lo ha acentuado, pero si uno piensa en decenios en lugar de años, no es verdad que vaya en aumento.

La situación actual no ha conducido a una persecución abierta, pero sí que conlleva el efecto de insensibilizar a las personas ante el sufrimiento de los judíos en otros países.

Esto, en el fondo, es muy irracional y no conduce a ningún argumento.

La persecución en Alemania ha enmascarado el sentimiento antisemita y ha ensombrecido el tema.

El asunto exige una investigación seria.

Solo vale la pena extenderse en el último punto. Para estudiar científicamente cualquier tema se requiere distancia, lo cual es difícil cuando están involucrados los intereses y los sentimientos propios. Mucha de la gente que es capaz de ser objetiva sobre, por ejemplo, los erizos de mar o la raíz cuadrada de 2, pierde toda la objetividad cuando piensa en su propia economía. Lo que acaba viciando casi todo lo que se ha escrito sobre el antisemitismo es la presunción del escritor de que él es inmune a eso. «Como sé que el antisemitismo es irracional —argumenta—, deduzco que yo no lo comparto.» Así pues, no inicia su investigación en el lugar del que podría extraer algunas evidencias sólidas: su propia cabeza.

Me parece que se puede asegurar sin miedo a equivocarse que esa enfermedad que llamamos de modo poco preciso «nacionalismo» es hoy casi universal. El antisemitismo es solo una manifestación del nacionalismo, y la enfermedad no afecta a todos de la misma forma. Un judío, por ejemplo, no sería antisemita, pero me parece que algunos judíos sionistas son, sencillamente, antisemitas al revés, de la misma forma que muchos indios o negros muestran, de forma inversa, sus prejuicios contra el color. El caso es que algo, alguna vitamina psicológica, falta en la civilización moderna, y como consecuencia de ello todos estamos más o menos sujetos a la locura de creer que todos los pueblos o naciones son misteriosamente buenos o misteriosamente malvados. Reto a cualquier intelectual moderno a que indague con atención y franqueza en su fuero interno, sin lealtades nacionalistas ni odios de ninguna índole. El hecho es que puede sentir el empuje emocional de estos sentimientos y, sin embargo, estudiarlos desapasionadamente, que es lo que le confiere el estatus de intelectual. Entonces se verá que el punto de partida para cualquier investigación sobre el antisemitismo no debería ser «¿por qué esta pulsión obviamente irracional atrae a los demás?», sino «¿por qué me siento atraído por el antisemitismo?». Si uno se pregunta esto, cuando menos tiene la posibilidad de descubrir su manera de razonar sobre el tema, y con suerte descubrirá lo que en realidad subyace a esto. El antisemitismo debe ser investigado; no digo que directamente por antisemitas, sino por cualquier tipo de persona que sepa que no es inmune a esta emoción. Cuando Hitler desaparezca podrá llevarse a término una investigación real sobre este tema, y quizá lo mejor sea no empezar por desacreditar al antisemitismo, sino clasificar todas las justificaciones que podamos encontrar en el interior de cualquiera, o dentro de nosotros mismos. Con ello podríamos hallar pistas que nos conduzcan hasta sus raíces psicológicas. Pese a todo, el antisemitismo no va a curarse definitivamente si antes no curamos esa enfermedad más extendida que es el nacionalismo.

La libertad de prensa («Rebelión en la granja»)
Londres, 17 de agosto de 1945;
Nueva York, 26 de agosto de 1946

La concepción de la idea central de este libro se remonta a 1937, pero no se puso por escrito hasta finales de 1943. Para cuando estuvo listo era evidente que sería muy difícil publicarlo (pese a la actual carestía de libros, que garantiza que cualquier cosa descriptible como libro «venda»), y al cabo lo rechazaron cuatro editoriales. Solo una adujo motivos ideológicos, dos llevaban años publicando libros antirrusos y a la última no se le conocía color político alguno. Uno de los editores, de hecho, inicialmente aceptó el libro, pero, tras realizar las gestiones preliminares, decidió consultarlo con el Ministerio de Información, donde, según parece, le advirtieron —o, en cualquier caso, le aconsejaron vivamente— que no lo publicase. He aquí un extracto de su carta:

Mencioné la reacción que tuvo un importante funcionario del Ministerio de Información en relación con *Rebelión en la granja*. Debo confesar que su opinión me ha hecho reflexionar seriamente... Ahora me doy cuenta de que podría verse como algo que era muy desaconsejable publicar en el momento actual. Si la fábula apuntase en general a dictadores y dictaduras cualesquiera, entonces publicarla no sería un problema, pero lo cierto es que sigue tan de cerca, según veo ahora, la evolución de los soviéticos rusos y de sus dos dictadores que solo puede aplicarse a Rusia, quedando excluidas el resto de las dictaduras. Y otra cosa: sería menos ofensivo si la casta dominante de la fábula no fuesen cerdos. Creo que no cabe duda de que la elección de los cerdos como casta gobernante ofenderá a mucha gente, sobre todo si es alguien un poco quisquilloso, como sin duda son los rusos.

Cosas como esta no son un buen síntoma. Que un organismo gubernamental tenga cualquier tipo de poder censor (aparte de en materia de seguridad, que en tiempos de guerra nadie cuestiona) sobre libros que no cuenten con el apoyo oficial, es evidente que no es deseable. Pero, hoy en día, el principal peligro para la libertad de pensamiento y expresión no es la injerencia directa del Ministerio de Información o de otra instancia oficial. Si los responsables de las editoriales se afanan porque determinados temas queden inéditos, no es porque tengan miedo de que los persiga la justicia, sino porque temen a la opinión pública. En este país, la cobardía intelectual es el peor enemigo al que tiene que enfrentarse un escritor o un periodista, y no me parece que se haya dedicado a este hecho el debate que se merece.

Cualquier persona imparcial con experiencia en el periodismo admitirá que durante esta guerra la censura oficial no ha sido especialmente molesta. No hemos estado sujetos al tipo de «coordinación» totalitaria que habría sido razonable esperar. La prensa plantea con fundamento algunas quejas, pero, en conjunto, el gobierno ha obrado bien y ha sido sorprendentemente tolerante con las opiniones minoritarias. Lo siniestro de la censura literaria en Inglaterra es que en buena medida es voluntaria. Para silenciar ideas impopulares y dejar en la oscuridad hechos incómodos, no es precisa ninguna prohibición oficial. Quien haya pasado un tiempo en el extranjero sabrá de ejemplos de noticias impactantes (eventos que por méritos propios ocuparían todas las portadas) retiradas rápidamente de la prensa británica no porque interviniese el gobierno, sino por un acuerdo tácito general según el cual mencionar el hecho en cuestión «no procede». En lo que a la prensa diaria respecta, esto es fácil de entender. La prensa británica está extremadamente centralizada y pertenece, en su mayoría, a hombres ricos con todos los motivos del mundo para no ser sinceros en determinados temas importantes. Pero el mismo tipo de censura velada se da también en libros y revistas, así como en el teatro, el cine y la radio. En un momento dado aparece una ortodoxia, un cuerpo de ideas que nadie discute que toda persona de bien aceptará sin rechistar. Decir esto, eso o lo otro en realidad no está prohibido, pero es «impropio» exactamente como en plena época victoriana era «impropio» hablar de pantalones en presencia de damas. Quienquiera que cuestione la ortodoxia predominante es silenciado con una eficacia más que sorprendente. Casi nunca se permite que una opinión verdaderamente a contracorriente sea expuesta como es debido, ni en la prensa para el gran público ni en las revistas para intelectuales.

En este momento, lo que la ortodoxia predominante exige es una admiración acrítica hacia la Rusia soviética. Todo el mundo lo sabe, y casi todo el mundo lo respeta. Cualquier crítica seria del régimen soviético, dar a conocer cualquier hecho que el gobierno soviético preferiría mantener en secreto, raya en lo impublicable. Y esta confabulación a escala nacional para halagar a nuestro aliado se produce, cosa bastante curiosa, en un contexto de auténtica tolerancia intelectual, pues aunque no se nos permita criticar al gobierno soviético, somos razonablemente libres de criticar al nuestro. Difícilmente va a publicar nadie un ataque contra Stalin, pero hacerlo contra Churchill apenas entraña peligro, al menos en libros y revistas. Y a lo largo de cinco años de guerra, dos o tres de los cuales los pasamos luchando por la supervivencia nacional, han venido publicándose sin trabas incontables libros, panfletos y artículos a favor de una paz negociada; se han publicado, de hecho, sin suscitar mayor reprobación. Mientras el prestigio de la URSS quedara incólume, el principio de libertad de expresión se ha mantenido razonablemente bien. Hay otros temas prohibidos, a algunos de los cuales voy a referirme enseguida, pero la actitud predominante hacia la URSS es de lejos el síntoma más preocupante. Es, por así decir, espontánea; no se debe a las medidas de ningún grupo de presión.

El servilismo con que la mayor parte de la *intelligentsia* inglesa se ha tragado y ha repetido la propaganda rusa de 1941 en adelante sería realmente asombroso si no fuera porque en varias ocasiones anteriores ha obrado de modo parecido. En toda una serie de puntos controvertidos, la visión rusa ha venido aceptándose sin un examen previo, y difundiéndose tras ello con un total desprecio por la verdad histórica o la honradez intelectual. Por dar un solo ejemplo, la BBC celebró el vigesimoquinto aniversario de la creación del Ejército Rojo sin mencionar a Trotski. El respeto a los hechos era equivalente al de una conmemoración de la batalla de Trafalgar sin mencionar a Nelson, pero ningún miembro de la *intelligentsia* inglesa protestó. En las luchas internas que han tenido lugar en los diversos países ocupados, la prensa británica se ha alineado en casi todos los casos con la facción que apoyaban los rusos y ha desacreditado a la contraria, ocultando a veces para ello pruebas materiales. Particularmente flagrante fue el caso del coronel Mijailovich, líder de los *chetniks* yugoslavos. Los rusos, que tenían a su pupilo yugoslavo en el mariscal Tito, acusaron a Mijailovich de colaborar con los alemanes. La prensa británica no tardó en hacer suya la acusación; se privó a los partidarios de Mijailovich de la ocasión de refutarla, y los hechos que la contradecían sencillamente no fueron publicados. En julio de 1943, los alemanes ofrecieron una recompensa de cien mil coronas de oro por la captura de Tito y otra recompensa equivalente por la captura de Mijailovich. La prensa británica difundió a toda plana la recompensa por Tito, pero solo un periódico se refirió (en letra pequeña) a la recompensa por Mijailovich, y las acusaciones de estar colaborando con los alemanes siguieron. Ocurrieron cosas muy parecidas en la Guerra Civil española. También entonces, la prensa inglesa de izquierdas desacreditaba sin mayor miramiento a las facciones del bando republicano que los rusos estaban decididos a aplastar y rehusaba publicar cualquier palabra en su defensa, aunque fuese en forma de carta. Actualmente, no solo se considera reprobable criticar en serio a la URSS, sino que incluso el hecho de que dicha crítica exista llega en ocasiones a ser ocultado. Por ejemplo, poco antes de su muerte Trotski escribió una biografía de Stalin. Podemos suponer que no sería un libro del todo imparcial, pero no cabe duda de que era vendible. Una editorial estadounidense había asumido su publicación y el libro estaba ya impreso —supongo que los ejemplares para la reseña habían sido enviados— cuando la URSS entró en la guerra. El libro se retiró de inmediato. En la prensa británica no ha aparecido sobre esto una palabra, aunque es evidente que la existencia de tal libro, y su retirada, eran noticias dignas de algún párrafo.

Es importante distinguir entre el tipo de censura que la *intelligentsia* literaria inglesa se autoimpone voluntariamente y la censura que pueden imponer en ocasiones grupos de presión. Todos sabemos, por desgracia, que determinados temas no se pueden tratar debido a «intereses creados». El caso más conocido es la estafa de las llamadas «medicinas patentadas». Asimismo, la Iglesia católica tiene una considerable influencia en la prensa y, hasta cierto punto, logra acallar voces críticas con ella. A un escándalo que involucre a un sacerdote católico casi nunca se le da publicidad, mientras que un sacerdote anglicano que se meta en problemas (por ejemplo, el párroco de

Stiffkey) sale en titulares. Rara vez ocurre que aparezca algo de orientación anticatólica en los escenarios o en el cine. Cualquier actor sabe que una obra teatral o una película que ataque o se burle de la Iglesia católica es de esperar que la prensa la boicotee y probablemente sea un fiasco. Pero cosas como estas son inocuas, o al menos comprensibles. Toda gran organización mirará por sus propios intereses lo mejor que pueda, y ante la propaganda abierta no hay nada que objetar. Uno no esperaría que el *Daily Worker* diese publicidad a hechos desfavorables para la URSS más de lo que esperaría que el *Catholic Herald* denunciase al Papa. Pero entonces cualquier persona perspicaz conoce al *Daily Worker* y al *Catholic Herald* por lo que son. Lo que resulta inquietante es que, si se trata de la URSS y su política, uno no pueda esperar una crítica inteligente —o, a menudo, ni siquiera simple franqueza— de escritores y periodistas liberales sobre quienes nadie ejerce una presión directa para que falseen sus opiniones. Stalin es sacrosanto y en ciertos aspectos de su política no se debe profundizar. Esta regla ha venido observándose casi sin excepción desde 1941, pero, en mayor medida de lo que a veces se advierte, entonces ya llevaba diez años aplicándose. Durante todo ese tiempo, la crítica al régimen soviético desde la izquierda apenas lograba hacerse oír. Había una producción enorme de literatura antirrusa, pero casi toda provenía del ámbito conservador y saltaba a la vista que era fraudulenta, estaba desfasada y respondía a intereses espurios. Desde el polo opuesto, había un flujo igual de enorme y casi igual de fraudulento de propaganda prorrusa, y se boicoteaba a quienquiera que intentase tratar de un modo adulto asuntos de la máxima importancia. Uno podía, sí, publicar libros antirrusos, pero entonces podía estar seguro de que la práctica totalidad de la prensa para intelectuales lo ignoraría o lo tergiversaría. Lo mismo en público que en privado, se le advertía de que era «impropio». Lo que dijese quizá fuera cierto, pero era «inoportuno» y «le hacía el juego» a tal o cual interés reaccionario.

Esta actitud solía justificarse con que la situación internacional, y la necesidad urgente de una alianza anglorrusa, la exigían; pero estaba claro que era un argumento *ad hoc*. La *intelligentsia* inglesa, o buena parte de ella, había desarrollado una lealtad nacionalista hacia la URSS, y en su fuero interno sentía que cualquier asomo de duda sobre la sabiduría de Stalin era una especie de blasfemia. Lo que ocurriese en Rusia y lo que ocurriese en otros sitios se juzgaba con raseros distintos. Quienes toda su vida se habían opuesto a la pena de muerte, ahora aplaudían las ejecuciones sin fin en las purgas llevadas a cabo entre 1936 y 1938, y se consideraba correcto por igual sacar a relucir hambrunas cuando sucedían en la India y ocultarlas cuando tenían lugar en Ucrania. Y si esto era así antes de la guerra, la atmósfera intelectual desde luego no está mejor en la actualidad.

Pero volvamos ahora a este libro mío. La reacción que suscitará en la mayor parte de los intelectuales ingleses será bien simple: «No debería haberse publicado». Naturalmente, los críticos que entiendan el arte de la difamación no lo atacarán por razones políticas sino literarias. Dirán que es un libro gris e insustancial, un desperdicio vergonzoso de papel. Y esto bien puede ser verdad, pero es evidente que no todo se reduce a eso. Uno no dice que un libro «no debería haberse publicado» únicamente porque sea un libro malo. Después de todo, a diario se publican montones de basura y nadie se molesta. La *intelligentsia* inglesa, o la mayor parte de ella, se opondrá a este libro porque denigra a su Líder y (según ellos lo ven) perjudica a la causa del progreso. Si fuera al revés, nada tendrían que decir en su contra, aunque sus carencias literarias fueran diez veces más flagrantes de lo que lo son. El éxito de, por ejemplo, el Left Book Club a lo largo de cuatro o cinco años muestra lo dispuestos que están a tolerar tanto la injuria como la escritura chapucera, siempre que afirme lo que quieren oír.

La cuestión que entra aquí en juego es bien simple: ¿tiene derecho a ser oída cualquier opinión, por impopular o incluso estúpida que sea? Planteada así, prácticamente todo intelectual inglés sentirá que debe responder que sí. Pero démosle una forma concreta y preguntemos: «¿Qué tal un ataque contra Stalin? ¿Eso tiene derecho a ser oído?», y la respuesta más frecuente pasará a ser que no. En ese caso se cuestiona la ortodoxia al uso y el principio de libre expresión ya no rige. Ahora bien, cuando uno exige libertad de expresión y de prensa no está exigiendo una libertad absoluta. Mientras las sociedades organizadas se mantengan, debe haber siempre —o, en cualquier caso, habrá siempre— algún tipo de censura. Pero la libertad es, como dijo Rosa Luxemburg, «libertad para el otro». El mismo principio está contenido en las famosas palabras de Voltaire: «Odio lo que dice, pero defenderé con mi vida su derecho a decirlo». Si algo significa la libertad de pensamiento, que sin duda alguna ha sido uno de los rasgos distintivos de la civilización occidental, es que cualquiera tendrá derecho a decir y publicar lo que entienda que es la verdad salvo, eso sí, que con ello cause un perjuicio inequívoco al resto de la comunidad. Hasta hace poco, tanto la democracia capitalista como las versiones occidentales del socialismo partían de esta base. Nuestro gobierno, como ya he señalado, sigue dando ciertas muestras de que la respeta. La gente corriente de la calle —solo una parte, quizá, ya que las ideas no le interesan lo bastante como para mostrar intolerancia hacia ellas— de alguna forma sigue sosteniendo que «supongo que todo el mundo tiene derecho a pensar lo que quiera». Es solamente —o, al menos, sobre todo— la *intelligentsia* literaria y científica, los mismos que deberían ser guardianes de la libertad, la que está empezando a pasar por encima de ella tanto en la teoría como en la práctica.

Uno de los fenómenos característicos de nuestro tiempo es el liberal renegado. Más allá del habitual aserto marxista de que la «libertad burguesa» es cosa ilusoria, hay ahora una tendencia generalizada a plantear que la democracia solo puede defenderse con métodos totalitarios. El amante de la democracia, se argumenta, deberá aplastar a los enemigos de esta empleando cualesquiera medios. Pero ¿quiénes son esos enemigos? Da siempre la impresión de que no son solo quienes la atacan abiertamente y a sabiendas, sino quienes la hacen peligrar «objetivamente» difundiendo doctrinas erróneas. En otras palabras: defender la democracia conlleva destruir cualquier forma de pensamiento independiente. Este argumento se usó, por ejemplo, para justificar las purgas de Rusia. Ni el rusófilo más fervoroso creería de verdad que todas las víctimas eran culpables de todos los cargos de que se las acusaba; pero, sosteniendo opiniones heréticas, causaban al régimen un perjuicio «objetivo» y, por tanto, era perfectamente justo no solo ejecutarlos sino también desacreditarlos con falsas acusaciones. El mismo argumento se utilizó para justificar los deliberados embustes de la prensa de izquierdas sobre los trotskistas y otras minorías del bando republicano en la Guerra Civil española. Como también se usó como razón para clamar contra el *habeas corpus* cuando se liberó a Mosley en 1943.

Esta gente no se da cuenta de que, si uno fomenta métodos totalitarios, puede llegar el día en que sean usados contra él y no en su favor. Convirtamos en hábito el encarcelamiento de fascistas sin juicio, y probablemente la cosa no se quede en los fascistas. Poco después de que, tras prohibirse, volviera a autorizarse la publicación del *Daily Worker*, fui a pronunciar una conferencia a una institución docente para trabajadores del sur de Londres. El público lo integraban intelectuales de clase obrera y clase media-baja; el mismo tipo de público que se encontraba uno en las sucursales del Left Book Club. La conferencia había abordado el tema de la libertad de prensa y, al final, varios asistentes se levantaron y me preguntaron, para mi desconcierto, si no pensaba que el levantamiento del veto sobre el *Daily Worker* era un grave error. Al preguntarles por qué, dijeron que era un periódico de lealtad dudosa y que no debería ser tolerado en tiempos de guerra. Me descubrí defendiendo al *Daily Worker*, que más de una vez se ha tomado la molestia de denigrarme. Pero ¿de dónde había sacado esa gente esa visión esencialmente totalitaria? ¡Pues de los propios comunistas, por supuesto! La tolerancia y la dignidad están en Inglaterra firmemente arraigadas, pero no son indestructibles, y mantenerlas vivas requiere, en parte, un esfuerzo consciente. Andar predicando doctrinas totalitarias lleva al debilitamiento de ese instinto en virtud del cual los pueblos libres saben qué es peligroso y qué no lo es. Y ejemplo de ello es el caso de Mosley. En 1940 tenía todo el sentido arrestar a Mosley independientemente de que, en rigor, hubiese cometido o no algún delito. Luchábamos por nuestras vidas y no podíamos permitir que un posible colaboracionista quedase en libertad. Pero seguir teniéndolo encerrado sin juicio en 1943 era una barbaridad. La incapacidad general para entender esto fue un mal síntoma, aunque es verdad que el alboroto contra la liberación de Mosley en parte era ficticio y, en parte, la proyección de otras desazones distintas. Sin embargo, esta propensión actual hacia modos de pensar fascistas, ¿en qué medida se remonta al «antifascismo» de los últimos diez años y a la falta de escrúpulos que este ha traído consigo?

Es importante advertir de que la actual rusomanía no es sino un síntoma del debilitamiento generalizado de la tradición liberal de Occidente. De haberse entrometido el Ministerio de Información vetando abiertamente la publicación de este libro, el grueso de la *intelligentsia* inglesa no habría visto en ello nada preocupante. Resulta que la ortodoxia de hoy es mostrar una lealtad acrítica a la URSS, y si los presuntos intereses de la URSS entran en juego, están dispuestos a tolerar no solo la censura sino también el falseamiento de la historia. Veamos un ejemplo. Al morir John Reed, autor de *Diez días que estremecieron al mundo* —un relato testimonial de los primeros tiempos de la Revolución rusa—, los derechos del libro pasaron a manos del Partido Comunista británico, al que, según tengo entendido, Reed los había legado. Unos años después, tras destruir todos los ejemplares que pudieron de la edición original, los comunistas británicos publicaron una versión tergiversada de la que eliminaron las alusiones a Trotski, y omitieron también la introducción escrita por Lenin. De existir aún una auténtica *intelligentsia* en Gran Bretaña, esta manipulación de los hechos habría sido aireada y denunciada en todas las publicaciones literarias del país. En cambio, lo que ocurrió fue que apenas hubo protestas, si es que hubo alguna. Para muchos intelectuales ingleses, aquello fue algo bastante natural. Y esta tolerancia hacia auténticos fraudes va mucho más allá de la mera circunstancia actual de que admirar a Rusia esté de moda. Esta moda concreta es bien probable que no dure. Según tengo entendido, en el momento de publicarse este libro, mi visión del régimen soviético puede que sea la mayoritaria. Pero ¿qué tiene eso de bueno en sí mismo? Cambiar una ortodoxia por otra no necesariamente es un avance. El enemigo es el pensamiento gramófono, esté o no uno de acuerdo con el disco que esté puesto en cada momento.

Conozco muy bien todos los argumentos contra la libertad de pensamiento y expresión, tanto los que aseguran que es imposible que exista como los que aseguran que no debería existir. Mi respuesta es, sencillamente, que no me convencen, y que nuestra civilización lleva cuatrocientos años cimentándose en la idea contraria. Vengo pensando hace no menos de un decenio que el actual régimen de Rusia es, básicamente, algo pernicioso, y reivindico el derecho a decirlo a pesar de que estemos aliados con la URSS en una guerra que quiero ver ganada. Si tuviese que escoger un texto para justificarme, elegiría el verso de Milton que dice:

Según las conocidas reglas de la antigua libertad.

La palabra «antigua» subraya el hecho de que la libertad de pensamiento es una tradición bien arraigada sin la cual nuestra característica cultura occidental difícilmente podría existir. Y salta a la vista que muchos de nuestros intelectuales están apartándose de esa tradición. Han aceptado el principio de que un libro se debe publicar o destruir, ensalzar o condenar, no por sus méritos sino en función de la conveniencia política. Y otros que en realidad no comparten esta opinión, se pliegan a ella por simple cobardía. Valgan como ejemplo todos esos ruidosos pacifistas ingleses incapaces de alzar sus voces contra la devoción general por el militarismo ruso. Según estos pacifistas, toda violencia es perniciosa, y en el transcurso de la guerra no han dejado de instarnos a que nos rindamos o, al menos, a negociar la paz. Pero ¿cuántos ha habido que en algún momento insinuasen que la guerra también es perniciosa si la libra el Ejército Rojo? Parece ser que los rusos tienen derecho a defenderse, mientras que si lo hacemos nosotros es pecado mortal. No cabe explicar esta contradicción sino de un modo: por un deseo cobarde de estar a partir un piñón con el grueso de la *intelligentsia*, cuyo patriotismo apunta a la URSS en vez de a Gran Bretaña. Ya sé que la *intelligentsia* inglesa tiene buenas razones para sus titubeos y dobleces; de hecho, me sé de memoria los argumentos con que se justifican. Pero ya basta, por lo menos, de disparates sobre la defensa de la libertad contra el fascismo. Si algo significa la libertad, es el derecho a decirle a la gente lo que no quiere oír. La gente corriente sigue más o menos suscribiendo esta doctrina y poniéndola en práctica. En nuestro país (y no sucede lo mismo en todos los países; no era así en la Francia republicana y no lo es, ahora, en Estados Unidos) son los liberales quienes temen a la libertad y los intelectuales quienes se la tienen jurada al intelecto; es para llamar la atención sobre este hecho por lo que he escrito este prefacio.

Prefacio para la edición ucraniana de «Rebelión en la granja»
[Marzo de 1947]

Me han pedido que escriba un prefacio para la traducción ucraniana de *Rebelión en la granja*. Me han advertido de que me dirijo a lectores de los que no sé nada, y que ellos, probablemente, tampoco han tenido la oportunidad de conocer nada de mí.

De este prefacio se debería esperar que cuente el origen de *Rebelión en la granja*, pero primero me gustaría decir algo sobre mí mismo y sobre las experiencias que me han llevado a la postura política que tengo.

Nací en la India en 1903. Mi padre era un funcionario de la administración inglesa, y vivía en una familia corriente de clase media donde había soldados, clérigos, funcionarios del gobierno, maestros, abogados, doctores, etcétera. Fui educado en Eton, el más caro y esnob de los colegios privados ingleses,* pero estaba ahí gracias a una beca; de lo contrario,

---

* Este tipo de colegios privados de élite, las *public schools*, eran colegios residenciales y costosos de secundaria, dispersos en lugares alejados. Hasta hace poco no admitían prácticamente a nadie salvo a los hijos de las ricas familias aristocráticas. Meter a sus hijos en una *public school* era el sueño de los banqueros *nouveaux riches* del siglo XIX. En estos colegios se hace mucho hincapié en el deporte,

mi padre no hubiera podido enviarme a un colegio de ese tipo.

Poco después de acabar el colegio (todavía no tenía ni veinte años) fui a Birmania y me enrolé en la Policía Imperial de la India. Era una policía armada, muy similar a la Guardia Civil española o a la Garde Mobile francesa. Estuve cinco años de servicio. No era un trabajo para mí y terminé odiando el imperialismo, aunque en Birmania, en esa época, el sentimiento nacionalista no era muy evidente, y las relaciones entre los ingleses y los birmanos no eran particularmente hostiles. En 1927, cuando estaba de permiso en Inglaterra, renuncié al servicio y decidí convertirme en escritor, sin mucho éxito al principio. En 1928-1929 viví en París y escribí cuentos y novelas que nadie quería publicar (y que acabé destruyendo). Los años siguientes los viví, básicamente, con una mano detrás y otra delante, pasando hambre la mayor parte del tiempo. No fue hasta 1934 que logré vivir de lo que escribía, pero mientras tanto viví durante meses entre individuos muy pobres y medio criminales, que residían en las zonas más oscuras de los barrios más deprimidos, o directamente en la calle, pidiendo limosna o robando. Al principio era la falta de dinero lo que me ligaba a ellos, pero más tarde también me sentí vinculado a su forma de vida. Pasé muchos meses (ahora de manera más sistemática) estudiando las condiciones en que vivían los mineros del norte de Inglaterra. Hasta 1930 no llegué a identificarme, en general, como socialista. De hecho, en aquel entonces no tenía una postura política definida. Me volví partidario del socialismo más por el asco que me produ-

---

que conforma, por así decirlo, una perspectiva señorial, firme y caballeresca. De entre estos colegios, Eton es particularmente famoso. Se dice que Wellington afirmó que la victoria de Waterloo se decidió en los campos de juego de Eton. No hace tanto que una mayoría aplastante de la gente que de un modo u otro gobernaba Inglaterra salía de estos colegios. *(N. del A.)*

cía la forma en que se oprimía e ignoraba a los trabajadores de la industria que por la admiración teórica que pudiera suscitar en mí la planificación social.

Me casé en 1936. Casi esa misma semana estalló la Guerra Civil en España. Mi esposa y yo decidimos que iríamos a España a combatir por la República. En seis meses estábamos listos para partir, en cuanto terminé el libro que estaba escribiendo. En España pasé casi seis meses en el frente de Aragón, hasta que en Huesca un francotirador fascista me pegó un tiro en la garganta. En la primera etapa de la guerra, los extranjeros ignoraban del todo las luchas políticas internas entre los diferentes partidos que apoyaban al gobierno. Por una serie de accidentes no acabé en las Brigadas Internacionales, como la mayoría de los extranjeros, sino en la milicia del POUM, el equivalente a los trotskistas españoles.

Así que a mediados de 1937, cuando los comunistas se hicieron con el control (o con el control parcial) del gobierno español y comenzaron a cazar trotskistas, los dos nos encontramos, de pronto, entre las víctimas. Tuvimos la suerte de poder salir vivos de España, sin que nos arrestaran ni una sola vez. Muchos de nuestros amigos murieron, y otros pasaron mucho tiempo en prisión o, simplemente, desaparecieron.

Aquella cacería de hombres tuvo lugar en España al mismo tiempo que las grandes purgas en la URSS y fue una suerte de complemento de estas últimas. En España, la naturaleza de las acusaciones (esto es, de conspirar con los fascistas) era la misma que en Rusia, y tengo razones para creer, cuando menos en lo tocante a España, que se trataba de acusaciones falsas. Experimentar todo aquello fue una lección objetiva de un valor incalculable: me enseñó la facilidad con que la propaganda totalitaria puede controlar la opinión de gente inteligente en un país democrático.

Mi esposa y yo vimos como se encarcelaba a gente inocente solo porque se sospechaba de ella que era poco ortodoxa. Sin embargo, cuando regresamos a Inglaterra nos encontramos con numerosos observadores, sensibles y bien informados, que se creían las historias fantasiosas de traición, conspiración y sabotaje de las que la prensa informaba desde los procesos de Moscú.

Así que entendí, de la forma más clara posible, la influencia negativa del mito soviético sobre el movimiento socialista de Occidente.

Y aquí debo hacer una pausa para explicar mi actitud ante el régimen soviético.

Nunca he visitado Rusia y lo que sé del país es por los libros que he leído y por los periódicos. Aunque pudiera hacerlo, no me gustaría intervenir en los asuntos internos de Rusia; no condeno a Stalin y a sus colegas solo por sus métodos bárbaros y poco democráticos. Es posible que bajo esas condiciones, aun con la mejor de las intenciones, no pudieran haber actuado de otra forma.

Por otra parte, me parecía de suma importancia que la gente de Europa occidental tuviera conocimiento de lo que era en realidad el régimen soviético. A partir de 1930 he visto muy pocas pruebas de que la URSS esté avanzando hacia algo que podamos llamar con certeza «socialismo», sino que, por el contrario, me ha sorprendido su transformación en una sociedad jerárquica, donde los gobernantes no tienen más razones para dejar el poder que los de cualquier otra sociedad con clase dominante. Además, los trabajadores y la *intelligentsia* de un país como Inglaterra no pueden entender que la URSS de hoy en día es completamente distinta de la de 1917. En parte no quieren entenderlo (es decir, quieren creer que, en algún sitio, existe un país verdaderamente socialista) y, en parte, porque al estar acostumbrados a una libertad relativa y a la moderación en la vida pública, el totalitarismo les resulta algo completamente incomprensible.

Aun así, no está de más recordar que Inglaterra no es del todo democrática. Es un país capitalista, con grandes privilegios de clase y grandes diferencias económicas (incluso ahora, cuando se supone que la guerra nos ha igualado a todos). A pesar de esto, se trata de un país en el que la gente ha vivido sin conflictos importantes durante muchos siglos y donde las leyes son relativamente justas, y las noticias y las estadísticas oficiales son casi siempre creíbles, y, además, es un país donde sostener y difundir una opinión minoritaria no entraña ningún peligro mortal. En el contexto de semejante atmósfera, el hombre de la calle no tiene una comprensión real de temas como los campos de concentración, las deportaciones en masa, los encarcelamientos sin juicio previo, la censura de la prensa, etcétera. Todo lo que esta persona lee sobre un país como la URSS es inmediatamente traducido a términos ingleses, y acepta así, con mucha inocencia, las mentiras de la propaganda totalitaria. Antes de 1939, e incluso hasta más tarde, la mayoría de los ingleses eran incapaces de valorar la verdadera naturaleza del régimen nazi de Alemania, y ahora, con el régimen soviético, son víctimas del mismo tipo de engaño.

Esto ha causado mucho daño al movimiento socialista en Inglaterra, y tiene serias consecuencias para la política exterior inglesa. De hecho, en mi opinión, nada ha contribuido más a la corrupción de la idea original de socialismo que la creencia de que Rusia es un país socialista y de que todo lo que hagan sus dirigentes debe ser disculpado, cuando no imitado.

Así pues, durante los últimos diez años he estado convencido de que la destrucción del mito soviético era esencial si queríamos resucitar el movimiento socialista.

A mi regreso de España, pensé en exponer el mito soviético en una historia que fuera fácil de entender para casi todos y fácil de traducir a cualquier idioma. Sin embargo, los detalles de la historia llegaron después, un día en que (entonces vivía en un pequeño pueblo) vi a un niño pequeño, quizá de diez años, conduciendo una enorme carreta por un camino muy estrecho y golpeando el caballo con la fusta cada vez que este intentaba desviarse. Pensé que si los animales tuvieran conciencia de su fuerza, no podríamos ejercer ningún control sobre ellos, y que el hombre explota a los animales de la misma forma que el rico explota al proletariado.

Entonces me puse a analizar la teoría de Marx desde el punto de vista de los animales. Para ellos estaba muy claro que el concepto de «lucha de clases» entre humanos era una pura ilusión, porque cuando es necesario explotar a los animales, todos los hombres se unen contra ellos; la verdadera lucha es entre animales y humanos. Con este punto de partida, no fue difícil escribir la historia. No pude hacerlo hasta 1943, porque siempre estaba ocupado con otros trabajos que me quitaban el tiempo, y al final terminé incluyendo algunos eventos, por ejemplo, la Conferencia de Teherán, que tenía lugar mientras yo escribía. Así que la parte más sustancial de la historia estuvo en mi cabeza seis años antes de que pudiera sentarme a escribirla.

No quisiera hacer comentarios sobre el libro; si este no habla por sí mismo, es que ha fallado. Pero quisiera hacer hincapié en dos puntos: en primer lugar, aunque varios episodios han sido tomados de la Revolución rusa, he cambiado la jerarquía y el orden cronológico de los acontecimientos; tenía que hacerlo para mantener la simetría de la historia. El segundo punto se les ha pasado por alto a muchos críticos, probablemente porque yo no he puesto el énfasis suficiente. Muchos lectores han terminado el libro con la impresión de que, al final, se produce una reconciliación completa entre los cerdos y los humanos. Esa no era mi intención, sino que, por el contrario, quería terminarlo con una nota discordante, precisamente porque lo había escrito inmediatamente después de la Conferencia de Teherán, acerca de la cual todo el mundo pensaba que había servido para establecer una relación excelente entre la URSS y Occidente. Yo personalmente no creía que esa relación fuera a durar mucho, y no estaba equivocado, como después han demostrado los acontecimientos.

No sé qué más podría añadir. Si alguien está interesado en los detalles personales, puedo agregar que estoy viudo y tengo un hijo de casi tres años, que soy escritor de profesión y que desde el principio de la guerra he trabajado más que nada de periodista.

El periódico con el que colaboro con mayor regularidad es el *Tribune*, un semanario político-social que representa, en general, al ala izquierda del Partido Laborista. Los libros que he escrito que más podrían interesarle al lector común (si es que algún lector de esta traducción encuentra algún ejemplar) son *Los días de Birmania* (una historia sobre Birmania), *Homenaje a Cataluña* (escrito a partir de mis experiencias en la Guerra Civil) y *Ensayos críticos* (principalmente ensayos sobre literatura popular contemporánea inglesa, más instructivos desde el punto de vista sociológico que desde el literario).

La bomba atómica y usted

Tribune, 19 de octubre de 1945

Teniendo en cuenta las probabilidades de que en cinco años nos haya hecho saltar ya a todos por los aires, la bomba atómica no ha generado el debate que cabría esperar. Los periódicos han publicado numerosos gráficos —de poca ayuda para el hombre común— de protones y neutrones en plena actividad, y se ha insistido mucho en ese aserto inútil de que «habría que poner la bomba bajo control internacional». No obstante, curiosamente, poco se ha dicho —o, al menos, publicado— sobre la cuestión que con más apremio nos concierne a todos, a saber: «¿Hasta qué punto son complicados de fabricar esos artilugios?».

La información de que disponemos sobre el tema nosotros —esto es, el gran público— nos ha llegado de forma más bien indirecta, a raíz de la decisión del presidente Truman de no entregar determinados secretos a la URSS. Hace algunos meses, cuando la bomba era aún solo un rumor, existía la creencia generalizada de que la división del átomo era simplemente un problema de física y de que, cuando se resolviese, prácticamente cualquiera tendría a su alcance un arma nueva y devastadora. (En cualquier momento, rezaba el rumor, desde un laboratorio un lunático solitario podría hacer saltar en pedazos la civilización como quien tira un petardo.)

De haber sido esto cierto, de repente la dirección de la historia habría cambiado por completo. Se habría desvanecido la distinción entre estados grandes y estados pequeños, y se habría debilitado enormemente el poder del Estado sobre el individuo. Sin embargo, de las observaciones del presidente Truman, y de diversos comentarios que se han efectuado sobre ellas, parece inferirse que la bomba es extraordinariamente cara y que su fabricación exige un esfuerzo industrial ingente, de tal magnitud que solo tres o cuatro países en el mundo pueden permitírselo. Este extremo tiene una importancia capital, porque puede significar que el descubrimiento de la bomba atómica, lejos de cambiar el curso de la historia, sencillamente intensifique las tendencias obvias de los últimos doce años.

. Es un lugar común que la historia de la civilización es en buena parte la de las armas. En concreto, se ha señalado una y otra vez la relación entre el descubrimiento de la pólvora y el derrocamiento del feudalismo por parte de la burguesía. Y, aunque no cuestiono que puedan aducirse excepciones, creo que en lo general se confirmará la siguiente regla: que las épocas en que el arma dominante sea cara o difícil de fabricar tenderán a ser épocas de despotismo, mientras que si el arma dominante es barata y sencilla, la gente corriente tendrá una oportunidad. Así, por ejemplo, el tanque, el navío de guerra y el bombardero son armas intrínsecamente tiránicas, mientras que el fusil, el mosquete, el arco y la granada de mano son armas intrínsecamente democráticas. Un arma complicada vuelve al fuerte más fuerte, mientras que —en la medida en que no encuentre respuesta— un arma sencilla dota de garras al débil.

La gran era de la democracia y la autodeterminación nacional fue la del mosquete y el fusil. Tras la invención de la llave de chispa, y hasta la aparición de la llave de pistón, el mosquete era un arma bien eficaz y, al mismo tiempo, tan sencilla que podía fabricarse prácticamente en cualquier parte. Esta combinación de características hizo posible el triunfo de las revoluciones norteamericana y francesa, y hacía de una insurrección popular una tentativa más seria de lo que podría serlo hoy en día. Tras el mosquete llegó el fusil de retrocarga. Era un artilugio comparativamente complicado, pero aún podían fabricarlo infinidad de países, y era barato, fácil de transportar clandestinamente y económico desde el punto de vista de la munición. Incluso la nación más atrasada podía siempre conseguir fusiles de algún sitio, así que bóeres, búlgaros, abisinios, marroquíes e incluso tibetanos pudieron alzarse en armas para alcanzar la independencia, en ocasiones con éxito. Sin embargo, a partir de ahí, todos los avances en técnica militar han favorecido al Estado en detrimento del individuo y al país industrializado en detrimento del atrasado. Cada vez hay menos focos de poder. Ya en 1939, eran solo cinco los estados capaces de emprender una guerra a gran escala, y ahora son solo tres (en última instancia, quizá solo dos). Esta tendencia viene siendo evidente desde hace años, y hubo observadores que llamaron la atención sobre ella incluso antes de 1914. Lo único que podría invertirla sería el descubrimiento de un arma —o, por decirlo en términos más amplios, de un método de combate— que no requiriese una gran concentración de plantas industriales.

De una serie de síntomas podemos inferir que los rusos todavía no se han hecho con el secreto de la producción de la bomba atómica; la opinión más extendida parece ser, sin embargo, que se habrán hecho con él en pocos años. Así que se nos presenta la perspectiva de dos o tres superestados monstruosos, todos en posesión de un arma capaz de hacer desaparecer en segundos a millones de personas, repartiéndose el mundo. Ha sido precipitada la presunción de que esto pueda comportar guerras mayores y más sangrientas, y quizá hasta el fin de la civilización mecanizada. Pero supongamos, y este es en realidad el escenario más probable, que las grandes naciones que quedan llegan a un acuerdo tácito de no usar nunca la bomba atómica entre ellas. Supongamos que solo la usan —o amenazan con hacerlo— contra gente que no esté en condiciones de contraatacar. En ese caso habremos vuelto al punto de partida, con la única diferencia de que el poder se acumula aún en menos manos y de que ante los pueblos sometidos y las clases oprimidas se abre un panorama aún más desesperado.

Cuando James Burnham escribió *La revolución de los directores*, muchos estadounidenses veían probable que los alemanes acabaran obteniendo la victoria en el frente europeo; era, por tanto, natural suponer que Alemania, y no Rusia, dominaría la masa continental euroasiática, mientras que Japón pasaría a ser dueño del este de Asia. Aunque fue un error de cálculo, no afecta al argumento central, pues la imagen geográfica del nuevo mundo de Burnham ha resultado ser correcta. Cada vez de forma más clara, la superficie del planeta va parcelándose en tres grandes imperios, cada uno de ellos encerrado en sí mismo y sin contacto con el mundo exterior, y gobernado, bajo máscaras diversas, por una oligarquía autoproclamada. La disputa sobre el trazado preciso de las fronteras sigue en curso y le queda aún algunos años, y el tercero de los superestados —el Lejano Oriente, dominado por China— es todavía potencial más que real. Pero la deriva general es inequívoca, y cada descubrimiento científico de los últimos años ha ido acelerándola.

Hubo un tiempo en que se nos decía que el avión había «suprimido las fronteras»; en realidad, no ha sido sino al convertirse el avión en un arma seria cuando las fronteras se han vuelto definitivamente impenetrables. En tiempos se pensaba que la radio fomentaría el entendimiento y la cooperación internacionales, pero ha resultado ser un medio de aislar a un país de otro. La bomba atómica puede que complete el proceso desposeyendo a las clases y los pueblos explotados de toda capacidad de revuelta y poniendo, a la vez, a los dueños de la bomba en una situación de igualdad militar. Incapaces de conquistarse unos a otros, es verosímil que sigan repartiéndose el dominio del mundo, y cuesta imaginar la forma de romper el equilibrio más allá de lentos e imprevisibles cambios demográficos.

Durante los últimos cuarenta o cincuenta años, el señor H. G. Wells y otros han venido advirtiéndonos de que el hombre corre el riesgo de destruirse a sí mismo con sus propias armas, dejando el testigo a las hormigas o a alguna otra especie gregaria. Cualquiera que haya visto las ciudades en ruinas de Alemania encontrará la idea por lo menos concebible. Sin embargo, mirando al mundo en su conjunto, desde hace ya muchas décadas la deriva es no hacia la anarquía, sino hacia el restablecimiento de la esclavitud. Puede que nos dirijamos no al colapso general, sino a una era igual de horriblemente estable que los imperios esclavistas de la Antigüedad. La teoría de James Burnham ha sido discutida ampliamente, pero pocos se han parado a sopesar sus implicaciones ideológicas, esto es, el tipo de visión del mundo, el tipo de creencias y la estructura social que es probable que se imponga en un Estado inconquistable y en constante situación de «guerra fría» con sus vecinos.

De haber sido la bomba atómica algo tan barato y sencillo de montar como una bicicleta o un despertador, podría habernos vuelto a hundir, en efecto, en la barbarie, pero también podría haber significado el fin de la soberanía nacional y del Estado policial altamente centralizado. Si, como parece ser el caso, es un objeto insólito y costoso, tan difícil de fabricar como un buque de guerra, es más verosímil que ponga fin a las guerras a gran escala prolongando indefinidamente, a cambio, una «paz que no es paz».

La destrucción de la literatura

Polemic, enero de 1946;
The Atlantic Monthly, marzo de 1947

Hace cosa de un año asistí a una reunión del PEN Club con ocasión del tercer centenario de la *Areopagítica* de Milton, un panfleto, conviene recordarlo, en defensa de la libertad de prensa. La famosa frase de Milton sobre el pecado de «asesinar» un libro estaba impresa en los folletos repartidos con motivo del encuentro.

Había cuatro oradores en la tribuna. Uno pronunció un discurso sobre la libertad de prensa, pero solo en relación con la India; otro afirmó, dubitativo y en términos muy generales, que la libertad era buena; un tercero atacó las leyes sobre la obscenidad en la literatura, y el cuarto dedicó la mayor parte de su discurso a defender las purgas rusas. Durante el debate posterior, unos cuantos volvieron sobre la cuestión de la obscenidad y las leyes que la prohíben, mientras que los demás se limitaron a alabar la Rusia soviética. La libertad moral —la libertad de abordar sin tapujos cuestiones sexuales en una obra impresa— parecía gozar de la aprobación general, pero nadie aludió a la libertad política. En aquella reunión de varios centenares de personas, de las que probablemente la mitad estaban directamente relacionadas con el oficio de escribir, no hubo una sola que se atreviera a señalar que la libertad de prensa, si es que significa algo, consiste en la libertad de criticar y oponerse. Resulta muy significativo que ninguno de los oradores reprodujera la cita de la obra que supuestamente se estaba conmemorando, y tampoco se aludió a los muchos libros «asesinados» en nuestro país y en Estados Unidos durante la guerra. En conjunto, el encuentro fue una loa de la censura.*

No tiene nada de sorprendente. En nuestra época, la libertad intelectual está siendo atacada por dos flancos. Por un lado, están sus enemigos teóricos, los apologistas del totalitarismo, y, por otro, sus enemigos más inmediatos, los monopolios y la burocracia. Cualquier escritor o periodista que quiera conservar su integridad se ve más frustrado por la deriva general de la sociedad que por una persecución activa. Tiene en contra la concentración de la prensa en las manos de unos pocos magnates; la tenaza del monopolio existente en la radio y las películas; las reticencias del público a gastar dinero en libros, lo cual obliga a casi todos los escritores a ganarse la vida con trabajos periodísticos; las injerencias de organismos como el Ministerio de Información y el British Council, que ayudan al escritor a tener un sustento, pero que también le hacen perder el tiempo y le dictan sus opiniones, así como el constante ambiente bélico de los últimos diez años, a cuyos efectos distorsionadores no ha escapado nadie. Todo en nuestra época conspira para convertir al escritor, y a cualquier otro artista, en un funcionario de bajo rango, que trabaja en los asuntos que le dictan desde arriba y que nunca dice lo que considera la verdad. Al enfrentarse a su sino, no obtiene ayu-

* Es de justicia admitir que las celebraciones del PEN Club duraron una semana o más y que no siempre tuvieron ese tono. A mí me tocó un mal día. Pero un estudio de los discursos (impresos bajo el título *La libertad de expresión*) demuestra que casi nadie en nuestro tiempo es capaz de hablar de un modo tan rotundo a favor de la libertad intelectual como Milton hace trescientos años; y eso que él escribía en plena guerra civil. *(N. del A.)*

da de los suyos; es decir, no hay ningún cuerpo de opinión que le garantice que está en lo cierto. En el pasado, al menos durante los siglos del protestantismo, la idea de la rebelión y la de la integridad intelectual estaban vinculadas. Un hereje —político, moral, religioso o estético— era alguien que se negaba a violentar su propia conciencia. Su perspectiva se resumía en las palabras del himno evangelista:

> Atrévete a ser un Daniel,
> atrévete a estar solo,
> atrévete a ser firme en tu propósito,
> atrévete a decirlo.*

Para poner este himno al día habría que decir «No te atrevas» al principio de cada verso, pues la peculiaridad de nuestra época es que quienes se rebelan contra el orden existente, en cualquier caso los más numerosos y representativos, se rebelan también contra la idea de la integridad individual. «Atreverse a estar solo» es criminal desde el punto de vista ideológico, y peligroso en la práctica. Fuerzas económicas difusas corroen la independencia del escritor y, al mismo tiempo, quienes deberían ser sus defensores se dedican a minarla. Es ese segundo proceso el que me interesa.

La libertad de expresión y la libertad de prensa suelen ser atacadas con argumentos en los que no vale la pena detenerse. Cualquiera que tenga experiencia en pronunciar conferencias y haya participado en debates los conoce al dedillo. No pretendo rebatir la conocida afirmación de que la libertad es una ilusión, o la de que hay más libertad en los países totalitarios que en los democráticos, sino la mucho más peligrosa y defendible de que la libertad es indeseable y de que la honradez intelectual es una forma de egoísmo antisocial. Aunque sue-

* «Dare to be a Daniel, / Dare to stand alone; / Dare to have a purpose firm, / Dare to make it known.»

len subrayarse otros aspectos de la cuestión, la controversia sobre la libertad de expresión y la libertad de prensa es en el fondo una controversia sobre si mentir es deseable o no. Lo que de verdad está en juego es el derecho a informar de los sucesos contemporáneos fielmente, o al menos con tanta fidelidad como lo permitan la ignorancia, el sesgo y el engaño a los que está sometido siempre cualquier observador. Al afirmar esto podría dar la impresión de que la única rama de la literatura a la que concedo importancia es el simple «reportaje», pero más adelante intentaré demostrar que la misma cuestión se plantea, de manera más o menos sutil, en todos los ámbitos literarios, y probablemente en todas las artes. Entretanto, es necesario despejar los aspectos intrascendentes en que suele envolverse a esta controversia.

Los enemigos de la libertad intelectual acostumbran a defender su postura anteponiendo la disciplina al individualismo y dejan en un segundo plano, siempre que pueden, la cuestión de la verdad y la mentira. Aunque la intensidad de los ataques puede variar, el escritor que se niega a transigir en sus opiniones siempre acaba siendo tildado de egoísta. Es decir, se le acusa, o bien de querer encerrarse en una torre de marfil, o bien de hacer un alarde exhibicionista de su personalidad, o bien de resistirse a la corriente inevitable de la historia en un intento de aferrarse a privilegios injustificados. Los católicos y los comunistas coinciden en dar por sentado que sus oponentes no pueden ser honrados e inteligentes al mismo tiempo. Ambos defienden de manera tácita que «la verdad» ya ha sido revelada y que el hereje, o bien es idiota, o bien conoce «la verdad» y se opone a ella por motivos egoístas. En la literatura comunista, los ataques contra la libertad intelectual suelen enmascararse con oratoria sobre el «individualismo pequeñoburgués», «las ilusiones del liberalismo decimonónico», etcétera, respaldada por descalificaciones como «romántico» y «sentimental» que, al no tener un significado claro, son difíciles de refutar. De ese modo, la controversia se ve apartada del verdadero problema. Es posible aceptar, como hace la mayoría de la gente ilustrada, la tesis comunista de que la libertad pura solo existirá en una sociedad sin clases y de que se es más libre cuando se trabaja en pro del advenimiento de dicha sociedad. Pero junto con eso se introduce la afirmación de que el Partido Comunista tiene como objetivo el establecimiento de una sociedad sin clases, y de que en la URSS dicho objetivo está en vías de cumplirse. Si permite que lo primero lleve aparejado lo segundo, puede justificarse casi cualquier asalto al sentido común y la decencia. Sin embargo, se ha eludido la cuestión principal. La libertad intelectual es la libertad de informar de lo que uno ha visto, oído y sentido, sin estar obligado a inventar hechos y sentimientos imaginarios. Las habituales diatribas contra el «escapismo», el «individualismo», el «romanticismo» y demás son solo un truco escolástico, cuyo objetivo es hacer que la perversión de la historia parezca aceptable.

Hace quince años, cuando uno defendía la libertad intelectual tenía que enfrentarse a los conservadores, los católicos y, hasta cierto punto —pues en Inglaterra no tenían gran importancia—, a los fascistas. Hoy es necesario enfrentarse a los comunistas y a los «compañeros de viaje». No debería exagerarse la influencia directa del pequeño Partido Comunista británico, pero el efecto nocivo del *mythos* ruso en la vida intelectual inglesa es indudable. A causa de él se suprimen y se distorsionan hechos conocidos, hasta el punto de que empieza a ser dudoso que pueda escribirse una verdadera historia de nuestro tiempo. Permítaseme dar tan solo un ejemplo de los centenares que podrían citarse. Cuando se produjo la caída de Alemania, se comprobó que muchos rusos soviéticos —la mayoría, sin duda, por motivos no políticos— habían cambiado de bando y estaban combatiendo para los alemanes. Asimismo, un grupo pequeño pero no despreciable de prisioneros y refugiados rusos se negaron a volver a la URSS, y al menos algunos de ellos fueron repatriados contra su voluntad. La prensa británica apenas se hizo eco de esos hechos, conocidos por numerosos periodistas que estaban allí, mientras que los publicistas rusófilos de Inglaterra siguieron justificando las purgas y deportaciones de 1936-1938 afirmando que en la URSS «no había colaboracionistas». La bruma de mentiras y desinformación que rodea asuntos como la hambruna de Ucrania, la Guerra Civil española, la política rusa en Polonia y demás, no se debe por entero a una falta consciente de sinceridad, pero cualquier escritor o periodista que comulgue con la URSS —en el sentido en el que los rusos quieran que lo haga— debe tragar con la falsificación deliberada de asuntos de gran importancia. Tengo ante mí lo que debe de ser un raro panfleto, escrito por Maxim Litvinov en 1918, en el que se bosquejan los acontecimientos recientes en la Revolución rusa. No alude a Stalin y, en cambio, pone por las nubes a Trotski, Zinoviev, Kamenev y otros. ¿Cuál sería la postura incluso del comunista más escrupuloso desde el punto de vista intelectual ante semejante panfleto? En el mejor de los casos, adoptar la actitud oscurantista de que se trata de un documento indeseable y de que es mejor eliminarlo. Y si por algún motivo se decidiera publicar una versión tergiversada del panfleto denigrando a Trotski e insertando referencias a Stalin, ningún comunista que siguiera siendo fiel al partido podría quejarse. En los últimos años se han producido falsificaciones tan absurdas como esa. Pero lo verdaderamente significativo no es que se produzcan, sino que, incluso cuando se sabe, no susciten la menor reacción de la *intelligentsia* en su conjunto. El argumento de que decir la verdad sería «inoportuno» o «le haría el juego» a estos o aquellos se supone que es incontestable, y a muy pocas personas les molesta que las mentiras que toleran salgan de los periódicos para pasar a los libros de historia.

La mentira sistemática practicada por los estados totalitarios no es, como se afirma a veces, un recurso transitorio de la misma naturaleza que un movimiento de distracción militar, sino que forma parte integral del totalitarismo, y seguiría haciéndolo aunque los campos de concentración y la policía secreta hubiesen dejado de ser necesarios. Entre los comunistas inteligentes circula la leyenda de que, aunque el gobierno ruso se ve ahora obligado a incurrir en la mentira propagandística, los juicios amañados y demás, está tomando nota en secreto de los hechos para hacerlos públicos en el futuro. Creo que podemos estar seguros de que no será así, porque la mentalidad que implicaría un acto semejante es la de un historiador liberal que cree que el pasado no puede ser alterado y que el correcto conocimiento de la historia tiene valor en sí mismo. Desde el punto de vista totalitario, la historia es algo que se crea y no algo que se estudia. Un Estado totalitario es, de hecho, una teocracia, y para conservar su puesto, la casta gobernante necesita que la consideren infalible. Pero como, en la práctica, nadie lo es, resulta necesario reescribir el pasado para aparentar que nunca se cometió tal o cual error o que tal o cual triunfo imaginario sucedió en realidad. Además, cualquier cambio de política significativo exige un cambio paralelo de doctrina y una reevaluación de las figuras históricas importantes. Cosas así suceden en todas partes, pero sin duda es más fácil que conduzca a falsificaciones descaradas en aquellas sociedades donde solo se permite una opinión en un momento dado. El totalitarismo exige, de hecho, la alteración continua del pasado y, a largo plazo, probablemente la falta de fe en la existencia misma de la verdad objetiva. Los amigos del totalitarismo en nuestro país suelen argumentar que, puesto que la verdad objetiva es inasequible, una gran mentira no es peor que una pequeña. Señalan que todos los registros históricos son inexactos y tendenciosos o, por otro lado, que la física moderna ha demostrado que lo que nos parece el mundo real es una mera ilusión, por lo que creer en la evidencia de los sentidos es puro filisteísmo. Una sociedad totalitaria que consiguiera perpetuarse a sí misma probablemente acabaría instaurando un sistema de pensamiento esquizofrénico, en el que las leyes del sentido común sirviesen para la vida diaria y para ciertas ciencias exactas, pero pudieran ser pasadas por alto por el político, el historiador y el sociólogo. Ya hay infinidad de personas que considerarían escandaloso falsificar un libro de texto científico, pero a las que no les parecería mal falsificar un hecho histórico. El totalitarismo ejerce su mayor presión sobre los intelectuales en el punto en que se cruzan la literatura y la política. Las ciencias exactas, de momento, no están amenazadas por nada semejante. Esa diferencia explica en parte el hecho de que en todos los países sea más fácil para los científicos que para los escritores hacer frente común para apoyar a sus respectivos gobiernos.

A fin de conservar la perspectiva sobre el asunto, permítaseme repetir lo que dije al principio de este artículo, que en Inglaterra los enemigos más inmediatos de la verdad y, por tanto, de la libertad de pensamiento, son los magnates de la prensa y la industria cinematográfica y los burócratas, pero que a largo plazo el peor síntoma es el debilitamiento del deseo de libertad entre los propios intelectuales. Podría pensarse que hasta el momento me he estado refiriendo a los efectos de la censura, no sobre la literatura en su conjunto, sino solo sobre una parcela del periodismo político. Si aceptamos que la Rusia soviética constituye una especie de tema tabú en la prensa británica, si damos por sentado que cuestiones como Polonia, la Guerra Civil española o el pacto germano-soviético están excluidas de un verdadero debate, y que si uno posee información que contradiga la ortodoxia dominante debe callar o distorsionarla, ¿por qué iba a verse afectada la literatura en sentido amplio? ¿Es todo escritor un político y todo libro un «reportaje» sincero? ¿Acaso un escritor no puede seguir siendo mentalmente libre, incluso bajo la dictadura más férrea, y seguir destilando o disimulando sus ideas heterodoxas de modo que las autoridades sean demasiado estúpidas para reconocerlas? Y, aunque el escritor estuviera de acuerdo con la ortodoxia dominante, ¿por qué eso habría de cortarle las alas? ¿No es más probable que la literatura, o cualquier otro arte, florezca en sociedades en las que no hay grandes conflictos de opinión ni distinciones claras entre el artista y su público? ¿Debe uno dar por sentado que todo escritor es un rebelde, o incluso que el escritor como tal es una persona excepcional?

Siempre que alguien intenta defender la libertad intelectual de las pretensiones del totalitarismo, tropieza con estos argumentos formulados de uno u otro modo. Se basan en un completo equívoco sobre lo que es la literatura, y sobre cómo —o tal vez deberíamos decir por qué— llega a existir. Dan por sentado que un escritor es un simple comediante o un plumífero venal capaz de cambiar de una línea propagandística a otra con la misma facilidad con que un organillero cambia de canción. Pero, después de todo, ¿cómo llegan a escribirse los libros? Por encima de un nivel bastante bajo, la literatura es un intento de influir en las opiniones de nuestros contemporáneos mediante el registro de ciertas vivencias. Y, en lo tocante a la libertad de expresión, no hay muchas diferencias entre un simple periodista y el escritor más «apolítico» e imaginativo. El periodista no es libre —y es consciente de esa falta de libertad— cuando se le obliga a escribir mentiras o a silenciar lo que le parece una noticia de importancia; el escritor imaginativo no es libre cuando tiene que falsificar unos sentimientos subjetivos, que, desde su punto de vista, son hechos. Puede distorsionar y caricaturizar la realidad para que su sentido sea más claro, pero no falsear el decorado de su imaginación; no puede decir con convicción que le gusta lo que le disgusta, o que cree en algo en lo que no cree. Si se le obliga a hacerlo, el único resultado es que se agostan sus facultades creativas. Y tampoco es posible resolver la cuestión eludiendo los asuntos controvertidos. No hay una literatura genuinamente apolítica, y menos en una época como la nuestra, en que los miedos, los odios y las lealtades de cariz político están tan a flor de piel en la conciencia de cualquiera. Incluso un simple tabú puede tener un efecto paralizante sobre la imaginación, pues siempre existe el peligro de que cualquier pensamiento seguido libremente conduzca a la idea prohibida. De ahí se deduce que el ambiente del totalitarismo es mortal para cualquier escritor en prosa, aunque un poeta, al menos un poeta lírico, pueda encontrarlo respirable. En cualquier sociedad totalitaria que perdure más de un par de generaciones, es probable que la literatura en prosa, como la que ha existido los últimos cuatrocientos años, termine por desaparecer.

La literatura ha florecido a veces bajo regímenes despóticos, pero, como se ha señalado a menudo, los despotismos del pasado no eran totalitarios. Sus aparatos represores eran siempre ineficaces, sus clases gobernantes eran corruptas, apáticas o medio liberales, y las doctrinas religiosas se oponían al afán de perfección y la idea de la infalibilidad humana. Aun así, puede afirmarse a grandes rasgos que la literatura en prosa ha alcanzado sus mayores logros en épocas de democracia y pensamiento libre. La novedad del totalitarismo es que sus doctrinas no solo son incuestionables, sino también inestables. Deben ser aceptadas, so pena de ser condenado, pero al mismo tiempo son susceptibles de ser alteradas en cualquier momento. Considérense, por ejemplo, las diversas actitudes, totalmente incompatibles unas con otras, que un comunista inglés o un «compañero de viaje» han tenido que adoptar ante la guerra entre Alemania y Gran Bretaña. Varios años antes de septiembre de 1939 se esperaba de ellos que se indignaran ante «los horrores del nazismo» y que convirtieran todo lo que escribiesen en una denuncia contra Hitler; después de septiembre de 1939, tuvieron que creer veinte meses que Alemania era la ofendida y no la ofensora, y eliminar la palabra «nazi» —al menos por escrito— de su vocabulario. Justo después de oír el boletín informativo de las ocho en punto del 22 de junio de 1941, tuvieron que volver a creer que el nazismo era el peor de los males que había presenciado el mundo. A un político le resulta fácil mudar así de piel, pero para un escritor la cosa es muy diferente. Si quiere cambiar de lealtades en el momento preciso, debe, o bien mentir sobre sus sentimientos subjetivos, o bien reprimirlos por completo. En cualquiera de los dos casos habrá destruido su dinamo. No solo dejará de tener ideas, sino que las palabras se marchitarán cuando las utilice. La escritura política de nuestra época consiste casi por entero en frases prefabricadas unidas entre sí como las piezas del mecano de un niño. Es el resultado inevitable de la autocensura. Para escribir en un lenguaje sencillo y vigoroso, es necesario pensar sin temor, y en ese caso es imposible ser ortodoxo en política. Podría no ser así en una «edad de la fe», cuando la ortodoxia llevase mucho tiempo establecida y no se tomara demasiado en serio. En ese caso es posible, o al menos podría serlo, que vastas esferas de la imaginación no se viesen afectadas por las creencias oficiales. Aun así, vale la pena subrayar que la literatura en prosa estuvo a punto de desaparecer en la única edad de la fe que ha conocido Europa. Durante toda la Edad Media apenas hubo literatura en prosa imaginativa y se produjo muy poca escritura histórica, y los líderes intelectuales de la sociedad expresaban sus pensamientos más sesudos en una lengua muerta que apenas había cambiado en los mil años anteriores.

El totalitarismo, no obstante, no promete tanto una edad de la fe como una edad de la esquizofrenia. Una sociedad se vuelve totalitaria cuando su estructura se vuelve flagrantemente artificial, es decir, cuando su clase gobernante ha perdido su función pero consigue aferrarse al poder mediante la fuerza o el engaño. Una sociedad así, por mucho que perdure, nunca puede permitirse ser tolerante o estable desde el punto de vista intelectual. No puede permitir el registro fiel de los hechos, o la sinceridad emocional, que la creación literaria exige. Pero para dejarse corromper por el totalitarismo no hace falta vivir en un país totalitario. El simple predominio de determinadas ideas puede extenderse como un veneno que impida abordar con propósitos literarios un tema tras otro.

Siempre que se impone una ortodoxia —o incluso dos, como ocurre a menudo—, la buena literatura deja de existir. Así se puso de manifiesto con la Guerra Civil española. Para muchos intelectuales ingleses la guerra fue una vivencia profundamente conmovedora, pero no algo de lo que pudieran escribir con sinceridad. Solo se podían decir dos cosas, y ambas eran mentiras flagrantes; el resultado fue que la guerra dio lugar a kilómetros de letra impresa pero casi nada que valiera la pena leer.

No está claro que los efectos del totalitarismo sobre la poesía sean tan mortíferos como en el caso de la prosa. Hay toda una serie de razones que confluyen para permitir que un poeta se sienta más cómodo que un escritor en prosa en una sociedad totalitaria. Para empezar, los burócratas y otros hombres «prácticos» desprecian demasiado al poeta para interesarse por lo que dice. En segundo lugar, lo que dice el poema —es decir, lo que «significa» su poema traducido en prosa— tiene relativamente poca importancia, incluso para sí mismo. El pensamiento contenido en un poema siempre es sencillo y no es su propósito primordial, al igual que no lo es la anécdota de un cuadro. Un poema es una disposición de sonidos y asociaciones de ideas, al igual que un cuadro es una disposición de pinceladas. En breves fragmentos, de hecho, como en el estribillo de una canción, la poesía puede carecer por completo de significado. Por ello es bastante fácil para un poeta evitar los asuntos peligrosos y no decir herejías; e, incluso al decirlas, lograr que pasen desapercibidas. Pero, por encima de todo, la buena poesía, a diferencia de la buena prosa, no tiene por qué ser una obra individual. Ciertos tipos de poemas, como las baladas o algunas formas poéticas muy artificiales, pueden componerlos grupos de personas. No está claro si las antiguas baladas inglesas y escocesas las crearon personas concretas o la gente en general, pero, en cualquier caso, no son individuales en el sentido de que cambian constantemente al pasar de boca en boca. Ni siquiera hay dos versiones impresas iguales de la misma balada. Muchos pueblos primitivos componen versos de manera comunitaria. Alguien empieza a improvisar, probablemente acompañándose de un instrumento musical, otro introduce un verso o una rima cuando al primer cantor se le acaba la inspiración, y así el proceso continúa hasta crear una canción o balada sin un autor identificable.

En prosa, esa colaboración tan íntima es imposible. La prosa seria tiene que ser creada en soledad, mientras que la emoción de formar parte de un grupo es una ayuda en ciertos tipos de versificación. La poesía —tal vez incluso la buena poesía, aunque no la más elevada— podría sobrevivir bajo un régimen inquisitorial. En una sociedad donde la libertad y el individualismo se hubieran extinguido, seguirían siendo necesarias las canciones patrióticas y las baladas heroicas para celebrar las victorias o para elaborados ejercicios de adulación, y ese es el tipo de poesía que puede escribirse, o componerse en comunidad, sin renunciar necesariamente al valor artístico. La prosa es diferente, porque el escritor en prosa no puede limitar el alcance de su pensamiento sin aniquilar su inventiva. No obstante, la historia de las sociedades totalitarias, o de los grupos de personas que han adoptado la perspectiva totalitaria, sugiere que la pérdida de la libertad es enemiga de todas las formas de la literatura. La literatura alemana prácticamente desapareció durante el régimen de Hitler, y la situación no fue mucho mejor en Italia. La literatura rusa, hasta donde podemos juzgar por las traducciones, ha empeorado notablemente desde los primeros días de la revolución, aunque algunos poemas parecen mejores que la prosa. En los últimos quince años, se han traducido muy pocas de las novelas rusas que valga la pena tomarse en serio. En Europa occidental y en Estados Unidos, una gran parte de la *intelligentsia* literaria ha pasado por el Partido Comunista o ha manifestado sus simpatías por él, pero ese movimiento de izquierdas ha producido muy pocos libros que merezca la pena leer. El catolicismo ortodoxo también parece tener un efecto devastador sobre ciertas formas literarias, en especial la novela. En un período de trescientos años, ¿cuántos han sido, al mismo tiempo, buenos novelistas y buenos católicos? El hecho es que hay ciertos asuntos que no pueden conmemorarse con palabras, y la tiranía es uno de ellos. Nadie ha escrito nunca un buen libro en defensa de la Inquisición. La poesía tal vez podría sobrevivir en una era totalitaria, y para ciertas artes o medio artes, como la arquitectura, la tiranía podría ser incluso beneficiosa, pero al escritor en prosa no le quedaría otra elección que el silencio o la muerte. La literatura en prosa, tal como la conocemos, es el producto del racionalismo, de los siglos de protestantismo, del individuo autónomo, mientras que la destrucción de la libertad individual paraliza al periodista, al escritor sociológico, al historiador, al novelista, al crítico y al poeta, por ese orden. En el futuro, es posible que surja un nuevo tipo de literatura que no implique sentimientos individuales o una observación sincera, pero en la actualidad resulta inimaginable. Más probable parece que, si desaparece la cultura liberal en la que hemos vivido desde el Renacimiento, el arte literario perezca con ella.

Por supuesto, seguirá utilizándose la imprenta, y es interesante especular sobre qué materia escrita sobreviviría en una sociedad rígidamente totalitaria. Cabe presumir que los periódicos seguirían publicándose hasta que la tecnología televisiva alcanzase un mayor nivel, pero, aparte de los periódicos, es dudoso, incluso ahora, que las grandes masas de los países industrializados sientan la necesidad de cualquier tipo de literatura. En todo caso, son reacias a gastar en literatura más de lo que gastan en cualquier otra diversión. Probablemente, las novelas y los relatos acaben siendo sustituidos por el cine y las producciones radiofónicas. O tal vez sobreviva algún tipo de ficción sensacionalista de mala calidad, redactada por una especie de cadena de producción que reduzca al mínimo la iniciativa humana.

Es probable que el ingenio humano logre escribir libros por medio de máquinas, y, de hecho, ya se está produciendo una especie de mecanización en las películas, la radio, la publicidad, la propaganda y el periodismo de baja estofa. Las películas de Disney, por ejemplo, son resultado de un proceso esencialmente industrial, en que el trabajo lo hacen en parte máquinas y, en parte, equipos de artistas que tienen que renunciar a su estilo personal. Las producciones radiofónicas las escriben por lo general gacetilleros exhaustos a quienes se les indican de antemano el asunto y el estilo que deben utilizar, e, incluso así, lo que escriben es solo una especie de materia prima que luego trocean los productores y los censores para darle forma. Lo mismo ocurre con los innumerables libros y panfletos encargados por los departamentos gubernamentales. Más mecanizada aún está la producción de relatos breves, seriales y poemas para las revistas baratas. Periódicos como el *Writer* están repletos de anuncios de talleres literarios, que ofrecen argumentos prefabricados a cambio de unos cuantos chelines. Algunos proporcionan, además de la trama, la frase inicial y final de cada capítulo. Otros ofrecen una especie de fórmula algebraica con la que uno mismo puede construir sus propias tramas. Otros incluyen mazos de cartas marcadas con personajes y situaciones, y basta con barajarlas y repartirlas para obtener de manera automática ingeniosos relatos. Es probable que la literatura en una sociedad totalitaria fuera producida de ese modo, siempre y cuando siguiera siendo necesaria. La imaginación —e incluso la conciencia, hasta el punto en que fuera posible— se eliminaría del proceso de escritura. Los libros los planificarían a grandes rasgos los burócratas, y luego pasarían por tantas manos que, cuando estuviesen terminados, no serían un producto individual, como no lo es un coche Ford al llegar al final de la cadena de montaje. Huelga añadir que cualquier novela producida de ese modo sería pura basura, pero así no pondría en peligro la estructura del Estado. En cuanto a la literatura del pasado, sería necesario eliminarla o al menos reescribirla cuidadosamente.

De momento el totalitarismo no ha triunfado totalmente en ninguna parte. Nuestra propia sociedad sigue siendo, a grandes rasgos, liberal. Para ejercer el derecho a la libertad de expresión, hay que luchar contra presiones económicas y contra poderosos sectores de la opinión pública, pero no contra una fuerza policial secreta, al menos por ahora. Se puede decir o imprimir casi cualquier cosa siempre que uno esté dispuesto a hacerlo de tapadillo. Pero lo más siniestro, como apunté al principio de este artículo, es que los enemigos de la libertad son precisamente aquellos para quienes la libertad debería tener más importancia. A la gente en general eso le trae sin cuidado. No apoya la persecución al hereje ni se molestará en defenderlo. Es a la vez demasiado cuerda y demasiado estúpida para adoptar el punto de vista totalitario. El ataque directo y consciente contra la honradez intelectual procede de los propios intelectuales.

Es posible que la *intelligentsia* rusófila, si no hubiese sucumbido a ese mito particular, lo hubiese hecho ante otro parecido. Pero en cualquier caso el mito ruso está ahí, y su podredumbre hiede. Cuando uno ve a personas bien formadas mostrar indiferencia ante la opresión y la persecución, no sabe qué despreciar más, si su cinismo o su cortedad de miras. Muchos científicos, por ejemplo, son admiradores acríticos de la URSS. Es como si pensaran que la destrucción de la libertad carece de importancia mientras no afecte a su propio trabajo. La URSS es un país muy vasto que se está desarrollando muy deprisa y que necesita trabajadores científicos, así que los trata con mucha generosidad. Mientras se aparten de las cuestiones peligrosas como la psicología, los científicos son personas privilegiadas. A los escritores, en cambio, se los persigue con saña. Es cierto que a prostitutas literarias como Ilya Ehrenburg o Alexei Tolstói se les pagan enormes sumas de dinero, pero se les arrebata lo único que tiene valor para un escritor: la libertad de expresión. Al menos, algunos de los científicos ingleses que hablan con tanto entusiasmo de las oportunidades de las que disfrutan los científicos en Rusia son capaces de entenderlo. Pero su reflexión parece ser esta: «En Rusia se persigue a los escritores. ¿Y qué? Yo no soy escritor». No ven que cualquier ataque contra la libertad intelectual, y contra el concepto de libertad objetiva, amenaza a largo plazo cualquier faceta del pensamiento.

De momento, el Estado totalitario tolera al científico porque lo necesita. Incluso en la Alemania nazi se trataba relativamente bien a los científicos que no eran judíos, y la comunidad científica en su conjunto no opuso ninguna resistencia a Hitler. En esta etapa de la historia, incluso los gobernantes más autocráticos tienen que aceptar la realidad física, en parte porque perduran los hábitos de pensamiento liberales y, en parte, por la necesidad de prepararse para la guerra. Mientras la realidad física no pueda pasarse del todo por alto, mientras dos y dos sean cuatro, a la hora de diseñar, por ejemplo, el prototipo de un aeroplano, el científico tendrá una función y será posible concederle cierta libertad. Su hora llegará después, cuando el Estado totalitario se haya consolidado. Por eso, si quiere salvaguardar la integridad de la ciencia, debería mostrar cierta solidaridad con sus colegas del ámbito literario y no responder con indiferencia cuando se silencia o se empuja al suicidio a los escritores y se falsifican sistemáticamente los periódicos.

Pero, al margen de lo que ocurra en las ciencias físicas, o en la música, la pintura y la arquitectura, lo cierto es que, tal como he intentado demostrar, si perece la libertad de pensamiento la literatura está condenada. Y no solo es así en cualquier país que tenga una estructura totalitaria, sino que cualquier escritor que adopte esa perspectiva y encuentre excusas para la persecución y la falsificación, se destruirá a sí mismo como literato. No hay escapatoria. Ninguna diatriba contra el «individualismo» y la «torre de marfil», ningún tópico piadoso respecto a que «la verdadera individualidad solo se alcanza mediante la identificación con la comunidad», podrá soslayar el hecho de que una imaginación comprada es una imaginación corrompida. A menos que de un modo u otro intervenga la espontaneidad, la creación literaria es imposible. Si la inteligencia humana llega a ser totalmente distinta de como es hoy, tal vez aprendamos a separar la creación literaria de la honradez intelectual. De momento, solo sabemos que la imaginación, como algunos animales salvajes, no puede criarse en cautividad. Cualquier escritor que lo niegue —y casi todas las alabanzas actuales a la Unión Soviética implican dicha negación— está, de hecho, exigiendo su propia destrucción.

Política frente a literatura: un análisis de «Los viajes de Gulliver»

Polemic, n.º 5, septiembre-octubre de 1946

En *Los viajes de Gulliver* se ataca o se critica a la humanidad desde al menos tres ángulos distintos, y el carácter implícito del propio Gulliver necesariamente cambia un tanto en el proceso. En la primera parte es el típico viajero del siglo XVIII, osado, práctico y poco romántico; su punto de vista familiar y casero se le transmite hábilmente al lector mediante los detalles biográficos del principio, su edad (es un hombre de cuarenta años, con dos hijos, cuando sus aventuras empiezan) y el inventario de los objetos que lleva en los bolsillos, especialmente sus lentes, que aparecen varias veces. En la segunda parte exhibe a grandes rasgos el mismo carácter, pero en los momentos en que la historia lo requiere, tiende a convertirse en un imbécil capaz de jactarse de «nuestro noble país, amante de las artes y las armas, flagelo de Francia», etcétera, y, al mismo tiempo, revelar todos los hechos escandalosos habidos y por haber sobre el país que dice amar. En la tercera parte es muy parecido a como era en la primera, aunque, al tratar principalmente con cortesanos y eruditos, da la impresión de haber ascendido en la escala social. En la cuarta parte desarrolla un sentimiento de horror hacia el género humano que no aparece, o solo lo hace intermitentemente, en los libros anteriores, y se vuelve una especie de anacoreta secular cuyo único deseo es vivir en algún lugar desolado donde pueda dedicarse a meditar sobre la bondad de los houyhnhnms. Sin embargo, estas incoherencias le son impuestas a Swift por el hecho de que Gulliver está ahí principalmente para ofrecer un contraste. Es necesario, por ejemplo, que sea sensato en la primera parte y —por lo menos intermitentemente— estúpido en la segunda, porque en ambos libros el objetivo esencial es el mismo, esto es, que el ser humano parezca ridículo al imaginarlo como una criatura de poco más de quince centímetros. Siempre que Gulliver no está actuando como un siervo, existe cierta continuidad en su carácter, apreciable sobre todo en su ingenio y su capacidad de observación de los detalles físicos. Es el mismo tipo de persona, con el mismo estilo prosístico, cuando se lleva los barcos de guerra de Blefuscu, cuando despanzurra a la rata monstruosa y cuando se hace a la mar en su frágil barquilla construida con pieles de yahoos. Además, resulta difícil no tener la impresión de que en sus momentos de mayor astucia Gulliver no es sino el propio Swift, y hay al menos un incidente en el que el autor irlandés parece estar ventilando sus agravios personales en relación con la sociedad contemporánea. Se recordará que, cuando el palacio del emperador de Liliput se incendia, Gulliver lo apaga orinando sobre él. En lugar de ser felicitado por su presencia de espíritu, descubre que ha cometido una ofensa capital por miccionar en los recintos de palacio.

> Y alguien me aseguró en privado que la Emperatriz, aborreciendo infinitamente lo que yo había hecho, se mudó a la parte más retirada del patio, firmemente resuelta a que aquellos edificios no se rehabilitaran nunca para su uso, y, en presencia de sus confidentes más cercanos, no pudo evitar jurar venganza.*

* Esta y las siguientes citas de la obra de Jonathan Swift pertenecen a la traducción de Pollux Hernúñez, en: *Los viajes de Gulli-*

Según el profesor G. M. Trevelyan (*England under Queen Anne*), parte de la razón de que Swift no obtuviera favores fue que a la reina la escandalizó *El cuento de un tonel*, un panfleto en el que Swift probablemente creyó haber rendido un gran servicio a la Corona inglesa, ya que en él despelleja a los disidentes —y más aún a los católicos— y deja en paz a la Iglesia establecida. En cualquier caso, nadie negará que *Los viajes de Gulliver* es un libro rencoroso y pesimista, y que sobre todo en la primera y la tercera partes cae a menudo en una parcialidad política cerril. La mezquindad y la magnanimidad, el republicanismo y el autoritarismo, el amor a la razón y la falta de curiosidad, todos se hallan ahí entremezclados. El odio al cuerpo humano con el que se asocia particularmente a Swift solo ocupa un lugar relevante en la cuarta parte, pero de alguna manera esta nueva preocupación apenas sorprende. Uno tiene la sensación de que todas estas aventuras, todos estos cambios de humor, pudieron haberle ocurrido a la misma persona, y la interconexión entre las lealtades políticas de Swift y su desesperanza final es una de las características más interesantes del libro.

Desde el punto de vista político, Swift era una de esas personas incitadas a abrazar una especie de conservadurismo *tory* perverso por las locuras de la facción progresista del momento. La primera parte de *Los viajes de Gulliver*, en apariencia una sátira de la grandeza humana, puede ser vista, al analizarla más profundamente, como un simple ataque a Inglaterra, al dominante partido *whig* y a la guerra con Francia, que, por malas que hayan sido las motivaciones de los aliados en la reciente guerra mundial, sí que salvó a Europa de ser tiranizada por una sola potencia reaccionaria. Swift no era un jacobita ni un *tory*

ver, Pilar Elena, ed., Cátedra, Madrid, 1992. Citas extraídas de las pp. 245, 589, 444, 309, 353, 392, 452, 561-563, 444, 255, 493 y 554. (*N. del T.*)

en sentido estricto, y su aspiración explícita en la guerra era que se alcanzara un simple tratado de paz moderado, no la completa derrota de Inglaterra. Sin embargo, hay un atisbo de traición en su actitud, visible al final de la primera parte y que afecta ligeramente a la alegoría. Cuando Gulliver huye de Liliput (Inglaterra) hacia Blefuscu (Francia), el supuesto de que un ser humano de quince centímetros es despreciable parece ser abandonado. Mientras que la gente de Liliput se ha portado con Gulliver con una hipocresía y una vileza máximas, la de Blefuscu se comporta con generosidad y honradez, y de hecho esta sección del libro termina en un tono distinto del de la rotunda desilusión de los capítulos anteriores. Evidentemente, la inquina de Swift se dirige, en primer lugar, contra Inglaterra. Es a «tus nativos» (es decir, los paisanos de Gulliver) a quienes el rey de Brobdingnag considera «la más perniciosa raza de pequeñas y odiosas alimañas que la naturaleza jamás haya tolerado arrastrarse sobre la superficie de la Tierra», y el largo pasaje al final, en el que se denuncian la colonización y la conquista extranjeras, a todas luces tiene por destinatario a Inglaterra, aunque sutilmente se diga lo contrario. Los holandeses, aliados de Inglaterra, y blanco de uno de los más famosos panfletos de Swift, también son atacados de modo más o menos caprichoso en la tercera parte. Hay incluso lo que suena como una nota personal en el pasaje en el que Gulliver constata su satisfacción por que los diferentes países que ha descubierto no puedan ser convertidos en colonias de la Corona británica:

> Los *houyhnhnms*, es cierto, parece que no están tan bien preparados para la guerra, ciencia a la que son completamente ajenos, y especialmente a las armas arrojadizas. No obstante, suponiendo que yo fuera ministro de Estado, nunca aconsejaría lanzar una invasión contra ellos [...] Imaginad a veinte mil de ellos que penetran en medio de un ejército *europeo*, confunden las filas, vuelcan los carruajes, hacen puré la cara de los guerreros con las terribles coces de los cascos traseros...

Teniendo en cuenta que Swift no hace un uso vano de las palabras, esa frase, «hacen puré la cara de los guerreros», probablemente indique un secreto deseo de ver a los invencibles ejércitos del duque de Marlborough tratados de manera análoga. Hay toques similares en otras partes. Incluso el país mencionado en la tercera parte, donde «la mayoría de la gente eran denunciadores, testigos, delatores, acusadores, querellantes, atestantes, juradores, junto con sus instrumentos serviles y subalternos, todos bajo la bandera, la dirección y la paga de ministros y sus agentes», se llama Langden, que dista una letra de ser un anagrama de «England». (Como las primeras ediciones del libro contenían errores de imprenta, puede que de hecho fuera un anagrama completo.) La repulsa física que sentía Swift por la humanidad es ciertamente real, pero uno tiene la sensación de que su desenmascaramiento de la grandeza humana, sus diatribas contra los lores, los políticos, los favoritos de la corte, etcétera, tienen principalmente una aplicación local y derivan del hecho de que pertenecía al partido con menor éxito. Denuncia la injusticia y la opresión, pero no da muestras de que le guste la democracia. A pesar de sus poderes mucho mayores, su postura implícita es muy similar a la de los innumerables conservadores medio estúpidos medio listillos de nuestros días, a la de gente como sir Alan Herbert, el profesor G. M. Young, lord Elton, el Comité de la Reforma Tory o la larga estirpe de apologistas católicos, de W. H. Mallock en adelante; gente que se especializa en hacer chistes ingeniosos a expensas de cualquier cosa «moderna» y «progresista», y cuyas opiniones son a menudo más extremistas porque saben que no pueden influir en el rumbo real de los acontecimientos. Después de todo, un panfleto como *An Argument to Prove that the Abolishing of Christianity*, etcétera, es muy parecido a «Timothy Shy» divirtiéndose a expensas del *Brains Trust*, o al padre Ronald Knox exponiendo los errores de Bertrand Russell. Y la facilidad con que

Swift ha sido perdonado —y perdonado a veces por creyentes devotos— por las blasfemias de *El cuento de un tonel* demuestra bastante a las claras la endeblez de los sentimientos religiosos comparados con los políticos.

De todos modos, el carácter reaccionario de Swift no sale a relucir principalmente en sus afirmaciones políticas. Lo importante es su actitud respecto a la ciencia y, más generalmente, respecto a la curiosidad intelectual. La famosa Academia de Lagado, descrita en la tercera parte de *Los viajes de Gulliver*, es sin duda una sátira justificada de la mayoría de los llamados «científicos» de la época de Swift. Significativamente, a los que trabajan en ella se los denomina «proyectistas», es decir, gente no comprometida con la investigación desinteresada, sino en busca de *artilugios* que ahorren mano de obra y rindan beneficios. Pero no hay indicios —de hecho, a lo largo de todo el libro hay múltiples señales de lo contrario— de que Swift considerara la ciencia «pura» como una actividad valiosa. El tipo más serio de científico ya recibió una patada en los pantalones en la segunda parte, en la que los «académicos» bajo el mecenazgo del rey de Brobdingnag tratan de explicar la baja estatura de Gulliver:

> Tras mucho discutir, llegaron a la conclusión unánime de que era un mero *relplum scalcath*, que literalmente quiere decir *lusus naturae* [«broma de la naturaleza»]; decisión exactamente en consonancia con la moderna filosofía europea, cuyos profesionales, desdeñosos de la antigua evasiva de las *causas ocultas*, con la que los seguidores de Aristóteles se empeñan inútilmente en disfrazar su ignorancia, han descubierto esta maravilla que soluciona todas las dificultades, en pro del inefable progreso del humano conocimiento.

Si se tratara de un caso aislado, cabría pensar que Swift solo es enemigo de la falsa ciencia. Sin embargo, en varios lugares se desvía del argumento principal para proclamar la inutilidad de todo aprendizaje o especulación no dirigidos a un fin práctico:

> La cultura de esta gente [los brobdingnagianos] es muy imperfecta, pues consiste solo en moral, historia, poesía y matemáticas, en lo cual hay que reconocer que sobresalen. Pero la última de estas se aplica íntegramente a lo que puede ser útil para vivir, al mejoramiento de la agricultura y de todas las artes mecánicas; o sea, que entre nosotros tendría poca aceptación. Y en cuanto a ideas, entes, abstracciones y a trascendentales, nunca pude meterles el más mínimo concepto en la cabeza.

Los houyhnhnms, los seres ideales de Swift, son retrógrados incluso en un sentido mecánico. Desconocen los metales, nunca han oído hablar de barcos, no practican la agricultura propiamente dicha (se nos dice que la avena de la que viven «crece allí espontáneamente») y no parecen haber inventado la rueda.* No poseen alfabeto y es evidente que no tienen mucha curiosidad por el mundo físico. No creen que exista otro país habitado aparte del suyo, y aunque entienden los movimientos del Sol y de la Luna y la naturaleza de los eclipses, «esto es el no va más de su astronomía». Por el contrario, los filósofos de la isla voladora de Laputa están tan continuamente absortos en especulaciones matemáticas que, antes de hablar con ellos, uno debe atraer su atención golpeándoles la oreja con una vejiga. Han catalogado diez mil estrellas fijas, han establecido los períodos de noventa y tres cometas, y han descubierto, antes que los astrónomos europeos, que Marte tiene dos lunas, información toda ella que Swift, por supuesto, considera ridícula, inútil y desprovista de interés. Como

---

* Se describe a los houyhnhnms como seres demasiado viejos para caminar, que se trasladaban «en un cómodo trineo tirado por yahoos». Cabe suponer que no llevaban ruedas. (N. del A.)

era de esperar, cree que el lugar del científico, si es que tiene uno, es el laboratorio, y que el conocimiento científico no guarda relación alguna con las cuestiones políticas:

> Pero lo que me sorprendió más y consideré totalmente inexplicable fue la fuerte inclinación que vi en ellos hacia las noticias y la política, pues están continuamente haciendo preguntas sobre los asuntos públicos, emitiendo sus opiniones sobre cuestiones de Estado, y disputando acaloradamente sobre cada tilde del ideario de un partido. A decir verdad, he observado la misma actitud en la mayor parte de los matemáticos que he conocido en *Europa*, aunque nunca pude descubrir la mínima analogía entre estas dos ciencias; a menos que aquella gente crea que, porque la circunferencia más pequeña tenga tantos grados como la más grande, el gobierno y la administración del mundo hayan de precisar no más talento que el necesario para manejar y hacer girar una esfera.

¿No hay algo familiar en la frase «nunca pude descubrir la mínima analogía entre estas dos ciencias»? Tiene precisamente el tono de los apologistas católicos populares que confiesan su asombro cuando un científico emite una opinión sobre cuestiones como la existencia de Dios o la inmortalidad del alma. El científico, se nos dice, es un experto en un campo acotado, así que ¿por qué sus opiniones habrían de ser valiosas en otro? De ello se deduce que la teología es una ciencia tan exacta como, por ejemplo, la química, y que el sacerdote es también un experto cuyas conclusiones sobre ciertos temas deben ser aceptadas. Swift, en efecto, afirma lo mismo del político, pero va más allá al no considerar al científico —ni al científico «puro» ni al investigador *ad hoc*— una persona útil en su ámbito. Incluso si no hubiera escrito la tercera parte de *Los viajes de Gulliver*, uno podría inferir del resto del libro que, como Tolstói y Blake, odia la idea misma de estudiar los procesos de la naturaleza. La «razón» que tanto admira en los houyhnhnms no se refiere principalmente al poder de extraer inferencias lógicas de hechos observados. Aunque nunca la define, en la mayoría de los contextos parece significar, o bien el sentido común —es decir, la aceptación de lo obvio y el desprecio de las sutilezas y abstracciones—, o bien la ausencia de pasión y superstición. En general opina que ya sabemos todo lo que necesitamos saber, y que solo usamos incorrectamente nuestros conocimientos. La medicina, por ejemplo, es una ciencia inútil, puesto que si viviéramos de forma más natural no habría enfermedades. Swift, sin embargo, no es un partidario de la vida sencilla o un admirador del buen salvaje. Está a favor de la civilización y de las artes de la civilización. No solo es consciente del valor de los buenos modales, de la buena conversación e incluso del aprendizaje de tipo literario e histórico, sino que también percibe que la agricultura, la navegación y la arquitectura deben ser estudiadas y podrían ser mejoradas en beneficio de la humanidad. Pero su ideal implícito es una civilización estática, no curiosa; en definitiva, el mundo de su propia época, un poco más limpio y un poco más cuerdo, sin cambios radicales y sin asomarse a lo incognoscible. Más de lo que uno esperaría de alguien tan liberado de las falacias aceptadas, Swift reverencia el pasado, especialmente la Antigüedad clásica, y cree que el hombre moderno ha degenerado a ojos vista en los últimos cien años.* En la isla de los hechiceros, donde los espíritus de los muertos pueden ser invocados a voluntad:

* La decadencia física que Swift dice haber observado quizá fuese una realidad en esa época. La atribuye a la sífilis, que era una enfermedad nueva en Europa, y tal vez resultara más virulenta que ahora. Los licores destilados también eran una novedad en el siglo XVII, y al principio debieron de provocar un gran incremento del alcoholismo. *(N. del A.)*

Solicité que el Senado de *Roma* apareciera ante mí en una amplia cámara, y una asamblea de representantes actual frente por frente en otra. El primero parecía una asamblea de héroes y semidioses; la otra un hatajo de buhoneros, carteristas, salteadores de caminos y matones.

Aunque Swift usa esta sección de la tercera parte para criticar la veracidad de la historia escrita, su espíritu crítico lo abandona al referirse a los griegos y los romanos. Pone de relieve, por supuesto, la corrupción de la Roma imperial, pero profesa una admiración casi irracional por algunas de las principales figuras del mundo antiguo:

Se apoderó de mí una profunda sensación de veneración al ver a Bruto, y pude fácilmente advertir en cada trazo de su semblante la virtud más cumplida, el arrojo más sublime y firmeza de ánimo, el amor más sincero hacia su patria y benevolencia hacia el género humano [...] Tuve el honor de conversar largamente con Bruto y se me informó que su antepasado Junio, Sócrates, Epaminondas, Catón el Joven, sir Tomás Moro y él andaban siempre juntos; un *sextumvirato* al que todas las edades del mundo no pueden añadir un séptimo.

Adviértase que, de estas seis personas, solo una es un cristiano. Este es un punto importante. Si se suman el pesimismo de Swift, su reverencia por el pasado, su falta de curiosidad y su horror ante el cuerpo humano, se llega a una actitud común entre los reaccionarios religiosos; a saber, gente que defiende un orden social injusto aduciendo que este mundo no puede ser mejorado sustancialmente y que solo el «otro mundo» importa. Sin embargo, Swift no da señales de albergar creencia religiosa alguna, por lo menos en el sentido corriente de la expresión. No parece creer seriamente en la vida después de la muerte, y su idea del bien está ligada al republicanismo, al amor a la libertad, al valor, a la «benevolencia» (en el sentido de «espíritu público»), a la «razón» y a otras cualidades paganas. Esto le recuerda a uno que hay otra vena en Swift, no del todo congruente con su descreimiento del progreso y su odio general a la humanidad.

Para empezar, tiene momentos en que es «constructivo» e incluso «avanzado». Ser incoherente de vez en cuando es casi una señal de vitalidad en los libros utópicos, y Swift a veces inserta una palabra de alabanza en pasajes que deberían ser puramente satíricos. Así, sus ideas sobre la educación de los niños son atribuidas a los liliputienses, que tienen puntos de vista muy similares sobre este punto a los de los houyhnhnms. Los liliputienses poseen también varias instituciones sociales y jurídicas (por ejemplo, pensiones de vejez, así como gente recompensada por obedecer la ley y castigada por quebrantarla) que Swift hubiera querido ver prosperar en su propio país. En mitad de este pasaje, Swift recuerda su intención satírica y añade: «Al relatar estas y las siguientes leyes, solo debe entenderse que me refiero a las instituciones originales, y no a las escandalosas corrupciones en que esta gente ha caído debido a la naturaleza degenerada del hombre», pero, como se supone que Liliput representa a Inglaterra y las leyes de las que habla no habían sido promulgadas nunca en esta última, queda claro que el impulso de plantear propuestas constructivas fue demasiado para él. Con todo, la máxima contribución de Swift al pensamiento político, en el sentido más limitado de la expresión, es su ataque, sobre todo en la tercera parte, a lo que hoy se llamaría «totalitarismo». Vislumbra con extraordinaria claridad el «Estado policial» infestado de espías, con sus interminables cacerías de herejes y juicios por traición, destinados a neutralizar el descontento popular convirtiéndolo en una histeria belicista. Además, cabe recordar que Swift está deduciendo aquí el todo a partir de una parte muy pequeña, pues los débiles gobiernos de su época no constituían ejemplos en los que inspirarse. Por ejemplo, está el profesor de la Escuela de Proyectores Políticos que «me mostró una voluminosa disertación [con] instrucciones para descubrir complots y conspiraciones contra el gobierno», y que afirmaba que se pueden descifrar los pensamientos secretos de la gente examinando sus heces:

> Porque los hombres nunca se muestran tan serios, pensativos y concentrados como cuando están proveyéndose, cosa que él averiguó a través de frecuentes experimentos; pues cuando, empleado en tales menesteres, consideraba él, solo por probar, cuál era la mejor manera de asesinar al Rey, sus heces tomaban un color verde, pero totalmente distintos de cuando pensaba solamente en organizar una insurrección o incendiar la metrópoli.

Se dice que el profesor y su teoría se los sugirió a Swift el —desde nuestro punto de vista— no particularmente sorprendente o repugnante hecho de que en un juicio de Estado reciente habían sido exhibidas ciertas cartas halladas en la letrina de alguien. Unos párrafos después, en ese mismo capítulo de la tercera parte, parece que nos hallemos en medio de las purgas rusas:

> Le conté que en el reino de Tribnia, que los nativos llaman Langden, donde yo había residido por largo tiempo, la mayoría de la gente eran denunciadores, testigos, delatores, acusadores, querellantes, atestantes, juradores [...] Primero se ponen de acuerdo y establecen qué sospechoso será acusado de conspirar; después se toman positivos cuidados para hacerse con todas sus cartas y demás papeles, y para poner a sus dueños en prisión. Estos papeles se entregan a un grupo de artistas muy diestros en desentrañar misteriosos significados de las palabras, sílabas y letras [...] Cuando este método falla, disponen de otros dos más eficaces, que los instruidos entre ellos llaman *acrósticos* y *anagramas*. *Primero*: pueden descifrar significados políticos en todas las iniciales. Así, *N* signifi-

cará complot; *B*, un regimiento de caballería; *L*, una flota en el mar. O, *segundo*: trasponiendo las letras del abecedario en cualquier papel sospechoso, pueden revelar los más profundos designios de un partido descontento. Así, por ejemplo, si yo dijera en una carta a un amigo: «Pues mi hermano Tomasito ha cogido las almorranas», un hombre diestro en este arte descubriría cómo las mismas letras que forman esa frase pueden desdoblarse en las palabras siguientes: «Resistan más: el complot mío ha arrahigado; un asomo». Y este es el método anagramático.

Otros profesores de la misma escuela inventan lenguajes simplificados, escriben libros valiéndose de máquinas, educan a sus pupilos anotando las lecciones en una galleta y obligándolos a tragársela, o proponen abolir totalmente la individualidad extirpándole una parte del cerebro a un hombre e injertándosela en la cabeza a otro. Hay algo extrañamente familiar en la atmósfera de estos capítulos, porque, mezclada con multitud de disparates, existe la percepción de que una de las metas del totalitarismo no es simplemente asegurarse de que la gente tenga los pensamientos correctos, sino de hecho lograr que sea menos consciente. Así pues, de nuevo, la descripción de Swift del líder que suele ejercer su dominio sobre una tribu de yahoos y del «favorito» que primero realiza los trabajos sucios y luego sirve de chivo expiatorio, encaja notablemente bien en el mundo de nuestros días. Sin embargo, ¿debemos inferir de todo esto que Swift era un enemigo de la tiranía y un defensor de la inteligencia libre? No, sus puntos de vista, en la medida en que pueden ser discernidos, no son marcadamente liberales. Sin duda odia a los lores, los reyes, los obispos, los generales, las damas de la moda, las órdenes, los títulos y la adulación en general, pero no parece opinar nada mejor de la gente corriente que de sus gobernantes, estar a favor de una mayor igualdad social o ser un entusiasta de las instituciones representativas. Los houyhnhnms están organizados bajo un tipo de sistema de castas que es de carácter racial, y los caballos que hacen el trabajo doméstico son de distinto color que sus amos y no se entremezclan con ellos. El sistema educativo que Swift admira en los liliputienses da por sentadas las distinciones de clase hereditarias, y los hijos de las clases más pobres no van a la escuela sino que aprenden en casa, porque «al ser su carrera labrar y cultivar la tierra [...] darles una educación es de poca utilidad para la causa pública». Tampoco parece que estuviera demasiado a favor de la libertad de expresión o de prensa, a pesar de la tolerancia de que gozaron sus propios escritos. Al rey de Brobdingnag le sorprende la cantidad de sectas políticas y religiosas que hay en Inglaterra, y considera que quienes «sostienen opiniones perjudiciales para la gente» (dado el contexto, esto parece referirse simplemente a las opiniones heréticas), aunque no deban ser obligados a cambiarlas, deben serlo a ocultarlas, ya que «así como sería tiranía en cualquier gobierno requerir lo primero, sería debilidad no hacer cumplir lo segundo». Hay un indicio más sutil de la actitud de Swift en la manera en que Gulliver abandona el país de los houyhnhnms. Intermitentemente al menos, Swift era una especie de anarquista, y la cuarta parte de *Los viajes de Gulliver* es una descripción de una sociedad anarquista, no gobernada por la ley en el sentido usual sino por los dictados de la «razón», que todos aceptan voluntariamente. La asamblea general de los houyhnhnms «exhorta» al amo de Gulliver a deshacerse de él, y sus vecinos lo presionan para que cumpla la exigencia. Se esgrimen dos razones para ello. Una es que la presencia de este inusual yahoo podría desestabilizar al resto de la tribu, y la otra es que una relación amistosa entre un houyhnhnm y un yahoo «no es agradable a la razón ni a la naturaleza, o una cosa jamás antes oída entre ellos». El amo de Gulliver se muestra algo reticente a obedecer, pero la «exhortación» (un houyhnhnm, se nos dice, nunca está obligado a obedecer, sino que solo se le «exhorta» o «aconseja») no puede ser ignorada. Esto ilustra muy bien la tendencia totalitaria implícita en la visión anarquista o pacifista de la sociedad. En una sociedad donde no hay ley y, en teoría, tampoco obligaciones, el único árbitro del comportamiento es la opinión pública. Pero esta, como consecuencia de la enorme necesidad de conformidad que tienen los animales gregarios, es menos tolerante que cualquier sistema jurídico. Cuando los seres humanos se someten a mandatos imperativos, el individuo puede comportarse con cierto grado de excentricidad, mientras que cuando se rigen supuestamente por el «amor» o por la «razón», se hallan bajo una presión constante para actuar y pensar exactamente igual que todos los demás. Los houyhnhnms, se nos dice, opinaban lo mismo en casi todos los temas. El único asunto que discutieron jamás fue cómo lidiar con los yahoos, y en cuanto al resto no había espacio para la discrepancia entre ellos, ya que la verdad, o bien es evidente por sí misma, o bien resulta imposible de descubrir y no reviste importancia. Su idioma carecía por lo visto de una palabra para «opinión», y en sus conversaciones no había «diferencia de pareceres». Habían, de hecho, alcanzado la fase superior de la organización totalitaria, aquella en que la conformidad es tan generalizada que no hay necesidad de una fuerza policial. Swift aprueba este tipo de cosa porque, entre sus muchos dones, no se incluían ni la curiosidad ni la bondad natural. El desacuerdo siempre le parecía una perversidad pura. La «razón» entre los houyhnhnms, nos dice, «no es un punto problemático, como entre nosotros, donde los hombres pueden argumentar con plausibilidad ambos lados de una pregunta; sino que es percibida con inmediata convicción; como debe serlo toda vez que no se halla mezclada, oscurecida o descolorida por la pasión y por el interés». En otras palabras, ya lo sabemos todo, así que ¿por qué habría de ser tolerada la disidencia? La sociedad totalitaria de los houyhnhnms, en la que no puede haber libertad ni evolución algunas, es un resultado natural de esto.

Es correcto considerar a Swift un rebelde y un iconoclasta, pero salvo en ciertas cuestiones secundarias, como su insistencia en que las mujeres deben recibir la misma educación que los hombres, no puede ser tildado de «izquierdista». Es un anarquista *tory* que desprecia a la autoridad al tiempo que no cree en la libertad, y que conserva el punto de vista aristocrático al tiempo que ve claramente que la aristocracia de su época es degenerada y despreciable. Cuando Swift lanza una de sus características diatribas contra los ricos y poderosos, uno debe, como dije antes, considerar probablemente el hecho de que él mismo pertenecía al partido político de menor éxito y de que estaba personalmente decepcionado. Los «excluidos», por razones obvias, son siempre más radicales que los «integrados».* Con todo, lo más esencial en Swift es su incapacidad para creer que la vida —la vida corriente con los pies en la tierra, no una versión racionalizada y desodorizada de la misma— pueda valer la pena ser vivida. Por supuesto, ninguna persona sincera dirá que la felicidad sea ahora mismo el estado normal entre los seres humanos adultos; pero tal vez podría volverse normal, y es en torno a esta cuestión que toda

---

* Al final del libro, como especímenes representativos de la locura y el vicio humanos, Swift menciona «a un abogado, a un ratero, a un coronel, a un bufón, a un lord, a un apostador, a un político, a un lenón, a un médico, a un testigo, a un sobornador, a un procurador, a un traidor y a gente por el estilo». Uno ve aquí la irresponsable violencia de los impotentes. La lista incluye tanto a los que rompen el código convencional como a los que lo respetan. Por ejemplo, si uno condena automáticamente a un coronel, como tal, ¿con qué bases condena a un traidor? O, de nuevo, si se quiere acabar con los carteristas debe haber leyes, lo cual implica que debe haber abogados. No obstante, todo el pasaje final, en el que el odio es tan auténtico y la razón dada para este, tan inadecuada, es de alguna manera poco convincente. Se tiene la sensación de que es obra de la animosidad personal. *(N. del A.)*

controversia política seria gira en realidad. Swift tiene mucho en común —más, creo yo, de lo que se ha apuntado— con Tolstói, otro descreído de la posibilidad de la felicidad. En ambos se aprecia el mismo punto de vista anarquista ocultando una mentalidad autoritaria, una hostilidad similar hacia la ciencia, la misma impaciencia con los oponentes, la misma incapacidad para percibir la importancia de cualquier asunto que para ellos no sea interesante; y en ambos casos se da una especie de horror ante el proceso de la vida, aunque en el caso de Tolstói llegó a ello más tarde y de diferente manera. La infelicidad sexual de los dos escritores no era de la misma índole, pero tenían esto en común; en ambos, una abominación sincera se mezclaba con una fascinación mórbida. Tolstói era un libertino reformado que acabó predicando el celibato total mientras seguía practicando lo contrario hasta una edad muy avanzada. Swift era a buen seguro impotente, y sentía un horror exagerado hacia el estiércol humano; también pensaba en él incesantemente, como resulta evidente a lo largo de su obra. Semejantes personas son incapaces incluso de disfrutar de la pequeña cantidad de felicidad que le toca en suerte a la mayoría de los seres humanos, y, por razones obvias, es difícil que admitan que la vida terrenal es susceptible de mejorar mucho. Su falta de curiosidad, y por tanto su intolerancia, brotan de la misma raíz.

El asco, el rencor y el pesimismo de Swift tendrían sentido comparándolos con «otro mundo» del cual el nuestro fuera el preludio. Pero, puesto que no parece creer seriamente en nada por el estilo, se vuelve necesario construir tal paraíso supuestamente existente sobre la faz de la Tierra, pero algo muy diferente de todo lo que conocemos, con todo aquello que él desaprueba —las mentiras, la insensatez, el cambio, el entusiasmo, el placer, el amor y la mugre— eliminado de él. Como su ser ideal, Swift elige al caballo, un animal cuyos excrementos no son ofensivos. Los houyhnhnms son bestias tristes; esto es algo tan generalmente admitido que no vale la pena profundizar en ello. El genio de Swift puede hacerlos creíbles, pero muy pocos lectores debe de haber habido en los que hayan provocado otra emoción que no sea el desagrado. Y no por vanidad herida de ver a los animales preferidos al hombre; porque, de los dos, los houyhnhnms son mucho más parecidos a los seres humanos que los yahoos, y el horror de Gulliver por los yahoos, junto con el reconocimiento de que son el mismo tipo de criatura que él, contiene un absurdo lógico. Este horror lo sobrecoge a primera vista. «Jamás vi —dice— en ninguno de mis viajes un animal tan desagradable ni que me produjera de manera natural una aversión tan intensa.» Pero ¿en comparación con qué son asquerosos los yahoos? No con los houyhnhnms, puesto que en ese momento Gulliver no ha visto uno aún. Solo puede ser en comparación con sí mismo, es decir, con un ser humano. Más tarde, sin embargo, se nos dice que los yahoos son seres humanos, y la sociedad humana se vuelve para Gulliver insoportable porque todos los hombres son yahoos. En ese caso, ¿por qué no sintió asco de la humanidad antes? En efecto, se nos dice que los yahoos son increíblemente diferentes de los hombres y, sin embargo, que son iguales. Swift se ha extralimitado en su furia y está gritando a sus semejantes: «¡Son más sucios de lo que son!». Sin embargo, es imposible sentir mucha simpatía por los yahoos, y no es porque opriman a estos últimos que los houyhnhnms son poco atractivos. Lo son porque la «razón» por la que se rigen es en verdad un deseo de muerte. Están exentos de amor, de amistad, de curiosidad, de miedo, de tristeza y —salvo en sus sentimientos hacia los yahoos, que ocupan aproximadamente el lugar que ocupaban los judíos en la Alemania nazi— de odio y de enojo. «No son empalagosos con sus potros o potras, sino que el cuidado que se toman en educarlos procede enteramente de los dictados de la *razón*.» Dan importancia a la «amistad» y a la «benevolencia», pero «no se dispensan solo a individuos especiales, sino universalmente a toda la raza». También aprecian la charla, pero en sus conversaciones no hay diferencias de opinión y «nada se trataba sino lo útil y en las más breves y expresivas palabras». Practican un estricto control de la natalidad —cada pareja tiene dos vástagos y después practica la abstinencia sexual—, sus matrimonios los conciertan los ancianos, sobre la base de principios eugenésicos, y su lengua no incluye la palabra para «amor» en el sentido sexual. Cuando alguien muere continúan exactamente como antes, sin experimentar ningún pesar. Se advertirá que su objetivo es llegar a ser tan parecidos como se pueda a un cadáver, manteniendo la vida física. Una o dos de sus características, es cierto, no parecen estrictamente «razonables» según la acepción que tiene el término en su idioma. Así, confieren un gran valor no solamente a la resistencia física, sino también al atletismo, y son devotos de la poesía. Pero estas excepciones pueden ser menos arbitrarias de lo que parecen. Swift probablemente recalca la fuerza física de los houyhnhnms para dejar claro que nunca podrían ser conquistados por la odiada raza humana, mientras que un gusto por la poesía puede figurar entre sus cualidades porque esta le parecía a Swift la antítesis de la ciencia, desde su punto de vista la más absurda de todas las actividades. En la tercera parte ni siquiera menciona «la imaginación, la fantasía y la invención» como cualidades deseables de las que los matemáticos laputanos (a pesar de su amor por la música) carecían completamente. Se debe recordar que, aunque Swift era un poeta cómico admirable, el tipo de poesía que probablemente consideraba valiosa era la didáctica. Dice a propósito de su poesía:

> En poesía hay que reconocer que superan a todos los demás mortales, en ella la precisión de sus símiles y la minuciosidad y exactitud de sus descripciones son sin duda inimitables. De unos y otras hay abundancia en sus versos, cuyo contenido es, por lo general, o algún sublime pensamiento sobre la amistad y el altruismo, o el elogio de aquellos que triunfaron en las carreras y otros ejercicios físicos.

Desafortunadamente, ni siquiera el genio de Swift fue capaz de escribir un poema mediante el cual podamos juzgar la lírica de los houyhnhnms. Pero suena como cosa fría (en heroicos pareados, presumiblemente), y que no estuviera seriamente en conflicto con los principios de la «razón».

La felicidad es bastante difícil de describir, y los cuadros de una sociedad justa y bien ordenada pocas veces son atractivos o convincentes. La mayoría de los creadores de utopías «positivas», sin embargo, se ocupan de mostrar lo que la vida sería si se viviera más plenamente. Swift aboga por un simple rechazo de la vida, algo que justifica aduciendo que la «razón» consiste en atrofiar los instintos. Los houyhnhnms, criaturas sin historia, continúan generación tras generación viviendo prudentemente, manteniendo su población exactamente en el mismo nivel, evitando toda pasión, no sufriendo ninguna enfermedad, encontrándose con la muerte con indiferencia, educando a sus jóvenes en los mismos principios, etcétera. Y todo ello, ¿para qué? Para que el mismo proceso pueda seguir indefinidamente. La idea de que vale la pena vivir la vida aquí y ahora, o de que podría hacerse que valiera la pena vivirla, o de que debe ser sacrificada por un bien futuro, está del todo ausente. El triste mundo de los houyhnhnms fue la mejor utopía que Swift pudo construir, puesto que ni creía en la existencia de «otro mundo» ni podía extraer ningún placer de ciertas actividades normales. Sin embargo, no se nos presenta como algo deseable en sí, sino como la justificación de otro ataque a la humanidad. El objetivo, como es usual, es humillar al hombre recordándole que es débil y ridículo, y sobre todo que apesta; y el motivo último, probablemente, es cierto tipo de envidia, la envidia del fantasma por los vivos, del hombre que sabe que no puede ser feliz por los otros que —teme— pueden ser un poco más felices que él. La expresión política de tal punto de vista debe ser o reaccionaria o nihilista, porque la persona que lo sostiene querrá impedir que la sociedad evolucione en una dirección que desmienta su pesimismo. Uno puede conseguirlo, o bien volándolo todo por los aires, o bien impidiendo el cambio social. Swift finalmente lo vuela todo por los aires de la única manera posible antes de la bomba atómica —es decir, enloqueció—, pero, como he tratado de mostrar, sus metas políticas eran en general reaccionarias.

A juzgar por lo que he escrito, puede parecer que estoy contra Swift y que mi propósito es refutarlo e incluso empequeñecerlo. En un sentido político y moral, tal como yo entiendo a Swift, estoy en su contra. Sin embargo, curiosamente, es uno de los escritores que admiro con menos reservas, y *Los viajes de Gulliver* en particular es un libro del que al parecer nunca me canso. Lo leí por primera vez a los ocho años —un día antes de cumplir ocho, para ser exactos, puesto que robé y leí furtivamente el ejemplar que me iban a regalar al día siguiente— y, ciertamente, lo he leído no menos de una docena de veces desde entonces. Su fascinación parece inagotable. Si tuviera que confeccionar una lista de seis libros destinados a ser preservados mientras todos los demás son destruidos, ciertamente incluiría *Los viajes de Gulliver* entre ellos. Esto suscita la siguiente pregunta: ¿cuál es la relación entre el acuerdo con las opiniones de un autor y el disfrute de su obra?

Si uno es capaz de desapego intelectual, puede percibir mérito en un escritor con quien esté en profundo desacuerdo, pero el disfrute es otra cuestión. Suponiendo que existen el buen y el mal arte, entonces la bondad o la maldad deben residir en la obra de arte en sí; no independientemente del observador, bien es verdad, pero sí independientemente de su estado de ánimo. En cierto sentido, por tanto, no puede ser cierto que un poema es bueno el lunes y malo el martes. Pero si se juzga el poema según las opiniones que suscita, entonces ciertamente puede ser cierto, porque la opinión, o el disfrute, son condiciones subjetivas, que no pueden ser impuestas. Durante buena parte de su vida, incluso la persona más culta carece de todo sentimiento estético, y la capacidad de tenerlo es fácilmente destruida. Cuando estás asustado, hambriento, o sufres de dolor de muelas o mareo, *El rey Lear* no es mejor desde tu punto de vista que *Peter Pan*. Puedes saber que es mejor en un sentido intelectual, pero eso es solo un hecho que recuerdas, no sentirás el mérito de *El rey Lear* hasta que estés de nuevo en un estado normal. Y el juicio estético puede ser afectado tan desastrosamente —más desastrosamente, porque la causa es menos fácilmente reconocible— por el desacuerdo político o moral. Si un libro te provoca enojo, te alarma o te hiere, no lo disfrutarás, tenga el mérito que tenga. Si te parece un libro realmente pernicioso, capaz de influenciar a otras personas de algún modo indeseable, entonces probablemente construirás una teoría estética para mostrar que no posee mérito alguno. La crítica literaria de nuestros días consiste en buena medida en este tipo de vaivén entre dos conjuntos de parámetros. Y, sin embargo, puede darse el proceso opuesto, el disfrute puede avasallar a la desaprobación, incluso a pesar de que uno reconozca que está disfrutando de algo adverso. Swift, cuya cosmovisión es tan peculiarmente inaceptable, pero que no obstante es un escritor extremadamente popular, es un buen ejemplo de esto. ¿Por qué no nos importa que nos llamen yahoos aunque estemos firmemente convencidos de que no lo somos?

No es suficiente con dar la respuesta usual de que por supuesto que Swift se equivocaba —de hecho estaba loco— pero era un «buen escritor». Es verdad que la calidad literaria de un libro es hasta cierto punto separable de su contenido. Algunas personas tienen un don natural para usar palabras, al igual que otras personas tienen de nacimiento «buen ojo» para los juegos. En gran medida es una cuestión de ritmo y de saber instintivamente cuánto énfasis usar. Como un ejemplo a mano, vuelvan al pasaje que cité antes, el que comienza con las palabras «Le conté que en el reino de Tribnia, que los nativos llaman

Langden...». Mucha de su fuerza deriva de la oración final: «Y este es el método anagramático». En sentido estricto, esta oración es innecesaria, puesto que ya vimos el anagrama descifrado, pero la repetición burlonamente solemne, en la que uno tiene la impresión de estar oyendo la voz misma de Swift recitando las palabras, pone de relieve la estupidez de las actividades descritas, como el golpe final al clavo. Aun así, ni toda la fuerza y sencillez de la prosa de Swift, ni el esfuerzo imaginativo que fue capaz de crear no uno, sino toda una serie de mundos imposibles más creíbles que la mayoría de los libros de historia, serían capaces de hacernos disfrutar de Swift si su cosmovisión fuera verdaderamente hiriente o escandalosa. Millones de personas, en muchos países, deben de haber disfrutado de *Los viajes de Gulliver* al tiempo que más o menos eran conscientes de sus implicaciones antihumanas, e incluso el niño que acepta las partes primera y segunda como un simple cuento, capta lo absurdo de imaginar seres humanos de quince centímetros. La explicación quizá sea que la cosmovisión de Swift no se siente totalmente falsa; o probablemente sería más exacto decir: no se siente falsa todo el tiempo. Swift es un escritor enfermo. Permanece en un estado de ánimo deprimido que en la mayoría de la gente es solo intermitente, como si alguien enfermo de ictericia o convaleciente de los efectos de la gripe hubiera tenido la energía suficiente para escribir libros. No obstante, todos conocemos ese estado de ánimo, y algo en nosotros responde a su expresión. Tomen, por ejemplo, uno de sus textos más característicos, «The Lady's Dressing Room», al que se podría añadir el muy cercano poema «Upon a Beautiful Young Nymph Going to Bed». ¿Cuál de los dos es más cierto, el punto de vista expresado en estos poemas o el punto de vista implícito en la frase de Blake «La desnuda divina forma humana femenina»? Sin duda Blake está más cerca de la verdad, y sin embargo, ¿quién no siente cierto placer al ver ese fraude, la delicadeza femenina, expuesto por una vez? Swift falsifica su visión del mundo entero negándose a ver otra cosa que mugre, locura y maldad, pero la parte que abstrae del total sí que existe, y es algo que todos conocemos aunque evitamos mencionarlo. Parte de nuestra mente —en toda persona normal, es la parte dominante— cree que el hombre es un animal noble y que la vida vale la pena ser vivida; pero hay también una especie de ser interior que, al menos intermitentemente, queda aterrado por el horror de la existencia. Del modo más extraño, el placer y el asco están ligados. El cuerpo humano es hermoso, pero también repulsivo y ridículo, un hecho que puede ser verificado en cualquier alberca. Los órganos sexuales son objeto de deseo y también de repulsión, hasta el punto de que en muchas lenguas, si no en todas, sus nombres son usados como insultos. La carne es deliciosa, pero la carnicería da náuseas, y de hecho toda nuestra comida procede en última instancia de excrementos y cadáveres, las dos cosas que, entre todas, nos parecen más horribles. Un niño, cuando ha superado la edad infantil pero todavía ve el mundo con ojos frescos, se horroriza casi con tanta frecuencia como se maravilla (siente horror de los mocos y de la saliva, del excremento de perro en el pavimento, del sapo agonizante lleno de gusanos, del olor a sudor de los adultos, de la fealdad de los viejos, con sus cabezas calvas y sus narices bulbosas). Al insistir en la enfermedad, en la mugre y en la deformidad, Swift en realidad no inventa nada; simplemente omite algo. También el comportamiento humano, sobre todo en política, es como lo describe, aunque incluye otros factores más importantes que él se niega a admitir. Hasta donde podemos ver, tanto el horror como el dolor son necesarios para el mantenimiento de la vida en este planeta, y por tanto es posible para los pesimistas como Swift decir: «Si el horror y el dolor deben acompañarnos siempre, ¿cómo puede ser significativamente mejorada la vida?». Su actitud es en efecto la cristiana, pero sin el soborno de «otro mundo», el cual, sin embargo, probablemente arraigue menos en las mentes de los creyentes que la convicción de que este mundo es un valle de lágrimas y la tumba, un lugar de descanso. Es, estoy seguro, una actitud incorrecta, y una que podría tener efectos nocivos sobre el comportamiento; pero algo en nosotros responde a ella, como lo hace a las lúgubres palabras del funeral y del olor dulzón de los cadáveres en una iglesia rural.

Se suele argumentar, o al menos suele hacerlo gente que admite la importancia del contenido, que un libro no puede ser «bueno» si expresa una visión de la vida a todas luces falsa. Se nos dice que en nuestra época, por ejemplo, cualquier libro que tenga un mérito literario genuino será también más o menos «progresista» en cuanto a su tendencia. Esto ignora el hecho de que a lo largo de la historia ha tenido lugar una lucha similar entre el progreso y la reacción, y que los mejores libros de cualquier época en particular han sido escritos siempre desde distintos puntos de vista, algunos de ellos manifiestamente más falsos que otros. En la medida en que un escritor no deja de ser un propagandista, lo más que se le puede pedir es que crea genuinamente en lo que dice y que ello no sea una soberana estupidez. Hoy en día, por ejemplo, uno puede imaginar un buen libro escrito por un católico, por un comunista, por un fascista, por un pacifista, por un anarquista, tal vez incluso por un liberal de la vieja escuela o por un conservador corriente, pero no se puede imaginar un buen libro escrito por un espiritualista, por un buchmanita o por un miembro del Ku Klux Klan. Los puntos de vista que un escritor sostiene deben ser compatibles con la cordura, en el sentido médico, y con el poder del pensamiento continuo; más allá de esto, lo que esperamos de él es talento, que probablemente no sea sino otra manera de nombrar a la convicción. Swift no poseía una sabiduría corriente, pero sí una visión terriblemente intensa, capaz de extraer una sola verdad oculta y, después, magnificarla y distorsionarla. La perdurabilidad de *Los viajes de Gulliver* demuestra que, si la fuerza de la creencia la respalda, una cosmovisión que supere apenas la prueba de cordura es suficiente para escribir una gran obra de arte.

¿Qué es el socialismo?

Manchester Evening News, 31 de enero de 1946

Hasta el siglo xx, y sin duda hasta la década de 1930, todo el pensamiento socialista era en cierto modo utópico. El socialismo no había sido puesto a prueba en ningún lugar del mundo, y en la mente de casi todos, incluidos sus enemigos, estaba ligado a la idea de libertad e igualdad.

Solo había que acabar con la injusticia económica, y todas las demás formas de tiranía se desvanecerían también. Llegaría la era de la fraternidad humana, y la guerra, el crimen, la enfermedad, la pobreza y la explotación laboral serían cosas del pasado. A algunos no les gustaba este objetivo, y había muchos que daban por sentado que nunca se alcanzaría, pero al menos esa era la meta.

Pensadores tan dispares como Karl Marx y William Morris, Anatole France y Jack London, tenían todos una imagen más o menos parecida del futuro socialista, si bien podían discrepar en cuál era el mejor modo de alcanzarlo.

A partir de 1930 comenzó a aparecer una escisión ideológica en el movimiento socialista. Para entonces, el «socialismo» había dejado de ser una simple palabra que evocaba un sueño; un país enorme y poderoso, la Rusia soviética, había adoptado la economía socialista y estaba reconstruyendo rápidamente su vida nacional, y en casi todos los países se veía un giro inconfundible hacia la propiedad pública y la planificación a gran escala. Al mismo tiempo que la palabra «socialismo», en Alemania creció la monstruosidad del nazismo, que se autodenominaba «socialismo» y tenía ciertamente algunas características casi socialistas, pero incorporadas en uno de los regímenes más crueles y cínicos que el mundo haya visto jamás. Claramente, había llegado el momento de redefinir el término «socialismo».

¿Qué es el socialismo? ¿Puede haber socialismo sin libertad, sin igualdad, sin internacionalismo? ¿Seguimos aspirando a la fraternidad humana universal o debemos contentarnos con un nuevo tipo de sociedad de castas en la que renunciemos a nuestros derechos individuales a cambio de seguridad económica?

Entre los libros recientes, puede que el mejor análisis de estas cuestiones se encuentre en la obra de Arthur Koestler *El yogi y el comisario*, publicado hace un año.

En opinión de Koestler, lo que hace falta ahora es «una síntesis del santo y el revolucionario». Por decirlo en otras palabras: las revoluciones tienen que producirse, no puede haber progreso moral sin cambios económicos drásticos, y, sin embargo, el revolucionario desperdicia su trabajo si pierde el contacto con la decencia humana común. De algún modo, debe resolverse el dilema del fin y los medios. Debemos ser capaces de actuar, incluso de emplear la violencia, y aun así no dejarnos corromper por la acción. En términos políticos específicos, esto supone rechazar el comunismo ruso por un lado, y el gradualismo fabiano por otro.

Como la mayoría de los autores de tendencia similar, Koestler es un ex comunista y, de modo inevitable, su reacción más intensa es contra la evolución experimentada por la política soviética desde más o menos 1930. Su mejor obra es una novela, *El cero y el infinito*, en la que aborda los juicios por traición de Moscú.

Otros escritores que pueden más o menos ubicarse en la misma categoría son Ignazio Silone, André Malraux y los estadounidenses John Dos Passos y James Farrell.

Podríamos añadir a André Gide, que llegó al comunismo o, de hecho, a la conciencia política ya a edad avanzada, pero que, después de hacerlo, pasó casi de inmediato a las filas de los rebeldes. Y también podría añadirse al trotskista francés Victor Serge, y al italiano Gaetano Salvemini, historiador del fascismo. Salvemini es más un liberal que un socialista, pero se parece a muchos otros por cuanto su énfasis principal es antitotalitario y ha estado profundamente involucrado en las luchas internas de la izquierda.

A pesar del parecido superficial que puede verse en ciertos momentos, no existe una afinidad real entre socialistas disidentes como Koestler o Silone y conservadores progresistas como Voigt o Drucker. El libro de diálogos políticos de Silone, *La escuela de dictadores*, puede parecer a primera vista tan pesimista y tan crítico con los partidos de izquierdas existentes como *Unto Cæsar*, pero la cosmovisión subyacente es muy distinta.

La clave es que un socialista o comunista, como tal —y puede que esto sea aplicable más que a ningún otro a aquel que rompe con su propio partido por una cuestión de doctrina—, es una persona que cree que el «paraíso terrenal» es posible. El socialismo es en última instancia un credo optimista, y no es fácil conciliarlo con la doctrina del pecado original.

Un socialista no está obligado a creer que la sociedad humana pueda llevarse realmente a la perfección, pero casi cualquier socialista cree que podría ser muchísimo mejor de lo que es en la actualidad, y que la mayor parte de las maldades que cometen los hombres provienen de los efectos distorsionadores de la injusticia y la desigualdad. La base del socialismo es el humanismo. Puede coexistir con una creencia religiosa, pero no con la creencia de que el hombre es una criatura limitada que se comportará mal siempre que se le presente la más mínima oportunidad.

La emoción que hay detrás de libros como *El cero y el infinito*, *Regreso de la URSS*, de Gide, *Assignment in Utopia* u otros de tendencia similar, no es sencillamente la decepción de ver que el paraíso esperado no ha llegado lo bastante rápido, sino también el miedo de que los objetivos originales del movimiento socialista se estén desdibujando.

No cabe duda de que el pensamiento socialista ortodoxo, tanto reformista como revolucionario, ha perdido parte de la cualidad mesiánica que tenía hace treinta años. Esto es fruto de la creciente complejidad de la vida industrial, de las necesidades cotidianas de la lucha contra el fascismo y del ejemplo de la Rusia soviética. Para sobrevivir, los comunistas rusos se vieron obligados a abandonar, al menos provisionalmente, algunos de los sueños con los que habían iniciado su andadura. Se vio que una igualdad económica estricta era impracticable; que la libertad de expresión, en un país atrasado que acababa de vivir una guerra civil, era demasiado peligrosa; que el internacionalismo quedaba aniquilado por la hostilidad de las potencias capitalistas.

De 1925 en adelante, las políticas rusas, interiores y exteriores, se fueron volviendo más severas y menos idealistas, y ese nuevo espíritu se trasladó al extranjero de la mano de los partidos comunistas del resto de los países. La historia de estos partidos comunistas puede examinarse convenientemente en el libro de Franz Borkenau *The Communist International*.

A pesar del coraje y la devoción, el efecto principal del comunismo en Europa occidental ha sido el de socavar la fe en la democracia y teñir de maquiavelismo el conjunto del movimiento socialista. No son solo los autores que he mencionado los que se rebelan contra estas tendencias; hay muchos más, grandes y pequeños, que han seguido un proceso similar. Por mencionar solo a unos pocos: Freda Utley, Max Eastman, Ralph Bates, Stephen Spender, Philip Toynbee o Louis Fischer.

Con la excepción, tal vez, de Max Eastman, no puede decirse que ninguno de estos escritores haya regresado al conservadurismo. Todos son conscientes de la necesidad de sociedades planificadas y de un mayor nivel de desarrollo industrial. Pero quieren que se mantenga viva la antigua concepción del socialismo, que hacía hincapié en la libertad y la igualdad y que tomaba su inspiración de la fe en la fraternidad humana.

La postura que expresan existe en el ala izquierda del movimiento socialista de todos los países, o al menos de los más avanzados, donde se da por sentado un nivel de vida alto. En países más primitivos es más factible que el extremismo político se presente en forma de anarquismo. Entre quienes creen en la posibilidad del progreso humano, se produce una lucha incesante y a tres bandas entre el maquiavelismo, la burocracia y el utopismo.

En estos momentos es difícil que el utopismo se materialice en un movimiento político definido. Las masas quieren seguridad en mucha mayor medida que igualdad, y por lo general no se dan cuenta de que la libertad de prensa y de expresión son de una importancia capital para ellos. Pero el deseo de perfección terrenal tiene una larga historia detrás.

Si examinásemos la genealogía de las ideas que defienden escritores como Koestler o Silone, descubriríamos que se remonta —pasando por soñadores utópicos como William Morris y demócratas místicos como Walt Whitman, por Rousseau, por los cavadores y niveladores ingleses, por las revueltas campesinas de la Edad Media— hasta los primeros cristianos y las rebeliones de esclavos de la Antigüedad.

Los panfletos de Gerrard Winstanley, el cavador de Wigan, cuyo experimento de comunismo primitivo fue aplastado por Cromwell, tienen en algunos aspectos un extraño parecido con los textos de izquierdas modernos.

El «paraíso terrenal» nunca se ha materializado, pero, como idea, parece que nunca se extingue, a pesar de la facilidad con la que pueden desacreditarla los políticos prácticos de cualquier signo. En su centro reposa la creencia de que la naturaleza humana es de entrada bastante decente, y capaz de un desarrollo ilimitado. Esta creencia ha sido el motor principal del movimiento socialista, incluidas las sectas clandestinas que allanaron el camino para la Revolución rusa, y podría afirmarse que los utópicos, hoy en día una minoría desperdigada, son los auténticos defensores de la tradición socialista.

Freda Utley, *The Dream We Lost*; Max Eastman, *Since Lenin Died* y *Artists in Uniform*; Louis Fischer, *Men and Politics*; Arthur Koestler, *Los gladiadores* y *La escoria de la tierra*; Ignazio Silone, *Fontamara*, *Vino y pan* y *La semilla bajo la nieve*; André Malraux, *La condición humana* y *La esperanza*; Gaetano Salvemini, *Bajo el hacha del fascismo*; Gerrard Winstanley, *Selections*.

Delante de las narices

Tribune, 22 de marzo de 1946

Muchas declaraciones aparecidas recientemente en la prensa afirman que es casi —si no totalmente— imposible que extraigamos todo el carbón que necesitamos para el consumo y la exportación, debido a la imposibilidad de convencer a una cantidad suficiente de mineros de que se queden en las minas. Unas estimaciones que vi la semana pasada cifraban las «bajas» anuales de mineros en sesenta mil y la entrada anual de nuevos trabajadores en diez mil. Al mismo tiempo, a veces en la misma columna del mismo periódico, se ha afirmado que no sería aconsejable recurrir a los obreros polacos o alemanes porque esto aumentaría los niveles de desempleo en la industria del carbón. Las dos declaraciones no siempre proceden de las mismas fuentes, pero sin duda hay mucha gente capaz de albergar a la vez estas ideas totalmente contradictorias.

Esto no es más que un ejemplo de una forma de pensar que está muy extendida, y que quizá siempre lo haya estado. Bernard Shaw, en el prefacio a *Androcles y el león*, cita otro ejemplo: el primer capítulo del Evangelio de Mateo, que empieza estableciendo que José, padre de Jesús, descendía de Abraham. En el primer versículo se describe a Jesús como «hijo de David, hijo de Abraham», y entonces se recorre la genealogía a lo largo de quince versículos; pero luego, dos más abajo, se explica que, de hecho, Jesús no descendía de Abraham, puesto que no era hijo de José. Esto, afirma Shaw, no supone ningún problema para un creyente, y menciona como caso paralelo la revuelta en el East End londinense de los partidarios del presunto Roger Tichborne, que afirmaban que estaban despojando de sus derechos a un obrero británico.*

Desde el punto de vista médico, creo que esta forma de pensamiento se llama esquizofrenia; en todo caso, es el poder de albergar simultáneamente dos creencias que se anulan la una a la otra. Estrechamente vinculado a este poder, está el de ignorar hechos que son obvios e inalterables, y a los que habrá que hacer frente antes o después. Es en particular en nuestro pensamiento político donde prosperan estos vicios. Dejen que me saque unos cuantos casos de muestra de la chistera. No existe ninguna conexión esencial entre ellos; no son más que ejemplos, tomados casi al azar, de cómo las personas obvian hechos evidentes e inequívocos de los que sí son conscientes en otra parcela mental.

Hong Kong: Desde muchos años antes de la guerra, todo aquel que conociera las condiciones del Lejano Oriente sabía que nuestra posición en Hong Kong era insostenible y que lo perderíamos tan pronto como estallara una guerra importante. Esta idea, sin embargo, era intolerable, y nuestros gobiernos, uno tras otro, siguieron aferrándose a Hong Kong en lugar de devolvérselo a los chinos. Incluso destinaron más soldados al enclave, con la certeza de que los harían prisioneros inútilmente, pocas semanas antes de que empezara el ataque japonés. Luego la guerra llegó, y Hong Kong

* Roger Tichborne era un baronet que había desaparecido en un naufragio en 1854. Años después, un carnicero australiano se presentó asegurando ser Tichborne y reclamando su título y su herencia, una cruzada en la que contó con gran apoyo popular, pues se lo consideraba un obrero al que la familia Tichborne, al negarse a reconocerlo, le estaba arrebatando sus derechos. *(N. de la T.)*

cayó de inmediato; tal como sabía todo el mundo desde el principio.

El reclutamiento obligatorio: Desde años antes de la guerra, prácticamente toda persona ilustrada estaba a favor de plantarle cara a Alemania y, al mismo tiempo, la mayoría estaban en contra de poseer el armamento suficiente para que esa oposición surtiera efecto. Conozco muy bien los argumentos que se presentan en defensa de esta actitud; algunos están justificados, pero en general no son más que excusas retóricas. Aún en 1939, el Partido Laborista votó en contra del reclutamiento obligatorio, una decisión que seguramente contribuyó a la firma del pacto germano-soviético y que sin duda tuvo un efecto desastroso sobre la moral en Francia. Luego llegó 1940, y estuvimos a punto de perecer por no contar con un ejército numeroso y eficiente, que solo podríamos haber tenido si hubiésemos implantado el reclutamiento obligatorio al menos tres años antes.

La tasa de natalidad: Hace veinte o veinticinco años, a la contracepción y el progresismo se los consideraba casi sinónimos. Aún a día de hoy, la mayoría de la gente sostiene —y este argumento se expresa de diversas maneras, pero siempre se reduce más o menos a lo mismo— que las familias numerosas son inviables por motivos económicos. Al mismo tiempo, es bien sabido que la tasa de natalidad es más alta en las naciones con un nivel de vida más bajo y, en nuestra propia población, entre los sectores peor remunerados. Se arguye, además, que una población más reducida equivaldría a menos desempleo y a un bienestar mayor para todo el mundo, cuando, por otra parte, está probado que una población menguante y envejecida se enfrenta a problemas económicos calamitosos y tal vez irresolubles. Inevitablemente, las cifras son inciertas, pero es bastante probable que en apenas setenta años nuestra población ascienda a unos once millones de personas, de las cuales más de la mitad serán pensionistas de edad avanzada. Dado que, por motivos complejos, la mayoría de la gente no quiere una familia numerosa, estos datos aterradores pueden habitar en un lugar u otro de sus conciencias, conocidos e ignorados simultáneamente.

La ONU: Con el fin de ser mínimamente eficaz, una organización mundial debe ser capaz de imponerse a los estados grandes igual que a los pequeños. Debe tener poder para inspeccionar y limitar los armamentos, lo que significa que sus funcionarios deben tener acceso al último centímetro cuadrado de cualquier país. También debe tener a su disposición una fuerza armada superior a cualquier otra y que responda solo ante la propia organización. Los dos o tres estados que realmente cuentan no han tenido jamás la intención de acceder a ninguna de estas condiciones, y han dispuesto la constitución de la ONU de tal modo que sus propias acciones ni siquiera puedan ser debatidas. En otras palabras: la utilidad de la ONU como instrumento de la paz mundial es nula. Esto era tan obvio antes de que empezara a funcionar como lo es ahora. Y, sin embargo, hace unos meses millones de personas bien informadas estaban convencidas de que iba a ser un éxito.

No sirve de nada ofrecer más ejemplos. La clave es que todos somos capaces de creer cosas que sabemos que no son ciertas, y luego, cuando finalmente se demuestra que estamos equivocados, manipular descaradamente los hechos para demostrar que teníamos razón. Desde el punto de vista intelectual, es posible prolongar este proceso durante un tiempo indefinido; lo único que le pone freno es que, antes o después, las creencias falsas chocan contra la tozuda realidad, normalmente en el campo de batalla.

Cuando uno constata la esquizofrenia imperante de las sociedades democráticas, las mentiras que se cuentan con propósitos electoralistas, el silencio sobre cuestiones importantes, las distorsiones de la prensa, se siente tentado a creer que en los países totalitarios hay menos patrañas, que se afrontan más los hechos. Allí, al menos, las élites gobernantes no dependen del favor popular, y pueden decir la verdad brutalmente y sin adornos. Goering podía decir: «Primero los cañones y luego la mantequilla», mientras que sus homólogos demócratas tenían que envolver el mismo sentimiento en cientos de palabras hipócritas.

Lo cierto, sin embargo, es que la realidad se evita de un modo muy parecido en todas partes, y ello tiene consecuencias muy similares. Al pueblo ruso le enseñaron durante años a pensar que estaba más acomodado que cualquier otro, y los carteles de propaganda mostraban a familias rusas sentadas en torno a comidas abundantes mientras el proletariado de otros países se moría de hambre en los barrios bajos. Al mismo tiempo, los obreros de los países occidentales vivían mucho mejor que los de la URSS; tanto, que evitar el contacto entre los ciudadanos soviéticos y los extranjeros tenía que ser un principio rector de la política. Entonces, como resultado de la guerra, millones de rusos de a pie se adentraron en Europa, y cuando vuelvan a casa, esa elusión de la realidad se pagará inevitablemente en forma de fricciones de diversos tipos. Los alemanes y los japoneses perdieron la guerra en muy buena medida porque sus gobernantes fueron incapaces de ver hechos que resultaban evidentes para un ojo imparcial.

Ver lo que uno tiene delante de las narices precisa una lucha constante. Algo que sirve de ayuda es llevar un diario o, al menos, algún tipo de registro de nuestras opiniones sobre sucesos importantes. De otro modo, cuando alguna creencia particularmente absurda se vaya al traste por los acontecimientos, puede que olvidemos que la sostuvimos alguna vez. Las predicciones políticas acostumbran a ser erróneas, pero incluso cuando hacemos una predicción correcta, puede ser muy instructivo descubrir por qué acertamos. En general, solo lo logramos cuando nuestros deseos o nuestros miedos coinciden con la realidad. Si aceptamos esto, no podemos, claro está, deshacernos de nuestros sentimientos subjetivos, pero sí podemos aislarlos hasta cierto punto de nuestras opiniones y realizar predicciones en frío, por las reglas de la aritmética. En su vida privada, la mayoría de la gente es bastante realista; cuando uno elabora su presupuesto semanal, dos y dos suman invariablemente cuatro. La política, por su parte, es una especie de mundo subatómico o no euclidiano en el que es bastante fácil que la parte sea mayor que el todo, o que dos objetos estén en el mismo punto simultáneamente. De ahí las contradicciones y los absurdos que he recogido más arriba, todos ellos atribuibles en último término a la creencia secreta de que nuestras opiniones políticas, a diferencia del presupuesto semanal, no tendrán que someterse a la prueba de la tozuda realidad.

Hacia la unidad de Europa

Partisan Review, julio-agosto de 1947

Hoy en día, un socialista se encuentra en la situación de un médico que ha de tratar a un paciente que apenas tiene esperanzas de curación. En calidad de médico, su deber es mantener vivo al paciente y asumir, por tanto, que tiene al menos una posibilidad de recuperarse. En calidad de científico, su deber es hacer frente a la realidad y admitir, por consiguiente, que el paciente probablemente ha de morir sin remedio. Nuestras actividades como socialistas solo tienen sentido si asumimos que es posible establecer el socialismo, pero si nos detenemos a sopesar qué es lo que probablemente sucederá, hemos de reconocer, entiendo, que las posibilidades no nos son favorables. Si yo fuera un corredor de apuestas y me limitara a calcular las probabilidades, dejando mis deseos al margen del cálculo, estimaría que es harto difícil que la civilización perviva en los próximos siglos. Por lo que alcanzo a ver, existen tres posibilidades:

1. Que los norteamericanos decidan hacer uso de la bomba atómica mientras ellos la tengan y los rusos no. Con esto no se resolvería nada. Se acabaría con el peligro particular que actualmente representa la URSS, pero desembocaría en el surgimiento de nuevos imperios, rivalidades nuevas, más guerras, más bombas atómicas, etcétera. En cualquier caso, esta es la menos probable de las tres, porque una guerra preventi-

va es un delito que no cometerá fácilmente un país que conserve algún resto de democracia.

2. Que la actual «guerra fría» siga su curso hasta que la URSS y algunos otros países también posean la bomba atómica. Así las cosas, transcurrirá un lapso muy breve de paz aparente antes de que ¡zas!, a por los cohetes, y ¡bum!, a por las bombas, y los centros industriales del mundo queden borrados de la faz de la Tierra, seguramente sin remedio. Incluso en el supuesto de que un Estado, o un grupo de estados, surja de tal guerra en calidad de vencedor técnico, probablemente será incapaz de reconstruir la maquinaria de la civilización. El mundo, así pues, lo habitarán de nuevo unos cuantos millones de seres humanos, unos cuantos cientos de millones a lo sumo, que vivirán mediante una agricultura de subsistencia y que, probablemente, al cabo de dos generaciones no conserven prácticamente ni rastro de la cultura del pasado, salvo el conocimiento de la fundición de los metales. Es posible que este sea un resultado deseable, pero que obviamente nada tiene que ver con el socialismo.

3. Que el miedo que inspiran la bomba atómica y otras armas todavía por inventar llegue a ser tan grande que todos se abstengan de utilizarlas. Esta me parece la peor posibilidad de todas. Traería consigo la división del mundo en dos o tres supraestados inmensos, incapaces de conquistarse unos a otros y resistentes a toda rebelión interna. Con toda probabilidad, su estructura sería jerárquica, con una casta semidivina en la cúspide y una clase abiertamente esclavizada en la base; el aplastamiento de las libertades sería muy superior a todo lo que el mundo ha visto en el curso de su historia. En cada uno de los estados, el ambiente psicológico necesario sería mantenido mediante una incomunicación absoluta con el mundo exterior y una continua guerra de mentiras contra los estados rivales. Las civilizaciones de este jaez podrían mantenerse estáticas durante milenios.

La mayoría de los peligros que acabo de esbozar existían y eran previsibles mucho antes de que se inventase la bomba atómica. La única manera de evitarlos, al menos que a mí se me ocurra, consiste en presentar de un modo u otro, a gran escala, el espectáculo de una comunidad en la que sus integrantes sean relativamente libres y felices, y en la que el objetivo primordial de la vida no sea la búsqueda del dinero o del poder. Dicho de otro modo, el socialismo democrático ha de ponerse en funcionamiento en alguna región relativamente amplia. Ahora bien, la única región en la que aún es concebible que funcione, dentro de un futuro más o menos inmediato, es Europa occidental. Además de Australia y Nueva Zelanda, la tradición del socialismo democrático solo puede afirmarse que existe —pese a tener una existencia más bien precaria— en Escandinavia, Alemania, Austria, Checoslovaquia, Suiza, los Países Bajos, Francia, Gran Bretaña, España e Italia. Solo en estos países sigue habiendo una cantidad notable de personas para las que la palabra «socialismo» tiene algún atractivo, y para las que está unida a la libertad, la igualdad y el internacionalismo. En cualquier otra parte, o carece de un apoyo sólido o significa algo completamente distinto. En Norteamérica, las masas se contentan con el capitalismo, y es imposible predecir el rumbo que puedan tomar cuando este comience a hundirse. En la URSS prevalece una suerte de colectivismo oligárquico que solo podría desarrollarse hasta dar lugar al socialismo democrático en contra de la voluntad de la minoría dirigente. En Asia, el propio vocablo «socialismo» apenas ha tenido penetración. Los movimientos nacionalistas asiáticos o son de carácter fascista o están pendientes de Moscú, o bien logran combinar ambas actitudes; en la actualidad, todos los movimientos de los pueblos de color están teñidos por un misticismo racial. En la mayor parte de Sudamérica, la situación es esencialmente similar, al igual que en África y en Oriente Medio. El socialismo no existe en ninguna parte, pero es que, incluso como idea, en la actualidad solamente tiene validez en Europa. Por descontado, no podrá decirse con propiedad que el socialismo ha sido establecido hasta que sea mundial, aunque ese proceso ha de comenzar en algún lugar, y no me imagino que pueda ser sino por medio de una federación de los estados de Europa occidental, transformados en repúblicas socialistas sin ninguna clase de ramificación colonial. Por consiguiente, unos Estados Unidos Socialistas de Europa me parecen el único objetivo político al que vale la pena aspirar hoy en día. Semejante federación tendría unos doscientos cincuenta millones de habitantes, incluidos, tal vez, cerca de la mitad de los trabajadores industriales cualificados del mundo entero. No hace ninguna falta que se me diga que las dificultades inherentes a la construcción de semejante entidad son enormes y aterradoras; en breve paso a enumerar solo algunas. Sin embargo, no deberíamos tener la sensación de que, por su propia naturaleza, sería algo imposible, ni de que los países serían tan diferentes unos de otros que no estarían dispuestos a unirse voluntariamente. Una unión europea occidental es, en sí misma, una concatenación menos improbable que la Unión Soviética o el Imperio británico.

En cuanto a las dificultades: la mayor de todas ellas es la apatía y el conservadurismo que padece la población en todas partes, su ignorancia del peligro, su incapacidad para imaginar nada realmente nuevo; en general, como ha dicho Bertrand Russell hace poco, es la reticencia de todo el género humano a consentir su propia supervivencia. Pero existen también fuerzas malignas que obran en contra de la unidad europea, así como relaciones económicas de las que depende el nivel de vida de los pueblos de Europa y que no son compatibles con el verdadero socialismo. Enumero a continuación los que me parecen los cuatro obstáculos principales, explicando cada uno de ellos de forma tan sucinta como me es posible:

1. La hostilidad de Rusia. Los rusos, por fuerza, han de ser hostiles a cualquier unión europea que no esté bajo su control. Las razones, tanto las fingidas como las reales, son evidentes. Hay que contar, por tanto, con el peligro de una guerra preventiva, la intimidación sistemática de las naciones más pequeñas y el sabotaje del Partido Comunista en todos los países. Sobre todo, existe el peligro de que las masas europeas sigan creyendo en el mito de Rusia. Mientras perviva esa creencia, la idea de una Europa socialista carecerá del magnetismo suficiente para inspirar el esfuerzo necesario.

2. La hostilidad de Estados Unidos. Si Estados Unidos sigue anclado en el capitalismo y, sobre todo, si necesita un mercado para sus exportaciones, no puede ver con ojos amistosos una Europa socialista. No cabe duda de que su intervención por medio de la fuerza bruta es menos probable que en el caso de la URSS, a pesar de lo cual la presión norteamericana es un factor importante, pues puede ejercerse de manera muy fácil en Gran Bretaña, el único país europeo que está fuera de la órbita rusa. Desde 1940, Gran Bretaña se ha mantenido distante de los dictadores europeos a expensas de convertirse casi en un país dependiente de Estados Unidos. Gran Bretaña solo podrá liberarse de Norteamérica renunciando a toda intención de ser una potencia extraeuropea. Los Dominios de habla inglesa, las posesiones coloniales —con la posible excepción de África— e incluso el suministro de petróleo a Gran Bretaña son rehenes que están en manos de Estados Unidos. Por tanto, siempre existe el peligro de que los norteamericanos rompan toda coalición europea, arrastrando a Gran Bretaña fuera de ella.

3. El imperialismo. Desde hace mucho, los pueblos de Europa, y en especial el británico, deben su elevado nivel de vida a la explotación directa o indirecta de los pueblos de color. Esta es una relación que nunca se ha aclarado debidamente en la propaganda oficial del socialismo, y el trabajador británico, en vez de recibir el mensaje de que, según la media

mundial, vive por encima de sus posibilidades, ha sido aleccionado para pensar que es un esclavo que trabaja en exceso y que está pisoteado por el patrón. Para las masas, el «socialismo» significa —o al menos se relaciona con ello— salarios más altos, jornadas laborales más cortas, viviendas mejores, seguridad social para todos, etcétera. Ahora bien, no es en modo alguno seguro que sea posible permitirse tales ventajas si se prescinde de los beneficios que acarrea la explotación colonial. Por muy igualitario que sea el reparto del producto interior, si este desciende en conjunto, el nivel de vida de la clase trabajadora ha de bajar en consonancia. En el mejor de los casos, es probable que dé paso a un largo e incómodo período de reconstrucción, para el cual la opinión pública no está preparada. Ahora bien, es preciso que al mismo tiempo los países europeos dejen de ser explotadores en el extranjero si aspiran a ser verdaderos socialistas en su territorio. El primer paso de cara a una federación socialista europea consiste, en el caso de los británicos, en renunciar a su presencia colonial en la India. Pero esto entraña algo más: si los Estados Unidos de Europa han de ser autosuficientes y capaces de subsistir frente a Rusia y Norteamérica, deben incluir África y Oriente Medio. Pero eso, a su vez, implica que la situación de las poblaciones indígenas de dichas regiones ha de cambiar mediante el reconocimiento; Marruecos, Nigeria o Abisinia han de dejar de ser colonias, o semicolonias, para convertirse en repúblicas autónomas, en absoluto pie de igualdad con los pueblos de Europa. Esto comporta un cambio inmenso de planteamientos, así como una pugna encarnizada y compleja que probablemente no se pueda zanjar sin derramamiento de sangre. Cuando llegue el momento de las estrecheces, las fuerzas del imperialismo resultarán sumamente poderosas, y el trabajador británico, si ha sido aleccionado para pensar en el socialismo en términos puramente materialistas, quizá decida que es preferible seguir siendo una potencia imperial, incluso a expensas de ser la segundona de Estados Unidos. En distintos grados, todos los pueblos de Europa, al menos los que han de formar parte de la unión propuesta, se enfrentan a ese mismo dilema.

4. La Iglesia católica. A medida que se vuelve más descarnada la pugna entre los bloques oriental y occidental, existe el peligro de que los socialistas democráticos y los meros reaccionarios se vean impelidos a formar una suerte de Frente Popular, y la Iglesia es el puente más probable entre ambos. Sea como fuere, la Iglesia hará todos los esfuerzos que estén en su mano para captar y esterilizar cualquier movimiento tendente a la unión de Europa. Lo peligroso de la Iglesia es que no es reaccionaria en el sentido habitual del término. No mantiene lazos con el capitalismo liberal ni con el sistema de clases existente, así que no tiene por qué morir con ambos. Es perfectamente capaz de hacer las paces con el socialismo, o al menos de aparentarlo, siempre y cuando quede salvaguardada su propia posición. Pero si se le permite sobrevivir como la poderosa organización que es, conseguirá que el verdadero establecimiento del socialismo sea absolutamente inviable, porque su influencia obra y ha de obrar siempre en contra de la libertad de pensamiento y de expresión, en contra de la igualdad de los hombres, en contra de cualquier forma de sociedad que tienda a la promoción de la felicidad en la Tierra.

Cuando pienso en estas dificultades y en otras, y cuando pienso en el inmenso reajuste mental que será preciso hacer, el surgimiento de unos Estados Unidos Socialistas de Europa se me antoja un acontecimiento sumamente improbable. No quiero decir que el grueso de la población no esté preparada para ello, al menos, de una forma pasiva, sino, más bien, que no veo a una persona o a un grupo de personas que tengan la más mínima probabilidad de acceder al poder y que, al mismo tiempo, tengan la capacidad de imaginación suficiente para ver qué se necesita y para exigir los sacrificios necesarios de sus seguidores. Aun así, en la actualidad tampoco veo que exista ningún otro objetivo esperanzador. En otro tiempo creí que podría ser posible la transformación del Imperio británico en una federación de repúblicas socialistas, pero si alguna vez existió esa posibilidad, es evidente que la perdimos al fracasar en la liberación de la India, y también por nuestra actitud hacia los pueblos de color en general. Podría darse el caso de que Europa esté acabada y de que, a la larga, surja en la India o en China alguna forma de sociedad mejor, pero sigo creyendo que solo en Europa el socialismo democrático podría ser una realidad a corto plazo, si es que esa posibilidad existe en alguna parte, o al menos a tiempo de impedir el lanzamiento de las bombas atómicas.

Por supuesto que hay razones, si no para el optimismo, al menos sí para aplazar el juicio sobre determinadas cuestiones. Uno de los aspectos que obran a nuestro favor es que es improbable que se desencadene una guerra de grandes proporciones. Podríamos, supongo, vérnoslas con una guerra consistente en el lanzamiento de cohetes, pero no con una que implicase la movilización de decenas de millones de hombres. En la actualidad, cualquier ejército de grandes proporciones se disolvería sin más, cosa que puede ser igualmente cierta para los próximos diez e incluso veinte años. Dentro de ese abanico temporal podrían suceder algunas cosas inesperadas. Por ejemplo, podría surgir por vez primera un poderoso movimiento socialista en Estados Unidos. En Inglaterra, ahora está de moda hablar de Estados Unidos como de un país «capitalista», dando a entender que se trata de algo inalterable, una suerte de característica racial, como el color de los ojos o del cabello. Lo cierto es que no puede ser algo inalterable, ya que el propio capitalismo carece a todas luces de futuro, y no podemos tener de antemano la certeza de que el próximo cambio que se produzca en Estados Unidos no sea uno a mejor.

Por otra parte, no sabemos qué cambios tendrán lugar en la URSS, si es posible impedir que estalle una guerra durante la próxima generación. En una sociedad de tales características, un cambio radical de planteamientos siempre parece improbable, no solo porque no puede haber una verdadera oposición, sino porque el régimen, con su control absoluto de la educación, la información, etcétera, tiende deliberadamente a impedir la oscilación pendular que se da entre las generaciones, que, en cambio, parece producirse de forma natural en las sociedades liberales. Ahora bien, los datos de que disponemos indican que la tendencia de una generación a rechazar las ideas de la precedente es una característica humana duradera, que ni siquiera el NKVD podrá erradicar. En tal caso, hacia 1960 podrían ser millones los jóvenes rusos hartos de la dictadura y de los desfiles de adhesión al régimen, ansiosos por disfrutar de más libertades y amistosos en su actitud hacia Occidente.

O, por otra parte, incluso cabe la posibilidad de que, si el mundo se desmiembra en tres supraestados inconquistables entre sí, la tradición liberal siga dotada de la fuerza suficiente, dentro de la zona angloamericana del mundo, para lograr que la vida sea llevadera y hasta ofrecer ciertas esperanzas de progreso. Sin embargo, todo esto es pura especulación. El panorama real, en la medida en que atino a calcular las probabilidades, es muy oscuro, y cualquier reflexión seria tendría que empezar por asumir esa realidad.

James Burnham y la revolución de los directores

Polemic, n.º 3, 1 de mayo de 1946

El libro de John Burnham *La revolución de los directores* generó un revuelo considerable en Estados Unidos y en este país cuando se publicó, y su tesis fundamental ha sido tan debatida que una exposición detallada al respecto apenas es necesaria. Resumida tan brevemente como me es posible, la tesis es esta:

El capitalismo está desapareciendo, pero el socialismo no lo está reemplazando. Lo que surge ahora es un nuevo tipo de sociedad planificada y centralizada que no será ni capitalista ni, en ningún sentido aceptado del término, democrática. Los gobernantes de esta sociedad nueva serán las personas que controlan de forma efectiva los medios de producción; esto es, ejecutivos, técnicos, burócratas y soldados, que Burnham mete en el mismo saco bajo la denominación de «directores». Esta gente eliminará a la antigua clase capitalista, aplastará a la clase obrera y organizará la sociedad de tal modo que todo el poder y los privilegios económicos permanezcan en sus manos. Los derechos de propiedad privada quedarán abolidos, pero no se instaurará la propiedad común. Las nuevas sociedades «gerenciales» no consistirán en un rompecabezas de estados pequeños e independientes, sino en grandes superestados agrupados en torno a los principales centros industriales de Europa, Asia y América. Estos superestados lucharán entre ellos por la posesión de las porciones de la Tierra que aún no han sido conquistadas, pero seguramente serán incapaces de apoderarse por completo los unos de los otros. En el interior, cada sociedad será jerárquica, con una aristocracia con talento en la cima y una masa de semiesclavos en lo más bajo.

En su siguiente libro publicado, *Los maquiavelistas*, Burnham desarrolla y también modifica su planteamiento original. La mayor parte del libro es una exposición de las teorías de Maquiavelo y de sus discípulos modernos —Mosca, Michels y Pareto—, a los que Burnham añade, con dudosa justificación, al autor sindicalista Georges Sorel. Lo que a Burnham le interesa mostrar principalmente es que nunca ha existido una sociedad democrática, y que, por lo que podemos ver, nunca existirá. La sociedad es por naturaleza oligárquica, y el poder de la oligarquía reside siempre en la fuerza y el engaño. Burnham no niega que los «buenos» motivos puedan desempeñar un papel en el ámbito privado, pero sostiene que la política consiste en la lucha por el poder, y nada más. Todos los cambios históricos se reducen en último término al reemplazo de una clase gobernante por otra. Toda la retórica sobre la democracia, la libertad, la igualdad y la fraternidad, todos los movimientos revolucionarios, todas las visiones utópicas, o «la sociedad sin clases», o «el reino de los cielos en la Tierra», es una paparruchada (no necesariamente consciente) que oculta las ambiciones de alguna clase nueva que se está abriendo paso a codazos hacia el poder. Los puritanos ingleses, los jacobinos o los bolcheviques no eran más que grupos sedientos de poder que se aprovecharon de las esperanzas de las masas con el fin de hacerse con una posición privilegiada. El poder puede a veces obtenerse o mantenerse sin violencia, pero nunca sin engaño, porque es necesario valerse de las masas, y las masas no cooperarían si supieran que lo único que están haciendo es servir a los propósitos de una minoría.

En todas las grandes luchas revolucionarias, las masas son engatusadas con sueños difusos de una hermandad humana, y luego, cuando la nueva clase gobernante se instala en el poder, son empujadas de nuevo a la servidumbre. En esto consiste prácticamente toda la historia política, tal como lo ve Burnham.

El segundo libro se distancia del anterior al plantear la idea de que todo este proceso podría tener un carácter algo más moral si los hechos se afrontaran con sinceridad. El subtítulo de *Los maquiavelistas* es «Defensores de la libertad». Maquiavelo y sus seguidores mostraron que, en política, la decencia sencillamente no existe, y con ello, afirma Burnham, hicieron posible que los asuntos políticos se manejaran de un modo más inteligente y menos opresivo. Una clase gobernante consciente de que su verdadero objetivo es permanecer en el poder, sería consciente también de que tiene más posibilidades de lograrlo si sirve al bien común, y podría evitar anquilosarse y quedar convertida en una aristocracia hereditaria. Burnham hace especial hincapié en la teoría de Pareto de la «circulación de las élites»: si quiere permanecer en el poder, una clase gobernante debe incorporar constantemente reclutas aptos procedentes de la base, de modo que los hombres más capaces estén siempre al mando y se pueda evitar así la aparición de una nueva clase de insatisfechos sedientos de poder. Esto tiene visos de producirse, considera Burnham, en una sociedad que conserve las costumbres democráticas; es decir, donde se permita la oposición y donde ciertos órganos, como la prensa o los sindicatos, pueden mantener su autonomía. Aquí, sin duda, Burnham contradice su opinión anterior. En *La revolución de los directores*, escrito en 1940, se da por hecho que la Alemania «gerencial» es más eficiente en todos los aspectos que una democracia capitalista como la de Francia o Gran Bretaña. Pero en el segundo libro, escrito en 1942, Burnham reconoce que los alemanes podrían haber evitado algunos de sus errores estratégicos más graves si hubiesen consentido la libertad de expresión. De todos modos, no abandona su tesis principal, que el capitalismo está condenado y el socialismo es un sueño. Si comprendemos lo que está en juego, tal vez podamos orientar hasta cierto punto el curso de la revolución de los directores, pero esta revolución se está produciendo, nos guste o no. En ambos libros, pero especialmente en el primero, hay un tono de inconfundible deleite en torno a la crueldad y la perversidad de los procesos examinados. Si bien reitera que se está limitando a exponer los hechos, y no manifestando sus propias preferencias, está claro que Burnham siente fascinación por el espectáculo del poder, y que sus simpatías estuvieron del lado de Alemania mientras dio la impresión de que estaba ganando la guerra. Un ensayo más reciente, titulado «El heredero de Lenin» y publicado en *The Partisan Review* a principios de 1945, da a entender que sus simpatías se han desplazado desde entonces hacia la URSS. «El heredero de Lenin», que suscitó una violenta controversia en la prensa de izquierdas estadounidense, aún no ha sido editado en Inglaterra, y tendré que volver a él más adelante.

Es evidente que, en sentido estricto, la teoría de Burnham no es nueva. Antes de él, muchos autores han augurado el surgimiento de un nuevo tipo de sociedad, ni capitalista ni socialista, y asentada probablemente en la esclavitud, si bien la mayoría de ellos no han coincidido con Burnham a la hora de dar por sentado que este proceso sea inevitable. Un buen ejemplo es *El estado servil*, de Hilaire Belloc, publicado en 1911. La obra está escrita en un estilo farragoso, y la solución que propone (un retorno a la propiedad agrícola a pequeña escala) no es factible por multitud de razones. Aun así, es cierto que pronostica con una clarividencia extraordinaria el tipo de cosas que han venido sucediendo desde más o menos 1930. Chesterton, con un estilo menos metódico, presagió la desaparición de la democracia y de la propiedad privada, y el surgimiento de una sociedad esclavista que podría calificarse tanto de capitalista como de comunista. Jack London, en *El talón de hierro* (1909), previó algunos de los rasgos esenciales del fascismo, y algunos libros como *Cuando el dormido despierte ...* (1900) de Wells, *Nosotros* (1923) de Zamiatin y *Un mundo feliz* (1930) de Aldous Huxley describen mundos imaginarios en que los problemas específicos del capitalismo han sido resueltos sin que eso haya supuesto ningún paso hacia la libertad, la igualdad o una felicidad auténtica. Más recientemente, autores como Peter Drucker y F. A. Voigt han afirmado que el fascismo y el comunismo son en esencia lo mismo. Y, en efecto, ha resultado siempre obvio que una sociedad planificada y centralizada tiene muchas probabilidades de transformarse en una oligarquía o una dictadura. Los conservadores ortodoxos eran incapaces de reparar en esto, porque les reconfortaba dar por hecho que el socialismo «no funcionaría» y que la desaparición del capitalismo supondría el caos y la anarquía. Y los socialistas ortodoxos tampoco reparaban en ello, porque preferían pensar que pronto se alzarían con el poder y, por tanto, daban por hecho que, cuando el capitalismo desapareciera, el socialismo ocuparía su lugar. Así pues, fueron incapaces de prever el ascenso del fascismo, o de hacer predicciones acertadas al respecto tras su aparición. Más adelante, la necesidad de justificar la dictadura rusa y de buscar explicaciones a las similitudes obvias entre el comunismo y el nazismo, complicó todavía más la cuestión. Pero la idea de que el industrialismo desemboca en el monopolio, y de que este implica tiranía, no es una primicia.

En lo que Burnham se diferencia de la mayoría de los autores es en su intento de trazar minuciosamente el desarrollo de la «revolución de los directores» a escala mundial, y en su idea de que la deriva hacia el totalitarismo es irrefrenable y no debe ser combatida, si bien puede ser encauzada. En opinión de Burnham, según escribe en 1940, la sociedad de los directores ha alcanzado su máximo desarrollo en la URSS, pero está casi igualmente evolucionada en Alemania y ha hecho ya acto de presencia en Estados Unidos (presenta el New Deal como una variante primitiva). Pero la tendencia es la misma en todo el mundo, o casi. El capitalismo liberal da siempre paso a la planificación y a la injerencia del Estado, y el propietario pierde poder frente al técnico y al burócrata, pero el socialismo —esto es, lo que solía conocerse como «socialismo»— no da muestra alguna de estar surgiendo:

> Algunos apologistas tratan de excusar el fracaso del marxismo diciendo que «nunca tuvo una oportunidad», lo que está muy lejos de ser cierto. El marxismo y los partidos marxistas han tenido muchas oportunidades. En Rusia, un partido marxista se apoderó del poder, pero al poco tiempo abandonó el socialismo, quizá no verbalmente, pero sí en sus actos. Aunque en los últimos meses de la anterior guerra mundial y en los años inmediatos a la misma se produjeran, en la mayoría de las naciones europeas, crisis sociales que abrieron las puertas a los partidos marxistas, estos demostraron, sin excepción, su incapacidad para apoderarse del poder y mantenerse en él. En gran número de países —Alemania, Dinamarca, Noruega, Suecia, Austria, Inglaterra, Australia, Nueva Zelanda, España y Francia—, los partidos marxistas reformistas ocuparon el gobierno sin conseguir implantar el socialismo, ni dar un paso franco en su dirección [...] El índice general confirma, una vez más, que en cada prueba histórica trascendental —y ha habido muchas— esos partidos han defraudado el socialismo o lo han abandonado. Este es un hecho que no puede ser borrado ni por su enemigo más acérrimo ni por su partidario más ardiente. Nada prueba ese hecho, como creen algunos, sobre la cualidad moral del ideal socialista, pero constituye una prueba irrefutable de que cualquiera que sea su cualidad moral, el socialismo no se impondrá.*

* Este fragmento, así como los demás que aparecen en el ensayo, están tomados de la traducción de Atanasio Sánchez para la edición de 1967 en la Editorial Sudamericana. (*N. de la T.*)

Burnham, por descontado, no niega que los nuevos regímenes «gerenciales» de Rusia y la Alemania nazi puedan ser *llamados* socialistas. A lo que se refiere, únicamente, es a que no *serán* socialistas en ningún sentido del término aceptable ni para Marx, Lenin, Keir Hardie o William Morris ni, ciertamente, para ningún representante socialista anterior a 1930. Hasta hace poco se suponía que el socialismo conllevaba democracia política, igualdad social e internacionalismo. No hay el menor síntoma de que ninguna de estas cosas vaya a instaurarse en algún lugar, y el único país grande en el que se ha producido jamás algo considerado una revolución proletaria —es decir, la URSS—, se ha ido alejando progresivamente del antiguo concepto de una sociedad libre e igualitaria encaminada a la hermandad humana universal. Siguiendo un proceso prácticamente ininterrumpido desde los primeros días de la revolución, se ha ido desmantelando la libertad y las instituciones representativas han quedado aplastadas, al tiempo que se han incrementado las desigualdades, y el nacionalismo y el militarismo se han vuelto más fuertes. Pero, paralelamente, insiste Burnham, no ha habido ninguna tendencia a regresar al capitalismo. Lo que se está produciendo es, simplemente, la expansión de la sociedad «gerencial», que, según Burnham, está progresando en todo el mundo, si bien la manera en que esto sucede varía según el país.

Ahora bien, como interpretación de lo que está ocurriendo, la teoría de Burnham es, como poco, extremadamente verosímil. Los acontecimientos de al menos los últimos quince años en la Unión Soviética se explican de un modo muchísimo más sencillo mediante esta teoría que a través de cualquier otra. Evidentemente, la URSS no es socialista, y solo se la puede llamar así si uno le otorga a esa palabra un significado diferente del que tendría en cualquier otro contexto. Por otra parte, las profecías de que el régimen ruso regresaría al capitalismo han quedado siempre invalidadas, y hoy en día parecen más lejos que nunca de cumplirse. Es probable que Burnham exagerase cuando afirmaba que el proceso había llegado igual de lejos en la Alemania nazi, pero parece indudable que la tendencia era la de alejarse del capitalismo a la vieja usanza y dirigirse hacia una economía planificada con una oligarquía adoptiva al mando. En Rusia, primero fueron destruidos los capitalistas y luego se aplastó a los obreros. En Alemania, lo primero fue aplastar a los obreros, pero la eliminación de los capitalistas estaba al menos en marcha, y los cálculos basados en la premisa de que el nazismo era «simplemente capitalismo» quedaron siempre invalidados por los acontecimientos. Burnham parece ir desencaminado cuando afirma que la sociedad «gerencial» está prosperando en Estados Unidos, el único país grande donde el libre capitalismo sigue siendo vigoroso. Ahora bien, si consideramos la tendencia mundial en conjunto, las conclusiones de Burnham son difíciles de rechazar, e incluso en Estados Unidos puede que la fe imperante en la no injerencia sucumba a la próxima crisis económica importante. Se ha argumentado en contra de Burnham que les concede una importancia excesiva a los «directores», en el sentido estricto del término —esto es, jefes de fábrica, planificadores y técnicos—, y que parece dar por sentado que incluso en la Rusia soviética son estas personas, y no los líderes del Partido Comunista, las que detentan realmente el poder. En cualquier caso, este es un error secundario, y queda parcialmente corregido en *Los maquiavelistas*. La verdadera cuestión no es si a esos que nos van a usar de felpudo durante los próximos cincuenta años hay que llamarlos «directores», «burócratas» o «políticos»; la cuestión es si el capitalismo, hoy en día obviamente condenado, va a dar paso a la oligarquía o a una auténtica democracia.

Pero, curiosamente, al examinar las predicciones que Burnham ha fundamentado en su teoría general, vemos que, hasta donde son verificables, han sido invalidadas. Mucha gente lo ha señalado ya. Sin embargo, merece la pena seguir evaluando en detalle las predicciones de Burnham, ya que conforman una especie de patrón que guarda relación con los acontecimientos contemporáneos y que revela, creo yo, un importante punto débil del pensamiento político de nuestros días.

Para empezar, en 1940 Burnham daba más o menos por segura la victoria alemana. De Gran Bretaña decía que estaba «en plena disolución» y exhibiendo «todas las características que han distinguido a las culturas en decadencia en las transiciones históricas pasadas», al tiempo que la conquista e integración de Europa que Alemania alcanzó en 1940 la presentaba como «irreversible». «Inglaterra —escribía Burnham— no puede aspirar a conquistar el continente europeo de ninguna de las maneras, sean cuales sean sus aliados no europeos.» Incluso si Alemania se las arreglaba de algún modo para perder la guerra, iba a ser imposible desmembrarla o reducirla al estatus de la República de Weimar, sino que seguiría siendo con toda seguridad el núcleo de una Europa unificada. Las líneas generales del futuro mapa del mundo, con sus tres grandes superestados, estarían ya establecidas, y «los núcleos de estos tres superestados son, cualesquiera que sean sus nombres en el futuro, las naciones preexistentes de Japón, Alemania y Estados Unidos».

Burnham estaba también convencido de que Alemania no atacaría a la URSS hasta que Gran Bretaña hubiera sido derrotada. En una síntesis de su libro publicada en *The Partisan Review* en mayo-junio de 1941, y escrita, presumiblemente, con posterioridad al propio libro, afirmaba:

> En Alemania, como en el caso de Rusia, la tercera parte del problema gerencial —la lucha por el dominio contra otros sectores de la sociedad gerencial— queda para el futuro. Primero tenía que llegar el golpe de gracia que garantizara el derrocamiento del orden mundial capitalista, lo que suponía por encima de todo la destrucción de los cimientos

del Imperio británico (la piedra angular del orden mundial capitalista), tanto de un modo directo como a través de la demolición de la estructura política europea, que era un puntal imprescindible del imperio. Esta es la explicación fundamental del pacto nazi-soviético, que no se entiende sobre otra base. El conflicto futuro entre Alemania y Rusia será propiamente un conflicto gerencial; pero antes de que lleguen las grandes batallas gerenciales de escala mundial, debe asegurarse el fin del orden capitalista. La creencia de que el nazismo es un «capitalismo en decadencia» [...] impide por completo explicar razonablemente el pacto nazi-soviético. De esta creencia derivó la previsible guerra entre Alemania y Rusia, y no la guerra a muerte entre Alemania y el Imperio británico. La guerra entre Alemania y Rusia es una de las guerras gerenciales del futuro, y no una de las guerras anticapitalistas de ayer y de hoy.

Sin embargo, el ataque contra Rusia llegaría más tarde, y parecía seguro, o casi, que Rusia caería derrotada: «Existen sobradas razones para creer [...] que Rusia quedará dividida, con la mitad occidental gravitando hacia la base europea y la oriental, hacia la asiática». Esta cita proviene de *La revolución de los directores*. En el artículo citado más arriba, escrito probablemente seis meses después, se expresa de un modo más contundente: «Las debilidades de los rusos indican que Rusia no será capaz de resistir, que se fracturará y caerá hacia este y oeste». Y en una nota adicional que se añadió en la edición inglesa (de Pelican), y que parece estar escrita a finales de 1941, Burnham habla como si ese proceso de «fractura» ya se estuviese produciendo. La guerra, afirma, «forma parte de los medios a través de los cuales la mitad occidental de Rusia está siendo integrada en el superestado europeo».

Si ponemos en orden esta serie de afirmaciones, obtenemos las profecías siguientes:

1. Alemania iba a ganar la guerra con toda probabilidad.

2. Alemania y Japón iban a sobrevivir como grandes estados y se convertirían en los núcleos de poder de sus zonas respectivas.

3. Alemania no atacaría a la URSS hasta que Gran Bretaña hubiese sido derrotada.

4. La URSS iba a sucumbir.

No obstante, Burnham ha hecho otras predicciones al margen de estas. En un breve artículo de la *Partisan Review*, publicado en el verano de 1944, exponía su opinión de que la URSS se confabularía con Japón con el fin de evitar la derrota total de este último, mientras que los comunistas estadounidenses se pondrían manos a la obra para sabotear el frente oriental de la guerra. Y, por último, en un artículo publicado en la misma revista en el invierno de 1944-1945, afirmaba que Rusia, destinada poco antes a «fracturarse», estaba a punto de conquistar toda Eurasia. Este artículo, que suscitó fuertes controversias entre la *intelligentsia* norteamericana, no ha sido publicado en Inglaterra. Debo dar cierta cuenta de él aquí, ya que su enfoque y su tono emocional son peculiares, y examinándolos podemos acercarnos a las raíces reales de la teoría de Burnham.

El artículo se titula «El heredero de Lenin», y se propone mostrar que Stalin es el único y legítimo guardián de la Revolución rusa y que en modo alguno la ha «traicionado», sino que simplemente ha llevado adelante los principios que estaban implícitos desde el principio. Esta es, de por sí, una opinión más fácil de tragarse que la reivindicación trotskista habitual, que afirma que Stalin no es más que un estafador que ha pervertido la revolución en su propio interés, y que las cosas habrían sido diferentes si Lenin siguiera vivo o si Trotski hubiera continuado en el poder. En realidad, no existen razones de peso para pensar que la deriva general del régimen pudiese haber sido muy distinta. Mucho antes de 1923, las semillas de la sociedad totalitaria eran ya muy evidentes. Lenin, de hecho, fue uno de esos políticos que se granjean una reputación inmerecida al morir prematuramente.* De haber seguido vivo, es probable que lo hubiesen expulsado del poder, como a Trotski, o que se hubiera mantenido en él recurriendo a métodos tan bárbaros, o casi, como los de Stalin. El título del ensayo de Burnham, por tanto, expone una tesis razonable, y cabría esperar que la respaldara apelando a los hechos.

Sin embargo, el ensayo apenas entra en el que es, en principio, su tema central. Es evidente que cualquiera que estuviese verdaderamente interesado en mostrar que ha habido una continuidad política entre Lenin y Stalin, empezaría por resumir la política de Lenin y luego pasaría a explicar de qué modo se le parece la de Stalin. Burnham no lo hace. Con la excepción de un par de frases sueltas, no dice nada de la política de Lenin, y su nombre solo aparece cinco veces en un ensayo de doce páginas; en las primeras siete, al margen del título, no aparece ni una sola. El verdadero objetivo del ensayo es presentar a Stalin como una figura imponente, sobrehumana —una especie de semidiós, de hecho—, y al bolchevismo como una fuerza imparable que está expandiéndose por la Tierra y que no podrá ser detenida hasta que alcance las fronteras más remotas de Eurasia. Asimismo, en los pocos inten-

---

* Cuesta encontrar a un político que haya vivido hasta los ochenta años y siga siendo considerado un dirigente de éxito. Lo que conocemos como un «gran» hombre de Estado suele ser alguien que ha muerto antes de que sus políticas tuvieran tiempo de surtir efecto. Si Cromwell hubiese vivido unos años más, seguramente habría perdido el poder, en cuyo caso sería considerado un fracasado hoy en día. Y si Pétain hubiese muerto en 1930, Francia lo habría venerado como a un héroe y un patriota. Napoleón señaló en una ocasión que, de haber sido alcanzado por una bala de cañón cuando cargó contra Moscú, habría pasado a la historia como la figura más importante que hubiera existido jamás. (N. del A.)

tos que hace de demostrar su argumento, Burnham se limita a repetir una y otra vez que Stalin es «un gran hombre»; lo que probablemente sea cierto, pero resulta casi por completo irrelevante. Además, aunque es verdad que presenta algunos argumentos sólidos para creer en el genio de Stalin, está claro que en la mente de Burnham la idea de «grandeza» está mezclada de forma inextricable con las de crueldad y deshonestidad. Hay algunos pasajes curiosos que parecen sugerir que Stalin debe ser admirado a causa del sufrimiento sin límites que ha generado:

> Stalin demuestra ser un «gran hombre» con toda magnificencia. El relato de los banquetes, celebrados en Moscú para los dignatarios de visita, marca el tono simbólico. Con sus enormes menús de esturiones y asados, y aves de corral, y dulces; sus ríos de licor; las decenas de brindis con los que terminan; los policías secretos, silenciosos e inmóviles, detrás de cada invitado; todo ello con el trasfondo invernal de las masas hambrientas por el sitio de Leningrado; los millones de muertos en el frente; los campos de concentración atestados; la muchedumbre de las ciudades, mantenida al límite de la vida con raciones ínfimas; apenas hay rastro de mediocridad anodina o signos de Babbitt.* Reconocemos, más bien, las tradiciones de los Zares más espectaculares, de los Grandes Reyes de los medos y los persas, del Kanato de la Horda Dorada, del banquete que ofrecemos a los dioses de la Edad Heroica como tributo con la idea de que la insolencia, la indiferencia y la brutalidad a semejante escala apartan a los hombres del nivel humano [...] Las técnicas políticas de Stalin exhiben una libertad respecto de las restricciones convencionales

---

* Protagonista de la novela del mismo título escrita por Sinclair Lewis y publicada en 1922. Su nombre ha pasado a designar al arquetipo del norteamericano materialista y políticamente correcto que encarnaba. *(N. de la T.)*

que es incompatible con la mediocridad; el hombre mediocre está atado a las costumbres. A menudo es la escala de sus operaciones lo que las hace destacables. Es habitual, por ejemplo, que los hombres activos en la vida práctica maquinen en alguna ocasión una trampa para incriminar a alguien. Pero tenderle una trampa a decenas de miles de personas, porcentajes importantes de estratos completos de la sociedad, incluida la mayoría de los propios camaradas, es algo que está tan fuera de lo común que, a largo plazo, la conclusión a la que llegan las masas es, o bien que el montaje debe de ser cierto —o al menos, que «debe de haber algo de verdad en él»—, o bien que ante un poder tan inmenso no queda más que someterse, que es una «necesidad histórica», como lo llaman los intelectuales [...] No hay nada de insólito en dejar que unas pocas personas se mueran de hambre por razones de Estado; pero dejar que mueran de hambre, deliberadamente, varios millones, es un tipo de acción que se acostumbra a atribuir solo a los dioses.

Puede que en este y en otros pasajes similares haya un matiz de ironía, pero es difícil no tener la impresión de que hay también una especie de admiración fascinada. Hacia el final del ensayo, Burnham compara a Stalin con esos héroes semimíticos, como Moisés o Aśoka, que encarnan toda una época, y a los que se pueden atribuir con justicia hazañas que no llevaron a cabo realmente. Cuando escribe sobre la política exterior soviética y sus supuestos objetivos, adopta un tono aún más místico:

Brotando del núcleo magnético del corazón de Eurasia, el poder soviético, así como la realidad del Uno del neoplatonismo se derrama en una serie descendente de progresión emanadora, fluye hacia fuera, hacia el oeste sobre Europa, hacia el sur sobre Oriente Próximo, hacia el este sobre China, baña ya las orillas del Atlántico, el mar Amarillo y el mar de

China, el Mediterráneo y el golfo Pérsico. Del mismo modo que el Uno indiferenciado desciende en su progreso por los estadios de la Mente, el Alma y la Materia, y atraviesa luego su Retorno fatal, de vuelta a sí mismo; así el poder soviético, que emana de un centro íntegramente totalitario, se despliega por Absorción (el Báltico, Besarabia, Bucovina, Polonia Oriental), Dominación (Finlandia, los Balcanes, Mongolia, China del Norte y, mañana, Alemania), Influencia Orientadora (Italia, Francia, Turquía, Irán, China Central y Meridional...), hasta disiparse en el No-Ser, la esfera material exterior, más allá de las fronteras euroasiáticas, de Aplacamiento provisional e Infiltración (Inglaterra, Estados Unidos).

No creo que sea muy aventurado sugerir que la intención de esas mayúsculas innecesarias que inundan el pasaje es la de provocar un efecto hipnótico en el lector. Burnham está intentando construir una imagen de poder aterrador e irresistible, y convertir una maniobra política habitual como la infiltración en una Infiltración contribuye a la pomposidad general. El ensayo debería leerse completo. Aunque no es el tipo de tributo que el rusófilo común consideraría aceptable, y aunque el propio Burnham afirmaría seguramente que está siendo estrictamente objetivo, en la práctica está llevando a cabo un acto de homenaje, e incluso de autodegradación. Por otro lado, este ensayo nos deja otra profecía que añadir a la lista; a saber, que la URSS conquistará toda Eurasia, y probablemente mucho más. Hay que recordar que la teoría fundamental de Burnham contiene, en sí misma, una predicción que aún está pendiente de comprobación: que, pase lo que pase, la sociedad de los directores va a prevalecer.

La profecía anterior de Burnham, la de una victoria alemana en la guerra y la integración de Europa en torno al núcleo alemán, quedó invalidada, no solo en sus líneas generales, sino en algunos detalles importantes. Burnham insiste todo el tiempo en que la sociedad gerencial no solo es más eficiente que la democracia capitalista o el socialismo marxista, sino también más aceptable para las masas. Los eslóganes de la democracia y la autodeterminación nacional, afirma, ya no tienen ningún atractivo para ellas; la nueva sociedad gerencial, por su parte, es capaz de avivar el entusiasmo, marcar objetivos bélicos comprensibles, establecer quintas columnas en todas partes e inspirar a los soldados con una moral fanática. Se hace mucho hincapié en el «fanatismo» de los alemanes, en contraposición a la «apatía» o la «indiferencia» de británicos, franceses, etcétera, y el nazismo es representado como una fuerza revolucionaria que está barriendo Europa y propagando su filosofía «por contagio». Las quintas columnas nazis «son imposibles de eliminar», y las naciones democráticas son incapaces de proyectar ningún acuerdo que las masas alemanas o europeas puedan preferir al Nuevo Orden. En cualquier caso, las democracias solo pueden derrotar a Alemania si «llevan el proceso gerencial más lejos de lo que lo ha llevado ya Alemania».

El germen de verdad que hay en todo esto es que los estados europeos más pequeños, desmoralizados por el caos y el estancamiento de los años anteriores a la guerra, se hundieron mucho más rápido de lo que habría sido necesario, y cabe imaginar que habrían aceptado el Nuevo Orden si los alemanes hubieran mantenido algunas de sus promesas. Pero la experiencia real del dominio alemán desató casi de inmediato una oleada de odio y venganza rara vez vista. A partir de comienzos de 1941, apenas hubo necesidad de un objetivo bélico firme, pues deshacerse de los alemanes era meta suficiente. La cuestión de la moral, y su relación con la solidaridad nacional, es nebulosa, y es posible manipular las evidencias de modo que no prueben prácticamente nada. Pero si nos guiamos por la proporción de prisioneros respecto a otras bajas y el grado de colaboracionismo, los estados totalitarios salen peor parados de la comparación que las democracias. Al parecer, cientos de miles de rusos se han pasado a las filas alemanas durante el curso de la guerra, y una cifra comparable de alemanes e italianos se pasaron a las filas aliadas antes de que esta comenzara, mientras que el número equivalente de desertores estadounidenses o británicos ascendería a unas docenas. Como ejemplo de la incapacidad de las «ideologías capitalistas» para granjearse apoyo, Burnham cita «el completo fracaso del alistamiento voluntario en Inglaterra (así como en todo el Imperio británico) y Estados Unidos». Cabría deducir de esto que los ejércitos de los estados totalitarios estaban formados por voluntarios, pero, en realidad, ningún Estado totalitario ha llegado a considerar la idea del alistamiento voluntario con ningún propósito, ni tampoco, a lo largo de la historia, se ha formado un gran ejército con tropas voluntarias.* No merece la pena enumerar todos los argumentos similares que expone Burnham. La clave es que daba por hecho que los alemanes ganarían la guerra tanto propagandística como militar, y que esa predicción, cuando menos en Europa, no ha quedado confirmada por los acontecimientos.

Está claro que las predicciones de Burnham, cuando eran verificables, no solo han resultado erróneas, sino que a veces se han contradicho de un modo sensacional. Esto es lo significativo. Las predicciones políticas suelen errar, porque normalmente se basan en el pensamiento ilusorio, pero pueden tener un valor sintomático, en particular cuando cambian abruptamente. A menudo, el factor revelador es la fecha en

---

* Gran Bretaña consiguió un millón de voluntarios en los inicios de la guerra de 1914-1918. Esto debe de ser un récord mundial, pero la presión ejercida fue tal que es discutible que aquel alistamiento deba ser descrito como voluntario. Incluso las guerras más «ideológicas» se han librado en enorme medida con hombres presionados. En la guerra civil inglesa, las guerras napoleónicas, la guerra de Secesión, la Guerra Civil española, etcétera, ambos bandos recurrieron al alistamiento obligatorio o a las patrullas de reclutamiento. (N. del A.)

que fueron hechas. Datando los diversos escritos de Burnham con toda la precisión que permiten las evidencias implícitas, y fijándonos después en los sucesos con los que coincidieron, encontramos las conexiones siguientes.

En *La revolución de los directores*, Burnham profetiza una victoria alemana, el aplazamiento de la guerra ruso-alemana hasta que Gran Bretaña haya sido vencida y, posteriormente, la derrota de Rusia. El libro, o gran parte del mismo, fue escrito en la segunda mitad de 1940, esto es, en un momento en el que los alemanes habían invadido Europa occidental y estaban bombardeando Gran Bretaña, mientras que los rusos estaban colaborando con ellos de un modo bastante estrecho y con lo que en principio parecía un espíritu contemporizador.

En la nota adicional añadida a la edición inglesa del libro, Burnham parece dar por hecho que la URSS está ya derrotada y el proceso de división, a punto de comenzar. Esta edición se publicó en la primavera de 1942 y la nota, presumiblemente, fue escrita a finales de 1942; es decir, cuando los alemanes alcanzaron las afueras de Moscú.

La predicción de que Rusia se confabularía con Japón en contra de Estados Unidos se escribió a principios de 1944, poco después de que se firmara un nuevo tratado ruso-japonés.

La profecía de la conquista mundial de Rusia fue escrita en el invierno de 1944, mientras los rusos avanzaban rápidamente por Europa oriental y los aliados estaban todavía atascados en Italia y el norte de Francia.

Queda claro que, en cada momento, las predicciones de Burnham consisten en una continuación de aquello que está ocurriendo. Pero la tendencia a hacer esto no es simplemente una mala costumbre, como la imprecisión o la exageración, algo que uno pueda corregir con algo de cuidado; al contrario, es una enfermedad mental importante, y sus raíces se asientan, en parte, en la cobardía y, en parte, en el culto al poder, que no es del todo disociable de la cobardía.

Supongamos que en 1940 se hubiese realizado una encuesta Gallup en Inglaterra con la pregunta: «¿Ganará Alemania la guerra?». Habríamos hallado, curiosamente, que el grupo del «Sí» incluiría un porcentaje bastante más alto de personas inteligentes —personas, digamos, con un coeficiente intelectual superior a 120— que el grupo del «No». Y lo mismo a mediados de 1942. En este caso las cifras no habrían sido tan llamativas, pero si la pregunta hubiese sido: «¿Conquistarán Alejandría los alemanes?» o «¿Serán capaces los japoneses de retener los territorios que han conquistado?», entonces habríamos visto, de nuevo, una marcada tendencia a que la inteligencia se concentrara en el grupo del «Sí». En todos los casos, las personas menos dotadas habrían dado con mayor frecuencia la respuesta correcta.

Si nos guiáramos únicamente por estos ejemplos, podríamos concluir que una gran inteligencia y un criterio militar pésimo van siempre de la mano. Sin embargo, no es tan sencillo. La *intelligentsia* inglesa, en general, era más derrotista que el común de la gente —y algunos siguieron siéndolo cuando era ya obvio que la guerra estaba ganada—, en parte porque era más capaz de visualizar los sombríos años de guerra que quedaban por delante. Su moral era más baja porque su imaginación era más poderosa. La forma más rápida de terminar la guerra era perdiéndola, y si a uno le parece insoportable la perspectiva de una guerra larga, es natural que ponga en duda la posibilidad de la victoria. Pero había algo más. Estaba también la desafección de un gran número de intelectuales, lo que les hacía muy difícil no alinearse con cualquier país que fuese hostil a Gran Bretaña. Y, en el fondo de todo, existía una admiración —si bien solo era consciente en muy pocos casos— por el poder, la energía y la crueldad del régimen nazi. Sería una tarea muy útil, aunque tediosa, repasar la prensa de izquierdas y enumerar todas las referencias hostiles al nazismo durante los años 1935-1945. Comprobaríamos, no me cabe duda de ello, que alcanzaron su punto álgido en 1937-

1938 y en 1944-1945, y que cayeron de forma notoria en los años 1939-1942; esto es, en el período en el que daba la impresión de que Alemania estaba ganando. Encontraríamos, además, a la misma gente abogando por un acuerdo de paz en 1940 y aprobando el desmembramiento de Alemania en 1945. Y si estudiásemos las reacciones de la *intelligentsia* inglesa hacia la URSS, también ahí encontraríamos impulsos genuinamente progresistas mezclados con una admiración por el poder y la crueldad. Sería muy injusto sugerir que el culto al poder es el único motivo tras el sentimiento rusófilo, pero sí es uno de los motivos, y entre los intelectuales, probablemente el más intenso.

El culto al poder enturbia el criterio político porque conduce, de forma casi inevitable, a la creencia de que las tendencias actuales persistirán. Quienquiera que esté ganando en un determinado momento dará siempre la impresión de ser invencible. Si los japoneses conquistan Asia meridional, entonces la retendrán para siempre; si los alemanes conquistan Tobruk, conquistarán irremediablemente El Cairo; si los rusos llegan a Berlín, no pasará mucho tiempo hasta que lleguen a Londres, y así sucesivamente. Esta forma de pensar conduce asimismo a la creencia de que las cosas ocurrirán de un modo más rápido, completo y catastrófico de lo que ocurren en la práctica. El auge y caída de los imperios, la desaparición de culturas y religiones, son acontecimientos que se espera que ocurran con la inmediatez de un terremoto, y se habla de procesos apenas iniciados como si estuviesen ya terminando. Los escritos de Burnham están llenos de visiones apocalípticas. Las naciones, los gobiernos, las clases y los sistemas sociales se presentan constantemente en expansión, contracción, declive, disolución, derrocamiento, desplome, desmoronamiento, cristalización y, en general, como si exhibieran un comportamiento inestable y melodramático. La lentitud de los cambios históricos, el hecho de que cada época contiene siempre mucho de la anterior, nunca se tiene lo bastante en cuenta. Semejante forma de pensar conduce a profecías equivocadas, ya que, incluso cuando evalúe correctamente la dirección de los acontecimientos, errará al calcular el ritmo de estos. En el espacio de cinco años, Burnham vaticinó la dominación alemana de Rusia y la dominación rusa de Alemania. En ambos casos estaba obedeciendo al mismo instinto, el de agachar la cabeza frente al conquistador del momento, el de considerar irreversible la tendencia vigente. Con esto en mente es posible formular una crítica más amplia de su teoría.

Los errores que he señalado no refutan la teoría de Burnham, pero sí que arrojan algo de luz en sus posibles motivos para sostenerla. En esta conexión no podemos dejar de tener en cuenta el hecho de que Burnham es estadounidense. Toda teoría política tiene un cierto matiz regional, y toda nación y cultura tienen sus prejuicios y sus parcelas de ignorancia característicos. Hay determinados problemas que deben evaluarse, casi inevitablemente, desde una perspectiva diferente en función de la posición geográfica desde la que se analicen. Pues bien, la postura que adopta Burnham, en virtud de la cual clasifica el comunismo y el fascismo como, en gran medida, la misma cosa, al tiempo que los acepta a ambos —o, cuando menos, no cree que deban combatirse violentamente—, es en esencia una postura norteamericana, y sería casi impensable para un inglés o cualquier otro europeo occidental. Los autores ingleses que consideran el comunismo y el fascismo la misma cosa sostienen invariablemente que ambos son males monstruosos que debemos combatir a muerte; y, por otra parte, cualquier inglés que crea que el comunismo y el fascismo son cosas opuestas, siente que debe tomar partido por uno u otro.* El motivo de esta diferencia de postura es muy

* La única excepción que soy capaz de encontrar es la de Bernard Shaw, el cual, al menos durante algunos años, afirmó que el comunismo y el fascismo eran prácticamente la misma cosa y estaba a favor de ambos. Pero Shaw, a fin de cuentas, no es inglés, y es pro-

sencillo y, como de costumbre, está vinculado al pensamiento ilusorio. Si el totalitarismo triunfa y los sueños de los geopolíticos se hacen realidad, Gran Bretaña dejará de existir como potencia mundial y toda Europa occidental será absorbida por un único gran Estado. Para un inglés, esta no es una perspectiva que le sea fácil considerar con desapego. O bien no quiere que Gran Bretaña desaparezca, en cuyo caso tenderá a elaborar teorías que prueben lo que desea, o bien, como una minoría de intelectuales, concluye que su país está acabado y transfiere su lealtad a alguna potencia extranjera. Un estadounidense no se enfrenta a esa elección. Pase lo que pase, Estados Unidos sobrevivirá como una gran potencia, y desde el punto de vista norteamericano poco importa que Europa esté dominada por Rusia o por Alemania. La mayoría de los estadounidenses que le dedican alguna atención a este asunto preferirían ver el mundo dividido en dos o tres estados monstruosos que habrían alcanzado sus fronteras naturales y que podrían negociar cuestiones económicas entre ellos sin el estorbo de las diferencias ideológicas. Un panorama mundial como este encaja con la tendencia estadounidense a admirar el tamaño por sí mismo y a considerar que el éxito constituye una justificación, y encaja también con el sentimiento antibritánico imperante. En la práctica, Gran Bretaña y Estados Unidos se han visto obligados en dos ocasiones a aliarse en contra de Alemania, pero, subjetivamente, la mayoría de los estadounidenses preferirían a Rusia o a Alemania antes que a Gran Bretaña, y, entre Rusia y Alemania, preferirían a aquel que pareciera más fuerte en ese momento.* No es de sorpren-

---

bable que no sienta que su destino está ligado al de Gran Bretaña. (*N. del A.*)

 * Aún en el otoño de 1945, una encuesta Gallup realizada entre los soldados estadounidenses en Alemania desveló que el 51 por ciento creían que «Hitler había hecho mucho bien antes de 1939». Esto fue después de cinco años de propaganda antihitleriana. El ve-

346

der, por tanto, que la cosmovisión de Burnham esté a menudo notablemente cerca de la de los imperialistas estadounidenses, por un lado, o de la de los aislacionistas, por otro. Es una visión «dura» o «realista» que encaja con la variante norteamericana de pensamiento ilusorio. La admiración casi expresa por los métodos de Hitler que muestra Burnham en el primero de sus libros, y que le resultaría chocante a casi cualquier lector inglés, se basa en último término en el hecho de que el Atlántico es más ancho que el canal de la Mancha.

Como he dicho antes, seguramente Burnham ha acertado más de lo que ha errado en relación con el presente y el pasado inmediato. Durante los últimos cincuenta años, la tendencia general ha sido, sin duda, hacia la oligarquía. La concentración creciente del poder industrial y financiero, la importancia cada vez menor del pequeño capitalista o accionista y el crecimiento de la nueva clase «gerencial» de científicos, técnicos y burócratas; la debilidad del proletariado frente al Estado centralizado; la creciente indefensión de los países pequeños frente a los grandes; la decadencia de las instituciones representativas y la aparición de regímenes de partido único basados en el terrorismo policial, los plebiscitos amañados, etcétera, todos estos fenómenos parecen apuntar en la misma dirección. Burnham percibe esta tendencia y decide que es imparable, al igual que un conejo fascinado por una boa constrictor decidiría que esta es el animal más poderoso del mundo. Al analizarlo con más profundidad, vemos que todas sus ideas reposan en dos axiomas que se daban por sentados en el primer libro y que se volvían parcialmente explícitos en el segundo. Son estos:

---

redicto citado no es rotundamente favorable a Alemania, pero cuesta creer que el 51 por ciento de las tropas estadounidenses le otorgaran a Gran Bretaña un veredicto igualmente favorable. *(N. del A.)*

a) Que la política es esencialmente la misma en todas las épocas.

b) Que el comportamiento político es distinto de otros tipos de comportamiento.

Empecemos por el segundo punto. En *Los maquiavelistas*, Burnham insiste en que la política no es más que una lucha por el poder. Todo movimiento social importante, toda guerra, toda revolución, todo programa político, por edificante y utópico que sea, encubre en realidad las ambiciones de algún sector decidido a hacerse con el poder. El poder nunca puede ser reprimido por un código ético o religioso, sino solo por otro poder. El enfoque más próximo posible al altruismo es la percepción, por parte de un grupo gobernante, de que seguramente permanecerá más tiempo en el poder si se comporta con decencia. Pero, curiosamente, estas generalizaciones solo se aplican al comportamiento político, no a ningún otro tipo de comportamiento. En la vida cotidiana, tal como lo ve y admite Burnham, ¿no podemos explicar toda acción humana aplicando el principio del *cui bono*? Evidentemente, el ser humano tiene impulsos que no son egoístas, y, por tanto, es un animal capaz de actuar moralmente cuando actúa de forma individual, pero que se vuelve inmoral cuando actúa colectivamente. Sin embargo, incluso esta generalización se aplica solo a los grupos de las altas esferas. Las masas, al parecer, tienen unas vagas aspiraciones a la libertad y la fraternidad humana, de las que se aprovechan fácilmente personas o minorías sedientas de poder. Así pues, la historia consiste en una sucesión de estafas en las que, primero, se incita a las masas a la revolución con la promesa de la utopía, y luego, cuando se ha logrado que hagan su trabajo, los nuevos amos las esclavizan otra vez.

La actividad política, por consiguiente, es un tipo especial de comportamiento, caracterizado por una falta absoluta de escrúpulos y que se da únicamente entre pequeños grupos de población, en especial entre grupos de insatisfechos que no pueden dar rienda suelta a su talento en el tipo de sociedad vigente. La gran masa de gente —y aquí es donde b) queda vinculado a a)— es siempre apolítica. En la práctica, por tanto, la humanidad está dividida en dos clases, la minoría interesada e hipócrita y la turba sin cerebro, cuyo destino es siempre ser mandada o engatusada, igual que uno conduce al cerdo de vuelta a la pocilga dándole puntapiés en el trasero o repiqueteando con un palo el cubo de la comida, según las necesidades del momento. Y este bonito patrón va a continuar para siempre. Los individuos pueden pasar de una categoría a otra, clases enteras pueden destruir a otras clases y ascender a la posición dominante, pero la división de la humanidad entre gobernantes y gobernados es inalterable. En sus capacidades, así como en sus necesidades y deseos, los hombres no son iguales. Existe una «ley de hierro de la oligarquía», que actuaría incluso si la democracia no fuera imposible por razones mecánicas.

Es curioso que en toda esta reflexión sobre la lucha por el poder, Burnham no se pare nunca a preguntarse por qué la gente va en pos de él. Parece dar por sentado que el ansia de poder, si bien solo es dominante en relativamente poca gente, es un instinto natural que no necesita ser explicado, como el deseo de comer. También da por sentado que la división de la sociedad en clases sirve al mismo propósito en todas las épocas, algo que equivale prácticamente a ignorar centenares de años de historia. Cuando el maestro de Burnham, Maquiavelo, escribía, las divisiones de clase no solo eran inevitables sino aconsejables. Mientras los medios de producción siguieron siendo primitivos, la gran mayoría de la gente estaba necesariamente sujeta a trabajos manuales farragosos y agotadores, y unas pocas personas tenían que quedar liberadas de este tipo de trabajos, pues de otro modo la civilización no podría mantenerse a sí misma, y no digamos ya realizar cualquier progreso. Pero, desde la llegada de la máquina, toda esta pauta ha cambiado. La justificación de las divisiones de clase, si es que hay alguna, ya no es la misma, puesto que no hay ninguna razón mecánica por la que el ser humano común deba seguir siendo un burro de carga. Ciertamente, esto sigue ocurriendo; las diferencias de clase seguramente se están reinstaurando bajo una forma nueva, y la libertad individual va de capa caída. Aun así, dado que estos hechos son ahora evitables desde el punto de vista técnico, deben de tener alguna causa psicológica que Burnham no hace intento alguno de explicar. La pregunta que debería plantearse, y que nunca formula, es: ¿por qué el ansia de poder puro y duro se ha convertido en un impulso humano de primer orden precisamente ahora, cuando el dominio del hombre sobre el hombre está dejando de ser necesario? En cuanto a la afirmación de que la «naturaleza humana» o las «leyes inexorables» de aquello y lo otro hacen imposible el socialismo, no es más que una proyección del pasado sobre el futuro. En la práctica, lo que sostiene Burnham es que, dado que nunca ha existido una sociedad de seres humanos libres e iguales, esta no puede existir. Con el mismo argumento, podríamos haber demostrado la imposibilidad de los aviones en 1900 o de los coches en 1850.

La idea de que la máquina ha modificado las relaciones humanas, y de que, por tanto, Maquiavelo está obsoleto, es muy obvia. Si Burnham no la aborda, esto solo puede deberse, creo yo, a que su propio instinto hacia el poder lo lleva a apartar de un plumazo cualquier insinuación de que el mundo maquiavélico de fuerza, engaños y tiranía pueda estar llegando a su fin. Es importante tener presente lo que he dicho más arriba, que la teoría de Burnham es solo una variante —una estadounidense, e interesante debido a su exhaustividad— del culto al poder tan extendido hoy en día entre los intelectuales. Una variante más normal, al menos en Inglaterra, es el comunismo. Si analizamos a la gente que, teniendo cierta idea de cómo es el régimen ruso, es firmemente rusófila, encontramos que, en general, pertenecen a la clase «de los directores» sobre la que escribe Burnham. Es decir, no son «directores» en el sentido estricto del término, sino científicos, técnicos, maestros, periodistas, locutores, burócratas, políticos profesionales...; en general, gente con una posición social media que se siente coartada por un sistema que sigue siendo parcialmente aristocrático, y que anhela hacerse con más poder y más prestigio. Estas personas miran hacia la URSS y ven —o creen ver— en ella un sistema que elimina a la clase alta, mantiene en su sitio a la clase obrera y otorga un poder ilimitado a personas muy similares a ellas mismas. No fue hasta después de que el régimen soviético se volviera inequívocamente totalitario cuando los intelectuales ingleses, en una gran proporción, empezaron a mostrarse interesados en él. Burnham, aunque la *intelligentsia* inglesa rusófila lo repudiaría, está dando voz a su deseo secreto, el de destruir la variante antigua e igualitaria del socialismo y abrir las puertas a una sociedad jerárquica en la que los intelectuales puedan al fin sujetar el látigo entre sus manos. Burnham al menos tiene la decencia de afirmar que el socialismo no llegará; los demás se limitan a decir que el socialismo está llegando y luego le otorgan al término «socialismo» un nuevo significado que convierte el anterior en papel mojado. Pero su teoría, por mucha apariencia de objetividad que tenga, es la racionalización de un deseo. No hay motivos de peso para pensar que nos esté diciendo nada sobre el futuro, salvo quizá sobre el futuro inmediato. Nos explica simplemente el tipo de mundo en el que la clase «de los directores», o cuando menos sus miembros más conscientes y ambiciosos, querría vivir.

Afortunadamente, los «directores» no son tan invencibles como cree Burnham. Es curioso con cuánta persistencia ignora en su libro *La revolución de los directores* las ventajas, tanto militares como sociales, de las que goza un país democrático. A cada momento, introduce evidencias con calzador para mostrar la fuerza, la vitalidad y la durabilidad del régimen demente de Hitler. Alemania se está expandiendo rápidamente, y «una rápida expansión territorial nunca fue señal de decadencia [...] sino de renovación». Alemania combate con éxito, y «la capacidad bélica nunca es señal de decadencia, más bien de lo contrario». Además, Alemania «inspira una lealtad fanática a millones de personas, lo que nunca acompaña a la decadencia». Incluso la crueldad y el carácter manipulador del régimen nazi se citan en su favor, pues «es más probable que sea el orden social nuevo, joven y en crecimiento el que recurra a la mentira, el terror y la persecución». Sin embargo, en tan solo cinco años, este joven, nuevo y pujante orden social se ha hecho añicos y se ha vuelto «decadente», en el sentido que le da Burnham a este término. Y esto ha ocurrido en grandísima medida a causa de la estructura «gerencial» (esto es, no democrática) que admira Burnham. La razón inmediata de la derrota alemana fue la locura inaudita de atacar a la URSS cuando Gran Bretaña seguía en pie y Estados Unidos se estaba preparando para combatir. Errores de este calibre solo pueden cometerse, o al menos tienen más probabilidades de cometerse, en países donde la opinión pública no tiene ningún poder. Cuando el hombre común puede hacerse oír, es menos factible que se vulneren reglas tan elementales como la de no enfrentarte a todos tus enemigos a la vez.

Pero, en cualquier caso, deberíamos haber sido capaces de ver desde el principio que un movimiento como el nazismo no podría producir ningún resultado positivo o estable. En realidad, mientras los nazis fueron ganando, Burnham no parecía ver nada malo en sus métodos. Tales métodos, afirmó, solo parecen malvados porque son nuevos:

> Ninguna ley histórica dispone que los buenos modales y la «justicia» deban triunfar. En la historia siempre se plantea la cuestión relativa a los modales *de quién* y la justicia *de quién*. Una clase social en crecimiento y un orden social nuevo deben abrirse paso a través de los viejos códigos morales, del mismo modo que a través de las viejas instituciones eco-

nómicas y políticas y, como es natural, desde el punto de vista de la vieja, son monstruosos. De triunfar, a su debido tiempo cuidarán de sus modales y de su moralidad.

Esto implica que no hay nada, literalmente, que pueda ser bueno o malo si la clase dominante del momento así lo desea. Ignora el hecho de que ciertas reglas de conducta deben ser observadas si se quiere que la sociedad humana permanezca unida. Burnham, por tanto, fue incapaz de ver que los crímenes y locuras del régimen nazi conducirían necesariamente al desastre de un modo u otro. Y lo mismo cabe decir de su reciente admiración por el estalinismo. Es demasiado pronto para decir de qué modo exacto se destruirá a sí mismo el régimen ruso. Si tuviera que lanzar una profecía, diría que una continuación de las políticas rusas de los últimos quince años —y la política interior y exterior, claro está, no son más que dos facetas de la misma cosa— solo puede conducir a una guerra nuclear, lo que haría que la invasión de Hitler pareciera una apacible merienda. Pero, en cualquier caso, el régimen ruso tendrá que democratizarse o sucumbirá. Ese imperio esclavista, enorme, invencible e imperecedero con el que Burnham parece soñar no se instaurará, y si lo hace, no resistirá, porque la esclavitud ya no es una base estable para la sociedad humana.

Uno no puede formular siempre profecías positivas, pero hay momentos en los que debería ser capaz de exponer alguna negativa. Nadie podía prever las consecuencias exactas del Tratado de Versalles, pero millones de personas racionales sí fueron capaces de predecir que serían negativas, e infinidad de gente, aunque no tanta en este caso, es capaz de pronosticar que las consecuencias del acuerdo que Europa se ve obligada a aceptar ahora también serán negativas. Abstenerse de admirar a Hitler o a Stalin tampoco debería requerir un enorme esfuerzo intelectual, pero es en parte un esfuerzo moral. Que un hombre tan dotado como Burnham

haya sido capaz de pensar durante un tiempo que el nazismo era algo admirable, algo que podía erigir un orden social
viable y duradero, muestra lo perjudicado que queda el sentido de la realidad al cultivar eso que ahora se conoce como
«realismo».

La visión de Burnham sobre el conflicto mundial contemporáneo

The New Leader (Nueva York), 29 de marzo de 1947

Subsiste una falacia decimonónica que sigue influenciando nuestro pensamiento: la idea de que dos grandes guerras no pueden tener lugar en un período de tiempo demasiado corto. Es verdad que la guerra civil estadounidense y la guerra franco-prusiana ocurrieron casi simultáneamente, pero en continentes distintos y con personas diferentes. De acuerdo con esta idea, parece que solo se puede reclutar gente cuando todos los que recuerdan lo que fue la última guerra hayan superado la edad de ser llamados a filas. Incluso el lapso transcurrido entre las dos guerras mundiales —veintiún años— fue lo bastante dilatado como para impedir que la mayoría de los soldados rasos participaran en las dos. Así pues, existe la vaga y muy extendida creencia, o esperanza, de que la Tercera Guerra Mundial no podría empezar antes de 1970, momento en el cual seguramente se argumentará que «cualquier cosa podría haber ocurrido».

Como apunta James Burnham,* todo eso ha sido alterado por la bomba atómica. Su libro es, en efecto, un producto de las armas atómicas; es una revisión, casi una huida, de

---

* *La lucha por el imperio mundial*, de James Burnham. *(N. del A.)*

355

la imagen que tenía antes del mundo, a la luz del hecho de que las grandes naciones están ahora en condiciones de aniquilarse las unas a las otras. Desde que las armas han alcanzado semejante nivel de destructividad, ya no puede asumirse el riesgo de que el enemigo dispare primero, porque en cuanto las dos naciones hostiles tengan bombas atómicas, la aniquilación tendrá lugar casi de inmediato. En opinión de Burnham, quedan probablemente diez años —aunque quizá sean cinco— antes de que la Tercera Guerra Mundial, que se ha estado incubando extraoficialmente desde 1944, entre en su fase activa.

No es necesario aclarar, desde luego, entre qué potencias tendría lugar esta guerra. El objetivo principal de Burnham al escribir este libro es instar a Estados Unidos a que tome la iniciativa y establezca ya el equivalente a un imperio mundial, antes de que el comunismo conquiste la totalidad de Eurasia. La continuidad de la civilización, afirma, está amenazada por la existencia de las armas atómicas, y no disfrutaremos de seguridad alguna salvo si es una única nación la que las posee. Lo ideal sería que la energía atómica fuera controlada por una autoridad internacional, pero no tenemos algo así ni parece que vayamos a tenerlo pronto, y mientras tanto los únicos que pueden competir seriamente por el poder mundial son Estados Unidos y la Unión Soviética. De todas formas, la batalla no es solamente entre la democracia occidental y el comunismo. La definición que hace Burnham del comunismo es crucial en el libro, y merece la pena detenerse a examinarla.

Burnham no acepta la creencia ampliamente extendida de que el comunismo es, simplemente, imperialismo ruso. Hay un genuino movimiento internacional del que la URSS es solo la base o el núcleo desde el cual se expande, absorbiendo para su sistema un territorio tras otro. Aun cuando el sistema lograra cubrir toda la faz de la Tierra, el verdadero centro del poder y del gobierno continuaría siendo, sin duda, la «madre patria» euroasiática; pero el comunismo mundial no significa.

tanto una conquista por parte de Rusia como la conquista por parte de una forma particular de organización social. El comunismo no es, en sentido estricto, un movimiento político, sino un movimiento conspirativo de alcance mundial que busca la conquista del poder. Su objetivo es establecer en todas partes un sistema similar al que prevalece en la Rusia soviética; esto es, un sistema colectivista en el plano técnico, pero que concentra todo el poder en unas cuantas manos y que se basa en el trabajo obligatorio y en la eliminación de sus oponentes, reales o imaginarios, por medio del terrorismo. Se puede expandir incluso más allá del radio de acción del Ejército Rojo, porque en todos los países cuenta con unos pocos partidarios fieles, con otros, más numerosos, engañados hasta cierto punto, y con unos terceros que aceptarían más o menos el comunismo si lo percibieran como una mejora y siempre que no se les presentara otra alternativa. En los países donde no son capaces de establecer su dominio, los comunistas actúan como una quinta columna, trabajando a través de organizaciones encubiertas de distintos tipos y aprovechando las aspiraciones de la clase trabajadora y la ignorancia de los liberales bienintencionados, siempre con el objetivo de sembrar la desmoralización con vistas al día en que estalle la guerra. En realidad, todas las actividades comunistas están dirigidas hacia este conflicto bélico. A menos que se obligue al comunismo a replegarse a un estado defensivo, es imposible que pueda evitarse la guerra, porque la inevitabilidad de la batalla final es parte de la mitología leninista y se cree en ella como si se tratara de un artículo de fe.

Tras abordar la naturaleza del comunismo y de la política exterior soviética, Burnham examina la situación estratégica. El «comunismo» —que equivale a decir la URSS junto con sus naciones satélite y sus quintas columnas— tiene enormes ventajas en cuanto a mano de obra, recursos naturales, la inaccesibilidad de la «madre patria» euroasiática, el atractivo casi religioso del mito comunista y sobre todo, quizá, la calidad de su cúpula dirigente. Los comandantes supremos del movimiento comunista son hombres que no tienen más objetivo en la vida que conquistar el poder, y a quienes no les preocupan demasiado ni los escrúpulos ni la opinión pública. Son expertos y fanáticos, mientras que sus oponentes son torpes y un poco aficionados. Por otra parte, el comunismo está atrasado desde el punto de vista tecnológico y posee la desventaja de que su mitología se la cree más fácilmente la gente que no ha visto de cerca la administración rusa. Estados Unidos es relativamente débil en cuanto a mano de obra y su posición geográfica no es demasiado relevante; sin embargo, industrial y técnicamente está muy por delante de todos sus rivales y tiene aliados potenciales en todo el mundo, sobre todo en Europa. La gran desventaja de Estados Unidos es, por tanto, que carece de una visión definida del mundo; si los norteamericanos comprendieran la fuerza que tienen y el peligro que los acecha, la situación sería enmendable.

Burnham analiza lo que debería hacerse, lo que podría hacerse y lo que probablemente va a hacerse. Descarta el pacifismo como un remedio práctico. En principio, este podría curar las enfermedades del mundo, pero como no es posible convencer a un número significativo de gente de que lo adopte, solo puede constituir una salvación para unos cuantos individuos, no para la sociedad en su conjunto. Las únicas alternativas reales que se le ofrecen al mundo son ser dominado por el comunismo o por Estados Unidos. Por supuesto, es preferible la última opción, y el país norteamericano debe actuar rápidamente y con un propósito inequívocamente claro. Debe empezar por proponer una unión —no una alianza, sino una fusión completa— con Inglaterra y los Dominios ingleses, y esforzarse por atraer a Europa a su órbita; debe extirpar de raíz el comunismo dentro de sus propias fronteras; debe erigirse con toda franqueza en el campeón mundial contra el comunismo y enviar propaganda anónima a los habitantes de los países ocupados por los soviéticos, y sobre todo al pueblo ruso, para dejarles claro que el enemigo no son ellos, sino sus dirigentes; debe adoptar la actitud más firme posible frente a la URSS, siendo consciente en todo momento de que una amenaza o un gesto no respaldado por la fuerza militar es inútil; debe alinearse con las naciones amigas y no obsequiar comida ni maquinaria a sus enemigos, y, sobre todo, Estados Unidos debe tener una política clara. A menos que cuente con un plan definido y comprensible para la organización del mundo, no puede tomar la iniciativa frente al comunismo. Es en relación con este punto donde Burnham se muestra más pesimista. En la actualidad, el pueblo estadounidense no tiene una idea clara de la situación mundial, y la política exterior del país es débil, irregular y contradictoria. Y así debe ser, porque, aparte del sabotaje de los «compañeros de viaje» y de la intrusión de la política nacional, no hay un propósito general. Según Burnham, al bosquejar una política para Estados Unidos solo apunta a lo que podría hacerse. En cambio, lo que con toda probabilidad se producirá serán más dudas y confusión que, dentro de cinco o diez años, desembocarán en otra guerra en la que Estados Unidos estará en franca desventaja.

Esta es la línea general del argumento de Burnham, aunque yo he modificado ligeramente el orden en que lo presenta. Se verá que lo que reclama, o casi, es una guerra preventiva inmediata contra Rusia. Ciertamente, no quiere que se produzca una guerra, y piensa que puede evitarse si se muestra la firmeza suficiente. Aun así, el punto principal de su plan es que solo a un país puede permitírsele tener bombas atómicas, y los rusos, con la excepción de los lisiados de guerra, acarician la idea de, tarde o temprano, tenerlas. También se verá que Burnham se dedica a desmontar la imagen del mundo que había desarrollado anteriormente, y no solo en el aspecto geográfico. En *La revolución de los directores*, Burnham predecía el ascenso de tres superestados que, al no poder conquistarse mutuamente, dividirían el mundo en tres. Hoy los superestados han quedado reducidos a dos y, gracias a las armas atómicas, ninguno de ellos es invencible. Pero han cambiado más cosas. En *La revolución de los directores* afirmaba que los tres superestados serían bastante parecidos. Los tres tendrían una estructura totalitaria —es decir, serían colectivistas pero no democráticos— y estarían gobernados por una casta de gerentes, científicos y burócratas, que destruirían el capitalismo a la vieja usanza y mantendrían a la clase trabajadora permanentemente controlada. En otras palabras, en todos lados se instalaría algo parecido al «comunismo». En *Los maquiavelistas*, Burnham suavizó hasta cierto punto su teoría, pero siguió insistiendo en que la política no es más que una lucha por el poder y en que el gobierno tiene que estar basado en la fuerza y en el fraude. La democracia es impracticable, y en cualquier caso las masas no la quieren ni harían sacrificios para defenderla. En su nuevo libro, sin embargo, Burnham defiende a capa y espada la democracia a la vieja usanza. Ahora ha decidido que hay un gran pacto en la sociedad occidental que merece la pena conservar. El «gerentismo», con sus trabajos forzados, sus deportaciones, sus matanzas y sus juicios manipulados, no es en realidad el siguiente paso inevitable de la evolución humana, y deberíamos acabar entre todos con él antes de que sea demasiado tarde. Todas las fuerzas disponibles deberían unirse de inmediato bajo la bandera del anticomunismo. En esencia se trata de un programa conservador que promueve la decencia y el amor a la libertad, pero no el sentimiento internacional.

Antes de criticar la tesis de Burnham hay algo que debemos decir, y es que Burnham demuestra tener valentía intelectual y escribe sobre temas reales. Considerarlo un belicista por haber escrito este libro es correcto, pero si al final resulta que el peligro es tan inminente como él cree, es probable que el curso de los acontecimientos se ajuste a sus previsiones; es más, evita caer en la típica actitud hipócrita de «condenar» la política rusa al tiempo que niega que haya que ir a la guerra bajo cualquier circunstancia. En política internacional, como Burnham sostiene, hay que estar preparados tanto para practicar indefinidamente el apaciguamiento como para, en determinado momento, tomar las armas. Asimismo, observa que el apaciguamiento es una política irreal porque una gran nación que sea consciente de su propia fuerza nunca la lleva hasta sus últimas consecuencias. Lo que acaba sucediendo es que, tarde o temprano, alguien hace algo intolerable y se desencadena una guerra que podría haberse evitado si se hubiera tenido una actitud más firme en el momento oportuno. Decir estas cosas hoy no es precisamente lo que está de moda, y Burnham merece todo nuestro crédito por plantearlas. Sin embargo, esto no quiere decir que tenga razón en su argumento principal. Lo importante es el factor tiempo. ¿Cuánto tiempo tenemos antes de que estalle una crisis? Burnham lo ve todo negro, como es habitual en él, y nos da cinco años, diez a lo sumo. Si esto fuera verdad, nuestra única esperanza sería el imperio mundial estadounidense. Por otra parte, si tuviéramos veinte años para maniobrar, hay otras, y mejores, posibilidades que no deberíamos abandonar.

A menos que los indicios sean muy engañosos, la URSS se prepara para una guerra contra las democracias occidentales. De hecho, como afirma Burnham con toda razón, la guerra ya está sucediendo, pero de modo inconexo. Cuánto va a tardar en evolucionar en un conflicto a gran escala es una pregunta difícil de responder. El periodista corriente o el observador político no tienen muchos datos sobre los problemas militares, económicos y científicos, pero hay un punto, muy importante para el argumento de Burnham, que puede ser provechoso discutir; a saber, la postura de los partidos comunistas y los compañeros de viaje, y la confianza que los estrategas rusos han puesto en ellos.

Burnham insiste mucho en la táctica comunista de la «infiltración». Los comunistas y sus partidarios, tanto los visibles como los secretos, así como los progresistas que sin saberlo les hacen el juego, están por todas partes. Están en los sindicatos, en las fuerzas armadas, en el Departamento de Estado, en la prensa, en las iglesias, en las organizaciones culturales y en cada liga, asociación o comité con metas aparentemente progresistas, y desde ahí se van expandiendo como un virus. Desde que empezaron a propagar la confusión y la desafección hasta la actualidad, cuando la crisis se aproxima, han ido golpeando con toda su fuerza. Por otra parte, un comunista es psicológicamente muy distinto de un ser humano común y corriente. De acuerdo con Burnham:

> El verdadero comunista [...] es un «hombre abnegado». No tiene vida aparte de su organización y de su batería de ideas rígidamente sistemáticas. Todo lo que hace, todo cuanto tiene —familia, empleo, dinero, creencias, amigos, aptitudes, vida—, está subordinado a su ideología comunista. No solo es comunista el día de las elecciones o en las sedes del partido. Es comunista siempre. Come, lee, hace el amor, piensa, va a fiestas, se muda de casa, ríe e insulta siempre como un comunista. Para él el mundo se divide solo en dos tipos de seres humanos: los comunistas y todos los demás.

Y más adelante:

> El espectáculo de los procesos de Moscú revela lo que ha sido siempre verdad en la moral comunista: que no son solo las posesiones materiales o la vida del individuo lo que debe subordinarse, sino también su reputación, su conciencia, su honor, su dignidad. Hay que mentir y arrastrarse, engañar, informar y traicionar por el comunismo, e incluso morir. No hay restricciones ni límites.

Hay muchos pasajes similares. Todos parecen encerrar verdades como puños, hasta que uno empieza a comparar sus aseveraciones con los comunistas que conoce. No cabe duda de que la descripción del «verdadero comunista» que hace Burnham se ajusta bien a unos cientos de miles o a algunos millones de fanáticos, gente deshumanizada, generalmente residente en la URSS, que son el núcleo del movimiento. Se ajusta bien a Stalin, Molotov, Zhdanov, etcétera, así como a los agentes exteriores más fieles. Pero si hay un hecho con numerosos testigos en los partidos comunistas de casi todos los países es la elevada movilidad de sus miembros. La gente ingresa en ellos, cien a la vez en ocasiones, y después los abandona. En países como Estados Unidos o Inglaterra, el Partido Comunista consiste, en esencia, en un círculo interno de miembros de toda la vida completamente sumisos, algunos de los cuales tienen empleos remunerados, en un gran número de trabajadores industriales, fieles al partido, que no necesariamente comprenden el objetivo real, y en una masa cambiante de personas llenas de celo al principio, pero a las que rápidamente se les pasa el entusiasmo. En efecto, se realizan todo tipo de esfuerzos para inducir, en los miembros del Partido Comunista, la mentalidad totalitarista que describe Burnham. En algunos casos el éxito es permanente, y en muchos otros es temporal; aun así, es posible encontrar a gente inteligente que fue comunista durante diez años seguidos antes de renunciar al partido o ser expulsada, y que no ha quedado intelectualmente tullida por dicha experiencia. En principio, los partidos comunistas de todo el mundo son organizaciones de carácter conspirativo que tienen el propósito de espiar y subvertir el orden, pero que no son necesariamente tan eficientes como dice Burnham. No deberíamos pensar que el gobierno soviético controla un gran ejército secreto de guerreros fanáticos en cada país, completamente desprovistos de miedo y escrúpulos y sin otro pensamiento que vivir y morir por los trabajadores de la patria. De hecho, si Stalin dispusiera de semejante poder, perderíamos el tiempo tratando de oponerle resistencia.

Además, para un partido político el hecho de navegar bajo una bandera falsa acaba por no ser una ventaja. Siempre existe el peligro de que sus militantes deserten en algún momento de crisis, cuando las acciones del partido van abiertamente en contra del interés general. Permítanme poner un ejemplo cercano. El Partido Comunista británico parece haber renunciado, de momento al menos, a convertirse en una formación de masas, y en cambio se ha concentrado en hacerse con puestos clave, especialmente en los sindicatos. Como no se comportan como un grupo abiertamente faccioso, los comunistas tienen una influencia desproporcionada en relación con el número de sus afiliados. Por tanto, al haberse apoderado de la dirección de sindicatos importantes, un puñado de delegados comunistas pueden modificar el voto de varios millones de delegados en el congreso del Partido Laborista. Sin embargo, eso es un resultado de las maquinaciones antidemocráticas internas de dicho partido, que permite a un delegado hablar en nombre de millones de personas que apenas han oído hablar de él, y que quizá estén en completo desacuerdo. En unas elecciones parlamentarias, en las que cada persona vota por cuenta propia, un candidato comunista casi no suele recibir apoyo. En las elecciones generales de 1945, el Partido Comunista obtuvo solamente cien mil votos en todo el país, a pesar de que en teoría controla varios millones de votos dentro de los sindicatos. Cuando la opinión pública está adormecida, los que manejan los hilos pueden conseguir muchas cosas, pero en momentos de emergencia un partido político debe contar también con una masa de militantes. Un ejemplo palmario de todo esto fue el fracaso del Partido Comunista británico, que, a pesar de mucho intentarlo, no logró detener el esfuerzo bélico durante el período 1939-1941. Es verdad que los comunistas son en todos lados una fuerza importante, sobre todo en Asia, donde tienen —o pueden presentarse como si tuvieran— algo que ofrecer a la población colonial. Pero no hay motivo para pensar, como parece hacerlo Burnham, que pueden arrastrar a sus seguidores detrás de ellos sin importar la política que hayan elegido adoptar.

Asimismo, está el asunto de los «compañeros de viaje», los «criptocomunistas» y los simpatizantes en diversos grados que promueven los objetivos de los comunistas sin tener ningún vínculo oficial con ellos. Burnham no afirma que toda esa gente sean maleantes o traidores, pero da a entender que cree que están siempre, continuamente, con la misma tensión, aunque la situación del mundo bascule hacia la guerra. No obstante, después de todo el compañero de viaje desilusionado es una figura tan común como el comunista desilusionado. Lo importante en relación con esta gente —y es muy difícil calcularlo a partir de inferencias— es determinar quién es honesto y quién no lo es. Hay, por ejemplo, todo un grupo de parlamentarios británicos (Pritt, Zilliacus, etcétera) a los que comúnmente se apoda «los criptos». No cabe duda de que han causado mucho daño, especialmente al confundir a la opinión pública sobre la naturaleza de los regímenes títere en Europa oriental, pero no debemos apresurarnos a pensar que todos son igual de deshonestos o que todos tienen las mismas opiniones. Probablemente algunos hayan actuado así por pura estupidez. A fin de cuentas, antes ya han pasado cosas así.

También hay que tener en cuenta el sesgo político profascista que los conservadores británicos y los sectores afines a ellos en Estados Unidos mostraron antes de 1939. Cuando uno veía a los parlamentarios conservadores británicos celebrando la noticia de que los barcos ingleses habían sido bombardeados por los aviones italianos al servicio de Franco, se tenía la tentación de pensar que esa gente estaba traicionando a su propio país. Sin embargo, después resultó que, desde un punto de vista subjetivo, eran tan patriotas como cualquiera, solo que basaban sus opiniones en un silogismo que carece de término medio: como el fascismo se opone al comunismo, entonces está de nuestro lado. Los círculos de izquierdas también cuentan con su silogismo: como el comunismo se opone al capitalismo, entonces es progresista y democrático. Esto es estúpido, pero puede ser aceptado de buena fe por personas que, tarde o temprano, serán capaces de ver más allá. El tema no es si a los «criptos» y a los «compañeros de viaje» les importan más los intereses de la URSS que los de las democracias. Por supuesto que les importan más. La verdadera pregunta es: ¿cuántos de ellos mantendrían la misma línea si la guerra fuera inminente? Y es que una conflagración a gran escala —a menos que fuera librada por unos cuantos especialistas, un Pearl Harbor con bombas atómicas— no es posible hasta que las cosas hayan quedado absolutamente claras.

He traído a colación las quintas columnas comunistas en los países democráticos porque es un aspecto que puede verificarse con mayor facilidad que otros de los temas que Burnham expone en su libro. Por lo que se refiere a la URSS, no nos queda otra que hacer cábalas. No sabemos cuán poderosos son los rusos, ni cuán diezmados los dejó la guerra, ni hasta qué grado depende su recuperación de la ayuda estadounidense, ni cuánta disidencia interna tienen, ni cuándo podrán conseguir armas atómicas. Todo lo que sabemos con certeza es que hoy ninguno de los grandes países, con la excepción de Estados Unidos, está físicamente preparado para hacer la guerra, y psicológicamente no lo está ni Estados Unidos. En la medida en que existe alguna clase de evidencia, me parece que Burnham emplea argumentos muy exagerados. Después de todo, este es su mayor pecado. Está demasiado comprometido con las visiones apocalípticas, demasiado dispuesto a creer que los confusos procesos de la historia se dan de manera lógica y tajante. Pero supongamos que está equivocado. Supongamos que el barco no se está hundiendo, que solo está haciendo aguas. Supongamos que el comunismo no es todavía lo bastante poderoso para conquistar el mundo y que el peligro de la guerra puede aplazarse veinte años o más; en tal caso, no tendríamos que aceptar el remedio que propone Burnham o, cuando menos, no tenemos que aceptarlo inmediatamente y sin reparos.

La tesis de Burnham, en caso de que la aceptemos, requiere de ciertas acciones inmediatas. Una cosa que parece exigir es una guerra preventiva en el futuro próximo, ahora que Estados Unidos tiene bombas atómicas y los rusos no. Aun cuando esta inferencia sea injustificada, no quedará duda sobre la naturaleza reaccionaria de otros de los puntos del programa de Burnham. Por ejemplo, en un ensayo escrito en 1946, Burnham considera que, por razones estratégicas, a la India no debe concedérsele la independencia completa; es el tipo de decisión que a veces hay que tomar bajo la presión de los imperativos militares, pero que es indefendible en condiciones normales. Y, de nuevo, Burnham está a favor de suprimir el Partido Comunista estadounidense y de hacerlo a fondo, lo que probablemente signifique usar los métodos que los comunistas emplean contra sus oponentes cuando están en el poder. Ahora bien, hay momentos en que es justificable eliminar un partido político. Si uno está luchando por su vida y existe alguna organización que actúa descaradamente a favor del enemigo y es lo bastante poderosa para causar daño, entonces hay que aplastarla. Pero erradicar al Partido Comunista ahora, o en algún otro momento en que no entrañe un peligro para la supervivencia nacional, podría ser calamitoso. ¡Solo hay que pensar en la cantidad de gente que lo aprobaría!, señala Burnham, quizá con razón, aduciendo que, en cuanto el imperio estadounidense hubiera quedado establecido, sería posible contar con un tipo de organización mundial más satisfactoria. Los primeros aliados de su programa podrían ser los conservadores, y si de verdad se consolida semejante imperio, la influencia intelectual más poderosa sería, probablemente, la Iglesia católica.

Mientras tanto, existe otra solución en la que al menos podría pensarse y que Burnham desestima: que en algún lugar u otro —no en Noruega o Nueva Zelanda, sino en un área geográfica más extensa— se consiguiera que el socialismo funcionase. Si alguien pudiera presentar en algún sitio el espectáculo de la seguridad económica sin campos de concentración, el pretexto de la dictadura rusa desaparecería y el comunismo perdería buena parte de su atractivo. Pero la única zona factible sería Europa del Este más África. La idea de formar en ese vasto territorio los Estados Unidos Socialistas no tiene todavía demasiada aceptación, y las dificultades prácticas y económicas que habría que sortear son enormes. De todas formas, se trata de un proyecto factible si la gente realmente lo quisiera, y si pudieran asegurarse diez o veinte años de paz mientras se consolida. Y como la iniciativa tendría que provenir de Inglaterra, lo importante es que esta idea arraigue entre los socialistas británicos. Hoy en día, a pesar de que la idea de una Europa unificada no tiene muchos seguidores, se asocia con Churchill. Llegamos con ello a uno de los puntos principales del programa de Burnham, la fusión de Inglaterra con Estados Unidos.

Burnham opina que la principal dificultad para ello es el orgullo nacional, porque Inglaterra sería el socio débil. De hecho, hoy no queda mucho de ese orgullo, ni lo ha habido durante los últimos años. El sentimiento antiamericano, en general, es más fuerte entre los antiimperialistas y los antimilitaristas. Esto es verdad no solo entre los comunistas y los «compañeros de viaje», sino también entre la gente de buena voluntad que ve en el lazo con Estados Unidos la posibilidad de que se consolide el capitalismo en Inglaterra. Muchas veces he oído o he tomado parte en conversaciones como esta:

—¡Cómo odio a los yanquis!; a veces me hacen sentir casi prorruso.

—Sí, pero en realidad no son nuestros enemigos. Nos ayudaron en 1940, cuando los rusos vendían petróleo a los alemanes. Solos no aguantaremos mucho tiempo, y al final tendremos que escoger entre ceder ante los rusos o aliarnos con los americanos.

—Me niego a elegir. No son más que un par de mafiosos.

—Sí, pero supón que tienes que elegir. Supongamos que no hay otra opción y que tienes que vivir en un sistema u otro. ¿Qué elegirías, Rusia o Estados Unidos?

—Bueno, claro, si tuviera que elegir no lo dudaría, Estados Unidos.

La fusión con Estados Unidos se percibe ampliamente como una de las soluciones a nuestras dificultades. En realidad, desde 1940 dependemos bastante de los norteamericanos, y nuestra situación económica desesperada nos empuja hacia ellos cada vez con más ímpetu. La unión deseada por Burnham podría producirse casi espontáneamente, sin un acuerdo formal, ni planes, ni muchas ideas detrás. Una ruidosa pero, a mi juicio, muy pequeña minoría desearía que Inglaterra se integrara en el sistema soviético. La mayor parte del pueblo británico nunca aceptaría esto, pero la gente inteligente no ve con entusiasmo la alternativa más probable, es decir, una absorción por parte de Estados Unidos. La mayoría de los ingleses de izquierdas prefieren la política de «llevarse bien con Rusia», teniendo la fuerza suficiente para impedir un ataque y la debilidad suficiente para no levantar sospechas. Debajo de esto subyace la esperanza de que, cuando los rusos se vuelvan más prósperos, se muestren más amistosos. La otra salida para Inglaterra, los Estados Unidos Socialistas de Europa, no tiene todavía mucho magnetismo. Y cuantas más visiones pesimistas del mundo, como la de Burnham, tengamos, más complicada será la aceptación de estas ideas.

Burnham ofrece un plan que podría funcionar, pero es un remedio para salir del paso que no debería ser aceptado. Al final, los pueblos europeos deberán aceptar la dominación estadounidense como una manera de no caer en la rusa, pero deben darse cuenta, ahora que todavía se está a tiempo, de que existen otras posibilidades. Más o menos de la misma forma, los socialistas ingleses de casi todas las tendencias aceptaron el liderazgo de Churchill durante la guerra. En el caso de que no desearan la derrota de Inglaterra, difícilmente podían evitarlo porque no había nadie más, y Churchill era preferible a Hitler. Pero la situación habría sido diferente si los pueblos europeos hubieran podido comprender la naturaleza del fascismo cinco años antes, en cuyo caso la guerra, si hubiera estallado, habría sido de diferente índole, con líderes distintos y otros objetivos.

Los escritores como Burnham, cuyo concepto clave es el «realismo», tienden a sobredimensionar la irrupción de la fuerza bruta en los asuntos de dimensión humana. No digo que se equivoque todo el tiempo. Tiene razón al insistir en que la gratitud no es un factor de peso en la política internacional, en que incluso la política de sentimientos más elevados se queda en nada si no se encuentra el modo de ponerla realmente en práctica, y en que en los asuntos de las naciones y las sociedades, al contrario de lo que pasa con los individuos, no pueden esperarse más que soluciones temporales e imperfectas. Y probablemente tenga razón cuando argumenta que en la política no puede aplicarse el mismo código moral que uno pone en práctica, o trata de poner en práctica, en la esfera privada. Pero, de alguna forma, la imagen que tiene Burnham del mundo está siempre ligeramente distorsionada. *La revolución de los directores*, por ejemplo, me parecía una buena descripción de lo que está aconteciendo en varias partes del mundo: el crecimiento de sociedades que no son ni capitalistas ni socialistas y cuya organización se asemeja más o menos al sistema de castas. Pero Burnham proseguía con el argumento de que, puesto que eso estaba sucediendo, nada más podía suceder, y de que el nuevo y fuertemente cohesionado Estado totalitario debía ser más fuerte que las caóticas democracias. Entre otras cosas, la conclusión a la que llegaba era que Alemania iba a ganar la guerra, aunque al final acabara desmoronándose en parte a causa de su estructura totalitaria. Un país más democrático, menos eficiente, no hubiera cometido esos errores políticos y de estrategia ni se hubiera granjeado tanto odio alrededor del mundo.

Desde luego, el libro de Burnham va más allá de la simple propuesta de crear un imperio estadounidense, y leído con detalle hay mucho con lo que uno podría estar de acuerdo. Creo que en general tiene razón en su explicación sobre la forma en que opera la propaganda comunista y la dificultad que supone batallar contra esta, y también tiene razón cuando afirma que uno de los problemas más importantes en este momento es encontrar la forma de dirigirse al pueblo ruso sin la injerencia de sus gobernantes. Pese a todo, el tema central de este libro, como de todo lo que Burnham escribe, es el poder. A Burnham le fascina el poder, tanto si está a favor como si está en contra de él, pero siempre lo considera el eje de todas las cosas. Primero fue Alemania la que conquistó el mundo, luego Rusia y ahora, quizá, Estados Unidos. Cuando se publicó *La revolución de los directores*, podía tenerse la impresión de que Burnham simpatizaba con Alemania y de que le inquietaba que Estados Unidos no invirtiera el dinero suficiente para rescatar a Inglaterra. El muy polémico ensayo «El heredero de Lenin», que es una disertación —más bien una rapsodia— sobre la fuerza, la astucia y la crueldad de Stalin, podría interpretarse como la expresión de su beneplácito, o de su desaprobación. Personalmente yo opto por el beneplácito, aunque de género terrorífico.

Sin embargo, parece que me equivocaba; Burnham no está a favor de Stalin ni del estalinismo, y empieza a encontrarle virtudes a la democracia capitalista, que antes consideraba moribunda. Pero el objeto de su fascinación sigue ahí. Puede que el comunismo esté debilitado, pero es enorme desde cualquier punto de vista; es un monstruo terrible e insaciable contra el que uno lucha, pero al que no puede dejar de admirar. Burnham piensa siempre en términos de monstruos y cataclismos, así que nunca menciona, o lo hace superficialmente, dos posibilidades que tendrían que haber sido discutidas en este libro. Una es que el régimen ruso podría liberalizarse y volverse menos peligroso en la siguiente generación, siempre y cuando la guerra no estalle. Por supuesto, esto no sucedería con el consentimiento de la camarilla que gobierna, pero sería razonable que la lógica de la situación desembocara en eso. La otra posibilidad es que las grandes potencias, simplemente, estén tan atemorizadas por las armas nucleares que ni siquiera se atrevan a usarlas. Pero eso sería demasiado aburrido para Burnham. Todo debe suceder súbitamente y llegar hasta las últimas consecuencias, y la elección debe ser entre todo o nada, entre la gloria o la ruina.

Podría ser que la sombra de una gran tragedia acabara rápidamente con la breve y brillante historia de Estados Unidos (hay suficiente verdad en el sueño del Nuevo Mundo como para que la acción sea trágica). Estados Unidos es llamado antes de hora. Su fuerza no ha podido madurar con la sabiduría que otorga el sufrimiento. Y la cita es para liderar el mundo, nada menos; es eso o nada. La derrota sería incluso razonable si se tiene en cuenta la grandeza que comportaría la victoria.

Puede que las armas modernas hayan acelerado las cosas hasta el punto de que Burnham pudiera tener razón. Pero si juzgamos las cosas mirando al pasado, incluso a calamidades enormes como la caída del Imperio romano, encontraremos que la historia nunca es tan melodramática.

La ignorancia es la fuerza (*1984*)

A lo largo de la historia, y probablemente desde finales del Neolítico, ha habido en el mundo tres clases de personas: las de clase alta, las de clase media y las de clase baja. Se les ha subdividido de muchas maneras, han ostentado nombres muy diferentes, y su número relativo y las actitudes demostradas con los demás han variado de una época a otra, pero la estructura esencial de la sociedad no se ha modificado nunca. Incluso después de enormes revueltas y de cambios en apariencia irrevocables, ha vuelto a establecerse el mismo orden, igual que un giróscopo siempre vuelve a la posición de equilibrio por más que lo empujemos a un lado o a otro.

Los objetivos de esos tres grupos son totalmente irreconciliables. El de la clase alta consiste en continuar donde está. La clase media pretende quitarle su sitio a la clase alta. El objetivo de la clase baja, cuando lo tiene —pues una característica constante de la clase baja es que está tan abrumada por el trabajo excesivo que solo de manera intermitente puede ser consciente de cualquier cosa que no sea su vida cotidiana—, es abolir todas las diferencias y crear una sociedad en la que todas las personas sean iguales. Así, a lo largo de la historia, se ha repetido una y otra vez una lucha a grandes rasgos idéntica. Durante largos períodos la clase alta parece estar segura en el poder, pero antes o después llega un momento en que pierde la fe en sí misma, la capacidad de gobernar con eficacia o ambas cosas al mismo tiempo. Entonces la desplaza la clase media, que atrae a su bando a la clase baja fingiendo luchar por la libertad y la justicia. Nada más lograr su objetivo, la clase media devuelve a la baja a su antigua situación de servidumbre y se convierte en una nueva clase alta. Pronto una nueva clase media se escinde de uno de los otros grupos, o de ambos, y la lucha vuelve a empezar. De los tres grupos, la clase baja es la única que nunca consigue, ni siquiera de forma temporal, sus objetivos. Sería exagerado decir que a lo largo de la historia no se ha producido ningún progreso de tipo material. Incluso hoy, en una época de decadencia, la gente vive físicamente mejor que hace unos siglos. Pero ningún avance en la riqueza, ninguna moderación de los modales, ni ninguna reforma ni revolución han acercado ni un milímetro la igualdad entre la gente. Desde el punto de vista de la clase baja, ningún cambio histórico ha significado mucho más que un cambio en el nombre de los señores.

A finales del siglo XIX, la repetición de ese patrón se había hecho evidente para muchos. Aparecieron entonces escuelas de pensadores que interpretaron la historia como un proceso cíclico e intentaron demostrar que la desigualdad era una ley inalterable de la vida. Dicha doctrina, por supuesto, siempre había tenido sus partidarios, pero la manera de formularla supuso un cambio significativo. En el pasado, la necesidad de una sociedad jerárquica había sido la doctrina de la clase alta, defendida por los reyes y los aristócratas, y por los curas y los abogados que vivían de ellos como parásitos, y por lo general dulcificada con promesas de compensación en un mundo imaginario más allá de la tumba. La clase media, en su lucha por el poder, siempre había utilizado términos como libertad, justicia y fraternidad. No obstante, a partir de entonces, el concepto de hermandad entre los hombres empezó a ser atacado por gente que no ocupaba aún posiciones de mando, pero esperaba hacerlo en poco tiempo. En el pasado la clase media había hecho revoluciones bajo la bandera de la igualdad, y a continuación había establecido una nueva tiranía nada más expulsar a la anterior. Los nuevos grupos de clase media proclamaban la tiranía de antemano. El socialismo, una teoría que apareció a principios del siglo xix y fue el último eslabón de una cadena de pensamiento que se remontaba a las revueltas de los esclavos en la Antigüedad, seguía profundamente influenciado por el pensamiento utópico de eras pasadas. Pero todas las variantes del socialismo aparecidas después de 1900 abandonaron de forma más abierta el objetivo de establecer la libertad y la igualdad. Los nuevos movimientos surgidos a mediados de siglo, el Socing en Oceanía, el neobolcheviquismo en Eurasia y la adoración a la muerte, como suele llamarse, en Esteasia, tenían como objetivo declarado perpetuar la desigualdad y la falta de libertad. Esos nuevos movimientos, por supuesto, evolucionaron a partir de los anteriores y tendieron a conservar sus nombres y respetar de palabra su ideología. Sin embargo, el propósito de todos ellos era interrumpir el progreso y paralizar la historia en un momento determinado. El consabido movimiento del péndulo debía producirse una vez más y luego detenerse. Como de costumbre, la clase alta debía ser expulsada por la clase media, que pasaría a convertirse en la alta; pero en esta ocasión, mediante una estrategia deliberada, la clase alta conservaría su posición de forma permanente.

Las nuevas doctrinas surgieron en parte por la acumulación de conocimiento histórico, y por el aumento del sentido histórico, que apenas habían existido antes del siglo xix. El movimiento cíclico de la historia se volvió entonces inteligible, o al menos eso parecía; y si podía comprenderse, también podía alterarse. No obstante, la causa subyacente y principal era que, a principios del siglo xx, la igualdad humana se había hecho técnicamente posible. Seguía siendo cierto que unos no tenían el mismo talento ni las mismas habilidades que otros, y que había que establecer funciones especializadas que favorecieran a algunos individuos; pero la distinción de clase y las grandes diferencias económicas habían dejado de ser necesarias. En épocas anteriores, las diferencias de clase no solo habían sido inevitables, sino deseables. La desigualdad era el precio de la civilización. No obstante, con el desarrollo de la producción industrial, la situación cambió. Aunque siguiera siendo necesario que las personas desempeñaran trabajos diferentes, ya no lo era que viviesen en niveles sociales o económicos distintos. Por eso, desde el punto de vista de los nuevos grupos que estaban a punto de conquistar el poder, la igualdad había dejado de ser un ideal deseable y se había convertido en un peligro que era necesario evitar. En épocas más primitivas, cuando una sociedad justa y pacífica era de hecho imposible, había sido muy fácil creer en él. La idea de un paraíso terrenal en el que los hombres vivieran en un estado de hermandad, sin leyes ni trabajo físico, había obsesionado la imaginación de la humanidad durante miles de años y había calado incluso en los grupos que sacaban provecho de cada cambio histórico. Los herederos de las revoluciones francesa, inglesa y americana habían creído en parte sus propias frases sobre los derechos del hombre, la libertad de expresión, la igualdad ante la ley y otras cosas parecidas e incluso habían dejado que influenciaran hasta cierto punto su conducta. Pero, al llegar el cuarto decenio del siglo xx, todas las corrientes principales del pensamiento político eran autoritarias. El paraíso terrenal empezó a ponerse en duda justo en el momento en que se volvió realizable. Todas las nuevas teorías políticas, con independencia de cómo se llamasen, conducían a la jerarquía y la reglamentación. Y, con la radicalización general que se produjo en torno a los años treinta, prácticas abandonadas desde hacía tiempo, en algunos casos cientos de años, como el encarcelamiento sin juicio previo, el uso de los prisioneros de guerra como esclavos, las ejecuciones públicas, la tortura como medio para obtener confesiones, el uso de rehenes y la deportación de poblaciones enteras, no solo volvieron a ser de uso común, sino que pasaron a ser toleradas e incluso defendidas por personas que se consideraban ilustradas y progresistas.

El Socing y las ideologías rivales no emergieron como teorías totalmente elaboradas hasta transcurrido un decenio de guerras nacionales y civiles, y revoluciones y contrarrevoluciones en todo el mundo, aunque sus antecesores fueron los diversos sistemas, por lo general llamados totalitarios, que habían aparecido a principios de siglo, y hacía mucho que eran evidentes los principales rasgos del mundo que surgiría de aquel caos. No menos evidente era qué clase de personas controlaría dicho mundo. La nueva aristocracia estaba compuesta sobre todo por burócratas, científicos, técnicos, organizadores de sindicatos, expertos en publicidad, sociólogos, profesores, periodistas y políticos profesionales. Esa gente, cuyos orígenes estaban en la clase media asalariada y los escalones más altos de la clase obrera, había entrado en contacto y se había unido por la esterilidad del monopolio industrial y el gobierno centralizado. En comparación con las clases dirigentes de otras épocas, eran menos avariciosos y les tentaba menos el lujo y más el poder en estado puro, y, sobre todo, eran más conscientes de lo que estaban haciendo y más implacables a la hora de aplastar a la oposición. Esa última diferencia era crucial. Comparadas con las que hoy existen, todas las tiranías del pasado eran blandas e ineficaces. Los grupos gobernantes siempre estaban contaminados hasta cierto punto por ideas liberales, no les preocupaba dejar cabos sueltos ni lo que pudieran pensar sus súbditos. Incluso la Iglesia católica en la Edad Media era tolerante según los patrones modernos. En parte se debía a que en el pasado ningún gobierno tuvo la posibilidad de mantener a sus ciudadanos bajo vigilancia constante. La invención de la imprenta, no obstante, facilitó la manipulación de la opinión pública, y el cine y la radio acentuaron ese proceso. Con el desarrollo de la televisión, y de los avances técnicos que hicieron posible transmitir y recibir por el mismo aparato, la vida privada llegó a su fin. La policía pudo observar veinticuatro horas al día a todos los ciudadanos, al menos a los que valía la pena vigilar, y someterlos al sonido de la propaganda oficial, al tiempo que se cerraban todos los demás canales de comunicación. Por primera vez, fue posible imponer no solo una completa obediencia a la voluntad del Estado, sino una absoluta uniformidad de opinión a todos los súbditos.

Tras el período revolucionario de los años cincuenta y sesenta, la sociedad se reagrupó, como siempre, en clase alta, media y baja. Pero la nueva clase alta, a diferencia de sus antecesoras, no actuó por instinto, sino que supo lo que hacía falta para salvaguardar su posición. Hacía mucho que había comprendido que la única base segura para la oligarquía es el colectivismo. La riqueza y los privilegios se defienden más fácilmente cuando se comparten. La supuesta «abolición de la propiedad privada» que se produjo a mediados de siglo supuso, en realidad, la concentración de la propiedad en muchas menos manos que antes, pero con la siguiente diferencia: los nuevos propietarios pasaron a ser un grupo en lugar de una masa de individuos. De forma individual, ningún miembro del Partido posee nada, salvo algunas pertenencias personales. De manera colectiva, el Partido lo posee todo en Oceanía, porque lo controla todo y dispone de los productos como considera más conveniente. En los años que siguieron a la Revolución, pudo ocupar esa posición de mando casi sin oposición, porque el proceso entero se presentó como un acto de colectivización. Siempre se había dado por supuesto que, si se expropiaba a la clase capitalista, se impondría el socialismo, y era indudable que se había expropiado a los capitalistas. Las fábricas, las minas, las tierras, las casas, los medios de transporte... todo se les había arrebatado y, puesto que había dejado de ser propiedad privada, lo lógico era que fuese propiedad pública. El Socing, que derivaba del antiguo movimiento socialista y había heredado su fraseología, ha llevado a cabo de hecho el punto principal de su programa; con el resultado, previsible e intencionado, de que las desigualdades económicas se han vuelto permanentes.

Sin embargo, las dificultades de perpetuar una sociedad jerárquica van mucho más allá. Solo hay cuatro maneras en las que un grupo gobernante puede perder el poder. O bien es conquistado desde fuera, o gobierna con tanta ineficacia que las masas se rebelan, o permite que surja una clase media fuerte y descontenta o pierde la confianza en sí mismo y el deseo de gobernar. Dichas causas nunca operan aisladas, y por lo general las cuatro están presentes en mayor o menor grado. Una clase dirigente que pudiera precaverse contra todas ellas podría continuar en el poder de forma permanente. El factor determinante, a fin de cuentas, es la actitud mental de la propia clase dirigente.

Desde mediados de siglo, el primer peligro ha desaparecido. Cada una de las tres potencias en las que se divide hoy el mundo es imposible de conquistar y solo podría conquistarse mediante cambios demográficos muy lentos que un gobierno dotado de amplios poderes puede evitar con suma facilidad. El segundo peligro también es solo teórico. Las masas nunca se rebelan por decisión propia ni solo porque estén oprimidas. De hecho, si no se les permite tener nada con lo que compararse, ni siquiera llegan a saber que lo están. Las crisis recurrentes de los últimos tiempos eran totalmente innecesarias y ya no se permite que ocurran, pero pueden darse, y de hecho se dan, otros trastornos no menos importantes sin que ello acarree consecuencias políticas, porque no hay manera de que el descontento pueda llegar a expresarse de manera articulada. En cuanto al problema del exceso de producción, que ha estado latente en nuestra sociedad desde el desarrollo de las máquinas, se ha resuelto mediante el recurso a la guerra continua, que también resulta de gran eficacia para mantener alta la moral de la gente. Por todo ello, desde el punto de vista de los actuales gobernantes, los únicos peligros verdaderos son la aparición de un nuevo grupo de personas subempleadas que ambicionen el poder, y el aumento del liberalismo y el escepticismo en sus propias filas. Se trata, por decirlo así, de un problema de educación que requiere moldear continuamente la conciencia, tanto de la clase dirigente como del grupo ejecutivo más numeroso que hay inmediatamente por debajo de ella. En cuanto a las masas, basta con influenciarlas de forma negativa.

A partir de ese trasfondo, podríamos deducir, si no la conociéramos ya, la estructura general de la sociedad de Oceanía. En el vértice de la pirámide se encuentra el Hermano Mayor, que es infalible y todopoderoso. Cualquier éxito, logro, victoria o descubrimiento científico, cualquier conocimiento, sabiduría, felicidad y virtud se atribuyen directamente a su liderazgo e inspiración. Nadie ha visto jamás al Hermano Mayor. Es una cara en las vallas publicitarias y una voz en las telepantallas. Podemos estar razonablemente seguros de que nunca morirá y hay considerables incertidumbres sobre cuándo nació. El Hermano Mayor es el modo en que el Partido ha escogido mostrarse al mundo. Su función es ser un foco de amor, miedo y respeto, emociones que es más fácil sentir por un individuo que por una organización. Por debajo del Hermano Mayor está el Partido Interior, cuyos miembros están limitados a seis millones, algo menos del dos por ciento de la población total de Oceanía. Por debajo del Partido Interior se halla el Partido Exterior, que, si el Partido Interior puede describirse como el cerebro del Estado, podría compararse a su vez con las manos. Por debajo se encuentran las masas ciegas que normalmente denominamos «los proles», que suman cerca del ochenta y cinco por ciento de la población. En los términos de nuestra anterior clasificación, los proles son la clase baja, pues las poblaciones esclavas de las zonas ecuatoriales, que pasan constantemente de un conquistador a otro, no constituyen una parte permanente o necesaria de la estructura.

En principio, la pertenencia a cualquiera de los tres grupos no es hereditaria. El hijo de unos padres del Partido Interior en teoría no ingresa automáticamente en él. La admisión a cualquiera de las ramas del Partido pasa por un examen, que se lleva a cabo a los dieciséis años de edad. Tampoco hay discriminación racial, ni dominio de una provincia sobre otra. Entre los cargos más altos del Partido hay judíos, negros y sudamericanos de pura sangre india, y los administradores de cada área concreta se escogen entre los habitantes de dicha área. En ningún lugar de Oceanía los habitantes tienen la sensación de ser una población colonial gobernada desde una lejana metrópoli. Oceanía no tiene capital y su jefe supremo es una persona cuyo paradero nadie conoce. Si no fuese porque el inglés es la *lingua franca* y la nuevalengua el lenguaje oficial, no podría hablarse de centralización ninguna. Sus dirigentes no están unidos por lazos de sangre, sino por su adhesión a una doctrina común. Es cierto que nuestra sociedad está rígidamente estratificada, según lo que a primera vista parecen normas hereditarias. Hay mucha menos movilidad entre los distintos grupos de la que había en el capitalismo o incluso en las eras preindustriales. Entre las dos ramas del Partido se producen ciertos intercambios, pero solo para garantizar que los más débiles acaben siendo excluidos del Partido Interior y para neutralizar, mediante su ascenso, el peligro de los miembros más ambiciosos del Partido Exterior. A los proletarios, en principio, no se les permite ingresar en el Partido. Los más dotados, que podrían convertirse en un núcleo de descontentos, sencillamente son identificados por la Policía del Pensamiento y eliminados. Pero dicha situación no tiene por qué ser permanente, ni tampoco es una cuestión de principio. El Partido no es una clase en el antiguo sentido de la palabra. No tiene como fin transmitir el poder a sus hijos; y si no tuviese otra manera de mantener en el poder a los más capaces, estaría totalmente dispuesto a reclutar una generación entera entre las filas del proletariado. En los años cruciales, el hecho de que el Partido no fuese una estructura hereditaria resultó de gran ayuda a la hora de neutralizar a la oposición. Los socialistas más antiguos, que habían sido formados para combatir los «privilegios de clase», daban por sentado que lo que no era hereditario no podía ser permanente. No comprendían que la continuidad de una oligarquía no tiene por qué ser física, ni se pararon a pensar que las aristocracias hereditarias han durado siempre poco tiempo, mientras que las organizaciones basadas en la adopción, como la Iglesia católica, a veces han durado cientos o miles de años. La esencia del gobierno oligárquico no es la herencia de padres a hijos, sino la persistencia de cierta visión del mundo y cierto modo de vida, impuestos a los vivos por los muertos. Un grupo dirigente lo es solo en tanto sea capaz de nombrar a sus sucesores. Al Partido no le preocupa perpetuar su sangre, sino perpetuarse a sí mismo. Quién ejerza el poder carece de importancia con tal de que la estructura jerárquica continúe siendo siempre la misma.

Todas las creencias, las costumbres, los gustos, las emociones y las actitudes mentales que caracterizan nuestro tiempo están diseñados en realidad para preservar la mística del Partido e impedir que pueda percibirse la verdadera naturaleza de la sociedad actual. La rebelión física, o cualquier movimiento preliminar que pudiera favorecerla, son imposibles en la actualidad. Los proletarios no constituyen ninguna amenaza. Si se les deja en paz, seguirán trabajando, reproduciéndose y muriendo generación tras generación y siglo tras siglo, no solo sin sentir el impulso de rebelarse, sino sin llegar a entender que el mundo podría ser diferente. Solo podrían llegar a ser peligrosos si el avance de la técnica industrial hiciese necesario proporcionarles una educación mejor; pero puesto que la rivalidad comercial y militar ha dejado de tener importancia, el nivel de la educación popular está decayendo. Lo que opinen o dejen de opinar las masas se considera falto de importancia. Se les puede conceder la libertad intelectual porque carecen de intelecto. En cambio, entre los miembros del Partido no puede tolerarse ni la más mínima desviación de opinión sobre la cuestión más irrelevante.

Los miembros del Partido viven, desde que nacen hasta que mueren, bajo la vigilancia de la Policía del Pensamiento. Ni siquiera cuando están solos pueden estar seguros de estarlo de verdad. Dondequiera que se encuentren, dormidos o despiertos, trabajando o descansando, en el baño o en la cama, pueden ser inspeccionados, sin previo aviso y sin saber que los están inspeccionando. Nada de lo que hacen es indiferente. Sus amistades, sus aficiones, su comportamiento con la mujer y los hijos, las expresiones de su cara cuando están a solas, las palabras que murmuran en sueños, incluso los movimientos característicos de su cuerpo son celosamente analizados. No solo cualquier falta, sino cualquier excentricidad, por pequeña que sea, cualquier cambio de costumbres, cualquier tic nervioso que pudiera ser síntoma de una lucha interior, es detectado inevitablemente. Carecen, en todos los sentidos, de libertad de elección. Por otro lado, sus actos no están regulados por la ley ni por ningún otro código de comportamiento formulado con claridad. En Oceanía no hay leyes. Los pensamientos y los actos que, en caso de ser detectados, implican la muerte segura no están prohibidos formalmente, y las incontables purgas, detenciones, torturas, encarcelamientos y vaporizaciones no se infligen como castigo por delitos cometidos en realidad, sino que son la forma de eliminar a personas que en el futuro tal vez pudieran llegar a cometer un crimen. A los miembros del Partido se les exige no solo que tengan las opiniones correctas, sino los instintos correctos. Muchas de las creencias y las actitudes que se les exigen no se expresan con claridad, y no podrían expresarse sin poner en evidencia las contradicciones inherentes al Socing. Si se trata de alguien ortodoxo por naturaleza (en nuevalengua, un «bienpiensa»), sabrá en cualquier circunstancia, sin pararse a reflexionar, cuál es la creencia verdadera o la emoción deseable. Pero, en cualquier caso, el elaborado entrenamiento mental, llevado a cabo desde la infancia y concentrado en torno a las palabras en nuevalengua «antecrimen», «blanconegro» y «doblepiensa», le vuelven incapaz de pensar con demasiada profundidad en nada.

Se espera que los miembros del Partido no tengan emociones privadas y que su entusiasmo no decaiga. Se supone que viven en un continuo frenesí de odio a los enemigos y los traidores internos, de triunfalismo ante las victorias y de humillación ante el poder y la sabiduría del Partido. El descontento producido por esa vida vacía e insatisfactoria se elimina y disipa mediante recursos como los Dos Minutos de Odio, y las especulaciones que podrían inducir una actitud rebelde o escéptica se eliminan por anticipado gracias a una disciplina interior adquirida desde la infancia. El paso primero y más sencillo de dicha disciplina, que puede enseñárseles incluso a los niños pequeños, se denomina en nuevalengua «antecrimen», y se refiere a la facultad de detenerse, como por instinto, en el umbral de cualquier pensamiento peligroso. Incluye la capacidad de no captar las analogías, de no reparar en los errores lógicos, de no entender los argumentos más sencillos si van en contra del Socing, y de sentir repulsión y tedio ante cualquier concatenación de pensamientos que conduzca a una herejía. El antecrimen es, en suma, una estupidez defensiva. Pero la estupidez no es suficiente. Al contrario, la ortodoxia en sentido amplio exige un control de los propios procesos mentales tan completo como el de un contorsionista sobre su cuerpo. La sociedad de Oceanía se basa en la creencia de que el Hermano Mayor es omnipotente y el Partido infalible. Pero, como en realidad no lo son, se hace necesaria una flexibilidad constante e implacable a la hora de tratar los hechos. La palabra clave es «negroblanco». Como tantas otras palabras en nuevalengua, tiene dos sentidos contradictorios. Aplicada a un oponente, se refiere a la costumbre de llamar descaradamente blanco a lo negro, en contradicción con los hechos evidentes. Aplicado a un miembro del Partido, alude a su leal disposición a afirmar que lo negro es blanco cuando la disciplina del Partido así lo exige. Pero también significa la capacidad de creer que lo negro es blanco y, más aún, de saber que lo negro es blanco, y de olvidar que alguna vez uno creyó lo contrario. Lo cual exige una constante alteración del pasado, posible gracias a un sistema de pensamiento, que engloba a todo lo demás, y que se conoce en nuevalengua como «doblepiensa».

La alteración del pasado es necesaria por dos motivos, uno de ellos es subsidiario y, por así decirlo, preventivo. Consiste en que los miembros del Partido, al igual que los proletarios, toleran las condiciones presentes solo porque carecen de un patrón de comparación. Es necesario aislarlos del pasado, igual que de los países extranjeros, porque es preciso que crean que viven mejor que sus antepasados y que el nivel de vida está aumentando constantemente. Pero, con diferencia, la razón más importante de ese reajuste del pasado es la necesidad de salvaguardar la infalibilidad del Partido. No solo hay que poner constantemente al día los discursos, las estadísticas y los registros de todo tipo para demostrar que las predicciones del Partido siempre han sido correctas, sino que no puede admitirse el menor cambio en la doctrina o los alineamientos políticos, pues cambiar de opinión, o incluso de política, implica una confesión de debilidad. Si, por ejemplo, Eurasia o Esteasia (cualquiera de las dos) es hoy el enemigo, deberá haberlo sido siempre. Y si los hechos dicen lo contrario, entonces es necesario alterarlos. De ese modo, la historia se reescribe continuamente. Esta falsificación diaria del pasado, llevada a cabo por el Ministerio de la Verdad, es tan necesaria para la estabilidad del régimen como la labor de espionaje y represión que realiza el Ministerio del Amor.

La mutabilidad del pasado es el principio central del Socing. Los acontecimientos pasados, se argumenta, carecen de existencia objetiva y solo perduran en los registros escritos y el recuerdo de las personas. El pasado es lo que dicen los archivos y la memoria de la gente. Y, puesto que el Partido controla todos los archivos, y lo que piensa cada uno de sus miembros, se deduce que el pasado es cualquier cosa que quiera el Partido. También se deduce que, aunque el pasado es alterable, nunca se ha alterado en un caso concreto. Pues, cuando se recrea del modo en que se considere necesario en un momento dado, la nueva versión se convierte en el pasado, y ningún otro puede haber existido jamás. Y eso es así incluso cuando, como ocurre a menudo, se hace necesario alterar el mismo suceso hasta volverlo irreconocible varias veces a lo largo del año. En todo momento, el Partido está en posesión de la verdad absoluta, y está claro que el absoluto jamás ha podido ser diferente del que es hoy. Ya se entenderá que el control del pasado depende, por encima de todo, del entrenamiento de la memoria. Asegurarse de que los registros escritos coinciden con la ortodoxia del momento es un acto puramente mecánico. Pero también es necesario recordar que los sucesos ocurrieron de la forma deseada. Y, si hace falta reorganizar los recuerdos o manipular los archivos, también hay que olvidar que se ha hecho tal cosa, lo cual puede aprenderse como cualquier otra técnica mental. La mayor parte de los miembros del Partido lo aprenden, sobre todo los más inteligentes y ortodoxos. En viejalengua se llama, con bastante franqueza, «control de la realidad». En nuevalengua se denomina «doblepiensa», aunque el doblepiensa comprende también otras muchas cosas.

El doblepiensa se refiere a la capacidad de sostener dos creencias contradictorias de manera simultánea y aceptar ambas a la vez. El intelectual del Partido sabe en qué dirección debe alterar sus recuerdos, por tanto sabe que está modificando la realidad; pero, mediante el ejercicio del doblepiensa, también se convence de que no está violando la realidad. El proceso debe ser consciente, o no se llevaría a cabo con la precisión suficiente, pero también inconsciente, o conllevaría una sensación de falsedad y, por tanto, de culpa. El doblepiensa constituye la verdadera esencia del Socing, pues el acto fundamental del Partido es utilizar el engaño consciente al tiempo que se conserva la firmeza de las intenciones característica de la honradez. Decir mentiras descaradas creyendo sinceramente en ellas, olvidar cualquier hecho que se haya vuelto incómodo, y luego, cuando vuelva a hacerse necesario, sacarlo del olvido el tiempo que haga falta, negar la existencia de la realidad objetiva y al mismo tiempo reparar en la realidad que uno niega resulta imprescindible. Incluso para utilizar la palabra «doblepiensa» hace falta ejercer el doblepiensa, pues emplearla equivale a admitir que uno está modificando la realidad; mediante un nuevo acto de doblepiensa, uno borra ese conocimiento y así sucesivamente, de modo que la mentira siempre va un paso por delante de la verdad. En último extremo, el doblepiensa es lo que ha permitido —y podría continuar permitiendo durante miles de años— al Partido detener el curso de la historia.

Todas las oligarquías pasadas perdieron el poder o bien porque acabaron anquilosándose o porque se volvieron blandas. O bien se volvieron estúpidas y arrogantes, no supieron adaptarse a las circunstancias cambiantes y acabaron siendo derrocadas; o se volvieron liberales y cobardes, hicieron concesiones cuando hubieran debido recurrir a la fuerza, y eso condujo a su derrocamiento. Cayeron, por así decirlo, o bien por conciencia o por inconsciencia. El logro del Partido es haber inventado un sistema de pensamiento en el que ambas condiciones pueden existir simultáneamente. Su dominio no podría ser permanente bajo ninguna otra base intelectual. Si uno quiere gobernar, y seguir gobernando, tiene que poder dislocar el sentido de la realidad. El secreto del gobierno es combinar la fe en la propia infalibilidad con la capacidad de aprender de los errores pasados.

No hace falta decir que los más sutiles cultivadores del doblepiensa son quienes lo inventaron y saben que se trata de un vasto sistema de engaño mental. En nuestra sociedad, quienes mejor saben lo que está ocurriendo son también quienes más lejos están de ver el mundo tal como es en realidad. En general, cuanto más saben, más se engañan; cuanto más inteligentes son, menos cuerdos están. Un ejemplo claro es el hecho de que la histeria bélica aumente su intensidad a medida que se asciende por la escala social. Los pueblos sometidos de los territorios disputados mantienen una actitud casi racional ante la guerra. Para ellos, no es más que una calamidad constante que les pasa por encima una y otra vez, como cuando sube y baja la marea. Quién salga victorioso les es por completo indiferente. Saben que, aunque cambien los señores, tendrán que seguir haciendo el mismo trabajo con los nuevos amos, que les tratarán igual que los otros. Los trabajadores ligeramente más favorecidos a quienes llamamos «proles» solo son intermitentemente conscientes de estar en guerra. Si hace falta, es posible exaltarlos hasta un frenesí de miedo y odio, pero, si se les deja tranquilos, llegan a olvidar la guerra durante mucho tiempo. El verdadero entusiasmo bélico se da en las filas del Partido, y sobre todo en las del Partido Interior. Los que más firmemente creen en la conquista del mundo son precisamente quienes saben que es imposible. Esa peculiar unión de contrarios —el conocimiento con la ignorancia, el cinismo con el fanatismo— es uno de los rasgos distintivos de la sociedad de Oceanía. La ideología oficial abunda en contradicciones incluso cuando no hay razones prácticas que las justifiquen. Por eso el Partido rechaza y vilipendia los principios defendidos por el socialismo en sus inicios y además lo hace en nombre del propio socialismo. Predica un desprecio por la clase obrera que no tiene parangón en los últimos siglos y viste a sus miembros con un uniforme que era típico de los trabajadores manuales, y que se adoptó justamente por ese motivo. Socava de manera sistemática la solidaridad de la familia, y al mismo tiempo llama a su líder con un nombre que es un claro llamamiento a la solidaridad familiar. Incluso los nombres de los cuatro Ministerios que nos gobiernan exhiben con descaro esa tergiversación intencionada de la verdad. El Ministerio de la Paz promueve la guerra; el Ministerio de la Verdad miente; el Ministerio del Amor tortura; y el Ministerio de la Abundancia favorece el hambre. Dichas contradicciones no son casuales ni el resultado de una vulgar hipocresía: son ejercicios premeditados de doblepiensa. Pues el poder solo puede conservarse de manera indefinida mediante la reconciliación de las contradicciones. De ninguna otra manera es posible romper el antiguo círculo vicioso. Si se quiere impedir para siempre la igualdad humana —si la clase alta, como suele llamársela, ha de conservar su sitio para siempre—, la condición mental predominante debe ser una demencia controlada.

Marx y Rusia

The Observer, 15 de febrero de 1948

La palabra «comunismo» nunca se ha convertido en un término sin sentido, como sí ha sucedido con la palabra «fascismo» por el abuso que se hace de ella. Sin embargo, existe cierta ambigüedad, lo cual hace que signifique al menos dos cosas distintas que están vagamente conectadas: una teoría política y un movimiento político que no lleva, de manera visible, esta teoría a la práctica. A primera vista, las actividades de la Cominform pueden parecer más importantes que las profecías de Marx, pero, como nos recuerda el señor John Plamenatz en su opúsculo recientemente publicado, la visión original del comunismo no debe olvidarse nunca, porque sigue siendo la dinamo que alimenta de fe a millones de seguidores y, por tanto, de poder para actuar.

Al principio, «comunismo» significaba una sociedad libre y justa basada en el principio de «a cada uno de acuerdo con sus necesidades». Marx concibió esto como parte de un proceso histórico inevitable. La sociedad se había reducido a una pequeña clase de propietarios con una enorme clase de desposeídos, y un día, de manera casi automática, llegaría la oportunidad para los desposeídos. Unas cuantas décadas después de la muerte de Marx estalló la Revolución rusa, y salieron los hombres que habían sido guiados por Marx y que afirmaban ser sus más fieles discípulos. Sin embargo, en realidad su éxito dependió de que tiraran por la borda buena parte de las enseñanzas de su maestro.

Marx predijo que la revolución tendría lugar primero en los países altamente industrializados. Ahora resulta claro que se equivocó, pero acertó en el sentido de que la revolución que él había anunciado no podía ocurrir en un país atrasado como Rusia, donde los trabajadores de la industria eran una minoría. Marx había visualizado un enorme, poderoso y avasallador proletariado que barrería al pequeño grupo de sus oponentes, y a partir de entonces habría un gobierno democrático, a través de representantes elegidos por el pueblo. Lo que en realidad pasó en Rusia fue que una pequeña camarilla de revolucionarios desclasados tomó el poder, afirmando ser los representantes de un pueblo que ni los había elegido ni veía en ellos ninguna solución.

Desde el punto de vista de Lenin, esto era inevitable. Él y su grupo tenían que erigirse con el poder, porque solo ellos eran los herederos de la doctrina marxista, y era obvio que no podían permanecer en él democráticamente. El significado de «la dictadura del proletariado» tendría que haber sido «la dictadura de un puñado de intelectuales, que gobernaban a través del terrorismo». Se salvó la revolución, pero desde entonces el Partido Comunista ruso tomó una dirección que Lenin probablemente, si hubiera vivido lo suficiente, no habría aprobado.

Instalados en el poder, los comunistas rusos necesariamente desarrollaron una casta gobernante, u oligarquía, de la que no se entraba a formar parte por nacimiento sino por adopción. Como no podían arriesgarse a que creciera la oposición, no podían permitir las críticas genuinas, y como silenciaban las críticas, cometían con frecuencia errores que hubieran podido evitarse; y entonces, como no podían admitir sus propios errores, tenían que buscar chivos expiatorios, a veces a una escala enorme.

El resultado es que la dictadura, en la medida en que el régimen se volvió más estable, se robusteció, y que probablemente Rusia está más lejos hoy del socialismo igualitario de lo que lo estaba hace treinta años. Pero, como el señor Plamenatz con toda razón nos advierte, nunca, ni por un momento, tendríamos que haber imaginado que el fervor original había decaído. Los comunistas pueden haber pervertido su objetivo, pero no han perdido la mística. La creencia de que únicamente ellos son los salvadores de la humanidad es, más que nunca, incuestionable.

En los años 1935-1939 y 1941-1944 era fácil creer que la URSS había abandonado la idea de la revolución mundial, pero hoy resulta claro que ese no era el caso. La idea nunca se abandonó, sino que simplemente se modificó; «revolución» fue cambiando poco a poco hasta significar «conquista».

Sin duda, en un texto tan corto, el señor Plamenatz se centra en una parte de su tema y dice muy poco sobre el papel y el carácter de los partidos comunistas fuera de la URSS. Tampoco se detiene en la cuestión de si el régimen ruso tendrá la voluntad de liberalizarse o podrá hacerlo aunque no renuncie a su esencia. Esta última cuestión es muy importante, pero como no existen precedentes solo nos queda adivinar.

Mientras tanto, nos enfrentamos con un movimiento político a escala mundial que amenaza la existencia de la civilización occidental, que no ha perdido nada de su vigor porque, en cierto sentido, se ha corrompido. El señor Plamenatz concluye, desolado, que aunque la URSS no necesariamente se embarque en una agresiva guerra contra Occidente, sus gobernantes consideran inevitable que se produzca una batalla a muerte y nunca llegarán a un acuerdo real con aquellos a quienes consideran sus enemigos naturales. Evidentemente, como dice el comandante Stephen Kinghall en su introducción, si queremos combatir el comunismo debemos comenzar por entenderlo. Pero, más allá de entender sus mentiras, está la dificultad de ser entendido y —un problema que poca gente parece haber considerado con seriedad— encontrar la forma de hacerle ver al pueblo ruso nuestro punto de vista.

Los escritores y el leviatán
Politics and Letters, verano de 1948

La posición del escritor en una época de control estatal es un tema que ya se ha discutido con bastante amplitud, aunque la mayor parte de las pruebas que podrían ser relevantes no están disponibles todavía. No quiero expresar aquí una opinión favorable o contraria al mecenazgo estatal de las artes, sino solo señalar que el tipo de Estado que nos gobierna debe depender parcialmente de la atmósfera intelectual prevaleciente; es decir, y en este contexto, en parte de la actitud de los propios escritores y artistas y, en parte, de su deseo o no de mantener vivo el espíritu del liberalismo. Si dentro de diez años nos encontrásemos arrastrándonos frente a alguien como Zhdanov, será probablemente porque es lo que nos merecíamos. Obviamente, la intelectualidad literaria inglesa ya alberga fuertes tendencias totalitarias, pero en estas páginas no me ocupo de ningún movimiento organizado y consciente como el comunismo, sino tan solo del efecto que sobre la gente bienintencionada tienen el pensamiento político y la necesidad de tomar partido desde el punto de vista político.

Vivimos en una época política. La guerra, el fascismo, los campos de concentración, las porras de goma, las bombas atómicas, etcétera, son los temas en los que pensamos a diario y, por tanto, aquellos sobre los que en gran medida escribimos, incluso cuando no los mencionamos abiertamente. No podemos evitarlo. Cuando estás en un barco que se hunde, tus pensamientos versan sobre barcos que se hunden. Pero no solo los temas de los que tratamos están acotados, sino que toda nuestra actitud hacia la literatura está teñida de lealtades que al menos de vez en cuando reconocemos como no literarias. A menudo tengo la sensación de que la crítica literaria es fraudulenta incluso en las mejores épocas, dado que, a falta de alguna pauta aceptada —alguna referencia externa que pueda dar sentido a la afirmación de que tal o cual libro es «bueno» o «malo»—, todo juicio literario consiste en inventar una serie de reglas para justificar una preferencia instintiva. La verdadera reacción de uno hacia un libro, cuando se tiene, es por regla general «me gusta este libro» o «no me gusta este libro», y lo que sigue es una racionalización. Pero «me gusta este libro» no es, a mi juicio, una reacción no literaria; la reacción no literaria es decir: «Este libro es de mi bando y, por tanto, tengo que hallar mérito en él». Por supuesto, cuando uno alaba un libro por motivos políticos puede ser sincero desde el punto de vista emocional, en el sentido de que siente una fuerte aprobación del mismo, pero también sucede con frecuencia que la solidaridad partidista requiere de una simple mentira. Cualquier persona acostumbrada a reseñar libros para publicaciones políticas es bien consciente de ello. En general, si escribes para un periódico con el que estás de acuerdo, pecas por comisión, y si lo haces para uno con el que discrepas, por omisión. En cualquier caso, innumerables libros controvertidos —libros a favor o en contra de la Rusia soviética, a favor o en contra del sionismo, a favor o en contra de la Iglesia católica— son juzgados antes de ser leídos, y de hecho antes de ser escritos; uno sabe de antemano qué recepción tendrán en qué periódicos. Y aun así, con una falta de sinceridad que a veces no es consciente ni siquiera en una cuarta parte de los casos, se sostiene que se están aplicando pautas literarias genuinas.

Por supuesto, la invasión de la literatura por la política estaba destinada a acontecer. Tenía que ocurrir aun cuando el problema especial del totalitarismo nunca hubiera surgido, porque hemos desarrollado una especie de escrúpulo del que nuestros abuelos carecían, una conciencia sobre la injusticia y la miseria enormes que imperan en el mundo, y un sentimiento de culpabilidad en virtud del cual uno debería hacer algo al respecto, de tal modo que una actitud puramente estética hacia la vida sea totalmente imposible. Nadie podría dedicarse ahora a la literatura tan de lleno como Henry James o Joyce. Pero, desafortunadamente, aceptar la responsabilidad política significa también entregarse a ortodoxias y a «líneas de partido», con toda la ingenuidad y deshonestidad que ello implica. Al contrario que los escritores victorianos, tenemos la desventaja de vivir entre ideologías políticas bien definidas y de saber generalmente de un simple vistazo qué textos son heréticos. Un intelectual literario moderno vive y escribe en un constante temor (no, por cierto, de la opinión pública en el sentido amplio de la palabra, sino de la opinión pública de su propio grupo). Por fortuna, suele haber más de un grupo, pero en todo momento también impera una ortodoxia dominante, y enfrentarse a ella requiere de una piel gruesa y, en ocasiones, significa reducir los ingresos propios a la mitad durante años. Obviamente, durante los últimos quince años, la ortodoxia dominante, especialmente entre los jóvenes, ha sido la «izquierda». Las palabras clave son «progresista», «democrático» y «revolucionario», mientras que los sambenitos que hay que evitar a toda costa que te cuelguen son «burgués», «reaccionario» y «fascista». Casi todo el mundo hoy en día, incluidos la mayoría de los católicos y conservadores, es «progresista», o al menos desea ser considerado así. Nadie, que yo sepa, se describe a sí mismo como «burgués», del mismo modo que nadie que sea lo bastante culto como para haber oído la palabra admite jamás ser antisemita. Todos somos buenos demócratas, antifascistas y antiimperialistas, despreciamos las distinciones de clase, somos inmunes al prejuicio racial, etcétera. Tampoco cabe la menor duda de que la ortodoxia «izquierdista» actual es mejor que la ortodoxia conservadora pietista, más bien esnob, que predominaba hace veinte años, cuando el *Criterion* y (en menor medida) el *London Mercury* eran las revistas literarias dominantes, puesto que, al menos, su objetivo implícito es una forma viable de sociedad que un gran número de personas en efecto desean. Aun así, también tiene sus propias falsedades, que, al no poder ser admitidas, hacen que sea imposible la discusión seria de ciertas preguntas.

Toda la ideología de izquierdas, científica y utopista, la desarrolló gente que no tenía ninguna posibilidad inmediata de alcanzar el poder, y, por consiguiente, era una ideología extremista, que despreciaba a los reyes, los gobiernos, las leyes, las prisiones, las fuerzas policiales, los ejércitos, las banderas, las fronteras, el patriotismo, la religión, la moralidad convencional y, de hecho, el *statu quo* en su totalidad. Hasta hace bastante poco, las fuerzas de la izquierda en todos los países luchaban contra una tiranía que parecía invencible, y era fácil pensar que si esa tiranía en particular —el capitalismo— pudiera ser derrocada, el socialismo la reemplazaría. Asimismo, la izquierda había heredado del liberalismo ciertas creencias claramente cuestionables, como la de que la verdad siempre prevalece y la de que la persecución se derrota a sí misma, o la de que el hombre es bueno por naturaleza y solo lo corrompe su entorno. Esta ideología perfeccionista ha arraigado en casi todos nosotros, y es en su nombre que protestamos cuando, por ejemplo, un gobierno laborista vota a favor de conceder unos ingresos enormes a las hijas del rey o muestra sus reservas en cuanto a la nacionalización del acero. Pero en nuestras mentes también hemos acumulado toda una serie de contradicciones que no queremos admitir, como resultado de encontronazos sucesivos con la realidad.

El primer gran encontronazo fue la Revolución rusa. Por razones algo complejas, casi toda la izquierda inglesa se ha visto impelida a aceptar el régimen ruso como «socialista» al tiempo que reconoce silenciosamente que su espíritu y sus prácticas están muy alejados de cualquier cosa que se entienda por «socialismo» en este país. De ahí que haya surgido una especie de manera esquizofrénica de pensar, en que palabras como «democracia» pueden tener dos significados irreconciliables y cosas como los campos de concentración y las deportaciones masivas pueden estar bien y mal al mismo tiempo. El siguiente golpe a la ideología de la izquierda fue el surgimiento del fascismo, que sacudió el pacifismo e internacionalismo de la izquierda sin traer consigo un replanteamiento doctrinario preciso. La experiencia de la ocupación alemana enseñó a los pueblos europeos algo que los pueblos colonizados ya sabían, a saber: que las luchas de clase no revisten una importancia absoluta y que sí existe algo llamado «interés nacional». Después de Hitler se volvió difícil sostener que «el enemigo está en tu propio país» y que la independencia nacional no tiene ningún valor. Sin embargo, aunque todos sabemos esto y actuamos en consonancia, aún tenemos la sensación de que decirlo en voz alta sería una especie de traición. Y, por último, la mayor dificultad de todas: el hecho de que la izquierda está ahora en el poder y está obligada a asumir la responsabilidad y a tomar decisiones genuinas.

Los gobiernos de izquierdas casi siempre decepcionan a quienes los apoyan porque, incluso cuando es posible alcanzar la prosperidad que han prometido, siempre es preciso un incómodo período de transición acerca del cual poco se ha dicho de antemano. En estos momentos vemos a nuestro gobierno, sumido en graves apuros económicos, luchando de hecho contra su propia propaganda del pasado. La crisis que ahora padecemos no es una calamidad súbita e inesperada, como un terremoto, y no la causó la guerra, sino que solamente la aceleró. Hace décadas que podía preverse que algo así sucedería. Desde el siglo XIX nuestros ingresos nacionales, dependientes en parte de los intereses de inversiones extranjeras y de los mercados asegurados y de materias primas baratas en los países coloniales, eran sumamente precarios. Estaba claro que, tarde o temprano, algo iba a fallar y que nos íbamos a ver forzados a equilibrar nuestras exportaciones con nuestras importaciones, y que cuando eso ocurriera el nivel de vida inglés, incluido el de la clase obrera, se iba a deteriorar, al menos temporalmente. Y aun así los partidos de izquierdas, incluso cuando eran vociferantemente antiimperialistas, nunca aclararon estos hechos. De vez en cuando estaban dispuestos a admitir que los trabajadores ingleses se habían beneficiado en cierta medida del saqueo de Asia y de África, pero siempre daban a entender que podríamos renunciar al botín y, de alguna manera, conservar nuestra prosperidad. En muy amplia medida, de hecho, el socialismo conquistó a los obreros diciéndoles que estaban siendo explotados, mientras que, en términos mundiales, la cruda realidad es que eran explotadores. Ahora, todo parece indicar que estamos en el punto en el que el nivel de vida de la clase trabajadora no puede ser mantenido, y mucho menos elevado. Incluso si exprimimos a los ricos hasta la última gota, la mayoría de la gente debe, o bien consumir menos, o bien producir más. O ¿estoy exagerando el desastre en el que nos hallamos inmersos? Podría estarlo, y me alegraría equivocarme. En cualquier caso, lo que quiero dejar claro es que esta cuestión, entre la gente fiel a la ideología izquierdista, no puede ser discutida sin tapujos. La reducción de los salarios y el aumento de las jornadas laborales son medidas consideradas intrínsecamente antisocialistas y que por tanto deben ser descartadas de antemano, al margen de la situación económica que se viva. Sugerir que quizá sean inevitables es arriesgarse a que le cuelguen a uno esos sambenitos que a todos nos aterran. Es mucho más prudente esquivar el tema y fingir que podemos enmendar la situación redistribuyendo la renta nacional existente.

Aceptar una ortodoxia siempre entraña heredar contradicciones sin resolver. Considérese, por ejemplo, el hecho de que toda la gente sensible se escandaliza del industrialismo y de sus productos y, al mismo tiempo, es consciente de que la erradicación de la pobreza y la emancipación de la clase obrera no requieren de menos industrialización, sino de cada vez más. O el hecho de que ciertos trabajos son absolutamente necesarios y, sin embargo, nunca son realizados sin algún tipo de coerción. O el hecho de que es imposible tener una política exterior positiva sin contar con unas fuerzas armadas poderosas. Se podrían aducir muchos otros ejemplos. En cada uno de esos casos hay una conclusión perfectamente clara, pero que solo se puede sacar si en privado se es desleal a la ideología oficial. La reacción habitual es empujar la pregunta sin respuesta a un rincón de la mente y, acto seguido, seguir repitiendo eslóganes contradictorios. No es necesario buscar mucho en los periódicos y las revistas para descubrir los efectos de este tipo de pensamiento.

Por supuesto, no estoy sugiriendo que la hipocresía mental sea característica de los socialistas o de los izquierdistas en general, o que sea más común entre ellos, sino tan solo que la aceptación de cualquier disciplina política parece ser incompatible con la integridad literaria. Esto cabe aplicarlo igualmente a movimientos como el pacifismo y el personalismo, que dicen estar al margen de la lucha política corriente. En efecto, el mero sonido de una palabra acabada en *-ismo* parece apestar a propaganda. Las lealtades de grupo son necesarias y, aun así, son nocivas para la literatura, puesto que la literatura es el fruto de personas concretas. Tan pronto como a dichas lealtades se les permite ejercer cualquier influencia, incluso negativa, sobre la escritura creativa, el resultado es no solo el falseamiento sino también, frecuentemente, el agotamiento de las facultades inventivas.

Bueno, entonces ¿qué? ¿Debemos concluir que es deber de todo escritor «no meterse en política»? ¡Ciertamente no! En cualquier caso, como ya dije, ninguna persona inteligente puede dejar de involucrarse en política en una época como esta. Solo sugiero que debemos establecer una división más clara entre nuestras lealtades literarias y nuestras lealtades políticas, y reconocer que la voluntad de hacer ciertas cosas desagradables pero necesarias no acarrea la obligación de comulgar con las creencias que suelen ir aparejadas a estas. Cuando un escritor se involucra en la política, debe hacerlo como ciudadano, como ser humano, pero no como escritor. No creo que por sus dotes artísticas tenga derecho a librarse del trabajo sucio cotidiano de la política. Tanto como cualquier otro, debe estar listo para pronunciar discursos en salas con corrientes de aire, colgar carteles, distribuir panfletos e incluso combatir en ciertas guerras si es necesario. Pero, haga lo que haga por servir a su partido, nunca debe escribir para él. Debe dejar claro que la escritura es una tarea aparte, y debe ser capaz de cooperar al tiempo que, si así lo decide, rechaza de plano la ideología oficial. Nunca debe renunciar a una línea de pensamiento porque pueda llevarlo a cometer una herejía, y no debe importarle mucho que su falta de ortodoxia sea sometida a escrutinio, como probablemente lo será. Hoy en día, quizá sea incluso una mala señal en un escritor el que no se sospeche de él que es reaccionario, al igual que lo era hace veinte años si no se sospechaba que tenía simpatías comunistas.

Pero ¿significa todo esto que un escritor debería negarse no solo a recibir órdenes y consignas de dirigentes políticos sino también a escribir sobre política? Una vez más, ¡ciertamente no! No hay razón para que no escriba de la manera más crudamente política si así lo desea, solo que debe hacerlo como individuo, como alguien de fuera, a lo sumo como un guerrillero no bienvenido en los flancos de un ejército regular. Esta actitud es bastante compatible con la utilidad política corriente. Es razonable, por ejemplo, estar dispuesto a pelear en una guerra porque uno piense que debe ser ganada y, al mismo tiempo, negarse a escribir propaganda bélica. A veces, si un escritor es sincero, sus escritos y sus actividades políticas pueden llegar a contradecirse. Hay ocasiones en que ello es simplemente indeseable, pero entonces el remedio no es tergiversar los propios impulsos, sino permanecer callado.

Sugerir que en tiempos de conflicto un escritor creativo debe compartimentar su vida en dos puede parecer derrotista o frívolo, y aun así no veo qué otra cosa puede hacer en la práctica. Encerrarse en una torre de marfil es imposible y nada recomendable, mientras que ceder en el plano subjetivo, no solo a la maquinaria de un partido sino a una ideología de grupo, es destruirse a sí mismo como escritor. Sentimos este dilema como algo doloroso, porque percibimos la necesidad de involucrarnos en política a la vez que vemos cuán sucio y degradante es. Además, la mayoría de nosotros aún albergamos la creencia de que toda elección, incluso toda elección política, lo es entre el bien y el mal, y que si algo es necesario, entonces es correcto. Debemos, en mi opinión, deshacernos de esta creencia infantil. En política uno nunca puede hacer nada excepto juzgar cuál de los males es el menor, y hay ciertas situaciones de las que uno solo puede escapar actuando como un lunático o como un demonio. La guerra, por ejemplo, puede ser necesaria, pero no cabe duda de que no es correcta ni sensata. Incluso unas elecciones generales no son exactamente un espectáculo placentero o edificante. Si debes participar en tales cosas —y creo que en efecto debes, a menos que estés insensibilizado por la vejez, por la estupidez o por la hipocresía—, entonces debes mantener una parte de ti mismo inviolada. Para la mayoría de la gente el problema no se presenta de la misma forma, porque sus vidas están divididas de entrada. Solo están realmente vivos en sus horas de ocio, y no existe conexión emocional alguna entre su trabajo y sus actividades políticas. Y tampoco se les suele pedir que se degraden como trabajadores en nombre de lealtades políticas. En cambio, al artista, y sobre todo al escritor, se le pide justamente eso (de hecho, es lo único que los políticos le piden). Si se niega, ello no significa que vaya a ser condenado a la inactividad. Una mitad de él, que en cierto modo es todo él, puede actuar tan resueltamente, incluso tan violentamente si es preciso, como cualquier otra persona. Pero sus escritos, en la medida en que tengan algún valor, siempre serán producto de su «yo» más lúcido, que se mantiene al margen, percibe las cosas que se hacen y admite su necesidad, pero que se niega a engañarse en lo tocante a su naturaleza.

Reflexiones sobre Gandhi

Partisan Review, enero de 1949

Siempre se debería dictaminar que los santos son culpables hasta que se demuestre su inocencia, pero las pruebas que han de aplicárseles no son, por supuesto, las mismas en todos los casos. En el de Gandhi, las preguntas que uno se siente inclinado a plantear son: ¿hasta qué punto actuaba por vanidad —por la conciencia de sí mismo como un humilde anciano desnudo sentado en un tapete de oración que sacudía los cimientos de los imperios por pura fuerza espiritual— y hasta qué punto comprometió sus principios al entrar en política, que por su naturaleza es inseparable de la coerción y del fraude? Para dar una respuesta concluyente habría que estudiar con sumo detalle los escritos y hechos de Gandhi, puesto que su vida entera fue una especie de peregrinación en la que cada acto era significativo. Sin embargo, esta autobiografía parcial,* que termina en los años veinte, constituye una prueba de peso en su favor, tanto más porque cubre lo que él mismo habría llamado la «parte empedernida» de su vida y nos recuerda que, oculta tras la figura del santo o casi santo, había una persona muy astuta y capaz que hubiera podido tener, de

---

* M. K. Gandhi, *Autobiografía: la historia de mis experiencias con la verdad*, trad. del gujarati por Mahadev Desai, Arkamp Books, Madrid, 2008. *(N. del T.)*

así haberlo elegido, una brillante carrera como abogado, como administrador o incluso como hombre de negocios.

Más o menos en la época en que la autobiografía salió a la luz, recuerdo haber leído los capítulos iniciales en las mal impresas páginas de un periódico indio. Causaron una buena impresión en mí, algo que en aquel entonces el mismo Gandhi no producía. Las cosas que uno asociaba con él —la ropa hecha en casa, las «fuerzas del alma» y el vegetarianismo— no eran atractivas, y su programa medievalista era a todas luces inviable en un país atrasado, hambriento y superpoblado. Era también evidente que los ingleses lo usaban, o creían usarlo. En sentido estricto, como nacionalista era un enemigo, pero, puesto que en toda crisis se esforzaba por impedir la violencia —lo cual, desde el punto de vista británico, significaba impedir cualquier tipo de acción eficaz—, se le podía considerar «nuestro hombre». En privado, esto a veces se admitía cínicamente. La actitud de los indios millonarios era similar. Gandhi los exhortaba a arrepentirse, y naturalmente estos lo preferían a los socialistas y comunistas, que, de haber tenido la oportunidad, sin duda les habrían arrebatado su dinero. Hasta qué punto semejantes cálculos son fiables a largo plazo es algo dudoso —como el propio Gandhi decía, «al final los embusteros solo se engañan a sí mismos»—, pero, en cualquier caso, la delicadeza con que siempre se le trató se debió en parte a que se le consideraba útil. Los conservadores británicos solo se enfurecían realmente con él cuando, como por ejemplo en 1942, dirigía su no violencia hacia un conquistador distinto.

Aun así, yo podía ver incluso entonces que los funcionarios británicos que hablaban de él con una mezcla de regocijo y desaprobación también lo admiraban genuinamente, a su modo. Nadie sugirió nunca que fuese corrupto o ambicioso de algún modo vulgar, o que nada de lo que hiciera estuviera motivado por el miedo o por la malicia. Al juzgar a un hombre como Gandhi, uno parece poner el listón muy alto casi instintivamente, de modo que algunas de sus virtudes han pasado casi desapercibidas. Por ejemplo, está claro, incluso por lo que explica en la autobiografía, que su valor físico natural era bastante extraordinario; la forma en que murió fue una demostración a posteriori de esto, puesto que un hombre público que valorara en alguna medida su pellejo habría estado mejor protegido. Asimismo, parecía estar bastante desprovisto de esa suspicacia maníaca que, como bien dice E. M. Forster en *Pasaje a la India*, es el vicio indio por excelencia, como la hipocresía es el británico. Aunque sin duda era lo bastante sagaz como para detectar la falta de honestidad, al parecer creía, siempre que le era posible, que el resto de las personas actuaban de buena fe y tenían una naturaleza superior a través de la cual era posible acercarse a ellas. Y a pesar de provenir de una familia pobre de la clase media, de haber tenido unos inicios más bien desfavorables y de haber tenido probablemente un aspecto físico poco impresionante, no era envidioso ni albergaba sentimientos de inferioridad. Parece ser que la discriminación racial, cuando por primera vez la conoció en su peor forma en Sudáfrica, más bien le sorprendió. Incluso cuando estaba librando lo que en efecto era una guerra de color, no pensaba en la gente en función de su raza o su estatus. El gobernador de una provincia, un millonario algodonero, un culi dravidiano hambriento o un soldado raso inglés eran todos igualmente seres humanos, a los que uno se debía acercar de la misma manera. Cabe destacar que incluso en las peores circunstancias posibles en Sudáfrica, cuando se estaba volviendo impopular como el paladín de la comunidad india, no le faltaban amigos europeos.

Escrita en capítulos cortos para su publicación por entregas en los periódicos, la autobiografía no es una obra maestra literaria, pero lo más impresionante es la cantidad de anécdotas triviales que contiene. Vale la pena recordar que Gandhi comenzó con las ambiciones corrientes de un joven estudiante indio y que solo adoptó sus opiniones extremistas de modo paulatino y, en algunos casos, más bien a pesar suyo. Hubo una época —es interesante saberlo— en que usaba sombrero de copa, asistía a clases de baile, estudiaba francés y latín, subió a la torre Eiffel e incluso trató de aprender a tocar el violín, todo ello con la idea de asimilar la cultura europea tan a fondo como le fuera posible. No era uno de esos santos caracterizados por una piedad fenomenal desde la infancia, ni de los que se retiran del mundanal ruido tras una etapa de libertinajes sensacionales. Confiesa plenamente los errores de su juventud, pero en realidad no hay mucho que revelar. Como frontispicio del libro hay una foto de las posesiones de Gandhi en el momento de su fallecimiento. El lote completo se podría adquirir por unas cinco libras, y sus pecados, al menos los carnales, tendrían un aspecto semejante puestos en una sola pila. Unos cuantos cigarros, unos cuantos bocados de carne, unas cuantas *annas* robadas a la sirvienta en la infancia, dos visitas a un burdel (en ambas se fue sin haber «hecho nada»), un desliz con su casera en Plymouth del que se escapó por los pelos y un estallido de ira; eso es más o menos todo. Casi desde la infancia demostró una profunda rectitud, una actitud más ética que religiosa, pero, hasta que cumplió los treinta años, no tuvo un objetivo claro en la vida. Su primer contacto con algo que pueda calificarse de vida pública tuvo lugar a través del vegetarianismo. Por debajo de todas sus cualidades menos comunes, uno percibe todo el tiempo a los meticulosos comerciantes de clase media que fueron sus antepasados. Se tiene la sensación de que, incluso tras renunciar a la ambición personal, debió de ser un abogado activo y lleno de recursos, un organizador político práctico, preocupado por minimizar los gastos, un hábil orquestador de comités y un proselitista infatigable. Su carácter era extraordinariamente variado, pero no había casi nada en él que pueda ser señalado como malo, y creo que incluso sus peores enemigos admitirían que era un hombre interesante e inusual que enriquecía el mundo simplemente por el hecho de estar vivo. En cambio, nunca he estado del todo seguro de si era también adorable ni de si sus enseñanzas pueden tener algún valor para aquellos que no aceptan las creencias religiosas en que se fundan.

En los últimos años se ha puesto de moda hablar de Gandhi como si hubiera sido no solo un simpatizante del movimiento izquierdista occidental, sino parte integral de este. Los anarquistas y los pacifistas, en particular, se lo han apropiado, observando tan solo que se oponía al centralismo y a la violencia de Estado, e ignorando la otra tendencia trascendentalista y antihumana de sus doctrinas. Pero, a mi juicio, uno debería caer en la cuenta de que las enseñanzas de Gandhi no cuadran con la creencia de que el hombre es la medida de todas las cosas y de que nuestra tarea es hacer que la vida en este planeta, que es el único que tenemos, valga la pena ser vivida. Tienen sentido solo si se acepta que Dios existe y que el mundo de los objetos sólidos es una ilusión de la que se debe escapar. Vale la pena tener en cuenta las privaciones que Gandhi se imponía a sí mismo, y que, si bien no insistía en que cada uno de sus seguidores las observara con todo detalle, consideraba indispensables si uno quería servir a Dios o a la humanidad. En primer lugar, no comer carne ni, a ser posible, ningún alimento de origen animal. (El propio Gandhi tuvo que recurrir a la leche para no poner en peligro su salud, pero al parecer lo consideró un paso atrás.) Nada de alcohol o tabaco y nada de condimentos ni especias, ni siquiera vegetales, ya que la comida debe ser ingerida no por sí misma, sino para conservar las fuerzas. En segundo lugar, nada de relaciones sexuales. En el caso de que se mantengan, debe ser con el único propósito de engendrar hijos y presumiblemente en intervalos largos. Gandhi mismo, cuando tenía alrededor de treinta y cinco años, hizo voto de *brahmacharya*, que significa no solo una castidad completa, sino también la eliminación del deseo sexual. Esta condición, por lo visto, es difícil de obtener sin una dieta especial y sin ayunos frecuentes. Uno de los peligros de la leche es que suele despertar el deseo sexual.

Y, finalmente —y este es el punto clave—, para el que va en pos de la bondad no debe haber amistades cercanas ni amores exclusivos.

Las amistades cercanas, afirma Gandhi, son peligrosas porque «los amigos ejercen una influencia mutua» y, a través de la lealtad a un amigo, uno puede ser llevado a errar. Esto es incuestionablemente cierto. Más aún, si uno ha de amar a Dios, o a la humanidad en su conjunto, no puede mostrar predilección por ninguna persona en concreto. Esto también es cierto, y marca el punto en que las actitudes religiosa y humanista dejan de ser reconciliables. Para un ser humano corriente, el amor no significa nada si no conlleva amar a cierta gente más que a otra. La autobiografía no deja claro si Gandhi era desconsiderado con su esposa y sus hijos, pero sí que en tres ocasiones estuvo dispuesto a dejar que alguno de ellos muriera antes que administrarle el alimento de origen animal que había prescrito el doctor. Bien es verdad que la defunción presagiada nunca tuvo lugar y que Gandhi —con, es de suponerse, gran presión moral en el otro sentido— siempre le dio al paciente la oportunidad de mantenerse vivo al precio de cometer un pecado; aun así, si la decisión hubiera sido exclusivamente suya, habría prohibido la ingesta de alimentos animales, al margen del riesgo. Debe haber, sostiene, un límite en lo que estemos dispuestos a hacer para conservar la vida, y el límite está bastante más acá que el caldo de pollo. Esta actitud quizá es noble, pero, en el sentido en el que, según creo, la mayoría de la gente le daría a la palabra, es inhumana. La esencia de ser humano es que uno no busca la perfección, que uno a veces está dispuesto a cometer pecados por lealtad, que uno no lleva el ascetismo hasta el punto en el que vuelve imposible la convivencia amistosa, y que uno está preparado para ser finalmente derrotado y despedazado por la vida, lo cual es el precio inevitable de depositar su amor en otros seres humanos. Sin lugar a dudas, el tabaco, el alcohol, etcétera, son vicios que un santo debe evitar, pero también la santidad es algo que los seres humanos deben rehuir. Esto es algo que cae por su propio peso, pero que uno debe cuidarse de mencionar. En esta época dominada por los yoguis, se asume demasiado pronto que el «desapego» no solo es mejor que la aceptación plena de la vida terrena, sino que el hombre corriente lo rechaza solamente porque es demasiado difícil; en otras palabras, que el hombre común es un santo en potencia que no ha logrado alcanzar esa condición. Es dudoso que esto sea cierto. Mucha gente no tiene intención alguna de ser santa, y es probable que algunos que han logrado la santidad o aspiran a ella no se hayan sentido nunca tentados de ser seres humanos. Si uno pudiera rastrear esto hasta sus raíces psicológicas, hallaría, creo, que el principal motivo para el «desapego» es un deseo de escapar del dolor de vivir y, sobre todo, del amor, que, de índole sexual o no, acarrea muchas complicaciones. Pese a todo, no es necesario dirimir aquí si el ideal humanista es «más elevado» que el trascendentalista. La cuestión es que son incompatibles. Se debe escoger entre Dios y el hombre, y todos los «radicales» y «progresistas», desde los liberales más moderados hasta los anarquistas más extremos, han escogido al último.

En cualquier caso, el pacifismo de Gandhi puede desvincularse hasta cierto punto de sus otras enseñanzas. Su motivación era religiosa, pero también lo consideraba una técnica definida, un método, capaz de producir los resultados políticos deseados. La actitud de Gandhi no era la de la mayoría de los pacifistas occidentales. La *Satyagraha*, desarrollada originalmente en Sudáfrica, era una suerte de guerra no violenta, una manera de vencer al enemigo sin herirlo y sin sentir ni suscitar odio. Implicaba actos como la desobediencia civil, las huelgas, tumbarse en el suelo frente a trenes, soportar cargas de la policía sin correr ni defenderse y cosas por el estilo. Gandhi se oponía a traducir el término «Satyagraha» como «resistencia pasiva»; en gujarati, por lo visto, significa «firmeza en la verdad». En sus primeros años Gandhi sirvió como camillero del bando inglés en la guerra de los bóeres, y se disponía a hacer lo mismo en la Primera Guerra Mundial. Incluso después de haber abjurado totalmente de la violencia, fue lo bastante sincero consigo mismo como para percatarse de que en los conflictos bélicos suele ser necesario tomar partido. Gandhi no adoptó —ciertamente no podía, ya que toda su vida política se centraba en la lucha por la independencia nacional— la actitud estéril e hipócrita de fingir que en todas las guerras ambos bandos son lo mismo y que tanto da quién gane. Tampoco se especializó, como hacen la mayoría de los pacifistas occidentales, en eludir preguntas incómodas. En relación con la última contienda, una que todos los pacifistas tenían la clara obligación de contestar era: «¿Qué decís de los judíos? ¿Estáis dispuestos a verlos exterminados? Si no es así, ¿cómo os proponéis salvarlos sin recurrir a la guerra?». Debo decir que nunca he oído de ningún pacifista occidental una respuesta sincera a esta pregunta, aunque he oído muchas evasivas, principalmente del tipo «y tú también». Pero resulta que a Gandhi se le planteó una pregunta similar en 1938 y que su respuesta está registrada en *Gandhi and Stalin*, del señor Louis Fischer. Según el señor Fischer, el punto de vista de Gandhi era que los judíos alemanes debían cometer un suicidio colectivo, lo cual «hubiera despertado al mundo y a Alemania ante la violencia de Hitler». Después de la guerra se justificó: afirmó que los judíos habían acabado siendo asesinados de todos modos y que al menos podrían haber intentado no morir completamente en vano. Da la impresión de que esta actitud sorprendió incluso a un admirador tan incondicional como el señor Fischer, pero Gandhi estaba simplemente siendo sincero. Si no estás dispuesto a quitarle la vida a alguien, con frecuencia debes estarlo a que se pierdan vidas de alguna otra manera. Cuando en 1942 pidió adoptar una actitud de resistencia no violenta ante la invasión japonesa, estaba listo para admitir que eso podría costar varios millones de muertes.

Al mismo tiempo, hay motivos para creer que Gandhi, que después de todo nació en 1869, no entendía la naturaleza del totalitarismo y lo veía todo en función de su propia lucha contra el gobierno británico. El punto clave aquí no es tanto que los británicos lo trataran pacientemente como que siempre fue capaz de obtener publicidad. Como se puede ver por la frase citada arriba, creía en «despertar al mundo», lo cual solo es posible si este tiene una oportunidad de oír lo que estás haciendo. Es difícil ver cómo podrían aplicarse los métodos de Gandhi en un país donde los opositores al régimen desaparecen en mitad de la noche y nunca se vuelve a saber de ellos. Sin una prensa libre ni derecho de reunión, es imposible no solo apelar a la opinión exterior, sino también hacer que surja un movimiento de masas o incluso hacerle saber tus intenciones al adversario. ¿Hay un Gandhi en Rusia en este momento? Y si lo hay, ¿qué está logrando? Las masas rusas solo podrían practicar la desobediencia civil si la misma idea se les ocurriera a todos a la vez, e incluso en ese caso, a juzgar por lo ocurrido durante la hambruna ucraniana, no hubiera surtido ningún efecto. Aun así, concedamos que la resistencia no violenta puede ser eficaz contra el propio gobierno o contra una potencia ocupante; incluso en ese caso, ¿cómo la pone uno en práctica a escala internacional? Las diferentes declaraciones contradictorias de Gandhi sobre la última guerra parecen mostrar que era consciente de esta dificultad. Aplicado a la política exterior, el pacifismo deja de ser tal, o bien se transforma en apaciguamiento. Además, el supuesto, que de tanto le sirvió a Gandhi para tratar con las personas, de que uno puede acercarse a todas ellas y de que responderán a un gesto generoso, debe ser puesto seriamente en duda. No es algo necesariamente cierto, por ejemplo, cuando se trata con lunáticos. Entonces, la pregunta se convierte en: ¿quién está cuerdo? ¿Lo estaba Hitler? ¿Acaso no es posible que toda una cultura esté mentalmente enferma a los ojos de otra? Y en la medida en que se puedan juzgar los sentimientos de naciones enteras, ¿hay algún vínculo claro entre un acto generoso y una respuesta amistosa? ¿Es la gratitud un factor en la política internacional?

Estas y otras preguntas similares necesitan ser discutidas, y necesitan serlo urgentemente, en los pocos años que nos quedan antes de que alguien apriete el botón y los cohetes comiencen a volar. Es dudoso que la civilización pueda soportar otra gran guerra, y no cabe descartar que el camino para evitarla sea el de la no violencia. A Gandhi hay que reconocerle la virtud de que habría estado dispuesto a considerar con sinceridad preguntas como las que he planteado arriba, y, en efecto, es probable que discutiera la mayoría de ellas en alguno u otro punto de sus innumerables artículos periodísticos. La impresión que da es que había muchos aspectos que no lograba entender, pero no que hubiera algo que temiera decir o pensar. Nunca he sido capaz de sentir demasiada simpatía por Gandhi, pero no estoy seguro de que, como pensador político, se equivocara en lo sustancial, ni creo que su vida fuera un fracaso. Es curioso que, al ser asesinado, muchos de sus admiradores más fervientes señalaron con tristeza que había vivido justo lo suficiente para ver en ruinas el trabajo de su vida, puesto que la India estaba inmersa en una guerra civil, que siempre se había previsto que sería uno de los efectos colaterales de la transferencia del poder. Pero no fue a suavizar la rivalidad entre hindúes y musulmanes a lo que Gandhi consagró su vida. Su principal objetivo político, la finalización pacífica de la dominación inglesa, se había alcanzado después de todo. Como siempre, los hechos relevantes se entrecruzan. Por una parte, los británicos abandonaron la India sin pelear, un acontecimiento que muy pocos observadores hubieran presagiado ni siquiera un año antes de que sucediera. Por otra, esto lo hizo un gobierno laborista, y es seguro que uno conservador, especialmente uno dirigido por Churchill, habría actuado de otro modo. No obstante, si para 1945 en Gran Bretaña se había propagado considerablemente la opinión favorable a la independencia de la India, ¿en qué medida se debió esto a la influencia personal de Gandhi? Y si, como puede suceder, la India y Gran Bretaña finalmente acaban por mantener una relación decente y amistosa, ¿será esto en parte porque Gandhi, al librar su lucha con obstinación pero sin odio, desinfectó el ambiente político? Que se piense siquiera en plantear esas preguntas indica su gran estatura. Uno puede sentir, como yo, una especie de disgusto estético por Gandhi y rechazar las pretensiones de santidad hechas en su nombre (algo que él nunca pretendió, por cierto), se puede incluso rechazar la santidad como un ideal y, por tanto, pensar que los objetivos básicos de Gandhi eran antihumanos y reaccionarios. Pero, analizado simplemente como un político y comparado con las otras figuras políticas importantes de nuestro tiempo, ¡qué olor tan limpio consiguió dejar tras de sí!

Opresión y resistencia de George Orwell
se terminó de imprimir en el mes de agosto de 2023
en los talleres de Diversidad Gráfica S.A. de C.V.
Privada de Av. 11 #1 Col. El Vergel, Iztapalapa,
C.P. 09880, Ciudad de México.